Von der Strafe zur Erziehung?

Campus Forschung
Band 799

*Dietrich Oberwittler*, Dr. phil., ist wissenschaftlicher Referent in der Kriminologischen Forschungsgruppe des Max-Planck-Instituts für ausländisches und internationales Strafrecht, Freiburg im Breisgau.

Dietrich Oberwittler

# Von der Strafe zur Erziehung?

## Jugendkriminalpolitik in England und Deutschland (1850–1920)

Campus Verlag
Frankfurt/New York

2. Auflage, unveränderter Nachdruck 2021
Druck und Bindung: Books on Demand

Die Deutsche Bibliothek – CIP-Einheitsaufnahme

Ein Titeldatensatz für diese Publikation ist bei
Der Deutschen Bibliothek erhältlich
ISBN 3-593-36463-8


Druck und Bindung: Digital Druck, Frensdorf
Gedruckt auf säurefreiem und chlorfrei gebleichtem Papier.
Printed in Germany

# Inhaltsverzeichnis

Danksagung . . . . . . . . . . 7
Abkürzungsverzeichnis . . . . . . . . . . 8
Tabellen- und Abbildungsverzeichnis . . . . . . . . . . 9

1 Einleitung . . . . . . . . . . 11

2 Konstruktionen und Interpretationen von Jugendkriminalität 22
2.1 Alltagserklärungen der Jugenddelinquenz . . . . . . . . . . 26
2.2 Die Herausforderung der Kriminalanthropologie . . . . . . . . . . 35
2.2.1 Deutschland: Empfänglichkeit . . . . . . . . . . 39
2.2.2 England: Immunität . . . . . . . . . . 47
2.3 Zusammenfassung . . . . . . . . . . 54

3 Die Reformbewegungen und ihre kriminalpolitischen Ansätze 59
3.1 Die liberale Strafpraxis als Auslöser von Reformbemühungen . . 59
3.2 Die Struktur der Reformbewegungen . . . . . . . . . . 66
3.3 ›Erziehung statt Strafe‹ – Die grundlegenden Reformansätze . . . 74
3.4 Reformkonzepte und liberale Traditionen im Diskurs . . . . . . . . . 82
3.4.1 England: *laissez-faire*-Liberalismus und *common law*-Tradition . . . . . . . . . . 85
3.4.2 Deutschland: liberale Strafrechtstradition und der Schulenstreit . . . . . . . . . . 92

4 Zwangserziehung: Aufstieg und Niedergang eines kriminalpolitischen Projekts . . . . . . . . . . 102
4.1. Etablierung und quantitative Entwicklung der Zwangserziehung 105
4.1.1 England . . . . . . . . . . 105
4.1.2 Preußen . . . . . . . . . . 122
4.2 Anspruch und Realität der Erziehungsanstalten . . . . . . . . . . 148
4.2.1 Die Behandlungskonzepte der Reformbewegung . . . . . . . 150
4.2.2 Die Realität der Erziehungsanstalten . . . . . . . . . . 155

4.2.3 Die abschreckende Wirkung der Zwangserziehung als schwerste Strafe ........................ 179
4.3 Wirkungen und Rückwirkungen: Der Niedergang der Zwangserziehung ........................ 187
4.3.1 England ........................ 191
4.3.1.1 Der Bewertungswandel der Zwangserziehung .. 191
4.3.1.2 Zurückdrängung und Modernisierung der Zwangserziehung ........................ 204
4.3.2 Preußen ........................ 215
4.3.2.1 Die Fürsorgeerziehung in der Kritik .......... 215
4.3.2.2 Christlich-konservative Reformabwehr und die Entdeckung der ›Unerziehbarkeit‹ .... 231

5 Vom Einsperren zum Helfen? Die Entwicklung der gerichtlichen Sanktionspraxis ........................ 242
5.1. Der Rückgang der Gefängnisstrafe ........................ 244
5.1.1 England ........................ 244
5.1.2 Deutschland ........................ 256
5.2 Auf der Suche nach dem *short sharp shock*: Die englische Prügelstrafe ........................ 263
5.3 Strafe in der Schwebe: Sanktionsverzicht und Bewährungsstrafe ........................ 271
5.3.1 England ........................ 275
5.3.1.1 Die traditionelle Bedeutung des Strafverzichts .. 275
5.3.1.2 Bewährungsstrafe ........................ 279
5.3.2 Deutschland ........................ 294
5.3.2.1 Vorbestraft ohne Strafe: Der Verweis ......... 294
5.3.2.2 Bewährungsstrafe als landesherrliche Gnade ... 296
5.3.2.3 Vormundschaftliches Verfahren als Alternative .. 303
5.3.2.4 Anspruch und Realität der Schutzaufsichten ... 314
5.3.3 Trend zur Diversion? Informelle Behandlung durch die Polizei ........................ 319

6 Zusammenfassung ........................ 330

Quellen- und Literaturverzeichnis ........................ 352

# Danksagung

Diese Arbeit wurde 1998 vom Fachbereich III der Universität Trier zur Promotion angenommen und liegt hier in einer gekürzten Fassung vor. Sie ist das Ergebnis einer doppelten Grenzüberschreitung: Zum einen überschreitet die Studie thematisch die Grenzen der akademischen Disziplinen Geschichte, Rechtswissenschaft und Soziologie, zum anderen räumlich die Grenzen des eigenen Landes. Den Anstoß zum internationalen Vergleich verdanke ich ebenso wie die finanzielle Förderung im Rahmen eines Promotionsstipendiums dem DFG-geförderten Graduiertenkolleg ›Westeuropa in vergleichender historischer Perspektive‹ an der Universität Trier.

Mein Dank geht zuerst an Professor Günter Birtsch für seine liberal-wohlwollende Betreuung der Promotion sowie an den Zweitgutachter Professor Lutz Raphael. Für hilfreiche Gespräche im Verlauf der Arbeit habe ich Jürgen Herres, Frank Kebbedies, Alfons Kenkmann, Bernd Kölling, Hans Malmede, Josef Mooser, Herbert Reinke und Barbara Weinberger zu danken. Teile der Arbeit gelesen, korrigiert und kommentiert haben Anke Hassel, Dörte Janzen, Bernd Kölling, Ruth Meßmer, Herbert Reinke, Arno Schiffert, Jörg Stattaus und Antje Weger; ein besonderer Dank geht an Edward R. Dickinson. Für die Hilfe bei der Textfertigstellung danke ich Ruth Meßmer. In den Archiven und Bibliotheken haben mich viele Menschen bei meinen Quellen- und Literaturrecherchen unterstützt, denen ich ebenfalls danken möchte. Für die Unterstützung meiner Forschungsaufenthalte in England danke ich Hugh Williamson und für vielfältige Unterstützungen meiner Mutter Gertraud Oberwittler.

Schließlich danke ich meiner Frau Dörte Janzen für ihre großartige Unterstützung und Zuversicht über einen langen Zeitraum hinweg. Ihr widme ich meine Arbeit.

Dietrich Oberwittler — Freiburg, März 2000

# Abkürzungsverzeichnis

| | |
|---|---|
| ALR | Allgemeines Landrecht |
| BGB | Bürgerliches Gesetzbuch |
| COS | Charity Organization Committee |
| CSSH | Comparative Studies in Sociology and History |
| FEG | Fürsorgeerziehungsgesetz |
| GG | Geschichte und Gesellschaft |
| GVG | Gerichtsverfassungsgesetz |
| IKV | Internationale Kriminalistische Vereinigung |
| KZfSS | Kölner Zeitschrift für Soziologie und Sozialpsychologie |
| LSPCC | Liverpool Association for the Prevention of Cruelty to Children |
| MschrKrimPsych | Monatsschrift für Kriminal-Psychologie und Strafrechtsreform |
| NAPSS | National Association for the Promotion of the Social Sciences |
| NSPCC | National Society for the Prevention of Cruelty to Children |
| PP | Past and Present |
| RKrimSt | Reichskriminalstatistik |
| RStGB | Reichsstrafgesetzbuch |
| RStPO | Reichsstrafprozeßordnung |
| VSWG | Vierteljahresschrift für Sozial- und Wirtschaftsgeschichte |
| ZB | Zentralblatt für Vormundschaftswesen |
| ZNR | Zeitschrift für neuere Rechtsgeschichte |
| ZStW | Zeitschrift für die gesamte Strafrechtswissenschaft |

# Tabellen- und Abbildungsverzeichnis


Tab. 4.1: Preußen, 1901 - 1923. Einweisungen in Fürsorgeerziehung . 139

Tab. 4.2: Preußen 1906 - 1909. Vormundschaftliche Anordnungen nach dem Fürsorgeerziehungsgesetz (FEG) und sonstige zivilrechtliche Anordnungen nach BGB ............................ 145

Tab. 4.3: Preußische Städte, ca. 1901 - 1906. Von den Fürsorgeausschüssen untersuchte Fälle und gerichtliche Anordnungen von FE ... 147

Tab. 4.4: Preußen, 1902 - 1910. Fürsorgeerziehung, Anzahl der jährlichen Entweichungen aus Anstalten und Familien ............ 178

Tab. 5.1: Deutsches Reich, 1889 - 1912. Strafformen bei jugendlichen Verurteilten nach Delikten ............................ 260

Tab. 5.2: England & Wales, 1857-1923. Diebstahlsdelikte von Jugendlichen unter 16 Jahren nach Behandlungsformen ....... (Anhang) 348

Tab. 5.3: Leeds, 1879-1880: Sanktionsentscheidungen bei Eigentumsdelikten Jugendlicher nach Altersgruppen .................. 266

Tab. 5.4: Preußen, 1895 - 1914. Bedingte Begnadigungen .......... 300

Tab. 5.5: Deutsches Reich, 1894-1914. Jugendliche Angeklagte nach Sanktionsformen, alle Delikte .................... (Anhang) 350

Abb. 4.1: England und Wales, 1856-1923. Jährliche Einweisungen in Zwangserziehungsanstalten ........................... 113

Abb. 4.2: England & Wales, 1893. Einweisungen in *industrial schools* 115

Abb. 4.3: England & Wales und Preußen, 1855 - 1930. Jährliche Einweisungen in Zwangserziehung ........................... 141

Abb. 4.4: Preußen, 1906. Vormundschaftliche Anordnungen nach dem Fürsorgeerziehungsgesetz (FEG) und nach BGB ............ 146

Abb. 5.1: England & Wales, 1856 - 1921. Jährliche Einweisungen in Gefängnisse nach Altersgruppen .......................... 249

Abb. 5.2: England & Wales, 1861 - 1923. Diebstahlsdelikte von Jugendlichen in Polizeigerichten nach Behandlungsformen ........ 276

# 1 Einleitung

*Einführung in das Thema*

Im Zentrum dieser Arbeit steht die Entwicklung der Jugendkriminalpolitik in Deutschland und England von der Mitte des 19. Jahrhunderts bis zu Beginn der 1920er Jahre. Unter dem Einfluß von Reformbewegungen vollzog sich in dieser Zeitspanne in den meisten europäischen Ländern und in den USA ein deutlicher Wandel der Behandlung jugendlicher Delinquenten, der durch die Etablierung gesonderter Rechtsnormen und Sanktionsformen und eine Zurückdrängung des klassischen Strafrechts zugunsten wohlfahrtsstaatlicher Instrumente gekennzeichnet war. Mit dem Begriff ›Jugendkriminalpolitik‹ ist die Summe dieser staatlich organisierten Reaktionsformen auf kindliches und jugendliches Fehlverhalten von der theoretischen Formulierung übergeordneter Konzepte bis hin zur praktischen Anwendung einzelner Sanktionen gemeint.

Unter dem Leitmotiv ›Erziehung statt Strafe‹ wurde die Behandlung jugendlicher Delinquenten zu einem Experimentierfeld neuer kriminalpolitischer Ansätze, die die Jugendkriminalpolitik bis heute prägen. Das Credo dieser Reformen faßte die englische *Times* 1914 so zusammen: *»We are out of the realm of penology as once understood. We are face to face with a difficult educational problem.«*[1] Zwei Jahre zuvor hatte der Reformer und Jugendrichter Julius Landsberg auf dem deutschen Jugendgerichtstag ausgerufen: *»Die Wirksamkeit der staatlichen Strafe ist ein Wahn, von dem sich die Zukunft abwenden wird wie von Folter und Hexenprozeß [...] Für die Jugend nicht Strafe, sondern nur Erziehung!«*[2] Die Widersprüchlichkeiten und Probleme,

---

1 *The Times*, 8. 7. 1914, S. 9.

2 J. Landsberg, Diskussionsbeitrag, in: Deutsche Zentrale für Jugendfürsorge (Hg.), Verhandlungen des dritten deutschen Jugendgerichtstages, S. 95.

die sich aus dieser Zielrichtung der Reformbewegungen ergaben, bestimmen noch heute ganz wesentlich die Suche nach den angemessenen Behandlungsformen jugendlicher Delinquenz und sollen daher auch, wie im Titel der Arbeit kenntlich gemacht, als Ansatzpunkt für die Analyse der historischen Veränderungen der Jugendkriminalpolitik dienen. Dabei verfolgt diese Arbeit das Ziel, die Reformansätze konsequent mit den Erfahrungen der *Praxis* zu konfrontieren und durch die Berücksichtigung verschiedener Sanktionsformen, die in der Forschung häufig isoliert behandelt werden, zu einer Gesamtinterpretation der historischen Entwicklung der Jugendkriminalpolitik zu gelangen. Der internationale Vergleich ermöglicht es, verschiedene Varianten und Entwicklungspfade der modernen Jugendkriminalpolitik herauszuarbeiten und mit unterschiedlichen gesellschaftlichen Rahmenbedingungen in Beziehung zu setzen.

Trotz des Bemühens um Interdisziplinarität kann diese Arbeit ihre große Nähe zur Sozialgeschichte wohl nicht verbergen. Allerdings liegt das Thema eher am Rande der abgesteckten Felder der deutschen Sozialgeschichtsforschung, die aus verschiedenen Gründen die Themen abweichendes Verhalten und soziale Kontrolle sowie modernisierungs*kritische* Interpretationsansätze zur Entwicklung des Wohlfahrtsstaates weitaus zögerlicher aufgegriffen hat als z.B. die angelsächsische.[3] Noch heute werden wesentliche Beiträge zur historischen Kriminalitätsforschung in Deutschland nicht von deutschen, sondern von englischen und amerikanischen Historikern geliefert.[4] Für die vorliegende Studie bedeutet diese Situation, daß sie ihre Anregungen eher von der angelsächsischen Sozialgeschichtsforschung und von den sozialwissenschaftlichen Fachdisziplinen erhalten hat.

3 Siehe dazu Crew, Alltagsgeschichte; Iggers, Deutsche Geschichtswissenschaft; ders., Geschichtswissenschaft im 20. Jahrhundert; Kocka (Hg.), Sozialgeschichte. Zur historischen Kriminalitätsforschung in Deutschland: Schwerhoff, Aktenkundig.

4 Evans, Rituals; ders., Szenen; ders. (Hg.), Underworld; vgl. Johnson, Urbanization; Spencer, Police.

*Interpretationsansätze: Soziale Kontrolle, Sozialdisziplinierung, kulturelle Hegemonie*

Als übergeordneter Interpretationsrahmen der (Jugend-)Kriminalpolitik im Kontext der wohlfahrtsstaatlichen Entwicklung hat das Konzept der ›sozialen Kontrolle‹ (*social control*) eine überragende Stellung erlangt.[5] Die Karriere des Begriffes soziale Kontrolle begann in der amerikanischen Soziologie, wo er zunächst als allgemeiner Ausdruck einer erwünschten Bindungskraft der Individuen an die Normen der Gesellschaft, also noch ohne negative Konnotation verwandt wurde. In den 1960er und 70er Jahren erlangte der Begriff einen gesellschaftskritischen, teilweise neomarxistisch untermauerten Bedeutungsgehalt und prägte sowohl die gegenwartsorientierte als auch die historische Sozialforschung.

In den sozialwissenschaftlichen Fachdisziplinen wurden unter dem Einfluß des sozialen Kontroll-Konzepts Ausmaß und grundsätzliche Rechtfertigung staatlicher Sanktionen gegen abweichendes Verhalten insbesondere bei Jugendlichen zunehmend in Frage gestellt.[6] Dabei spielten empirische Erkenntnisse der kriminologischen Forschung eine wichtige Rolle, die zum einen den ubiquitären und episodenhaften Charakter der Jugenddelinquenz und zum anderen die geringe Effizienz oder sogar Schädligkeit von Sanktionen betonen. Aus der daraus abgeleiteten Perspektive eines weitgehenden Non-Interventionismus (der mittlerweile selbst in die Defensive geraten ist) erschien im historischen Rückblick auch die Reformbewegung des Jugendstrafrechts und ihr Erziehungsgedanke in einem wesentlich ungünstigeren Licht. Beispielhaft hierfür ist Anthony Platts kritische Bewertung der amerikanischen *Child Savers* aus dem Jahr 1969:

»The child savers should in no sense be considered libertarians or humanists: [...] They promoted correctional programs requiring longer terms of imprisonment, long hours of labor and militaristic discipline, and the inculcation of middle-class values and lower-class skills.«[7]

---

5 Cohen u. Scull (Hg.); Hahn; Janowitz; Melossi, State, Sack, Kontrolle.
6 Albrecht u. Ludwig-Mayerhofer (Hg.); Dünkel et al. (Hg.); Kerner (Hg.).
7 Platt, S. 176.

In Deutschland steht Michael Voß´ Studie ›Jugend ohne Rechte‹ für diese Kritik.[8] Traditionell als humanitäter Fortschritt gewürdigt, wurde die Durchsetzung des Erziehungsprinzips in der Jugendkriminalpolitik nun für eine Intensivierung der sozialen Kontrolle und eine effektive Schlechterstellung jugendlicher gegenüber erwachsenen Delinquenten verantwortlich gemacht.[9] Diese bis heute aktuelle Kritik bezieht sich nicht nur auf den Umstand, daß jugendliche Straftäter zu längeren freiheitsentziehenden Sanktionen verurteilt werden als erwachsene, sondern auch auf die Praxis der ambulanten Maßnahmen und auf die Informalisierung des Strafverfahrens.[10] Die Erziehungsideologie legitimiere, so die Kritik, jegliche Interventionen als Wohltat im Interesse der betroffenen Jugendlichen und erodiere die Rechtsstaatlichkeit. Doch was als Hilfe und Erziehung gemeint ist, kann sich in der Praxis als Kontrolle und Strafe auswirken, da, so der Kriminologe Wolfgang Heinz, »bis heute umstritten [ist], sowohl was ›Erziehung‹ als auch was ›Strafe‹ im Jugendstrafrecht genau heißt.«[11] Die kritische Perspektive der gegenwartsorientierten Fachwissenschaften soll in dieser Studie auf den historischen Zeitraum übertragen werden.

In der Sozialgeschichtsforschung wurde der Ansatz der sozialen Kontrolle aufgegriffen und auf die Entstehung und Absicherung der bürgerlichen (Klassen-)Gesellschaft hin verallgemeinert. Soziale Kontrolle stand in dieser Interpretation im Kern für eine mehr oder weniger repressive Durchsetzung bürgerlicher Verhaltensnormen in den Unterschichten mit Hilfe staatlicher Machtinstitutionen und zum Zwecke der Stabilisierung der bürgerlichen Klassenherrschaft. Der historische Prozeßcharakter der gezielten Durchsetzung bürgerlicher Verhaltensformen in den unteren Schichten seit der frühen Neuzeit wird noch stärker in dem Konzept der ›Sozialdisziplinierung‹ betont, das in seiner deutschen Variante auf den Historiker Gerhard Oestreich zurück-

8 Voß, Jugend; vgl. Ahlheim et al.

9 Cornel, Erziehung; Frehsee, Incompatibility; Heinz, Abschaffung; Pfeiffer, Forschungen.

10 Ludwig, Diversion; Ludwig-Mayerhofer, Strafrecht; Voß, Efficiency.

11 Heinz, Abschied, S. 124.

geht;[12] aber auch Edward P. Thompson sprach im selben Zusammenhang schon 1963 von dem *»process of social discipline«.*[13]

Das Konzept der sozialen Kontrolle war von Anfang an umstritten und zog in den 1980er Jahren zunehmende Kritik auf sich. Der häufig geäußerte Vorwurf, daß es durch die Anwendung auf fast alle Felder des Wohlfahrtsstaates bis hin zur Säuglingspflege überzogen und damit entwertet worden sei, trifft auf den Gegenstand dieser Arbeit, der einen Kernbereich der staatlichen Gewaltausübung berührt, sicherlich nicht zu.[14] Im Gegenteil ist gerade die Jugendkriminalpolitik, wie sie von den Reformern im späten 19. und frühen 20. Jahrhundert konzipiert und teilweise realisiert wurde, dadurch gekennzeichnet, daß sie sich in einem unscharfen Grenzgebiet zwischen Strafrecht und Sozialpolitik ausdehnte, und daß auch ihre wohlfahrtsstaatlichen Elemente definitionsgemäß stets die Eindämmung und Kontrolle des abweichenden Verhaltens Jugendlicher bezweckten. Schwerer wiegt die Kritik, daß durch eine holzschnittartige und a priori negative Interpretation des Wohlfahrtsstaates die alte fortschrittsoptimistische Orthodoxie durch eine neue, pessimistische Orthodoxie ersetzt worden sei.[15] Zurecht wiesen Sozialhistoriker die Vorstellung zurück, die Verbreitung bürgerlicher Verhaltensnormen und Moralvorstellungen in den unteren Schichten sei ausschließlich gegen Widerstände und unter Zwang erfolgt. F. M. L. Thompson betonte das freiwillige Streben und die Fähigkeit der englischen Unterschichten zur Übernahme bürgerlicher Lebensstile:

»The working classes did not need to be told that family life was important, that honest toil was better than loafing, or that saving for a raining day was sensible [...] the working class was eminently capable of generating its own cultural evolution and development in response to aspirations and needs experienced by different groups within it.«[16]

Detlev Peukert hat, diesem Trend folgend, in seinem 1986 erschienenen Buch ›Die Grenzen der Sozialdisziplinierung‹ am Beispiel der Fürsorgeerziehung

---

12 Oestreich; vgl. dazu Breuer, Sozialdisziplinierung; Dinges, Armenfürsorge; Lottes; Sack, Kontrolle; Schwerhoff, Devianz.

13 Thompson, Making, S. 442.

14 Cohen, Talk, S. 101; Sack, Kontrolle, S. 28f.

15 van Krieken, S. 17ff.

16 Thompson, Control, S. 196; ebenso Wiener, Rezension von Donajgrodzki (Hg.), in: Journal of Social History 12/1978-79, S.314-321.

versucht, die emanzipatorischen Qualitäten und pathologischen Wirkungen des modernen Wohlfahrtsstaates gegeneinander abzuwägen und dabei den Ansatz der sozialen Kontrolle zwar bestätigt, jedoch die Foucaultsche Vorstellung der modernen Gesellschaft als einer »immer lückenloser kontrollierten Gefängniswelt« abgelehnt.[17]

Die Anhänger dieses differenzierteren Interpretationsansatzes, der heute vor allem im angelsächsischen Raum verbreitet ist, haben ihre theoretische Fundierung in dem auf Antonio Gramsci zurückgehenden Konzept der ›kulturellen Hegemonie‹ gefunden.[18] Der Begriff der kulturellen Hegemonie meint die Fähigkeit einer dominanten sozialen Schicht oder Gruppe, auch die unteren sozialen Schichten von ihrer sozialen und kulturellen Führungsrolle zu überzeugen und damit die allgemeine Geltung ihrer Werte in der Gesellschaft zu verbreitern. Dabei steht die Überlegung im Mittelpunkt, daß der Prozeß der Sozialdisziplinierung nicht ausschließlich durch Zwang und nicht einseitig ›von oben‹, sondern vielmehr in einem zwar konfliktreichen, aber letztlich nicht völlig ohne Konsens denkbaren Interaktionsprozeß zwischen den gesellschaftlichen Klassen stattfand.[19] Dies schließt mit ein, daß die Institutionen der sozialen Kontrolle in der Regel keinen ausschließlichen Zwangscharakter hatten, sondern ›von unten‹ akzeptiert oder gar für eigene Strategien instrumentalisiert wurden, wie Peter King und Jennifer Davis für englische Strafgerichte im 18. und 19. Jahrhundert oder Mary Odem und Eric Schneider für die amerikanischen Jugendgerichte im 19. und frühen 20. Jahrhundert gezeigt haben.[20] Die Relevanz dieses Interpretationsansatzes wird besonders bei den Reformansätzen der Jugendkriminalpolitik deutlich, die – wie beispielsweise die Bewährungsstrafe – auf ein Mindestmaß an Konsens zwischen den Instanzen der sozialen Kontrolle und den Jugendlichen bzw. ihren Familien setzten.

Naturgemäß ist die Perspektive ›von unten‹ auf die Interaktionsprozesse zwischen den Kontrollinstanzen und ihren Objekten in einer historischen Studie schwer umzusetzen. Dennoch soll in dieser Arbeit ein besonderes Augenmerk auf die Wirkungen der verschiedenen Sanktionsformen in der Praxis

17 Peukert, Grenzen.

18 Gramsci, Gefängnishefte. Vgl dazu: Lears; Williams; Schneider, Web, S. 193; für die deutsche Rezeption siehe Herkommer; Kift, Arbeiterkultur, S. 19 Leggewie.

19 Vgl. Bellamy u. Schechter, insb. S. 112 - 133.

20 Davis, System; King, Decision-Makers; Odem, Daughters; Schneider, Web.

gelegt und gefragt werden, welche Rückwirkungen die unterschiedlichen Reaktionen der Betroffenen auf den Charakter und die Entwicklung der Jugendkriminalpolitik hatten.

*Fragestellungen*

Das bis heute virulente Spannungsverhältnis zwischen den Behandlungsmaximen Strafe und Erziehung erweist sich als ein geeigneter Ansatzpunkt für die Analyse der historischen Entwicklung der Jugendkriminalpolitik in Deutschland und England. Das Ziel ist, ausgehend von den theoretischen Konzepten und den Diskursen der Reformbewegungen (Kap. 2 und 3) auf einer breiten empirischen Basis zu überprüfen, wie sich die Kontroll*praxis* unter dem Einfluß dieser Reformkonzepte verändert hat (Kap. 4 und 5). Die Bedeutung der Praxis für den Charakter der Jugendkriminalpolitik wird besonders deutlich, wenn man die relativ eng geknüpften deutschen Strafrechtsnormen mit dem wesentlich weiteren und flexibleren Rahmen des englischen Strafrechts vergleicht. Während die Diskurse und Reformkonzepte ebenso wie die historische Entwicklung der Rechts*normen* für Deutschland bereits untersucht worden sind, haben die Veränderungen der Sanktionspraxis bislang nur geringe Aufmerksamkeit erhalten.[21] In England ist der Forschungsstand u.a. dank der monumentalen Arbeit von Leon Radzinowicz und Roger Hood besser, die jedoch weitgehend der traditionellen, fortschrittsoptimistischen Bewertung der Entwicklung der Kriminalpolitik folgt.[22] Da sich die Gestaltung der Sanktionspraxis letztlich auf der lokalen Ebene vollzog, legt diese Arbeit großen Wert auf eine Rekonstruktion der Kontrollpraxis mit Hilfe quantitativer und qualitativer Quellen. Dazu werden neben amtlichen Veröffentlichungen auch gedruckte Quellen und Archivmaterial, auch auf der lokalen Ebene, in die Analyse miteinbezogen. Dabei handelt es sich – wie meist bei historischen Studien – um eine nicht-repräsentative und eher fragmentarische Datengrundlage. Die ausgewählten Regionen sind in Deutschland das Ruhrgebiet und der Regierungsbezirk Düsseldorf und in England die Industrieregionen in Lancashire und West Yorkshire.

---

21 Eine Ausnahme ist Wolff u. Dörner.
22 Radzinowiz u. Hood; vgl. die kritische Rezension von Wiener, March.

Untersucht werden soll im einzelnen, wie sich die Konzepte der Reformer und ihr Einsatz für den Erziehungsgedanken auf die Praxis der Behandlung jugendlicher Delinquenten ausgewirkt haben, wobei der Bedeutung der unterschiedlichen Rechtstraditionen auf die Umsetzung von Reformkonzepten in England und Deutschland besondere Aufmerksamkeit geschenkt wird. Wie nutzten die Richter als die zentralen Figuren der justiziellen Kontrollpraxis neue rechtliche Möglichkeiten und größere Freiräume für individuell angepaßte Sanktionsentscheidungen? Stimmte ihr Verständnis und ihre Handhabung der Reformelemente mit den großen Konzepten der Reformbewegung überein? Führte der Kampf gegen die Gefängnisstrafe zu einer Befreiung jugendlicher Straftäter von einer schädlichen und inhumanen Sanktionsform, wie es die Reformer behaupteten? Wodurch wurde die Gefängnisstrafe ersetzt, und welchen Charakter hatte die als ›Wohltat‹ konzipierte Zwangserziehung? Für welche Delinquenten kamen die verschiedenen Varianten des bedingten oder unbedingten Sanktionsverzichts in Frage, und wann und unter welchen Umständen entwickelten sich diese ambulanten Sanktionsformen zu einer Alternative zu Gefängnis und Erziehungsanstalt? Liegen hier möglicherweise Wurzeln der modernen Diversionsstrategien? Wie entwickelte sich insgesamt die Schärfe und Intensität der sozialen Kontrolle durch die verschiedenen Veränderungen in der Sanktionspraxis? Führte die Umsetzung des Erziehungsparadigmas insgesamt zu einer Verminderung oder eher zu einer Erhöhung der sozialen Kontrolle der Jugendlichen?

Die Zwangserziehung ist für die Entwicklung der Jugendkriminalpolitik im untersuchten Zeitraum zweifelsohne von großer Bedeutung, weshalb sie in dieser Arbeit auch ausführlich behandelt wird (Kap. 4); eine ausschließliche Konzentration auf diese Sanktionsform – wie in Detlev Peukerts und zuletzt auch in Marcus Gräsers Studie[23] – , die niemals mehr als ein Fünftel der Sanktionsentscheidungen ausgemacht hat, ist jedoch bei der angestrebten Analyse der Gesamtentwicklung der Jugendkriminalpolitik nicht sinnvoll.

Die Entwicklung der Jugendkriminalpolitik soll über die konkreten Einzelaspekte hinaus in einen größeren historischen und gesellschaftlichen Kontext eingeordnet werden. Hierbei waren die Studien David Garlands, der die Einbettung der Kriminalpolitik in die Entwicklung des modernen Wohlfahrtsstaa-

23 Siehe auch Blum-Geenen; Kuhlmann; Priem.

tes herausgearbeitet hat, ein wichtiges Vorbild.[24] Der Vergleich zwischen Deutschland und England eröffnet durch die Erzeugung von Varianz auf der Makroebene eine zusätzliche Dimension, die sowohl die Generalisierung von Gemeinsamkeiten als auch Hypothesen über die Ursachen und Wirkungen nationaler Abweichungen ermöglicht.[25] In dieser Studie zielt der Vergleich zwischen Deutschland und England vor allem darauf ab, Erklärungen für die Abweichungen – bei grundsätzlicher Ähnlichkeit der untersuchten Phänomene – in der historischen Entwicklung der Jugendkriminalpolitik in beiden Ländern zu finden.

Bei der Reform der Jugendkriminalpolitik handelte es sich um ein internationales Phänomen, das in den meisten europäischen Ländern und in Nordamerika denselben Grundprinzipien folgte und von denselben Motivationen getragen wurde. Aus der Perspektive der langfristigen historischen Entwicklung des 19. und 20. Jahrhunderts betrachtet und grob vereinfacht führten diese Reformen zunächst zu einer Intensivierung und Ausweitung freiheitsentziehender Sanktionen vor allem in den verschiedenen Varianten der Zwangerziehung. Im 20. Jahrhundert kam es zu einer gegenläufigen Entwicklung, nämlich zu einem Nachlassen der Sanktionshärte und zu einer verstärkten Anwendung ambulanter Sanktionsformen, deren wichtigste die Bewährungsstrafe war, bzw. zu einer Ersetzung kriminalpolitischer Sanktionen durch wohlfahrtsstaatliche Instrumente.[26] Daß sich der Übergang von stationären zu ambulanten und von eher repressiven zu eher kooperativen Behandlungsansätzen der Jugenddelinquenz in Deutschland nur schleppend und unvollkommen vollzog, ist – soweit kann den Ergebnissen dieser Arbeit vorgegriffen werden – eines der wesentlichen Unterschiede in der Entwicklung der deutschen im Vergleich zur englischen Jugendkriminalpolitik. Die verzögerte Abkehr von der Zwangserziehung erhält ihr besonderes historisches Gewicht dadurch, daß sie als eine Ursache der krisenhaften Entwicklung der Jugendkriminalpolitik in der Endphase der Weimarer Republik gelten kann.

Diese ›Krise der Fürsorgeerziehung‹ ist nicht nur von Detlev Peukert, sondern auch in mehreren neueren sozialgeschichtlichen Studien intensiv themati-

---

24 Garland, Punishment and Welfare; ders., Punishment and Society.

25 Rokkan; Immerfall, Einführung; Tilly, Structures. Aus sozialhistorischer Sicht: Brambussche; Kaelble, Sozialgeschichte; Kocka, Research.

26 Vgl. Rollet; ähnlich Kersten, Jugend›kriminalität‹, S. 179ff.

siert worden.[27] Dabei steht die bereits erwähnte These Peukerts im Mittelpunkt, daß die totalitäre Entwicklung der Jugendkriminalpolitik, die sich in der Endphase der Weimarer Republik andeutete und im Nationalsozialismus realisiert wurde, bereits im Erziehungsgedanken der Reformkonzepte des späten 19. und frühen 20. Jahrhunderts angelegt gewesen sei. In formaler Hinsicht handelt es sich hier um eine generalisierende Hypothese, mit der Peukert auf das »Janusgesicht der Moderne« hinweisen wollte.[28] Obwohl sich die Aussagekraft dieser Hypothese durch die Anwendung auf andere Länder im Falle gleichgerichteter Entwicklungen bedeutend erhöhen und andernfalls entsprechend verringern würde, sind weder Peukert noch der gegen ihn argumentierende Marcus Gräser auf die Idee gekommen, die historische Entwicklung der deutschen Jugendkriminalpolitik mit der anderer Länder zu vergleichen. Der hier realisierte Vergleich zwischen Deutschland und England ist deshalb eine Chance, dieser Diskussion über die historischen Wurzeln der ›Krise der Fürsorgeerziehung‹ in der Weimarer Republik einen neuen Aspekt hinzuzufügen. Wie im Laufe der Arbeit gezeigt werden soll, sind die Ursachen der krisenhaften Entwicklung in Deutschland weniger in einem den Reformkonzeptionen immanenten totalitären Potential, sondern eher in einer Reihe von Faktoren zu suchen, die für den deutschen, nicht aber für den englischen Kontext spezifisch waren. Diese lagen nicht nur auf der Ebene des deutschen Rechtssystems, das sich von dem englischen deutlich unterschied, sondern mehr noch auf der Ebene des gesellschaftlichen Kontextes, und waren in den angespannten Sozialbeziehungen zwischen Unterschichten und Bürgertum und in der Wahrnehmung sozialer Probleme durch relevante Gruppen und Schichten begründet.

Bei der Interpretation der Ergebnisse konnte diese Arbeit sehr von den neueren Forschungen angelsächsischer Historiker und historisch orientierter Kriminologen profitieren, die auf verschiedenen Ebenen die Bedeutung gesellschaftlicher Rahmenbedingungen für die historische Entwicklung der Kriminalpolitik herausgearbeitet haben. So hat der Kriminologe Geoffrey Pearson auf die Funktion der gesellschaftlichen Besorgnis über Jugendkriminalität als eine Metapher für tieferliegende Verunsicherungen angesichts sozialen Wan-

---

27 Peukert, Grenzen; Gräser; Dickinson; Harvey.
28 Peukert, Grenzen, S. 305; vgl. Crew, Pathologies.

dels hingewiesen;[29] die damit verbundenen Phasen zu- bzw. abnehmender gesellschaftlicher Anspannungen haben Martin Wiener und in ähnlicher Weise Marie-Christine Leps mit den repressiveren bzw. liberaleren Entwicklungstendenzen des kriminologischen Denkens und der Kriminalpolitik in Beziehung gesetzt.[30] Die Ergebnisse dieser Studien ebenso wie die bereits erwähnten von David Garland haben den Interpretationsrahmen dieser Arbeit entscheidend mitbeeinflußt. Sie zeigen, daß die historische Entwicklung von Kriminalität und sozialer Kontrolle besonders fruchtbar in allgemeineren gesellschaftlichen Kontexten analysiert werden kann.

29 Pearson, Hooligans; ders., Novelty; vgl. auch Cohen, Folk Devils.
30 Leps; Wiener, Criminal.

# 2 Konstruktionen und Interpretationen von Jugendkriminalität

Daß Kriminalität kein spezifisches Phänomen einer historischen Epoche oder Gesellschaftsform ist, sondern eine unvermeidliche Folge jeglicher sozialer Ordnung, gehört seit Emile Durkheims Satz von der ›Normalität des Verbrechens‹ zu den Grundüberzeugungen der Fachwissenschaft.[1] Dabei hat sich die Auffassung weitgehend durchgesetzt, daß soziale Verhaltensweisen nicht *an sich* delinquent sind, sondern diese Eigenschaft erst durch gesellschaftliche Bewertungen und Zuschreibungen vermittelt wird, daß Kriminalität also ein soziales Konstrukt ist. Angesichts der historischen Wandelbarkeit von Kriminalitätsdefinitionen und Mechanismen der sozialen Kontrolle verwundert es nicht, daß dieser Definitionsansatz gerade in der historischen Kriminalitätsforschung auf fruchtbaren Boden gefallen ist, die mit wenigen Ausnahmen nicht das delinquente Verhalten, sondern Definition, Bewertung und Behandlung delinquenten Verhaltens durch die Gesellschaft thematisiert.[2] Auch im internationalen Vergleich wird die Variabilität von Kriminalitätsdefinitionen augenfällig. Vergleicht man zum Beispiel die Jugendkriminalstatistiken Deutschlands und Englands am Ende des 19. Jahrhunderts, so lag die deutsche Belastungsziffer aufgrund unterschiedlicher Justizsysteme, Alters- und Deliktdefinitionen rund fünfmal so hoch wie die englische. Damit ist jedoch keineswegs schon erwiesen, wie dies von der historischen Kriminalitätsforschung mehrheitlich behauptet wird, daß sich in der historischen Kriminalstatistik nicht *auch* eine Ebene ›realer‹ sozialer Probleme abbildet, die einer methodisch angepaßten Analyse ebenfalls zugänglich ist.[3]

1 Durkheim.
2 Für einen aktuellen Überblick siehe Schwerhoff, Aktenkundig.
3 Thome, Modernisierung.

Der thematische Schwerpunkt dieser Arbeit liegt jedoch nicht auf der Analyse der Jugenddelinquenz selbst oder ihrer Definitionsprozesse, sondern auf der Analyse der Reaktionsformen auf Jugenddeliquenz im Rahmen der staatlichen Sozialkontrolle. Während quantitative oder qualitative Erkenntnisse über Struktur und Entwicklung der Jugenddelinquenz in dieser Arbeit daher nur ganz am Rande berücksichtigt werden, sollen die Entwicklung des zeitgenössischen Diskurses über Jugenddelinquenz sowie die Wahrnehmungen und Interpretationen, aus denen das soziale Problem ›Jugendkriminalität‹ konstruiert wurde, ausführlicher untersucht werden. Denn die Auffassungen über Schwere und Ursachen von Jugenddelinquenz beeinflussten notwendigerweise die jeweiligen Behandlungsstrategien; kriminologisches Denken und kriminalpolitische Ansätze waren eng miteinander verbunden.

Im Vergleich der zeitlichen Phasen und der beiden Länder fallen sowohl Übereinstimmungen als auch große Unterschiede in den Wahrnehmungsmustern und Diskursen über Jugenddelinquenz ins Auge. Die Übereinstimmungen, die sich selbst bei einem Vergleich mit der Gegenwart zeigen, betreffen vor allem einen Bereich, den ich ›Alltagserklärungen‹ nennen möchte. Damit ist die Ebene konkreter Wahrnehmungen gemeint, die über die historischen Veränderungen hinweg eine gewisse Konstanz aufweisen, wie etwa die Beobachtung des Zusammenhangs zwischen Familiensituation und delinquentem Verhalten.

Dennoch unterliegen die gesellschaftlichen Wahrnehmungs- und Deutungsmuster der Jugendkriminalität nicht weniger – wahrscheinlich sogar mehr – dem sozialen Wandel als das Verhalten der Jugendlichen selbst. Das ›soziale Problem‹ Jugendkriminalität als gesellschaftliches Konstrukt ist das Produkt der Verknüpfung sozialer Phänomene mit Interpretationen und Vermutungen über Ursachen und Zusammenhänge, seien sie religiöser, sozialer oder auch biologischer Art. Eine unvoreingenommene und wertfreie Wahrnehmung der Jugenddelinquenz und ihrer Ursachen ist nicht vorstellbar, weil jede Gesellschaft über ihr jeweiliges kulturelles System verfügt, zu dem auch spezifische Formen der ›Welterklärung‹ gehören.[4] Diese übergeordneten, abstrakten Interpretationsmuster steuern und modifizieren die Alltagsbeobachtungen und All-

4 Vgl. Garland, Punishment and Society, S. 195.

tagserklärungen und produzieren historisch wandelbare Erklärungsansätze der Jugenddelinquenz.

In diesem Sinne reflektiert der Diskurs der Jugenddelinquenz stets übergeordnete Entwicklungen des gesellschaftlichen Bewußtseins.[5] Vor allem englische Sozialhistoriker haben gezeigt, daß das Thema Jugendkriminalität in vielen historischen Epochen als Projektionsfläche für die Artikulation von Zukunftsängsten diente. *»The preoccupation with youth acted as a convenient metaphor for social change«*, faßt Geoffrey Pearson seine Analyse des gesellschaftlichen Diskurses über Jugendkriminalität in England zusammen, die auf das deutsche Beispiel übertragen werden kann.[6] Da die nachwachsende Generation stets die Zukunft einer Gesellschaft verkörpert, eignet sich die Jugendkriminalität besonders als ›Metapher‹ im Diskurs über gesellschaftliche Probleme und drohende Gefahren. *»Wer die Jugend hat, hat die Zukunft«*[7], lautete ein häufig zitiertes Motto im deutschen Kaiserreich. Den Umkehrschluß, die Jugenddelinquenz mit einer Gefährdung der Zukunft in Verbindung zu bringen, zogen und ziehen noch heute besonders diejenigen, die der Zukunft skeptisch und sorgenvoll entgegensehen. Die Klage über das – scheinbar stets zunehmende – Fehlverhalten der Jugend als Ausdruck eines ›Werteverfalls‹ ist daher ein unverzichtbarer Bestandteil des Kulturpessimismus, der gerade in der Mentalitätsgeschichte des späten 19. und frühen 20. Jahrhunderts eine wichtige Rolle spielte.[8] Die Wahrnehmungen und Interpretationen der Jugenddelinquenz wurden mit moralischen, religiösen, sozialen und auch politischen Bewertungen vermengt und ›aufgeladen‹, die mehr über die Befürchtungen der Beobachter als über das reale Verhalten der Jugendlichen und deren Ursachen aussagen.

Dabei signalisieren historische Phasen, in denen die Gefahren der Jugendkriminalität besonders dramatisch wahrgenommen wurden, einen höheren Grad der Anspannung und Besorgnis über gesellschaftliche Veränderungen, während eine gelassenere Bewertung der Jugendkriminalität auf eine geringe-

5 Vgl. allg. Wiener, Criminal, S. 10.

6 Pearson, Novelty, S. 177; vgl. ders., Hooligan; King u. Noel, S. 29; Rosenhaft, Jugendkriminalität, S. 15f.; Wiener, Criminal, S. 11; für die deutsche Forschung siehe Dudek, S. 22.

7 Dehn, Großstadtjugend, S. 1; Hellwig, Kritisches, S. 343: *»Auf unserer Jugend beruht unsere Zukunft.«*. Vgl. Linton, der dieses Motto im Titel seines Buches zitiert.

8 Vgl. Wehler, Gesellschaftsgeschichte, Bd. 3, S. 745ff.

re Krisenwahrnehmung und eine positivere Einstellung zu sozialen Veränderungen hindeutet. Dies gilt nicht nur für das 19. und frühe 20. Jahrhundert, sondern ebenso für die Gegenwart.[9] Verfolgt man die langfristigen Entwicklungen des Diskurses über Jugendkriminalität in England und Deutschland im untersuchten Zeitraum, sind in beiden Ländern solche Phasen der An- und Entspannung feststellbar, die mit gesamtgesellschaftlichen Entwicklungen korrelieren und für die Entwicklung der Jugendkriminalpolitik von größter Bedeutung waren. Die Wahrnehmungs- und Interpretationsmuster und das Maß der gesellschaftlichen Beunruhigung beeinflußten in hohem Maße die Reaktionen des Staates und der herrschenden Schichten auf das soziale Problem Jugendkriminalität. Der Vergleich zwischen Deutschland und England wird zeigen, daß in England die Beunruhigung über Jugendkriminalität früher – nämlich spätestens in der Mitte des 19. Jahrhunderts – spürbar zunahm, und gegen Ende des 19. Jahrhundert in eine Phase der Entspannung überging, die sich nach dem Ersten Weltkrieg beschleunigt fortsetzte. Demgegenüber setzte die Anspannung der gesellschaftlichen Wahrnehmungsmuster in Deutschland erst in den 1870er und 1880er Jahren ein und blieb bis nach dem Ersten Weltkrieg sehr groß.

Das große Thema hinter dem Diskurs über die Jugendkriminalität und ihre Ursachen in der zweiten Hälfte des 19. Jahrhunderts waren die sozialen Folgewirkungen und Gefahren des in England früher als in Deutschland einsetzenden rapiden Industrialisierungs- und Urbanisierungsprozesses, der von vielen Menschen mit Unbehagen und Sorge beobachtet wurde. Im Zentrum der Besorgnis des Bürgertums stand die Herausbildung des städtischen Proletariats als einer neuen sozialen Klasse, deren kulturelle Lebensformen, deren Einstellung zu traditionellen Werten und Autoritäten, deren politische Emanzipation die Stabilität der bürgerlichen Gesellschaft zu gefährden drohten. Der soziale Ort dieser Umwälzungen waren die Arbeiterquartiere der industriellen Großstädte, und die Jugendlichen waren die Altersgruppe, an denen diese sozialen Entwicklungen für die bürgerlichen Beobachter am stärksten sichtbar wurden. In der prototypischen Figur des unerzogenen, autoritätsverachtenden ›Straßenjungen‹ oder ›Halbstarken‹ fokussierten sich diese Besorgnisse – die weibliche Unterschichtsjugend spielte in diesen Problemwahrnehmungen nur

---

9 Reuband, S. 501.

eine nachgeordnete Rolle. Die ›Verwahrlosung‹ der Unterschichtsjungen wurde zu einer Chiffre für die Gefährdung der ganzen Gesellschaft. In der Wahrnehmung der bürgerlichen Beobachter liefen in dieser Diagnose viele Aspekte ineinander, von denen die Straffälligkeit nur einen darstellte. Die Probleme bei der Integration der Unterschichtsjugendlichen in den Arbeitsmarkt sorgten ebenso für Beunruhigung wie ihre Haltung zur Religion und Politik.

Diese verschiedenen Themenkreise des ›Jugendlichen-Problems‹ und die daraus folgenden sozialpolitischen Reaktionen können hier nicht behandelt werden; sie reichen von der wohlfahrtsstaatlichen Regulierung der Jugenderwerbsarbeit bis zu Versuchen, ihre Freizeitgestaltung in staatlich oder unabhängig-bürgerlich organisierte Bahnen zu lenken.[10]

## 2.1 ›Alltagserklärungen‹ der Jugenddelinquenz

Daß die von der formalen Sozialkontrolle erfaßten delinquenten Kinder und Jugendlichen sich überwiegend aus den untersten, ökonomisch schwächsten Schichten rekrutierten und es sich bei den Straftaten ganz überwiegend um Eigentumsdelikte handelte, war ein schwer zu übersehender Grundtatbestand, der einen kausalen Zusammenhang von Armut und Kriminalität nahelegte. Die Auseinandersetzung mit dieser Evidenz prägte den Diskurs über die Ursachen der Kriminalität vom 19. Jahrhundert an, wobei das Bemühen der bürgerlichen Beobachter im Verlauf der zweiten Hälfte des 19. Jahrhunderts zunehmend darauf gerichtet war, die Bedeutung der ökonomischen Aspekte dieses Zusammenhangs niedrig zu bewerten oder sogar ganz zu leugnen.[11]

In der Mitte des 19. Jahrhunderts stieg die Besorgnis über die Jugendkriminalität in England stark an; ebenso wie in Deutschland waren die Kriminalitätsraten in den 1840er Jahren als Folge einer schweren Wirtschaftskrise in die Höhe geschnellt. In den englischen Großstädten hatten sich große Scharen von aufsichts- oder obdachlosen Straßenkindern gesammelt, deren Existenz die Einführung eines staatlichen Zwangserziehungssystems und verschiedener

10 Vgl. allg. für England: Childs; Hendrick, Images; für Deutschland: Linton; Peukert, Grenzen; Reulecke, Sozialreformer.

11 Vgl. Mikinovic, S. 386ff.

philanthropischer Initiativen beschleunigte. Die zeitgenössischen Beobachter in England stellten durchaus einen Zusammenhang zwischen wirtschaftlicher Verelendung und Jugendkriminalität her; ›*destitute*‹ (mittellos) und ›*perishing*‹ (elend) waren zwei der geläufigen Vokabeln, mit denen sie die soziale Lage der delinquenten Unterschichtsjugendlichen beschrieben.[12] Ein Anhänger der bürgerlichen Reformbewegung für die Zwangserziehung stellte die ökonomische Verelendung der Jugendlichen sogar explizit in den Vordergrund: »*Born for the most part in misery from infancy, destitute alike of moral instruction and physical comfort, [...] compelled to endure hunger, or steal - what chance has a child under such circumstances to become honest?*«[13] Das Mitleid dieses Autors für die miserablen Lebensbedingungen der Straßenkinder entsprach durchaus der viktorianischen Sichtweise auf die Bedeutung ungünstiger Umwelteinflüsse für die Jugendkriminalität.[14] Dennoch war es selten, daß materielle Notlagen als Entschuldigung für Eigentumsdelinquenz akzeptiert wurden.[15] Denn im viktorianischen Bürgertum herrschte grundsätzlich die Überzeugung vor, daß Armut ein selbstverschuldetes Schicksal und auf einen Mangel bürgerlicher Tugenden wie Fleiß und Sparsamkeit zurückzuführen sei. Nach Meinung der *Howard Association*, die in sozialpolitischen Fragen die viktorianischen Prinzipien der politischen Ökonomie vertrat, waren »*intemperance and improvidence*«, also Maßlosigkeit, Trunksucht und Verschwendungssucht die eigentlichen Ursachen der Armut.[16] Auch in Deutschland lehnten die bürgerlichen Beobachter eine Entschuldigung der Kriminalität mit Armut ab. Während ein Pfarrer der Rheinisch-Westfälischen Gefängnisgesellschaft 1878 der Armutsthese die schlichte Parole entgegenhielt: »*Wo es aber im Herzen recht bestellt ist, gilt das Wort: ›Noth lehrt beten‹*«[17], vertrat diese Auffassung in differenzierterer Form auch Gustav Aschaffenburg, obwohl dieser selbst auf die statistische Korrelation von ökonomischen Krisen und Diebstahlsdelikten hinwies, dazu aber bemerkte:

---

12 Siehe z.B. Carpenter, Reformatory Schools; Osborne; Neal.

13 Adshead, S. 71.

14 Vgl. Gillis, Geschichte, S. 178ff.; Forsythe, Reform, S. 168.

15 Vgl. jedoch Hill, Price Essay, S. 30f.

16 Howard Association, Annual Report for 1878, S. 18; vgl. Garland, Punishment and Welfare, S. 123ff.

17 Stursberg, S. 27; vgl. Böttcher, S. 96; Morrison, Offender (1895), S. 172.

»Nichts wäre verkehrter als der Schluß, daß jeder Diebstahl eine Verzweifelungstat eines Hungernden oder Frierenden sei [...] Wichtiger als die Not ist die Unfähigkeit, sich den veränderten Verhältnissen anzupassen. Wer gewohnt ist, eine Menge Geld für Vergnügungen auszugeben, kann nicht leicht in schlechten Zeiten sofort davon lassen.«[18]

Diese moralische Verurteilung traf jedoch die delinquenten Jugendlichen weniger hart, da sie nach allgemeiner Auffassung nicht für ihre Erziehung und ihre Lebensumstände verantwortlich zu machen waren. Vor allem die englischen Anhänger der Zwangserziehung betrachteten die delinquenten Kinder und Jugendlichen als Opfer ihrer sozialen Verhältnisse. Die Gallionsfigur der englischen Reformbewegung in der Mitte des 19. Jahrhunderts, Mary Carpenter, stellte fest, die Verbrechen eines Jugendlichen seien *»generally the direct effect of his having been placed in circumstances over which he has no control.«*[19] Dieser auf die Sozialisationsbedingungen fokussierte Erklärungsansatz der Jugenddelinquenz blieb in der zweiten Hälfte des 19. Jahrhunderts und darüber hinaus von entscheidender Bedeutung. Am Ende des 19. Jahrhunderts beschrieb der Kriminologe William Morrison Jugendkriminalität gleichlautend als *»the necessary and natural outcome of the miserable individual and social circumstances of the juvenile offender.«*[20] Zur gleichen Zeit leitete der Staatsanwalt Hugo Appelius das Reformkonzept der Deutschen Gruppe der Internationalen Kriminalistischen Vereinigung (IKV) mit der Überlegung ein, nur der *»angemessen erzogene und an Leib und Seele einigermaßen ausgereifte Mensch«* könne einer strafrechtlichen Verantwortlichkeit unterliegen, doch wüchsen *»eine große Anzahl Kinder ohne die nothwendige Erziehung heran«*[21]. Diese Diagnose der defizitären Erziehung bildete die Grundlage für die kriminalpolitischen Forderungen, jugendliche Delinquenten nicht strafrechtlich zu belangen, sondern stattdessen für die Nachholung ihrer Erziehung in Zwangserziehungsanstalten zu sorgen.

Die moralische Schuld für die Delinquenz der Jugendlichen reichten die zeitgenössischen Beobachter und Sozialreformer an deren Eltern weiter. *»Want of good government at home«*[22] und ein Mangel an *»parental responsi-*

18 Aschaffenburg, Verbrechen, S. 125f. Vgl. mit gleichem Tenor: Klein.
19 zitiert in Radzinowicz u. Hood, S. 168.
20 Morrison, Offenders, S. 180.
21 Appelius, Behandlung, S. 18f.
22 Neal, S. 3 .

*bility«*[23] galten in England als Ursachen der Jugendkriminalität. *›Parental neglect‹* blieb die Standardformel für die elterliche Mitverantwortung an der Fehlentwicklung ihrer Kinder, auch als der Ton der moralischen Entrüstung am Ende des 19. Jahrhundert langsam aus dem Diskurs der Fachleute verschwand.[24] In Deutschland beklagte ein Strafrechtslehrer schon 1828 die *»mit der mangelnden häuslichen Erziehung Hand in Hand gehende, immer mehr zunehmende Auflockerung der Familienbande«*[25], die er für eine Folge der »Civilisation« hielt. Die Verantwortung der Unterschichtsfamilie für die Jugenddelinquenz war ein beherrschendes Thema des kriminologischen Diskurses durch das ganze 19. Jahrhundert und darüber hinaus, auch wenn am Ende des Jahrhunderts die Umwelt-These durch die scheinbar wissenschaftlichen Anlage-Theorien der Kriminalanthropologen ergänzt wurden.[26] In den Augen der bürgerlichen Beobachter war jedoch nicht die materielle Not, in der Eltern ihre Kinder großzogen, das Hauptproblem, sondern die unzureichende Vermittlung von moralischen Begriffen und ein genereller Mangel an Kontrolle und Disziplin in der Kindererziehung. In dieser partiell sicher zutreffenden Diagnose schwang zugleich die tiefe Divergenz zwischen den Lebenswelten des Bürgertums und der Unterschichten und die moralische Überheblichkeit des Bürgertums mit, die in dem ernstgemeinten Vergleich der Unterschichtsfamilien mit den ›Wilden‹ der Kolonialgebiete gipfelte.[27] Aus dieser kulturellen Kluft resultierte das Unvermögen der bürgerlichen Beobachter, bei den Lebensformen und der Alltagskultur der Unterschichten zwischen wirklich kriminogenen Faktoren – z.B. Alkoholismus und desolaten Familienstrukturen – und proletarischer Alltagskultur zu differenzieren. Beengte Wohnverhältnisse und Frauenerwerbstätigkeit waren in den Problemwahrnehmungen zwei immer wiederkehrende Aspekte der Lebensverhältnisse in den Unterschichten, die pauschal als kriminogen eingestuft wurden.

---

23 Howard Association, Offenders (1881), S. 11; Mayhew u. Binny, S. 386.

24 Siehe z.B. Barnett, Delinquents, S. 1; Hey; Parl. Papers, Reformatory and Industrial Schools (1896), S. 22.

25 Julius, S. CXXXIII.

26 Vgl. Mikinovic, S. 387, der den Beginn dieser auf die Familien bezogenen Diskussion erst auf das Ende des 19. Jahrhunderts datiert.

27 Siehe z.B. Valentini, S. 190: *»In den Hütten der Wilden, wo ihr eure Missionare hinsendet, kann es viel übler nicht aussehen, wie oft daheim.«*

Aus dem am bürgerlichen Maßstab gemessenen defizitären Familienleben und insbesondere aus dem Mangel an elterlicher Aufsicht und Erziehung resultierten nach Auffassung der Beobachter jene Sozialisationsmängel, die in Deutschland unter dem Begriff ›Verwahrlosung‹ zusammengefaßt und von Mayhew in den 1860er Jahren als *»state of moral anarchy and destitution«* bezeichnet wurden.[28] Die Straße war der lebensweltliche Ort, an dem sich dieser Erziehungsmangel für die bürgerlichen Beobachter am offensichtlichsten manifestierte. Die relative Ungebundenheit der Unterschichtskinder auf den Straßen widersprach den strengen Erziehungsvorstellungen des Bürgertums, die auf eine Bändigung der kindlichen Triebe und auf ein Höchstmaß an Kontrolle und Selbstdisziplin ausgerichtet waren.

Am Ende des 19. Jahrhunderts bezog sich der bürgerliche Diskurs über die Sozialisationsdefizite der Unterschichtsfamilien zunehmend auf die erwerbstätigen männlichen Jugendlichen nach der Schulentlassung.[29] Daß diese als eine erstrangige Problemgruppe ›entdeckt‹ wurden, war eine Folge der sozioökonomischen Veränderungen, die die jugendlichen Lohnarbeiter zu einem zahlenmäßig starken Bestandteil des städtischen Industrieproletariats hatte werden lassen.[30] Den relativ freien Status als Lohnarbeiter verglichen die bürgerlichen Beobachter mit der traditionellen Lehre, bei dem die Jugendlichen weniger verdienten und auch außerhalb der Arbeitszeit unter der Autorität des Lehrherrn standen – so jedenfalls in dem sozialrestaurativen Wunschbild derer, die die *»alte stramme Zucht unter einem tüchtigen Lehrmeister«* vermißten und die Unabhängigkeit der Arbeiterjugendlichen kritisierten.[31] Auch bei diesen Unterschichtsjugendlichen lautete die übergeordnete Problemdiagnose der bürgerlichen Beobachter auf mangelnde Kontrolle durch Eltern und andere Autoritäten. Zu dieser Problemwahrnehmung trug bei, daß wohl in keiner Altersstufe die Lebenssituation und der Habitus von Unter- und Mittelschichten stärker auseinanderklafften. Die frühe Aufnahme der Erwerbstätigkeit der Unterschichtsjugendlichen, die schon mit 13 oder 14 Jahren aus der Schule

---

28 Ebd.

29 Hendrick, Images, S. 199ff.; Peukert, Grenzen, S. 55ff.

30 Linton, S. 19ff.; Tenfelde, Großstadtjugend; Reulecke, Sozialreformer; ders., Jugend.

31 Stursberg, S. 37; vgl. Starke, Verbrechen, S. 209f.; Howard Association, Annual Report for 1876, S. 35; ebd. für 1877, S. 14f.

entlassen wurden und damit in die Welt der Erwachsenen eintraten, kontrastierte mit der wesentlich länger andauernden Unselbständigkeit und materiellen Abhängigkeit der höheren Bürgersöhne und -töchter, deren Situation von den bürgerlichen Sozialreformern als Bewertungsmaßstab angelegt wurde.

Erwerbstätigkeit und eigenständiger Verdienst förderten in der Wahnehmung der bürgerlichen Beobachter einen autoritätsfeindlichen Habitus der Arbeiterjugendlichen. Nach einhelliger Auffassung führte die Erwerbstätigkeit zu einer verfrühten Unabhängigkeit. So beklagte das preußische Innenministerium in seinen Berichten über die Fürsorgeerziehung im Jahre 1902 *»den verhängnisvollen Zug zur Frühreife, der durch unsere gesamte heutige Jugend geht«*.[32] Der eigene Geldverdienst förderte in dieser Wahrnehmung nicht nur das Unabhängigkeitsstreben und die vorzeitige Auflösung der familiären Bindungen, sondern stellte auch einen Anreiz zur Begehung von Eigentumsdelikten dar, weil er in den Jugendlichen das Verlangen nach materiellen ›Genüssen‹ verstärkte. Dies galt gleichermaßen für die schulentlassenen Jugendlichen wie für die noch schulpflichtigen Kinder, die durch Nebenbeschäftigungen Geld verdienten. In einem Zeitschriftenbeitrag war von einer *»früh erwachten Sucht nach Gelderwerb«* die Rede, *»die leicht eine verbrecherische Form annehmen kann.«*[33] Der Sozialreformer Konrad Agahd, der sich für die Beschränkung der Kinderarbeit einsetzte, argumentierte dabei auch mit der Behauptung, die Jugendlichen gäben das verdiente Geld für »Näschereien, Indianerschmöker, Zigaretten« aus.«[34] Die bürgerlichen Beobachter disqualifizierten die Befriedigung solcher Konsumwünsche, in die auch Kino, Kirmes und Tanzveranstaltungen eingeschlossen wurden, als gefährliche »Genußsucht«.[35] In noch gesteigerter Form bestimmte diese Perspektive die Wahrnehmung der Jugendkriminalität während des Ersten Weltkrieges, als die Erwerbsbeteiligung und damit auch der Verdienst der Jugendlichen noch anstieg.[36]

---

32 Preuß. Min. des Innern, Statistik über die Fürsorgeerziehung für 1902, S. XXXIVf.; vgl. Herrmann, Jüngling, S. 215f.; Hendrick, Images, S. 199f.

33 Anonym, Geldverdienende Großstadtkinder, in: Der Türmer 16/1913-14, S. 575; gleichlautend Hellwig, Kritisches, S. 341.

34 Agahd, Kinderarbeit, S. 11f.; vgl. gleichlautend Liszt, Kriminalität, S. 344f.

35 Köhne, Arbeiter, S. 11; Schremmer, S. 340; Stursberg, S. 28; vgl. Mikinovic, S. 415.

36 Rosenhaft.

Die Deutungsmuster über die Ursachen der Jugendkriminalität waren somit an der Wende zum 20. Jahrhundert noch immer stark von der moralischen Verurteilung der kulturellen Lebensformen der Unterschichten geprägt. Besonders in Deutschland beherrschte dieses Unbehagen über den sozialen Wandel und die Herausbildung einer industriellen Massengesellschaft die bürgerlichen Wahrnehmungsmuster zur Jugendkriminalität.

Die moralische Entrüstung über die ›Genußsucht‹ der Unterschichten wurde jedoch am Ende des 19. Jahrhunderts in England allmählich von der These der sozialen Benachteiligung verdrängt (siehe unten).[37] Sorgen und Bedenken über den sozialen Wandel prägten demgegenüber einen im deutschen Bürgertum des späten 19. Jahrhunderts weit verbreiteten Kulturpessimismus, der sich vor allem in der Ablehnung der Industriestädte und ihrer Bewohner kristallisierte. Viel mehr als in England verband sich in Deutschland die Furcht vor der Kriminalität mit der Furcht vor dem politischen ›Umsturz‹ und der vollständigen Auflösung der bürgerlichen Ordnung. Nicht nur in der ›Entrüstungsliteratur‹[38] des christlich-reaktionären Lagers, sondern auch in den amtlichen Veröffentlichungen des preußischen Innenministeriums wurden Kriminalität und sozialdemokratische Orientierung in einem Atemzug als gleichwertige ›Krankheitserscheinungen‹ benannt. So listeten die Jahresberichte der preußischen Fürsorgeerziehung als Ursachen der Jugendkriminalität auf:

»Die Wohnungsnot mit ihren entsittlichenden Wirkungen, das frühe Geldverdienen und die Großmannssucht der jungen Burschen, die materialistische Strömung, die Schundliteratur, das Dirnen- und Zuhältertum, die sozialistische Propaganda, das schlechte Beispiel der Eltern durch Kriminalität, Unzucht und Trunksucht [...]«[39]

Die frühe Selbständigkeit der Unterschichtsjugendlichen wurde deshalb in Deutschland nicht nur beklagt, weil sie als eine Ursache von Kriminalität galt, sondern auch, weil sie mit der Schwächung der traditionellen gesellschaftlichen Autoritäten und der Orientierung an den Zielen der Arbeiterbewegung gleichgesetzt wurde. Durch die Erwerbstätigkeit werde bei den Unterschichtsjugendlichen *»oft der Geist autoritätsfeindlicher und pietätloser Selbstherr-*

37 Morrison, Offenders, S. 31.

38 Dudek, S. 130.

39 Preuß. Min. des Innern, Statistik über die Fürsorgeerziehung für 1909, S. 118; vgl. auch Preuß. Min. des Innern, Statistik über die [...] Strafanstalten für 1910, S. XCVf.

*lichkeit großgezogen«*, klagte z.B. ein Autor in der Zeitschrift ›Die Jugendfürsorge‹.[40] Der Autor einer kriminologischen Studie erklärte die Zunahme der Jugenddelinquenz damit, daß die erwerbstätigen Unterschichtsjugendlichen

»den Versuchungen der Großstadt wie der methodischen Verführung gewissenloser Agitatoren und rohen Gesindels preisgegeben [sind]. Unter solchen Verhältnissen kann es gar nicht anders sein, als daß die jugendlichen Arbeiter einer zunehmenden Verwilderung verfallen, eine jede Autorität, die elterliche wie die staatliche verlorengeht, und damit der Boden vorbereitet wird, auf dem vor allem die sozialdemokratische Saat in üppiger Weise aufwuchert.«[41]

Auch der Berliner Jugendrichter Paul Köhne diagnostizierte bei der Arbeiterjugend einen *»Irrtum geistiger und sittlicher Selbständigkeit«* und das Fehlen einer *»festen Weltanschauung«*, die gleichbedeutend mit einer monarchistischen und ›nationalen‹ politischen Ausrichtung war. Als hoffnungsvolles Gegenbeispiel erwähnte Köhne in diesem Zusammenhang das Verhalten der deutschen Soldaten im afrikanischen Kolonialkrieg gegen Aufständische:

»Und wenn es als sicheres Zeichen hohen ethischen Wertes zu gelten hat, daß Pflichterfüllung und das Einsetzen für ideale Ziele höher zu achten sind als das eigene Leben, so haben die Taten unserer jungen Mannschaft in Deutsch-Südwestafrika gezeigt, daß es der Jugend an idealem Sinn und ethischem Werte nicht fehlt.«[42]

Durch die extreme politische Polarisierung der deutschen Gesellschaft ging vielen bürgerlichen Beobachtern der Sinn für notwendige Differenzierungen zwischen delinquenten und politischen Neigungen der Jugendlichen verloren. Dies galt vor allem für den christlich-konservativen Flügel des Bürgertums, der den sozialen Umwälzungen des Industriezeitalters grundsätzlich ablehnend gegenüberstand und das Rad der Geschichte am liebsten zurückgedreht hätte. Diese fortschritts- und demokratiefeindliche Einstellung prägte zum Beispiel weite Teile der evangelischen Jugendpflege. Für den Leiter der evangelischen Jünglingsvereine in Essen, Pfarrer Weigle, war die Jugendkriminalität ebenso wie die kulturellen und politischen Orientierungen der Arbeiterjugend gemeinsame Aspekte eines Horrorszenarios, in dem Sozialdemokratie und sexuelle Freizügigkeit eine besonders brisante Mischung darstellten:

---

40 Schremmer, S. 339.

41 Beßler, S. 160 (Zitat von J. Conrad, Grundriß zum Studium der politischen Ökonomie, Bd. 2, S. 217).

42 Köhne, Arbeiter, S. 16.

»Ist es da ein Wunder, wenn die Gewissen abgestumpft werden, wenn die letzten Schranken der Zucht und Ordnung fallen, gerade in dem Alter, wo die sinnlichen Triebe besonders stark sich entwickeln, und vielfach auch noch unnatürlich gereizt sind durch erbliche Belastung und die furchtbare geheime Sünde? Ist es da ein Wunder, wenn sich diese jungen Leute mit Leib und Leben der Sozialdemokratie in die Arme werfen, die ihnen den Himmel auf Erden verheißt in ungehinderter Befriedigung ihrer sinnlichen Lüste? [...] Unsere Jugend muß wieder Zucht lernen, und in Zucht erhalten werden. Und damit sie wieder Zucht lernt, muß sie Furcht lernen vor dem lebendigen Gott.«[43]

Demgegenüber wußte der ›progressive‹ Flügel der bürgerlichen Sozialreformer den Einfluß der Arbeiterbewegung auf die Unterschichtsjugendlichen durchaus realistisch einzuschätzen. Verschiedene Sozialreformer erkannten, daß die sozialdemokratischen Jugendorganisationen ebenso gegen Alkoholismus und ›Schundliteratur‹ kämpften wie ihre bürgerlichen Konkurrentinnen. Julius Landsberg bescheinigte der Arbeiterbewegung »sittliche Werte«[44], die auch im Kampf gegen die Jugendverwahrlosung nützlich sein konnten, und der Jugendpfarrer Günther Dehn hielt die sozialistischen Arbeiterjugendlichen sogar für die zukünftige »Elite der Arbeiterschaft.«[45]

Der ›Kampf um die Jugend‹, der Versuch des Staates und der bürgerlichen Organisationen, die politische Ausrichtung der Unterschichtsjugendlichen auf die Sozialdemokratie zu verhindern, überlagerte im späten 19. und frühen 20. Jahrhundert in Deutschland in starkem Maße die Wahrnehmung und die Behandlung aller mit der Jugend verbundenen sozialen Fragen.[46] Diese politische Dimension verlieh dem Verhalten der Jugendlichen in der Wahrnehmung des Bürgertums eine zusätzliche, staatsgefährdende Bedrohlichkeit und färbte auch auf die scheinbar unpolitischen Aspekte wie die Jugendkriminalität ab.

---

43 Weigle, Einfluß, S. 10ff.
44 Landsberg, Jugendpflege und Jugendgericht, S. 468.
45 Dehn, proletarische Jugend, S. 42.
46 Deutsche Zentrale für Jugendfürsorge, Kampf; vgl. Saul, Kampf; Nipperdey, Jugend.

## 2.2 Die Herausforderung der Kriminalanthropologie

Auf einer übergeordneten und abstrakteren Ebene spiegelten sich die eben geschilderten Wahrnehmungsmuster und die gesellschaftlichen Befürchtungen auch in der Entwicklung der kriminologischen Theorien wieder, die in der zweiten Hälfte des 19. Jahrhunderts eine zunehmende Rolle im Diskurs über die Jugendkriminalität spielten. In diesen allgemeineren Erklärungsansätzen verband sich die Vielzahl von Beobachtungen und Interpretationen mit Grundannahmen über das menschliche Verhalten. Solche übergeordneten Erklärungsmuster prägten explizit oder implizit die Auffassungen über das menschliche Verhalten.

Aber erst in der zweiten Hälfte des 19. Jahrhunderts wurden die Kriminalitätstheorien zu einem Gegenstand des akademischen Expertenstreits. Der wissenschaftliche Diskurs wurde in der zweiten Hälfte des 19. Jahrhunderts von dem Anspruch der Medizin, insbesondere der Psychiatrie, geprägt, das abweichende Verhalten von Menschen mit naturgesetzlicher Gewißheit auf körperliche und psychische Krankheitssymptome zurückzuführen und die Vererbbarkeit dieser Krankheitssymptome erkennen zu können. Dieser kriminalanthropologische Erklärungsansatz war Ausdruck einer verbreiteten ›Degenerationsfurcht‹ und markierte eine pessimistische Wende im Diskurs über die Kriminalität. Inwieweit kriminalanthropologische Theorien den Diskurs über die Jugendkriminalität und die Formulierung kriminalpolitischer Reformkonzepte beeinflußten, soll im folgenden untersucht werden. Die Wirkungsgeschichte der Kriminalanthropologie verlief in Deutschland und England sehr unterschiedlich; während der Glaube an eine anlagebedingte Neigung zum Verbrechen in England nur eine »vorübergehende Mode«[47] war, die am Ende des Jahrhunderts weitgehend verebbte, erreichte er in Deutschland eine größere Verbreitung und erwies sich wesentlich dauerhafter.

Ausgangspunkt der Entwicklung der kriminologischen Theorien war das soeben dargestellte ›viktorianische‹, d.h. christlich-philanthropische Weltbild, das bis in die zweite Hälfte des 19. Jahrhunderts hinein die Wahrnehmung sozialer Probleme sowohl im England als auch in Deutschland bestimmte.[48]

---

47 Zedner, Woman, Crime, and Custody, S. 267.

48 Vgl. für das Folgende Forsythe, Reform, S. 168ff.; Wiener, Criminal, S. 21ff.; Strasser.

Demnach war Kriminalität das Ergebnis eines moralischen Versagens und einer Willensschwäche der Delinquenten. Der Zusammenhang der Kriminalität mit materieller Not und Verelendung wurde zwar deutlich gesehen und formuliert; Armut wurde aber nicht als Rechtfertigung des Gesetzesverstoßes akzeptiert oder sogar selbst als Ausdruck charakterlicher Schwächen bewertet. Mit der Interpretation des Verbrechens als Sieg des ›Bösen‹ über die Tugend korrespondierte die Obsession des viktorianischen Bürgertums mit Selbstdisziplin und Triebkontrolle, an denen es den Menschen der sogenannten *dangerous classes* angeblich mangelte. Die Wurzeln des delinquenten Verhaltens lagen demnach in den schlechten Umwelteinflüssen und der unzureichenden Erziehung, denen die Kinder der Unterschichten ausgesetzt waren. Straffällige und verwahrloste Kinder waren die bemitleidenswerten Produkte ihrer Umwelt und konnten durch erzieherische Bemühungen und moralische Anstrengung für die bürgerliche Gesellschaft zurückgewonnen werden. Auf diesem Erziehungsoptimismus basierte auch das Behandlungskonzept der Zwangserziehung.

Die in den 1860er und 1870er Jahren in Europa aufkommenden kriminalanthropologischen Lehren boten einen scheinbar ganz anderen Erklärungsansatz der Kriminalität: An die Stelle von Umwelt und Erziehung traten Anlage und Vererbung, delinquentes Verhalten wurde nicht mehr nur als Charakterschwäche, sondern als Symptom einer krankhaften Störung und als Zeichen einer bedrohlichen ›Degeneration‹ gedeutet. Nur wenige Jahre nach der Veröffentlichung der Evolutionstheorie von Charles Darwin war der englische Journalist Henry Mayhew in England einer der ersten, die die kriminellen Unterschichten in den Londoner Slums als eine von der übrigen Gesellschaft abgesonderte *»outcast race«* bezeichnete, welche ihre Abneigung gegen Arbeit und ihre Neigung zum Verbrechen von Generation zu Generation weitervererbe. Die Existenz dieser kriminellen Unterschicht deutete Mayhew als Überrest einer niederen Zivilisationsstufe:

»Our criminal tribes [...] may be regarded as that portion of our society who have not yet conformed to civilized habits. What the Beduins to the Fellahs, the Lappes to the Finns, the Fingoes to the Kafirs, and the Sonquas to the Hottentots, the Gipsies to the Europeans generally, and indeed, the old baron to the ancient citizen, our modern thieves and beggars are to the more prudent and striving portion of our race.«[49]

Allerdings finden sich in Mayhews bemerkenswerten Beschreibungen der Londoner Unterschichten ebenso soziale und subkulturtheoretische Interpretationsansätze der Jugendkriminalität. Zur gleichen Zeit formulierten schottische Ärzte die These von der erblichen Übertragung geistiger und moralischer Eigenschaften.[50]

Der bekannteste und zugleich umstrittenste Vertreter der kriminalanthropologischen Richtung war der italienische Arzt Cesare Lombroso, dessen Theorie vom ›geborenen Verbrecher‹ den Diskurs der europäischen Kriminologen von den 1870er Jahren bis zum Ersten Weltkrieg prägte. Besonders kontrovers war seine Theorie, daß sich die angeborene Neigung zum Verbrechen auch in körperlichen Merkmalen manifestiere und damit ärztlich diagnostizierbar sei. Auch wenn diese radikale Variante der Kriminalanthropologie außerhalb Italiens fast durchweg auf Ablehnung stieß und nach einigen wissenschaftlichen Auseinandersetzungen allgemein als widerlegt galt, blieb der Einfluß der Kriminalanthropologie auf die Entwicklung der kriminologischen Theorien dennoch groß.[51] Die kontroversen Auseinandersetzungen zwischen Befürwortern und Gegnern Lombrosos überdeckten die breiten Übereinstimmungen der verschiedenen kriminologischen Schulen. Die meisten Anhänger der Kriminalanthropologie glaubten an eine Mischung von Anlage- und Umweltfaktoren, und selbst Lombroso ging davon aus, daß die Mehrheit der Straftäter nicht als solche geboren, sondern durch Umwelteinflüsse geprägt würden.[52] Auf der anderen Seite waren die Vertreter der Kriminalsoziologie weit davon entfernt, die Vererbbarkeit krimineller Anlagen kategorisch auszuschließen. Auch der englische Kriminologe Charles Goring, dessen 1913 veröffentlichte biometrische Studie *The English Convict* Lombrosos Theorie vom geborenen Verbrecher den endgültigen Todesstoß versetzte, kam zu dem Ergebnis, daß *»despite of education, heritable constitutional conditions prevail in the making of criminals«*.[53]

---

49 Mayhew u. Binny, S. 384.
50 Wiener, Criminal, S. 232ff.; Jaywardene.
51 Leps, S. 33-41.
52 Ebd., S. 37.
53 Goring, S. 373.

Das Beispiel der deutschen ›kriminalsoziologischen Schule‹ belegt den Einfluß der sozialdarwinistischen Degenerationstheorien. Ihr Kopf, der Strafrechtslehrer Franz von Liszt, äußerte zwar über Lombrosos Lehre vom ›geborenen Verbrecher‹: *»Es erscheint mir fast überflüssig zu betonen, daß ich von alledem nichts glaube«*[54], sprach gleichzeitig aber dennoch von *»Kennzeichen einer körperlichen und geistigen Entartung«*, die sowohl erblicher als auch erworbener Natur sein könnten.[55] Unter den jugendlichen Straftätern befanden sich nach Liszts Überzeugung eine Anzahl von *»Minderwertigen [, die] dem Kampf ums Dasein nicht gewachsen sind.«*[56] Die sozialdarwinistische Tendenz der kriminalpolitischen Konzeption Liszts kommt deutlich zum Ausdruck, wenn er in Bezug auf die Wiederholungstäter die *»künstliche Selektion des sozial untauglichen Individuums«* forderte.[57] Damit schlug Liszt einen gänzlich anderen Ton an als die den wissenschaftlichen Diskurs bis dahin dominierenden Kriminalstatistiker wie etwa Alexander von Oettingen und Wilhelm Starke, die die Entwicklung der Kriminalität mit einer optimistischen und gelassenen Grundhaltung verfolgt hatten und gegen kriminalanthropologische Theorien immun blieben.[58] Die Degenerationsfurcht, die aus Liszts Formulierungen spricht, war Ausdruck eines in den 1870er Jahren in Deutschland wachsenden Unbehagens über die industriellen Unterschichten. Liszt bezeichnete die Entwicklung am Ende des 19. Jahrhunderts als eine *»Proletarisierung der Kriminalität, [...] die sich in dem Anwachsen einer parasitären Gesellschaftsschicht zur Geltung bringt.«*[59]

Sozialdarwinistische Ängste um die Gesundheit und Leistungsfähigkeit der Bevölkerung gehörten vor dem Ersten Weltkrieg sowohl in Deutschland wie auch in England zum Spektrum des sozialen Denkens. In England spielte die Sorge um die *›national efficiency‹* eine wesentliche Rolle bei der Entwicklung einer aktiveren staatlichen Sozialpolitik durch den Reformflügel der Liberalen

---

54 Liszt, Aufgaben, S. 305.

55 Ebd., S. 310.

56 Liszt, Kriminalität, S. 341.

57 Liszt, Zweckgedanke, S. 164.

58 Starke, Verbrechen; Oettingen; Kritik an der optimistischen Grundtendenz Starkes äußerte neben Liszt auch Mittelstädt, Kulturgeschichte.

59 Liszt, Faktoren, S. 444.

Partei.[60] Der Fabianer und spätere Labour-Minister Sidney Webb befürwortete eine »*segregation of the unfit*«, um die Fortpflanzung der untersten sozialen Schicht zu unterbinden.[61] Auch in Deutschland wurde die Sorge um die Volksgesundheit durch sozialimperialistische Motive verstärkt.[62] Konkrete Forderungen nach eugenischen Maßnahmen erhoben jedoch in beiden Ländern nur kleine radikale Minderheiten.

### 2.2.1 Deutschland: Empfänglichkeit

In Deutschland stießen die Degenerationstheorien bei jenen Psychiatern auf großes Interesse, die sich um eine wissenschaftlich exakte Erforschung des delinquenten Verhaltens von Jugendlichen bemühten. Vor allem seit der Ausdehnung der Zwangserziehung in Preußen nach 1900 nahmen kriminalpsychiatrische Studien über jugendliche Zwangszöglinge an Zahl und Einfluß zu. Die Psychiater sahen in diesem »Menschenmaterial«[63] die Chance, die Krankheitsbegriffe und -erklärungen ihrer noch jungen Wissenschaft zu erproben und weiterzuentwickeln.[64] Die Besorgnis über das Verhalten der Unterschichtsjugendlichen und die kulturelle Differenz der Lebensstile von Bürgertum und Unterschichten bildeten den Hintergrund für die Konstruktion pseudo-wissenschaftlicher Krankheitstypologien. Die Straftaten und Verhaltensauffälligkeiten der Zwangszöglinge deuteten die Kriminalpsychiater nicht mehr als Erziehungsmängel, sondern als Symptome ihrer ›geistigen Minderwertigkeit‹ und ›Abnormität‹, und suchten nach Indizien erblicher Belastungen. Bei ihren Untersuchungen kamen die Psychiater zu einer Vielzahl von Krankheitsbildern wie ›Neurasthenie‹, ›Haltlosigkeit‹, ›moralisches Irresein‹ oder ›Hysterie‹ und zu einer scheinbar systematischen Kategorisierung in

---

60 Stedman Jones, S. 313f.; Garland, Punishment and Society, S. 133ff; Bauerkämper, S. 205ff.

61 Webb, S. 236.

62 Reulecke u. Castell (Hg.); Weindling, Health; Kaiser et al.; Weingart et al.; für die internationalen Zusammenhänge siehe Kühl.

63 Siefert, S. 208; Barth, S. 48.

64 Vgl. zur Entwicklung von Krankheitsbildern in der Psychiatrie: Shorter, Leiden; Radkau.

*»Geisteskranke, Schwachsinnige, Epileptiker, Psychopathen und Normale.«*[65] All diesen Begriffen und Typologien war ihre unscharfe Definition und ein Mangel an handfesten Krankheitsmerkmalen gemeinsam. Tautologisch definierte ein Psychiater solche Menschen als ›abnorm‹, die *»in ihrer seelischen Beschaffenheit von der Norm, d.h. vom gesunden Durchschnittsmensch eines Volkes und einer Zeit abweichen.«*[66] Gleichartig diagnostizierten die Psychiater A. Gregor und Else Voigtländer eine krankhafte »Haltlosigkeit« bei Verhaltensweisen, *»die aus dem geregelten Lebenslauf, Sitte und Ordnung herausfallen.«*[67] Den Mangel an objektiven Kriterien für das Vorliegen einer krankhaften Verhaltensstörung gab die Autorin einer Untersuchung über weibliche Zwangszöglinge zu: *»Nur der Grad [...] der inneren Disharmonie unterscheidet Psychopathen von unauffälligen, normalen Individuen.«*[68] Obwohl ein anderer Autor ebenfalls eingestand: *»Eine genaue Umschreibung des Begriffes: psychopathische Minderwertigkeit läßt sich [...] noch kaum geben«*, war er dennoch davon überzeugt, daß eben diese Krankheit für einen großen Teil der Jugendkriminalität verantwortlich war.[69] Eine besondere Bedeutung bei der psychiatrischen Beurteilung von straffälligen Jugendlichen erlangte das sogenannte ›moralische Irresein‹ oder der ›moralische Schwachsinn‹.[70] Der Kern dieses Krankheitsbildes war *»eine in der Anlage des Individuums begründete Neigung zu Handlungen, die Sitte und Gesetz zuwider laufen«*[71] bei ansonsten scheinbar gesunden Menschen. Eine ähnliche Definition besagte, *»daß die moralisch Minderwertigen krankhaft veranlagte Menschen sind, deren Intellekt zum Kampf ums Dasein ausreicht, die aber infolge ihrer Veranlagung sich und die Gesellschaft schädigen.«*[72] Mangelnde Reue über die begangene Straftat, *»das völlige Fehlen allen menschlichen Gefühls«*[73] und der frü-

65 Gregor u. Voigtländer, S. 7.
66 Gaupp, Irresein, S. 53.
67 Gregor u. Voigtländer, S. 11.
68 Barth, S. 45.
69 Rupprecht, Jugend, S. 1.
70 Das Krankheitsbild ›moral insanity‹ wurde in den 1830er Jahren von dem englischen Arzt Prichard entwickelt und erlebte bis zum Ende 19. Jahrhunderts einen Bedeutungswandel. Vgl. Longard; Leps, S. 27; Wiener, Criminal, S. 26.
71 Gregor u. Voigtländer, S. 8.
72 Gaupp, zitiert in Barth, S. 42.
73 Gaupp, Irresein, S. 57.

he Beginn der Delinquenz galten als Hinweise dieser Erkrankung. Wiederholte Straffälligkeit allein reichte schon aus, damit ein Jugendlicher als ›minderwertig‹ disqualifiziert wurde.

Die Kriminalpsychiatrie entdeckte sogar das Kindes- und Jugendalter selbst als eine bedeutsame Ursache verbrecherischer Neigungen.[74] Typisch kindliche Charaktereigenschaften wie Triebhaftigkeit, Egoismus und Impulsivität und der durch die noch unfertige Erziehung bedingte Mangel an Moral und Selbstbeherrschung wurden zur Erklärung ihrer besonderen Diebstahlsneigung herangezogen. Damit bewiesen die Kriminalpsychiater zunächst Einsicht in die entwicklungspsychologische Normalität dieser Altersstufen, was jedoch kaum dazu führte, die Gefahren der Jugendkriminalität weniger dramatisch einzuschätzen. Zwar folgerte der Psychiater Erich Wulffen aus der Erkenntnis der entwicklungsbedingten Diebstahlsneigung der Kinder, daß diese wie eine »Kinderkrankheit« vorübergehe, und man Kinder deswegen »nicht vor die Gerichte ziehen und bestrafen« solle.[75] Gleichzeitig aber deuteten er und andere die Psychologie des Kindesalters als Ausdruck des ›Wilden‹ und ›Unzivilisierten‹ : *»Das Kind ist in der Entfaltung seiner Triebe einem unzivilisierten Naturvolke nicht unähnlich.«*[76] Das waren die Chiffren, mit denen die Kriminalanthropologie die Bedrohung der bürgerlichen Zivilisation durch die Kriminalität beschrieb.

Ähnlich wie schon bei Henry Mayhew spielte die Vorstellung, daß die Kriminalität ein Rückfall in ältere, niedere Entwicklungsstufen der Menschheit sei, in Lombrosos Theorie des Atavismus eine entscheidende Rolle. Der Kriminologe Havelock Ellis, als bedingungsloser Anhänger Lombrosos in England ein krasser Außenseiter, nannte den erwachsenen Verbrecher ein *»groß gewachsenes Kind mit der stärker entwickelten Fähigkeit, Böses zu thun«*, während er gleichzeitig über das Kind feststellte: *»Das Kind steht naturgemäß, seiner Organisation zufolge, dem Thiere, dem Wilden, dem Verbrecher näher als der Erwachsene.«*[77] Diese extreme Gleichsetzung der kindlichen mit der delinquenten Psyche und mit dem ›Wilden‹ war ein Ausdruck einer dramatisierenden Sichtweise auf jugendliches Fehlverhalten und unterstrich die

74 Malmede, Genius.
75 Wulffen, Kriminalpsychologie, S. 176.
76 Ebd., S. 176: vgl. Trueper, Minderwertigkeiten, S. 1.
77 Ellis, S. 231.

Funktionsbestimmung der Erziehung als eine Bändigung und Unterdrückung gefährlicher Triebe. Eine merkwürdige Mischung dieser Vorstellung der kindlichen Psyche als einer Bedrohung der bürgerlichen Zivilisation mit kulturpessimistischen Elementen findet sich bei dem Strafrechtsreformer und Mitglied der IKV Paul Felisch: *»Gelingt die Überwindung des Bestialischen im Naturmenschen, dem heranwachsenden Kinde, nicht, so ist die Herrschaft des öden Materialismus und seines Lieblingskindes, der Blasiertheit, unausbleiblich.«*[78]

Die Betonung der entwicklungspsychologischen Besonderheiten des Kindes- und Jugendalters führte zumindest am Anfang nicht zu einer Verdrängung sozialer Erklärungsansätze der Jugendkriminalität, wie es John Gillis behauptet hat.[79] Der Schichtzugehörigkeit maßen die Kriminologen trotz der Erkenntnis der psychologischen Verursachung von Jugenddelinquenz weiterhin größte Bedeutung bei. Denn die aus der Diagnose der ›verbrecherischen Natur‹ der Kinder resultierende Aufgabe der ›Zivilisierung‹ schien nur in der bürgerlichen Familie, nicht aber in der Unterschichtsfamilie mit ihren altbekannten Erziehungsdefiziten gewährleistet zu sein. Erich Wulffen brachte diese schichtspezifische Interpretation der kindlichen Psyche auf den Punkt, wenn er feststellte, die Triebhaftigkeit sei *»beim Proletarierkind größer, deswegen [ist] dieses auch gefährlicher«.*[80]

Die Psychiater überschritten die traditionellen, auf Sozialisationsdefizite fokussierenden Erklärungsansätze der Jugendkriminalität jedoch an dem Punkt, an dem sie den schlechten Einfluß der Eltern von der post- in die pränatale Phase verlegten und neue Antworten auf die Kardinalfrage ›Anlage oder Umwelt?‹ gaben. Allgemein ging man davon aus, daß eine schwer zu analysierende Mischung aus Anlage und Umwelt für diese psychischen Störungen verantwortlich sei.[81] Die wichtigste Methode bei der Abschätzung des Einflusses von Anlage- und Umweltfaktoren war die Suche nach familiären Vorbelastungen. Spätestens wenn man die entsprechenden Fallbeispiele liest, wird deutlich, mit welchem Maß an Voreingenommenheit und mit welchem Mangel an wissenschaftlicher Skepsis die Kriminalpsychiater diese Frage angingen. Zweifelhafte Berichte vom Hörensagen über Eltern und Vorfahren reichten

78 Felisch, Jugendgesetz, S. 12.
79 Gillis, Geschichte, S. 178f.
80 Zitiert bei Mikinovic, S. 432.
81 Barth, S. 46ff.

bereits als Evidenz für eine erbliche Belastung aus. So bewerteten Gregor und Voigtländer es als Beleg einer erblichen Belastung, daß der Großvater eines Zwangszöglings *»etwas leicht im Geldausgeben gewesen sein [soll], getrunken und schlecht für die Familie gesorgt haben [soll].«*[82] Bei einem anderen von ihnen untersuchten Zögling notierten sie: *»Siegfried P., dessen moralische Minderwertigkeit schon im Beginn der Schulzeit hervortrat, hatte nach Angabe der Mutter ganz den Charakter seines Vaters geerbt, der ebenfalls Psychopath war und einen lockeren Lebenswandel führte.«*[83] Ein *»kriminell-pathologisches Element in der mütterlichen Linie«* entdeckte der Kriminalpsychiater Ernst Siefert in seiner Untersuchung sächsischer Fürsorgezöglinge bei einem 15jährigen Mädchen, das nach einem mehrjährigen Gefängnisaufenthalt ihres Vaters und der Ermordung ihrer Mutter durch einen ihrer Liebhaber im Alter von neun Jahren in wechselnde Pflegefamilien und Dienststellen kam und dort wegen Diebstahl und Unterschlagung auffällig wurde. Ihre »unverbesserliche Diebstahlsneigung« führte Siefert nicht auf die schwierigen Lebensumstände des Mädchens zurück, sondern auf die Charaktereigenschaften ihrer Mutter und Großmutter, die in den Fürsorgeakten als *»jähzornig, [...] schimpfsüchtig, und bösartig«* beschrieben wurden.[84]

Trotz der Subjektivität ihrer Bewertungen präsentierten einige Psychiater scheinbar exakte quantitative Ergebnisse zur Frage von Anlage oder Umweltbeeinflussung. Elfriede Barth zählte 55% ihrer untersuchten Zöglinge zu der Gruppe der reinen oder überwiegend anlagebedingten Fälle, für 32,5% nahm sie einen gleichwertigen Einfluß von Anlage und Umwelt und nur für 12,5% eine überwiegende Umweltbeeinflussung an.[85] Gregor und Voigtländer fanden in ca. 90% der untersuchten Fälle »erbliche Belastungen«, die jedoch durch Umweltfaktoren modifiziert würden. Insgesamt kamen auch sie zu dem Schluß, daß *»die Verwahrlosung der Regel nach nicht äußerlich, sondern durch die Konstitution des Individuums bedingt ist.«*[86]

82 Gregor u. Voigtländer, S. 30.
83 Ebd., S. 221.
84 In einer anderen Studie ergab sich die »erbliche Belastung« eines Zöglings aus der Information: *»Großmutter soll hysterisch gewesen sein; auch die Mutter hat einen hysterischen Charakter; sie ist geldsüchtig, [...] verleumdet gern.«* (Rupprecht, Jugend, S. 4).
85 Barth, S. 50ff.
86 Gregor u. Voigtländer, S. 231; Siefert, S. 208f.

Gerade der Orginalton der zitierten Studien zeigt deutlich, daß der kriminalpsychiatrische Erklärungsansatz keine radikale Neuinterpretation der Jugenddelinquenz war, sondern lediglich eine Fortsetzung der traditionellen ›viktorianischen‹ Deutungsmuster in einem neuen, pseudo-wissenschaftlichen Gewande. Unter einer dünnen Schicht wissenschaftlichen Vokabulars lebten die moralischen Schuldzuweisungen an die Unterschichtsfamilien weiter, während der Einfluß sozialer Faktoren gering geschätzt oder ganz geleugnet wurde. Die moralische Haltung der Delinquenten wurde sogar zum Kern einer psychiatrischen Krankheitslehre erhoben. Dabei waren die Krankheitsdefinitionen so weit gefaßt, daß fast jede Abweichung von den – vom Bürgertum definierten – Verhaltensnormen als pathologisch galt. Dahinter stand zweifelsohne die tiefe Unsicherheit des Bürgertums über die Stabilität ihrer Zivilisation, die durch die Unterschichten bedroht schien.[87] Die Kriminalanthropologie stellte daher eine zum Extrem getriebene Fortsetzung älterer Wahrnehmungsformen dar, in denen Kriminalität als eine schwere gesellschaftliche Bedrohung erschien. Die Erkenntnis, daß es sich bei den scheinbar objektiven Definitionen von ›normal‹ und ›abnorm‹ teilweise um schichtspezifische Normen handelte, die in Mittel- und Unterschichten divergierten, kam den Kriminalpsychiatern nur ganz selten.

Daß Zweifel an der Objektivität der psychiatrischen Diagnosen am ehesten von Frauen und bei der Frage der weiblichen Sexualmoral geäußert wurden, war wohl kein Zufall. Elfriede Barth räumte ihr Unbehagen über die Anwendung der bürgerlichen Verhaltensmaßstäbe auf weibliche Zöglinge ein, weil *»nicht mehr rein psychiatrische Gesichtspunkte dafür maßgeblich sind, sondern soziale Bewertungen damit in Verbindung gebracht werden.«*[88] Auch Else Voigtländer erkannte diese Divergenz der Verhaltensnormen von Mädchen aus den verschiedenen Schichten:

»Es gehört heutzutage nicht mehr ›so viel dazu‹, zu fallen, wie in früheren, moralgebundenen Zeit-en. In dieser Hinsicht ist ein Zwiespalt zwischen der offiziellen Beurteilung und der Volksmoral offenkundig, in welcher der Begriff der ›weiblichen Ehre‹, soweit er mit Unberührtheit identisch ist, ziemlich verschwunden ist.«[89]

---

87 Foucault, S. 386f.; Leps, S. 42ff.
88 Barth, S. 47.
89 Gregor und Voigtländer, S. 490.

Grundsätzliche Kritik an dem kriminalpsychiatrischen Ansatz blieb jedoch selten. Nur wenige Kritiker innerhalb der ärztlichen Profession wiesen auf die methodische Unmöglichkeit hin, aus dem Verhalten der Eltern und Großeltern, noch dazu auf der Grundlage fragmentarischer Informationen, auf eine erbliche Belastung zu schließen.[90]

Welchen Einfluß übte die Kriminalpsychiatrie mit ihren Studien auf den breiteren Diskurs über die Ursachen der Jugendkriminalität, vor allem unter den Juristen, aus? Die Vorstellung, daß sich unter den jugendlichen Delinquenten und insbesondere unter den Zwangs- und Fürsorgezöglingen eine beträchtliche Anzahl von ›Minderwertigen‹ befand, und der damit verbundene Glaube an erbliche Dispositionen delinquenten Verhaltens fanden in Deutschland zu Beginn des 20. Jahrhunderts eine weite Verbreitung über die Psychiatrie hinaus. Die meisten Kriminologen und Juristen favorisierten in ihren Erklärungsansätzen der Jugendkriminalität jedoch eine Mischung aus Umwelt- und Anlagefaktoren. In seinem Standardwerk ›Das Verbrechen und seine Bekämpfung‹ stellte der Mediziner Gustav Aschaffenburg Umwelt- und Anlagefaktoren gleichberechtigt nebeneinander. Zwar bewertete er die psychiatrischen Zöglingsstudien wegen ihrer definitorischen und methodischen Mängel mit Skepsis, hielt es aber dennoch für sicher, *»daß die Kinder aus entarteten Familien [...] vielfach körperlich und geistig minderwertig sind.«*[91] Für den Jugendrichter Julius Landsberg lagen die »Grundursachen der Erziehungsnot« ebenso in der Erwerbsarbeit der Arbeiterfrauen wie in der »psychopathische[n] Entartung auf erblicher Grundlage.«[92] Paul Köhne, neben Landsberg einer der Anführer der Jugendgerichtsbewegung, hielt es für *»zweifellos, daß die Fälle der Hysterie, der Neurasthenie und der psychopathischen Konstitution in unserer Jugend erheblich zugenommen haben.«*[93] Unter den eher christlich-philanthropisch orientierten Leitern der Erziehungsanstalten stießen die Psychiater mit ihren Krankheitsdiagnosen auf großes Interesse, weil sich damit eine Erklärung für ihre pädagogischen Probleme und für die sogenannte ›Unerziehbarkeit‹ der widerspenstigen Zöglinge anbot.[94] Der Frankfurter Sozialreformer

90 Homburger, Interesse.
91 Aschaffenburg, Verbrechen, S. 151.
92 Landsberg, Freiwillige Schutzaufsicht, S. 594.
93 Köhne, Arbeiter, S. 15
94 Siehe jedoch die Kritik an der Kriminalpsychiatrie von Büchsel, Psychiatrie.

Christian Klumker sah unter den Fürsorgezöglingen ebenso einen großen Anteil »abnormaler und minderwertiger Kinder«[95] wie das preußische Innenministerium, das 1910 die Mehrheit ihrer männlichen Fürsorgezöglinge für »geistig anormal« erklärte.[96] Diese kriminalanthropologischen Interpretationen konnten nicht folgenlos für die Entwicklung der Jugendkriminalpolitik bleiben. Zwar blieben radikale Forderungen wie die nach Zwangssterilisationen vor 1914 – im Gegensatz zur Weimarer Republik – äußerst selten, aber insbesondere die Gestaltung der Fürsorgeerziehung wurde durch den Glauben an eine unheilbare ›Sozialgefährlichkeit‹ der Jugendlichen beeinflußt. Dieser Aspekt wird in Abschnitt 4.4.3.2 weiter ausgeführt.

Die Degenerationsthesen der Kriminalanthropologie waren also recht weit in den bürgerlichen Diskurs über die Jugendkriminalität diffundiert. Eine dezidierte Ablehnung der Kriminalanthropologie, wie sie in England nach der Jahrhundertwende häufiger wurde, blieb dagegen weitgehend aus. Eine der wenigen radikal ablehnenden Stellungnahmen kam von dem österreichischen Juristen Hugo Hoegel, der jugendliches Fehlverhalten als eine altersbedingte Normalität bewertete und vor überzogenen Reaktionen warnte.[97] Die These von den erblichen Entartungserscheinungen nannte Hoegel »groben Unfug«.[98] Auf dem VII. Internationalen Kongreß für Kriminalanthropologie in Köln blieb es zwei Niederländern, dem Soziologen Willem Bonger und J. van Hamel, einem Sohn des Mitbegründers der IKV, vorbehalten, die Kriminalpsychiatrie grundsätzlich anzugreifen:

»Es wird alles zu viel ins Pathologische gedrückt. Das tritt ein, sobald man es medizinisch betrachtet. Man soll doch nicht übersehen, daß es auch sein kann, daß eigentlich die Gesellschaft selbst das abnormalste und antisozialistischte ist! [...] ich [halte] es für eine sehr große Gefahr, alle die Leute, die jetzt für die Gesellschaftsordnung als nicht genügend bezeichnet werden, als krank zu bezeichnen.«[99]

---

95 Klumker, Diskussionsbeitrag, zu: Basler, S. 66.

96 Preuß. Min. des Innern, Statistik über die Fürsorgeerziehung für 1909, S. 118; siehe auch Preuß. Min. des Innern, Statistik der [...] Strafanstalten für 1910, S. XIX.

97 Hoegel, Straffälligkeit, S. 1.

98 Hoegel, Behandlung, S. 338.

99 J.A. v. Hamel, Diskussionsbeitrag, in: Aschaffenburg u. Partenheimer (Hg.), S. 389f. Bonger veröffentlichte seinen rein gesellschaftlichen Erklärungsansatz der Kriminalität 1916 unter dem Titel ›Criminality and Economic Conditions‹.

### 2.2.2 England: Immunität

In England entwickelte sich der Diskurs über die Jugendkriminalität seit dem Ende des 19. Jahrhunderts in eine andere Richtung als in Deutschland. Kriminalanthropologische und -psychiatrische Erklärungsansätze erreichten keine mit Deutschland vergleichbare Verbreitung. Das war auch eine Folge des englischen Desinteresses an Theorien und wissenschaftlichen Grundsatzfragen. Der Gelehrtenstreit zwischen Kriminalanthropologen und -soziologen, der zum Beispiel auf den Internationalen Kongressen für Kriminalanthropologie ab 1885 ausgetragen wurde, fand ohne englische Beteiligung statt.[100] Der Versuch von Havelock Ellis, die Thesen der italienischen Kriminalanthropologie in England zu verbreiten, blieb ohne nennenswerten Erfolg.[101] Auch die kriminologischen Veröffentlichungen des Gefängnispfarrers William Morrison, darunter eine umfassende Monographie über jugendliche Straftäter, stellte in den Abschnitten, in denen es um die Ursachen der Jugendkriminalität ging, eher eine Wiedergabe der kontinentaleuropäischen kriminologischen Theorien dar, die in England auf keinen sehr fruchtbaren Boden fielen.[102] Morrison hob vor allem auf den verderblichen Einfluß der Großstädte für das Anwachsen einer ›degenerierten‹ Unterschicht ab.[103] Eine wissenschaftlich-akademische Disziplin ›Kriminologie‹ entstand in England erst, als in den 1930er Jahren die beiden Emigranten Hermann Mannheim und Leon Radzinowicz Positionen an englischen Hochschulen bekleideten.[104]

Ähnliches gilt für die Etablierung einer akademischen Kinder- und Jugendforschung, die vor dem Ersten Weltkrieg in Deutschland bereits weit vorangeschritten war. Dudek zählte für das Jahr 1912 in Deutschland 25 entsprechende Vereinigungen und 13 Institute, während es in England nur 4 bzw. kein einziges gab.[105] Ebensowenig gab es in England eine akademische Strafrechts-

---

100 Radzinowicz, Roots, S. 78f.

101 Ellis, Verbrecher; vgl. dazu Garland, Criminology, S. 136; größere Bedeutung mißt Forsythe (Reform, S. 188) der kriminalanthropologischen Richtung bei.

102 Morrison, Crime; ders., Offenders. Das Buch wurde 1899 unter dem Titel ›Jugendliche Übelthäter‹ ins Deutsche übersetzt. Vgl. Radzinowicz u. Hood, S. 87f.

103 Morrison, Offenders, S. 28f.; ebenda, S. 165.

104 Garland, Criminology; ders., Crimes.

105 Dudek, S. 92.

wissenschaft im kontinentalen Sinne. Eugenik und Kriminalanthropologie stießen jedoch auch in England bei einigen Medizinern auf Interesse, von denen Karl Pearson der bekannteste und einflußreichste war. In Pearsons biometrischem Forschungslabor am Londoner University College entstand die bereits erwähnte Studie *The English Convict* seines Mitarbeiters Charles Goring. Im Gegensatz zu den Zöglingsstudien der deutschen Psychiater zeichneten sich die Forschungen dieser Mediziner durch eine sehr hohe methodische Präzision vor allem in der Anwendung statistischer Analyseverfahren und damit auch durch eine große Sachlichkeit aus. Von wenigen Ausnahmen abgesehen blieben medizinisch-wissenschaftliche Studien zur Kriminalitätsentstehung in England selten. Die englischen Psychiater verfolgten bei ihrer Beschäftigung mit Straffälligen anders als einige ihrer deutschen Kollegen keine abstrakten Theorien, sondern waren eng an den konkreten rechtlichen oder therapeutischen Fragestellungen orientiert.[106]

Kriminalpsychiatrische und eugenische Erklärungs- und Behandlungsansätze wurden in England am erfolgreichsten von der 1897 gegründeten *National Association for Promoting the Welfare of the Feeble-Minded* propagiert. Diese Organisation forderte die lebenslange Absonderung von ›Schwachsinnigen‹ (*feeble-minded*) aus der Gesellschaft aus eugenischen Gründen. Den Krankheitsbegriff ›schwachsinnig‹ definierten die Befürworter dieser Konzepts so vage, daß darin moralische Kategorien – unter anderem außereheliche sexuelle Kontakte von Frauen – eingeschlossen wurden. Mary Dendy, eine der Gründerinnen der Organisation, hielt zum Beispiel die jugendlichen Straßenverkäufer, die allgemein als Nachwuchs für die Klasse der Gewohnheitsverbrecher galten, mehrheitlich für ›schwachsinnig‹ und forderte ihre präventive Unterbringung in *»happy prisons«*.[107] Auch Cecil Leeson, Bewährungshelfer und nach dem Ersten Weltkrieg Sekretär der *Howard Association*, hielt entsprechende Maßnahmen bei einer kleinen, aber für die Gesellschaft gefährlichen Gruppe von ›minderwertigen‹ (*defective*) Delinquenten für angemessen.[108] Die Kampagne der *National Association for Promoting the Welfare of the Feeble-Minded* führte 1913 zur Verabschiedung des *Mental Deficiency Acts*, mit

106 Garland, Crimes, S. 44f.; Bailey, Delinquency, S. 15f.

107 M. Dendy, Aussageprotokoll, in: Parl. Papers, Employment of School Children, minutes, S. 16.

108 Leeson, Probation, S. 27ff.

dem eine zeitlich unbefristete Anstaltsunterbringung vor allem von ›schwachsinnigen‹ Frauen ermöglicht werden sollte.[109] Der Erste Weltkrieg behinderte jedoch die Implementierung dieses Gesetzes. Anschließend wurden seine eugenischen Zielsetzungen durch das schnelle Verebben des Sozialdarwinismus obsolet.

An die Stelle der abstrakten wissenschaftlichen Theorien trat in England ein stärkeres Interesse für die konkreten sozialen und lebensweltlichen Kontexte der Delinquenzverursachung. Daß diese soziale Perspektive, die in einer moralisierenden Variante schon den viktorianischen Diskurs in der Mitte des 19. Jahrhunderts geprägt hatte, am Ende des 19. Jahrhunderts nicht von kriminalanthropologischen Theorien verdrängt wurde, war ein Ergebnis der englischen Neigung zu *common-sense*-Erklärungen. Zur Verbreitung dieser sozialen Erklärungsansätze trug ein neuer Typus bürgerlicher Sozialreform bei, deren Anhänger durch einen engen persönlichen Kontakt zu den Bewohnern der Unterschichtsquartiere zur Lösung sozialer Probleme und zur Überwindung der Klassengrenzen beitragen wollten.[110] So wohnten Studenten im Rahmen der sogenannten *university settlements* in den Unterschichtsvierteln, betätigten sich dort als freiwillige Sozialarbeiter und gründeten Jugendklubs. Was diese bürgerlichen Sozialreformer von ihren viktorianischen Vorgängern unterschied, war die Bereitschaft, Voreingenommenheit und moralische Verurteilung zugunsten eines größeren Verständnisses für die Probleme der Unterschichtsfamilien zurückzustellen. Zwei Protagonisten dieser *settlement*-Bewegung, die als Leiter von Freizeitklubs für Arbeiterjugendliche bekannt wurden, Charles Russell und Alexander Paterson, beeinflußten nach der Jahrhundertwende zunächst als Buchautoren und später als verantwortliche Beamte im englischen Innenministerium sowohl die Wahrnehmung des sozialen Problems Jugenddelinquenz als auch die Gestaltung der Jugendkriminalpolitik.[111] Zusammen mit reformorientierten Richtern wie William Clarke Hall und den verschiedenen Verbänden wie der *Howard Association*, der *Penal League for Penal Reform* und der *State Children's Association* dominierten diese bürger-

---

109 Radzinowicz u. Hood, S. 330ff.; Zedner, Women, Crime, and Custody, S. 264ff.
110 Vgl. Himmelfarb, Poverty, S. 235ff.
111 Russell u. Rigby; Paterson. Auch Cecil Burt, Autor des 1925 veröffentlichten Buches *The Young Delinquent*, hatte seine ersten Erkenntnisse vor dem Krieg als *settlement*-Student in Liverpool gewonnen. Vgl. Bailey, Delinquency, S. 15f.

lichen Sozialreformer in England den veröffentlichten Diskurs über die Jugenddelinquenz.

Aber schon vor der Jahrhundertwende verbreitete sich in England eine verständnisvollere Bewertung der Jugenddelinquenz und ihrer sozialen Zusammenhänge. Dieses soziale Verständnis löste die viktorianischen Schuldzuweisungen an die Unterschichtsfamilien ab und erzeugte gleichzeitig eine Immunität gegen kriminalanthropologische Erklärungsansätze. So wies ein ministerieller Untersuchungsausschuß 1896 die These entschieden zurück, die englischen Zwangszöglinge unterschieden sich durch körperliche und geistige ›Defekte‹ von normalen Kindern und Jugendlichen:

»Nothing has been more certainly demonstrated in the practical development of the reformatory system than that juvenile crime has comparatively little to do with any special depravity of the offender, but very much to do with parental neglect or bad example.«[112]

Die Ablehnung kriminalpsychiatrischer Erklärungsansätze vereinte auch nach der Jahrhundertwende anders als in Deutschland die meisten Fachleute. So stellte Charles Russell fest: *»In certain cases crime may be the expression of a form of mental desease; in the majority its origins must not been sought in the individual, but in the conditions in which he is placed.«*[113] Im ihrem ersten veröffentlichten Bericht nach dem Ersten Weltkrieg unterstütze die *Children's Branch* des englischen Innenministeriums, die für die verschiedenen Aspekte der Kinder- und Jugendpflege bis hin zum Jugendstrafrecht verantwortlich war, diesen sozialen Erklärungsansatz: *»Mental defect is too often stated as the primary cause of delinquency in children. It is often put forward as an excuse for an offence, and is used as an argument for neglecting the education of a child who is really only backward.«*[114]

Zu den sozialen Ursachen der Jugenddelinquenz zählten die bürgerlichen Beobachter auch weiterhin an erster Stelle die Familiensituation und die Qualität der Erziehung. Der Unterschied zu den Beobachtern der viktorianischen

---

112 Parl. Papers, Reformatory and Industrial Schools (1896), S. 22.

113 Russell u. Rigby, S. 222; vgl. Hall, State, S. 6, und Thomas Holmes, Gerichtsmissionar und Autor mehrerer Bücher über das Leben der Londoner Unterschichten: *»They become criminals, not because they possess criminal minds, but because there is no place for them in our social and industrial life.«* (zitiert in: Penal Reform League Monthly Record 4/1912, Nr. 8-9, S. 4f.) .

114 Home Office, [First] Report, S. 8.

Zeit und ebenso zu den deutschen Beobachtern lag darin, daß sie nicht mehr die Eltern allein für die Defizite in der Erziehung verantwortlich machten, sondern die Gesellschaft. So beklagte Russell ebenso wie die viktorianischen Beobachter ein halbes Jahrhundert zuvor die schädlichen Erziehungseinflüsse in den Unterschichtsfamilien, fügte aber hinzu, die Gesellschaft sei *»responsible for the conditions which produce and perpetuate the criminal«*.[115] Die Auffassung, daß Armut das eigentliche soziale Problem hinter der Jugendkriminalität sei, und daß die Lösung dieses Problems eine staatliche Aufgabe sei, wurde vor allem während des Ersten Weltkriegs immer deutlicher ausgesprochen. Der Londoner Jugendrichter William Clark Hall machte explizit den Staat für die Jugenddelinquenz verantwortlich:

»A child who is ill-educated, badly housed, insufficiently fed, without any proper opportunity for, or means of, recreation, will inevitably tend to drift into crime, however good his natural tendencies may be. [...] It is to be noted that for many of these conditions the State is itself largely to blame.«[116]

Noch entschiedener formulierte die *Penal Reform League* 1917 diese Anklage an die Gesellschaft. Die kriminalpolitischen Reformen könnten nicht erfolgreich sein, solange die Gesellschaft in dem »schrecklichen Zustand der sozialen Ungerechtigkeit« bleibe: *»It is ridiculous to expect children to be brought up properly under such conditions.«*[117] Die *Children's Branch* des Innenministeriums schloß sich dieser Bewertung an: *»Poverty seems to be undoubtedly at the bottom of much of the delinquency among children.«*[118]

Die Zitate zeigen, daß in den englischen Erklärungsansätzen zur Jugenddelinquenz die soziale Schichtzugehörigkeit weiterhin eine tragende Rolle spielte. Jugenddelinquenz wurde weiterhin primär mit der Zugehörigkeit zur Unterschicht in Verbindung gebracht, auch als sich in England ebenso wie in Deutschland die Erkenntnis durchsetzte, daß nicht unbedingt materielle Not die Ursache jeder kindlichen oder jugendlichen Gesetzesübertretung war, son-

---

115 Russell u. Rigby, S. 222.

116 Hall, Aims, S. 199. Vgl. einen Kommentar zur Jugendkriminalität in *Times Educational Supplement*, 12. 9. 1918, S. 387 : *»What [...] all of us need to realize is that moral training must be given in the home, and that it cannot be given unless the parents have leasure and energy and well-being of their own enough to give it.«*

117 Penal Reform League Record, 8/1919, Nr 1-2, S. 70.

118 Home Office, [First] Report, S. 8.

dern daß es eine entwicklungspsychologisch begründete Neigung zu Regelverstößen in diesen Altersstufen gab. Alexander Paterson zum Beispiel erklärte diese Neigung mit einem kindlichen Wunsch nach Aneignung und der mangelnden Selbstbeherrschung.[119] Diese psychologische Deutung war nichts anderes als eine abgemilderte Variante der viktorianischen Angst vor den Abgründen der Seele und der kriminalanthropologischen These vom ›Wilden‹ im Kinde; der Unterschied zu jenen Deutungsmustern bestand jedoch wiederum in der gelasseneren Einschätzung der mit der Jugendkriminalität verbundenen Gefahren. So nahm die Einsicht zu, daß die Straffälligkeit bei einem erheblichen Teil der Jugendlichen vorübergehender Natur war und mit dem Erwachsenenalter verschwand, wie es auch der deutsche Kriminologe Erich Wulffen formulierte. Die jugendliche Psyche wurde nicht mehr pathologisiert, sondern tendenziell als normal akzeptiert. Charles Russell z.B. stellte in seiner Funktion als Inspektor des Innenministeriums für das Zwangserziehungswesen vielen Zöglingen eine optimistische Prognose, da ihre delinquenten Neigungen nach einer Phase der psychologischen Beruhigung zurückgehen würden: *»I believe practically every boy to be at heart good.«*[120]

Die Frage der sozialen Schichtzugehörigkeit erhielt in diesem Kontext eine zusätzliche Bedeutung. In den Augen einiger englischer Beobachter waren die straffälligen Unterschichtsjugendlichen nicht nur deswegen ein Opfer sozialer Benachteiligungen, weil sie in ungünstigen sozialen Verhältnissen aufwuchsen, sondern auch deswegen, weil sie wegen ihrer Schichtzugehörigkeit vom Strafrechtssystem anders behandelt wurden als ihre sozial höherstehenden Altersgenossen. Aus den entwicklungspsychologischen Erkenntnissen folgerten sie, daß zwar Jugendliche aller Schichten eine Neigung zu gesetzeswidrigem Verhalten hätten, aber nur die Unterschichtsjugendlichen von der Polizei und den Gerichten zur Rechenschaft gezogen würden. Diese soziale Kritik am Strafrechtssystem hatte in England eine gewisse Tradition, die mindestens bis zur Mitte des 19. Jahrhunderts zurückreichte. Schon 1853 bezeichnete Micaiah Hill das englische Strafrecht wörtlich als *»class legislation«*, weil die Kinder der Armen wegen ihrer harmlosen Spiele in den Straßen bestraft wür-

---

119 Paterson, S. 126.

120 Parl. Papers, Annual Report [...] Reformatory and Industrial Schools for 1915, S. 14.

den.[121] Auch Henry Mayhew, dessen Schriften eine idiosynkratische Mischung der verschiedensten Erklärungsansätze von Kriminalität darstellen, wies auf die sozial selektive Anwendung der Strafgesetze hin. Überspitzt stellte er fest, es hinge in erster Linie von der sozialen Herkunft ab, ob ein Kind wegen einer Verfehlung ins Gefängnis und damit in den Ruin oder aber trotz einer Verfehlung nach Oxford oder Cambridge geschickt würde. Die englischen Richter, so Mayhew, würden nur die Kinder der Unterschichten ins Gefängnis schicken, *»and that often for offences which they know their own children commit day after day.«*[122] Den gleichen Gedanken äußerte in den 1870er Jahren Benjamin Waugh, der die Bestrafung von Sachbeschädigungen und anderer Bagatell- und Straßendelikte als Kriminalisierung des normalen kindlichen und jugendlichen Verhaltens kritisierte: *»Half of the so-called ›crime‹ list is something like humbug.«*[123] Auch er kontrastierte die strafrechtliche Behandlung der Unterschichtsjugendlichen mit der Verschonung der bürgerlichen Jugendlichen, deren Bestrafung den Eltern überlassen werde.[124] Als Charles Russell und William Clark Hall diese Kritik Jahrzehnte später wiederholten, standen sie also in einer langen Tradition der Justizkritik, die im deutschen bürgerlichen Diskurs fast unbekannt war.[125]

Am Beginn des 20. Jahrhunderts verbanden die englischen Sozialreformer diese alte Kritik an der sozialen Selektivität des Strafrechts – um deren Beweis sich die Kritiker allerdings nicht bemühten – mit den entwicklungspsychologischen Erkenntnissen zu einem neuen Erklärungs- und Behandlungsansatz der Jugendkriminalität, für den sich das Schlagwort der *›healthy recreation‹* einbürgerte. Das jugendspezifische Bedürfnis nach Entladung der körperlichen und geistigen Energien, so diese These, blieb bei den Jugendlichen in den Arbeitervierteln unerfüllt und wurde sogar polizeilich bekämpft, während den Jugendlichen der oberen Schichten in den Privatschulen und Sportvereinen ausreichende Möglichkeiten geboten wurden. So verglich Thomas Holmes das

121 Hill, Price Essay, S. 15.
122 Mayhew u. Binny, S. 409.
123 Waugh, S. 10.
124 Vgl. gleichlautend Howard Association, Imprisonment of Young Children, S. 11.
125 Russell u. Rigby, S. 223; Hall, Child, S. 316. Für Deutschland siehe eine Ausnahme bei Landsberg, Psychologie, S. 219: *»Anders aber als dem Herren- und Bürgersohn begegnet dem Arbeiterkinde das Gesetz. Dreiviertel von dem, was sein Herz begehrt, das versagt ihm das Gesetz unter schrecklichen Drohungen.«*

verbotene Glücks- und Fußballspiel und die Prügeleien der Unterschichtsjugendlichen mit den Sporttunieren der Mittel- und Oberschichtsjugendlichen.[126] Die *Children's Branch* des Innenministeriums machte sich diesen Erklärungsansatz zu eigen:

»The same spirit of mischief and adventure is found in children of all classes of the community, but those from the poorer homes are in many instances not under adequate control or have nor sufficient opportunities for giving proper expression to their energies.«[127]

Damit wurde ein neues Element in die Wahrnehmungsmuster der Jugendkriminalität eingebracht, das einem neuen und freieren pädagogischen Geist entsprach. Den Unterschichtsjugendlichen fehlte nicht mehr nur die nötige Kontrolle und moralische Erziehung, um sich diszipliniert zu verhalten, sondern auch die nötige Freiheit, ihre natürlichen Energien auf eine ›gesunde‹ Art und Weise auszuleben. Besonders während des Ersten Weltkrieges wurde der Ruf nach besseren Möglichkeiten der Freizeitgestaltung (*healthy recreation*) zu einem festen Bestandteil der kriminalpolitischen Forderungen von Innenministerium, Polizei und freien Organisationen.[128] Das von Charles Russell während des Krieges ins Leben gerufene *Juvenile Organizations Committee* hielt den Erhalt bzw. die Schaffung von Freizeitangeboten für Kinder und Jugendliche für eine vorrangige Aufgabe im Kampf gegen die Jugendkriminalität.[129]

## 2.3 Zusammenfassung

Vergleicht man zusammenfassend die Diskurse in beiden Ländern, so entwickelten sich die Wahrnehmungs- und Interpretationsmuster der Jugendkriminalität in England und Deutschland seit dem Ende des 19. Jahrhunderts in unterschiedliche Richtungen. Während in Deutschland kulturpessimistische Stimmungen und kriminalpsychiatrische Erklärungsansätze zu einer Dramatisierung der Jugendkriminalität und der damit verbundenen sozialen Gefahren

126 Holmes, Police, S. 166ff.; vgl. ebenso Hatton, S. 22f.
127 Home Office, [First] Report, S. 8.
128 Adler, S. 3; *The Times*, 18. 10. 1916, S. 5; 19. 10. 1916, S. 7; *Times Educational Supplement*, 18. 1. 1917, S. 27; Liverpool City, Crime.
129 Vgl. Bailey, Delinquency, S. 11.

führten, entspannten sich in England seit der Jahrhundertwende die Problemwahrnehmungen zunehmend. Die englischen Sozialreformer blieben gegen eine Infiltration von sozialdarwinistischen Degenerationstheorien weitgehend immun und interpretierten Jugendkriminalität stattdessen als Ausdruck sozialer Benachteiligungen. Der fehlende Einfluß wissenschaftlich-akademischer Experten bewahrte den kriminologischen Diskurs in England vor abstrakten und wirklichkeitsfernen Erklärungsansätzen der Jugendkriminalität. Anders als in Deutschland entwickelten die englischen Beobachter, oftmals aus persönlicher Anschauung im Rahmen praktischer Sozialarbeit, ein Verständnis für die lebensweltlichen Bedingungen der Jugenddelinquenz. In Deutschland wurde der Diskurs dagegen durch die überzogenen und pessimistischen Krankheitsthesen der Psychiater belastet, die von den Juristen mit ihrer ebenso großen Distanz zu den Lebenswelten der Unterschichtsjugendlichen aufgegriffen wurden.[130]

Die Ursachen dieser unterschiedlichen Entwicklung sind auf der gesellschaftlichen Makroebene zu suchen. Der Annahme folgend, dass das Thema Jugendkriminalität eine Metapher-Funktion für gesellschaftliche Bewußtseinslagen erfüllt, läßt der entspanntere und verständnisvollere Grundton des englischen Diskurses auf ein geringeres Bedrohungsgefühl des Bürgertums und auf ein stabileres System von Sozialbeziehungen schließen. Dabei spielte die politische Dimension eine wichtige Rolle. Die Klassenauseinandersetzungen waren in England weniger scharf, die Opposition der Arbeiterbewegung weniger fundamental, und die Herrschaftsausübung der dominanten Schichten weniger repressiv als in Deutschland. Nach der Einschätzung der deutschen Juristen Liepmann und Mannhardt wurden die englischen Sozialbeziehungen als Ergebnis einer freiheitlicheren und daher geschickteren Herrschaftsstrategie von einen grundsätzlichen Wertekonsens zwischen oberen und unteren Schichten geprägt:

»Es wird drüben mehr an die edleren Neigungen und an das freie Selbstbestimmungsrecht appelliert und weniger von Staats wegen ge- und verboten. Nicht daß deshalb das Leben drüben ungebundener wäre; es ist aber ungezwungener. Das Gebot der Sitte, dem man sich meistens fügt, dann aber freiwillig, tritt an Stelle des Zwanges durch gesetzliche Regelung; Drangsalierung und Plackereien seitens Verwaltungsbehörden und Polizei sind unbekannte Größen. [...] Ohne das Maß von Zwang, Strafen und Maßregelungen, das bei uns angewen-

130 Dudek, Jugend, S. 25.

det wird, ist die Unterordnung unter jegliche Art von Autorität eine größere als in Deutschland.«[131]

Interpretiert man in der Tradition Durkheims den Diskurs über Kriminalität und die Anwendung von Strafe als eine Funktion der Vergewisserung und Bekräftigung gemeinschaftlicher Wert- und Moralvorstellungen,[132] dann läßt sich ein relativ entspannter und wenig ausgrenzender Diskurs, wie er in England geführt wurde, mit einem geringeren Maß an gesellschaftlichen Konflikten in Beziehung setzen, ebenso wie der dramatisierende und ausgrenzende Diskurs in Deutschland auf ein entsprechend hohes gesellschaftliches Konfliktpotential schließen läßt. In Deutschland verstärkten die angespannten Sozialbeziehungen die allgemeinen Bedrohungsgefühle des Bürgertums. Selbst die Jugendkriminalität wurde in dieser Perspektive zu einer Existenzfrage der bürgerlichen Gesellschaft, wie die Vermengung von Kriminalität und Autoritätsverachtung im bürgerlichen Diskurs über die deutsche Unterschichtsjugend zeigt. Zugespitzt läßt sich der Unterschied der Problemwahrnehmungen in beiden Ländern so formulieren: War die Sichtweise der deutschen bürgerlichen Experten auf die Jugendkriminalität von dem Gedanken geprägt, die bürgerliche Gesellschaft vor den straffälligen Jugendlichen zu schützten, so setzte sich in England zunehmend die Perspektive durch, die Jugendlichen vor den Benachteiligungen der Gesellschaft zu schützen.

Welche Rolle spielte die quantitative Entwicklung der Jugendkriminalität, die hier nur gestreift werden soll, in diesem Zusammenhang?[133] Es liegt nahe, die Zu- oder Abnahme der statistisch registrierten Jugendkriminalität mit den Veränderungen der Wahrnehmungsmuster in Verbindung zu bringen. Insgesamt ging die statistische Kriminalitätsbelastung in England seit der Mitte des 19. Jahrhunderts kontinuierlich und deutlich zurück. Obwohl entsprechende altersdifferenzierte Statistiken fehlten, bezogen die zeitgenössischen Beobachter ihre Befriedigung über diesen Kriminalitätsrückgang und ihren Optimismus für die weitere Entwicklung auch auf die Jugendlichen. Die Kriminalitätsentwicklung in Deutschland wurde, seit sie 1882 erstmals einheitlich für das Deutsche Reich erfaßt wurde, von einem gegenläufigen Trend bestimmt. Das galt besonders für die Jugendkriminalitätsrate, die zwischen 1882 und der

131 Liepmann u. Mannhardt, S. 129f.
132 Garland, Theory; Leps, S. 67.
133 Siehe ausführlich Oberwittler, Jugendkriminalstatistiken.

Jahrhundertwende um über 30% anstieg. Dieser statistische Anstieg beeinflußte die Problemwahrnehmung in Deutschland deutlich negativ; in kaum einer Veröffentlichung fehlte der Hinweis auf die steigende Zahl der jugendlichen Verurteilten.

Dem Ansteigen der Bedrohungsgefühle in Deutschland seit dem Ende des 19. Jahrhunderts entspricht also der Anstieg der statistischen Zahlen ebenso, wie die Entspannung der Bedrohungsgefühle in England in der zweiten Hälfte des 19. Jahrhunderts mit dem zurückgehenden Trend der Kriminalstatistik übereinstimmte. Man könnte diese Zusammenhänge so interpretieren, daß die Bedrohungsgefühle dem Anstieg bzw. Abfall der registrierten Kriminalität folgten, also einen gewissen ›realen Bezug‹ zur Kriminalitätsentwicklung hatten. Angesichts der grundsätzlichen Unklarheit, inwieweit die Entwicklung der registrierten Straftaten bzw. Verurteilungen überhaupt der ›echten‹ Kriminalitätsentwicklung folgten, oder inwieweit ein Anstieg der registrierten Kriminalität anders herum das Ergebnis einer verstärkten Strafverfolgung – auch als Folge steigender Bedrohungsgefühle – war, erscheint eine solche Bewertung jedoch gefährlich.[134]

Indem sie die Problemwahrnehmungen der zeitgenössischen Beobachter und Reformer mit prägten, stellen die Kriminalstatistiken jedoch soziale Fakten aus eigenem Recht dar – ganz unabhängig von ihrem Wahrheitsgehalt.[135] Daß sich die Entwicklung der Kriminalstatistiken über die Verschärfung oder Entspannung von Problemwahrnehmungen auf die Entwicklung der Jugendkriminalpolitik auswirken kann, läßt sich bis in die Gegenwart immer wieder beobachten. Forderungen nach ›härteren‹ Sanktionen haben es erfahrungsgemäß in Zeiten steigender Kriminalitätsraten leichter, ein Abbau von Sanktionen läßt sich entsprechend in Zeiten konstanter oder fallender Kriminalitätsraten einfacher legitimieren. Insofern könnte die gegenläufige Entwicklung der Kriminalstatistiken in Deutschland und England die unterschiedliche Ent-

---

134 Die Situation im späten 19. Jahrhundert ist damit der aktuellen Situation – ein Jahrhundert später – nicht unähnlich. Heute diskutiert die Kriminologie, inwieweit der gegenwärtige deutliche Anstieg der registrierten Jugendkriminalität auf soziale Ursachen zurückzuführen oder (auch) mit einem veränderten Anzeige- und Registrierungsverhalten zu erklären ist.

135 Radzinowicz u. Hood, S. 129.

wicklung nicht nur der Problemwahrnehmungen, sondern auch der Jugendkriminalpolitik mit beeinflußt haben.

# 3 Die Reformbewegungen und ihre kriminalpolitischen Ansätze

## 3.1 Die liberale Strafpraxis als Auslöser von Reformbemühungen

Am Anfang stand das Gefängnis. So ließe sich vereinfachend die Ausgangslage beschreiben, von der aus die strafrechtliche Behandlung minderjähriger Rechtsbrecher etwa ab der Mitte des 19. Jahrhunderts – in England früher, in Deutschland erheblich später – einem langsamen Veränderungsprozeß unterworfen wurde, der schließlich zur weitgehenden Verdrängung der regulären Gefängnisstrafe durch andere, jugendspezifische Sanktionsformen und zur Etablierung eines gesonderten Jugendstrafrechts führte. Während in der Mitte des 19. Jahrhunderts in beiden Ländern jährlich Zehntausende von Kindern und Jugendlichen Gefängnisstrafen absitzen mußten, erfuhr vor Beginn des Ersten Weltkrieg in Deutschland nur noch eine kleine Gruppe von jugendlichen Straftätern diese Behandlung.

Das Gefängnis kann in einem doppelten Sinne als Ausgangpunkt der Entwicklung der Jugendkriminalpolitik im 19. Jahrhundert bezeichnet werden: Zum einen wurde die alltägliche Praxis der strafrechtlichen Behandlung der minderjährigen ebenso wie der erwachsenen Straftäter in der Mitte des 19. Jahrhunderts durch die kurzzeitige Freiheitsstrafe geprägt, zum anderen war die Freiheitsstrafe als *die* Sanktion des klassischen liberalen Strafrechts der entscheidende Punkt, an dem sich auf der Ebene der Strafrechtstheorien ein Paradigmenwechsel entzündete. Es ist zwar richtig, die Reformentwicklung des Jugendstrafrechts in den Kontext der Expansion der Sozialpolitik am Ende des 19. Jahrhunderts zu stellen, wie dies etwa David Garland tut; dennoch war die Etablierung einer staatlichen Wohlfahrtspolitik nicht die einzige Wurzel der Reformbewegung. Das Beispiel Englands, wo die Zwangserziehung als staatliche Sanktion schon in den 1850er Jahren eingeführt wurde, zeigt, daß die Reformen des Jugendstrafrechts in einer Zeit begannen, als ein kostenintensives soziales Engagement des Staates noch gegen die herrschende *laissez-faire*-Auffassung durchgesetzt werden mußte. Um die Wurzeln der Jugendkriminalpolitik zu rekonstruieren, die sich am Ende des 19. und Anfang des 20. Jahrhunderts in Deutschland, und in England teilweise schon früher etablierte, ist es deshalb notwendig, den Blick zunächst weiter zurück in die Mitte des 19. Jahrhunderts und darüber hinaus zu lenken. Wesentliche Elemente der Jugendkriminalpolitik, allen voran der Erziehungsgedanke, verraten unschwer ihre ›viktorianische‹ Prägung und wurden durch spätere Entwicklungen, etwa durch die Verbreitung wohlfahrtsstaatlicher oder sozialdarwinistischer Überzeugungen, kaum tangiert.

Ohne den zentralen Einfluß gesellschaftlicher Rahmenbedingungen zu leugnen, kann man feststellen, daß ein wichtiger Impuls für Veränderungen der Kriminalpolitik in einer inneren Dynamik des Strafrechtssystems lag, die sich in der Enttäuschung über die Erfolglosigkeit neuer Konzepte in der Praxis. Dabei handelt es sich um ein zyklisches Phänomen, daß in der Geschichte des Strafrechts bis heute mit einer gewissen Regelmäßigkeit auftritt: Jede Reformbewegung entwickelt sich als Reaktion auf vorangegangene Reformen und trägt durch ihr Mißlingen bereits den Keim für zukünftige Reformen in sich.[1] Ein entscheidender Anstoß für die Reformbewegung des Jugendstrafrechts entwickelte sich also aus der Kritik an der Gefängnisstrafe, die das klassische liberale Strafrecht in Europa ab dem Ende des 18. Jahrhunderts zur Hauptwaffe im Kampf gegen das Verbrechen erkoren hatte. Während sich die Kritik an der allgemeinen Wirkungslosigkeit des Gefängnisses erst im Laufe des 19. Jahrhunderts verstärkte, begleitete die Kritik an der Praxis der Gefängnisstrafe bei Minderjährigen diese Sanktionsform von Anfang an. Schon der englische Gefängnisreformer John Howard hatte am Ende des 18. Jahrhunderts die Gefängnisse als »Schulen der Faulheit und des Lasters« charakterisiert und eine seperate Unterbringung der Minderjährigen gefordert, um sie vor dem Einfluß der älteren Gefängnisinsassen zu schützen.[2] Aus dieser Gefängniskritik entwickelten sich in England seit dem Ende des 18. Jahrhunderts

1 Vgl. Sutton, Children, S. 5.
2 Pinchbeck u. Hewitt, Bd. 2, S. 436f.; Struve, S. 12.

wiederholt philanthropische Initiativen, die die Gründung eigener, auf die Besserung der jugendlichen Delinquenten ausgerichtete Einrichtungen anstrebten.

In England und in Deutschland löste das Gefängnis in der ersten Hälfte des 19. Jahrhunderts unter dem Einfluß der liberalen Strafrechtsreformen die unterschiedlichen Sanktionsformen der Frühen Neuzeit ab. Nicht zufällig fand der bürgerliche Rechtsstaat, für den die persönliche Freiheit des Individuums einen besonders hohen Stellenwert hatte, in dem Entzug gerade dieses Grundrechtes sein bevorzugtes Strafinstrument.[3] Das Experiment der Disziplinierung und Reformation der Straffälligen fand seinen steinernen Ausdruck in der Errichtung von Reformgefängnissen und Besserungsanstalten, die zusammen mit Irren- und Arbeitshäusern dem Prinzip der Ausgrenzung und Einsperrung sozialer Problemgruppen folgten. Auch wenn die Anfänge der auf die Verhaltensbeeinflussung der Insassen zielenden Strafanstalten bis weit in die Frühe Neuzeit zurückreichen, erlebte das ›Kerker-Archipel‹ (M. Foucault) der verschiedenen Zwangsanstalten im 19. Jahrhundert seine historische Blütezeit.[4] Das utilitaristische Ideal der ›sicheren Strafe‹, mit dem die Strafrechtsreformer seit dem späten 18. Jahrhundert die Abschreckungswirkung der Strafen erhöhen wollten, gepaart mit dem Gerechtigkeitsgefühl der bürgerlichen Gleichheit, verlangte nach der gleichmäßigen Anwendung der Freiheitsstrafe ohne Ansehen der Person. Allein die Schwere der Tat galt im liberalen Strafrecht als Kriterium einer ›gerechten‹ Strafbemessung. In dieser Grundkonzeption der Kriminalpolitik, die in Deutschland und England allerdings höchst ungleichmäßig realisiert wurde, waren auch für Kinder und Jugendliche jenseits der Grenze der absoluten Strafunmündigkeit nur geringfügige Ausnahmen vorgesehen. So kam es, daß Gefängnisstrafen in Deutschland gegen zwölfjährige, in England sogar schon gegen achtjährige Kinder ebenso verhängt wurden wie gegen erwachsene Wiederholungstäter.

Diese Praxis der strafrechtlichen Behandlung minderjähriger Straftäter war es, die das bis heute in der Fachliteratur weit verbreitete Vorurteil nährte, vor Beginn der Reformbewegung im 19. Jahrhundert seien Jugendliche und Erwachsene im Strafrecht gleichbehandelt worden. Aus dem weitgehenden Feh-

---

3 Vgl diesen Gedanken schon bei Exner, Studien, S. 25.

4 Foucault, S. 383; ebenso bereits Grünhut, Development, S. 199; allgemein zur Geschichte des Gefängnisses: Ignatieff, Measure; Berger, Repression; Rothman; Melossi u. Pavarini; Finzsch u. Jütte (Hg.).

len jugendspezifischer Rechtsnormen sollte jedoch nicht ohne weiteres geschlossen werden, daß Jugendliche und Erwachsene tatsächlich gleichbehandelt wurden. Aus den kriminalhistorischen Forschungen zum 17. und 18. Jahrhundert ist bekannt, daß besonders auf der unteren Ebene der Strafgerichtsbarkeit der Spielraum für informelle Reaktionsformen sehr groß war, bevor die liberalen Reformen zu einer Formalisierung des Strafrechts führten.[5]

Bei der Rekonstruktion der altersspezifischen Strafrechtspraxis vor der Mitte des 19. Jahrhunderts, die bislang kaum versucht wurde[6], stößt man wegen des Fehlens detailierter Justizstatistiken und der Bedeutung informeller sozialer Kontrolle, die naturgemäß kaum Niederschlag in schriftlichen Quellen gefunden hat, allerdings auf große methodische Schwierigkeiten. Einzelne, auch bruchstückhafte Hinweise erhalten hier eine besondere Bedeutung. Demnach deutet vieles darauf hin, daß Minderjährige noch im frühen 19. Jahrundert überwiegend eine besondere Behandlung im Strafrechtssystem erfuhren oder einer formellen Strafverfolgung gänzlich entgingen. Erst die liberalen Strafrechtsreformen, die zusammen mit der Einführung einer modernen Polizei und in Deutschland einer staatlichen Anklagebehörde eine Rationalisierung der Strafverfolgung bewirkten, führten dann im Laufe des 19. Jahrhunderts zu einer zunehmenden Gleichbehandlung der jugendlichen mit den erwachsenen Straftätern und damit zu jenem Zustand, der später von der Reformbewegung kritisiert wurde.

### *Preußen*

In Preußen mit Ausnahme der Rheinprovinz erlaubte der bis 1851 gültige strafrechtliche Teil des Allgemeinen Landrechts (ALR) die summarische Behandlung jugendlicher Straftäter außerhalb des ordentlichen Strafprozesses. Anstelle einer Kriminalstrafe sah das ALR eine körperliche Züchtigung »zur Verhütung fernerer Vergehen« vor.[7] Nach den Berichten des preußischen Juristen Joducus Temme wurde bei Kindern unter 14 Jahren »niemals eine Criminaluntersuchung« eingeleitet, sondern nur ein summarisches, das heißt infor-

5 King, Decision-Makers; Wrightson, Concepts; Herrup, Peace; Philips, Engine; Shoemaker, Prosecution; vgl. auch Oberwittler, Crime.

6 Vgl. jedoch King u. Noel.

7 ALR Teil II Titel 20 § 17; vgl. Temme, S. 171.

melles Verfahren angewandt, das den Richtern »freies Ermessen über die zweckmäßigen Anordnungen« ließ, gegen das es aber auch keine Rechtsmittel gab.[8] In den Verzeichnissen verurteilter Jugendlicher, die auf Initiative des preußischen Ministeriums für Geistliche und Unterrichtsangelegenheiten ab 1825 angelegt wurden, fallen »Rutenstreiche« als übliche Strafform ins Auge;[9] Temme berichtet auch von »Gefängnisdetention«, also einem Arrest ohne förmliche Verurteilung. Auch die Entwürfe zum preußischen Strafrecht von 1836 und 1843 überließen es der Polizei, bei straffälligen Jugendlichen *»wegen anderer Zucht- oder Besserungsmittel das Weitere zu veranlassen und sonst geeignete Maßregeln zu treffen«.*[10] In der polizeilichen Praxis war es üblich, die Züchtigung der Jugendlichen ihren Eltern zu überlassen; ein Verfahren, das vom Innenministerium gebilligt und gefördert wurde.[11]

Bezeichnenderweise stieß das polizeiliche Ermessen im Umgang mit jugendlichen Straftätern in der Rheinprovinz auf Widerstand, da hier nach 1815 der ›fortschrittlichere‹ französische *code pénal* gültig blieb. Die rheinischen Justizbehörden lehnten eine Vermengung von unabhängiger Rechtsprechung und polizeilicher Exekutive strikt ab.[12] Das französische Strafrecht, dessen Durchsetzung in Deutschland ein zentrales Thema der bürgerlichen Emanzipationsbewegungen im Vormärz wurde, hatte für die weitere Entwicklung des Strafrechts nach 1848 eine wichtige Vorbildfunktion.[13] Dieser französische Einfluß setzte sich durch, als mit dem Inkrafttreten des preußischen Strafgesetzbuches 1851 das polizeiliche Ermessen und die ›hausväterliche‹ Autorität in der spätabsolutistischen Tradition des ALR durch die Grundsätze des libera-

---

8 Temme, S. 171.

9 Die Verzeichnisse mit dem Titel »Die Berichte und Anzeigen über die von jungen Personen und Kindern, welche durch vernachlässigte Erziehung und Versäumung des Schulunterrichts verwildert sind, verübten Verbrechen und die zu ergreifenden Vorkehrungen zur Rettung und zur Vorbeugung dieser im jugendlichen Alter begangenen Verbrechen« (GStA PK, Rep. 76 Abt. VII (M)) sind für alle preußischen Regierungsbezirke für den Zeitraum zwischen 1825 und 1848 vorhanden. Vgl. dazu Blasius, Gesellschaft, S. 80f.

10 Entwurf 1836 § 77, Entwurf 1843 § 79 (zitiert bei Roth, Entstehung, S.23).

11 Circularverordnung des preußischen Innenministeriums vom 23.6.1817, in: HStA Düsseldorf, Regierung Düsseldorf Nr. 95, f. 3.

12 Immediat-Justiz-Kommission, Brief an Regierung Düsseldorf, 19. 9. 1817, in: HStA Düsseldorf, Regierung Düsseldorf Nr. 95, f. 6.

13 Vgl. Blasius, Gesellschaft.

len Strafrechts abgelöst wurden. Alle Strafsanktionen wurden auf die Funktion der Vergeltung beschränkt und streng an das formale Strafverfahren gebunden. Das neue Strafrecht schaffte nicht nur alle körperlichen Züchtigungen zugunsten von Freiheits- und Geldstrafen ab und erhöhte gleichzeitig die Strafandrohungen für Eigentumsdelikte erheblich, sondern faßte auch die Bestimmungen für jugendliche Delinquenten nach dem französischen Vorbild wesentlich präziser und enger: Die untere Strafmündigkeitsgrenze (von 7 Jahren im ALR) wurde aufgehoben, die Strafbarkeit ihrer Vergehen wurde von der Frage des *discernements*, des Einsichtsvermögens in die Strafbarkeit einer Handlung, abhängig gemacht. Ein summarisches Verfahren für jugendliche Angeklagte war nach den neuen Strafprozeßregeln, die eine strikte Gleichbehandlung aller Fälle vorschrieben, nunmehr ausgeschlossen. Besonders die Abschaffung der körperlichen Züchtigung im Jahre 1848 dürfte dazu geführt haben, daß Jugendliche zunehmend mit dem Gefängnis Bekanntschaft machten.

Mit dem Sieg des liberalen Strafrechts — ein Erfolg auch der bürgerlichen Emanzipationsbewegung in der ersten Hälfte des 19. Jahrhunderts — setzte sich in Preußen und Deutschland insgesamt also jene Behandlungsform jugendlicher Straffälligkeit durch, die die Kriminalpolitik der zweite Jahrhunderthälfte prägte und ab 1880 immer stärker wegen ihrer angeblichen mangelnden Effektivität und Altersgemäßheit in die Kritik der Reformbewegung geriet. Besonders markant erscheint, daß in der traditionellen Strafpraxis in der ersten Hälfte des 19. Jahrhunderts mit der zumindest verbalen Betonung des Besserungsgedankens und dem weiten Ermessensspielraum von Polizei und Gerichten Elemente sichtbar werden, die am Ende des 19. Jahrhunderts von der Reformbewegung wiederum gegen das liberale Strafrecht eingefordert wurden.

### *England*

Eine gleichgerichtete Entwicklung läßt sich in England erkennen. Trotz der fundamentalen Unterschiede zwischen kontinentaler und englischer Rechtstradition führte die Modernisierung des Strafrechtssystems in der ersten Hälfte des 19. Jahrhunderts auch in England zu einer Zunahme von jugendlichen Delinquenten, die von den Strafgerichten abgeurteilt wurden und zusammen mit erwachsenen Straftätern die Gefängnisse füllten.[14] Paradoxerweise bewirkte eine der ersten gesetzlichen Reformen, die eine Sonderbehandlung der jugendlichen Straftäter einleiteten, eine Verstärkung dieses Trends zur Gefängnisstrafe. Vor der gesetzlichen Reform mußten alle Vergehen und Verbrechen Jugendlicher vor die ordentlichen Strafgerichte gebracht werden. Die Schwelle für die Verfolgung der größtenteils trivialen Vergehen von Jugendlichen lag damit sehr hoch, da als Folge der Nichtexistenz einer staatlichen Strafverfolgungsbehörde Verantwortung und Kosten einer Anklage vor dem Geschworenengericht bei den Deliktopfern lagen.[15] Für die weitere Entwicklung der Strafpraxis bei jugendlichen Delinquenten war es von entscheidender Bedeutung, daß die Richter in den englischen Polizeigerichten einen immer weiteren Ermessensspielraum für die Wahl der Sanktionen hatten und dadurch langfristig die Gefängnisstrafe durch alternative Sanktionen ersetzten. Kurzfristig bewirkte die Intensivierung der Strafverfolgung und die Ausdehnung der summarischen Rechtsprechung auf Eigentumsvergehen jedoch eine Zunahme der Gefängnisstrafen für Jugendliche und besonders für Kinder bis 14 Jahren.

Daß dieser Trend zur massenhaften Inhaftierung von Kindern auch die Notwendigkeit zu kriminalpolitischen Reformen verstärkte, wurde nur von wenigen zeitgenössischen Beobachtern ausgesprochen. Unbeeindruckt von der moralischen Entrüstung seiner Zeitgenossen über die angebliche Zunahme der Jugendkriminalität wies ein Autor nicht nur auf deren Verursachung durch die Strafrechtsreformen hin, sondern warnte auch vor den Folgewirkungen der verschärften Strafverfolgung: Mit der wachsenden Zahl jugendlicher Gefängnisinsassen werde das Problem der Jugenddelinquenz eher noch verschärft, da durch den Gefängnisaufenthalt mit einer Verstärkung krimineller Tendenzen zu rechnen sei.

»I very much fear that the enlarged jurisdiction given to magistrates, unless speedily associated with the more widely-spread corrective influence of industrial schools and reformatories for young offenders, will become a dangerous nursery for criminals of a deeper dye, by the, at present, unavoidable exposure which it entails of such large numbers of juveniles of both sexes being submitted to prison contagion in goals and houses of correction.«[16]

---

14 Vgl. King u. Noel.
15 Parl. Papers, Criminal Statistics for 1896, Einleitung S. 23.
16 Torr, S. 72.

Eine Reform der strafrechtlichen Behandlung Jugendlicher erscheint in dieser Sichtweise nicht als Reaktion auf wachsende soziale Probleme, sondern als notwendige Korrektur einer Fehlentwicklung, die durch die Modernisierung des Strafrechtssystems selbst ausgelöst wurde.

## 3.2 Die Struktur der Reformbewegungen

Bevor wir uns den Inhalten der Reformkonzepte näher zuwenden, erscheint es sinnvoll, einige allgemeine Bemerkungen über die Struktur der Reformbewegungen in England und Deutschland und ihren internationalen Bezügen zu machen. In beiden Ländern waren die Bewegungen ein Teil der für die Gesellschaft des 19. Jahrhunderts so prägenden bürgerlichen Philanthropie und Sozialreform.[17] Die Reformbewegungen lebten von dem freiwilligen Engagement einzelner Personen, die mit oder ohne amtliche Funktion häufig auf der kommunalen Ebene, den Willen zu und die notwendige Durchsetzungskraft für Veränderungen entwickelten. Ausgehend von einzelnen Initiativen bildeten sich in der zweiten Hälfte des 19. Jahrhunderts festere Strukturen von Verbänden und Interessengruppen, die aus unterschiedlichen Blickwinkeln heraus Lösungsansätze für das soziale Problem Jugenddelinquenz verfolgten. Für die meisten dieser Organisationen war typisch, daß sie in dem Grenzbereich von eng miteinander verzahnter staatlicher und privater Tätigkeit agierten. Es mußte den Reformern in der zweiten Häfte des 19. Jahrhunderts, die im Gegensatz zur traditionellen Philanthropie nicht nur Gutes tun, sondern auch dauerhafte Veränderungen der gesetzlichen Rahmenbedingungen erreichen wollten, an der Nähe zu den staatlichen Entscheidungsträgern gelegen sein. Diese waren in beiden Ländern eher in der Ministerialbürokratie als im Parlament zu finden. Besonders in Deutschland spielte das Parlament während des Kaiserreiches wegen des äußerst zähen Gesetzgebungsprozesses praktisch keine Rolle bei der Durchsetzung von Reformen.

Auch wenn es sehr große Überschneidungen zwischen den Gruppen der ›verwahrlosten‹ und der ›verbrecherischen‹ Jugendlichen gab, blieb doch als

17 Vgl. Bruch (Hg.).

eine wichtige Binnengliederung der Reformbewegungen die engere strafrechtliche und die eher weiter gefaßte wohlfahrtspolitische Perspektive auf das soziale Problem Jugenddelinquenz bestehen, was sich auch in den Organisationsstrukturen der staatlichen Behörden und der Reformbewegung niederschlug. Besonders ausgeprägt war diese Unterscheidung in Deutschland, wo die Anbindung der Zwangs- bzw. Fürsorgeerziehung an das Vormundschaftsrecht eine Trennung der Rechtsmaterie in einen strafrechtlichen und einen zivilrechtlichen Teil verstärkte. So wurde eine Ausweitung der Zwangserziehung zum erstenmal intensiv in den 1880er Jahren auf den Kongressen des ›Deutschen Vereins für Armenpflege und Wohltätigkeit‹, einem Dachverband der kommunalen und freien Wohlfahrtspflege, diskutiert.[18] Wesentliche Einflüsse auf die spätere Formierung der Jugendfürsorge, aber auch auf die Einführung von Jugendgerichten gingen von den Kräften aus, die die staatliche Fürsorge für uneheliche Kinder durch die Einführung der Berufsvormundschaft reformieren wollte. In Hamburg war es z.B. der Waisenhausdirektor Johann Petersen, in Frankfurt waren es Wilhelm Polligkeit und Christian Klumker, die unter dem Dach der vom Metallindustriellen Merton finanzierten ›Centrale für private Fürsorge‹ die Reform der Behandlung delinquenter Jugendlicher von der kommunalen Armenpflege und vom Zivilrecht her vorantrieben.[19] Auch in England war der Einfluß der kommunalen und freien Organisationen der Wohlfahrtspflege auf die Entwicklung der Jugendkriminalpolitk wichtig. Ein Beispiel dafür ist die 1897 gegründete *State Children's Association*, deren Zielsetzung sich zunächst auf die Reform der kommunalen Armenpflege beschränkte, die aber zunehmend auch die Behandlung straffälliger Jugendlicher in ihr Interessenspektrum aufnahm.

Ein anderer wichtiger Kristallisationspunkt der Reformbewegungen waren in beiden Ländern die privaten und kirchlichen Initiativen, die Erziehungsanstalten für delinquente Jugendliche gründeten. In Deutschland hatte die pietistische Rettungshausbewegung eine lange Tradition, die im frühen 19. Jahrhundert vor allem von Johann Wichern und seinem ›Rauhen Haus‹ erneuert wurde. In England gewann die Reformbewegung durch die Initiative der Tochter eines evangelikalen Geistlichen, Mary Carpenter, an Schwung, die

18 Peukert, Grenzen, S. 119ff.; vgl. allg. Bruch, Sozialreform, S. 94f.
19 Vgl. Gräser, S. 26ff.

nach Erfahrungen in der Sonntagsschulbewegung eine Besserungsanstalt für delinquente Jugendliche gründete. In beiden Ländern kam es nach der weiteren Verbreitung dieser privaten und kirchlichen Initiativen zur Gründung von Verbänden wie etwa der *›Reformatory and Refuge Union‹* in England oder der evangelischen ›Inneren Mission‹ in Deutschland. Diese hatten auf die weitere Gestaltung der Jugendkriminalpolitik schon deswegen großen Einfluß, weil die konkrete Durchführung der Zwangserziehung weitgehend in der Hand der privaten und kirchlichen Träger blieb. Wegen ihrer gemeinsamen Traditionen und der selbstgewählten Terminologie sollen die Anhänger dieser auf die Anstaltserziehung konzentrierten Reformströmung in dieser Arbeit mit dem Etikett ›christlich-philanthropische Kinderretter‹ angesprochen werden.

Im engeren Feld des Strafrechts gingen ganz wesentliche Reformimpulse von Juristen aus, die sich aus ihrer beruflichen Praxis heraus für Änderungen der strafrechtlichen Behandlung Jugendlicher einsetzten und diese im Rahmen ihrer Möglichkeiten selbst in die Tat umsetzten. Auch wenn der rechtliche Spielraum für solche Experimente in Deutschland deutlich enger gesteckt war als in England, war ihre Bedeutung für den Reformprozeß in beiden Ländern doch gleichermaßen entscheidend. Es ist kaum übertrieben zu behaupten, daß die meisten gesetzlichen Veränderungen durch praktische Reformen bereits vorweggenommen wurden.[20] In England stehen am Anfang einer langen Traditionsreihe reformfreudiger Richter die Namen von Matthew Davenport Hill, der schon in den 1840er Jahren in Birmingham ein Bewährungssystem für jugendliche Straftäter praktizierte, und Thomas Barwick Baker, Friedensrichter in Gloucestershire, die zusammen mit Mary Carpenter zu Wegbereitern der Zwangserziehung wurden. Nach der Jahrhundertwende traten z.B. J. Courtenay Lord in Birmingham und Cecil Chapman in London als Pioniere der Jugendgerichtsbewegung in Erscheinung. Daneben hatte die Stadt Liverpool, neben London die ›Hauptstadt des Verbrechens‹ in England, traditionell eine Vorreiterrolle bei der Behandlung jugendlicher Straftäter inne. Auch in Deutschland standen am Beginn der Jugendgerichtsbewegung einzelne Pioniere wie der Berliner Amtsrichter Paul Köhne und sein Kollege Julius Landsberg in der bergischen Kleinstadt Lennep.

---

20 Vgl. für die Gegenwart: Bundesministerium der Justiz (Hg.), Jugendstrafrechtsreform.

Für den Erfolg und die Verbreitung von einzelnen Initiativen und Reformkonzepten war die Propagierung und der Austausch in der Fachöffentlichkeit entscheidend. In England, das eine akademische Strafrechtswissenschaft nicht kannte, konstituierte sich diese Fachöffentlichkeit als Bestandteil der sozialreformerischen Bestrebungen des liberalen Bürgertums. Pragmatische Konzepte, gestützt durch empirische und statistische Beobachtungen wurden gegenüber rechtsdogmatischen Erörterungen bevorzugt. Eines der wichtigen Diskussionsforen für alle Fragen der Kriminalpolitik bot die von 1857 bis 1886 bestehende *›National Association for the Promotion of Social Sciences‹* (NAPSS), die neben den Abteilungen für *›social economy‹* und *›sanitary science‹* auch eine für die sogenannte *›reformatory science‹* unterhielt.[21] 1866 wurde die bis heute bestehende *Howard Association* gegründet, die von Beginn an die Funktion einer nationalen pressure group für Reformen der Kriminalpolitik erfüllte. Ein hoher Anteil von Nicht-Juristen und die gänzlich fehlende Bedeutung einer akademischen Strafrechtswissenschaft kennzeichnen die englische gegenüber den kontinentalen Reformbewegungen. So gab es in England keine einzige akademische Zeitschrift für Strafrechtslehre. Der Diskurs über die Jugendkriminalpolitik fand stattdessen in den Zeitschriften der NAPSS und anderer Verbände sowie nicht zuletzt in den Leitartikel- und Leserbriefspalten der *Times* statt. Die *Howard Association* wurde in den ersten Jahrzehnten ihres Bestehens von dem Geistlichen William Tallack und ab 1916 von Cecil Leeson, einem Absolventen des Studiengangs *›social study‹* und hauptamtlichem Bewährungshelfer, geleitet; beide waren Quäker. Sogar im englischen Innenministerium, das für die Kriminalpolitik bis hin zur Reform des Strafrechts zuständig war, wurden verantwortliche Positionen mit Reformern besetzt, die durch ihre Erfahrungen als Sozialarbeiter mit Unterschichtsjugendlichen bekannt geworden waren, wie Charles Russell und nach 1918 Alexander Paterson, der als Leiter der Gefängnisabteilung für die Reform des Strafvollzuges bei den jungen Erwachsenen verantwortlich war.

Demgegenüber blieb die Reformbewegung und ihre Organisationen in Deutschland stets eine Domäne der Juristen, wobei sich zu den praktisch tätigen Juristen die einflußreiche Gruppe der akademischen Strafrechtslehrer mit ihrer Leitfigur Franz von Liszt hinzugesellte. Als wichtigstes organisatorisches

---

21 Yeo, S. 54ff.

Dach der Strafrechtsreformer gründete Liszt 1889 zusammen mit seinen niederländischen bzw. belgischen Kollegen van Hamel und Prins die ›Internationale Kriminalistische Vereinigung‹ (IKV). Aus den Aktivitäten der ›Gruppe Deutsches Reich‹ der IKV ging 1892 der erste systematische Entwurf eines gesonderten Jugendstrafrechts hervor. Ein zweites wichtiges Diskussionsforum, in dem eher als in der IKV die praktischen Aspekte der Rechtsprechung in den neugegründeten Jugendgerichten zur Sprache kam, waren die 1909 erstmals veranstalteten Jugendgerichtstage, die von der ›Deutschen Zentrale für Jugendfürsorge‹ ausgerichtet wurden. Diese in Berlin ansässige und von der Juristin Frieda Duensing geleitete Organisation bündelte die Aktivitäten verschiedener örtlicher, in der Betreuung delinquenter Jugendlicher tätiger Vereine und nahm darüber hinaus auch eine nationale Funktion für die Reformbewegung wahr.[22]

Die Reformbewegungen waren also nicht so homogen, wie der Begriff suggeriert, sondern setzten sich aus unterschiedlichen Gruppierungen zusammen, die nicht nur unterschiedliche fachliche Ausrichtungen und dementsprechende Interessenschwerpunkte hatten, sondern auch – innerhalb des bürgerlichen Spektrums – mit unterschiedlichen weltanschaulichen Orientierungen an die Reform der Jugendkriminalpolitik herangingen. Diese weltanschaulichen Orientierungen lassen sich idealtypisch entlang der Dimension konservativ vs. progressiv strukturieren. Der amerikanische Historiker Edward Dickinson hebt in seiner Darstellung der Entwicklung der deutschen Jugendwohlfahrt den Gegensatz zwischen einer »patriarchalen«, christlich geprägten und reaktionären Strömung einerseits und der »sozial-managerialen«, technokratischen und progressiven Strömung andererseits besonders hervor.[23] Während die erste, ältere Strömung vor allem in den Kirchen verankert war und die vorindustrielle, patriarchale Gesellschaft gegen den sozialen Wandel retten zu können glaubte, setzte sich die zweite, ca. ab den 1880er Jahren hervortretende Strömung eher aus akademischen ›Experten‹ zusammen, die den sozialen Wandel nicht mehr verhindern, sondern durch eine neue Sozialpolitik gestalten wollten. Für die ›christlich-konservative‹ Richtung der ›Kinderretter‹ stand z.B. die Gründergeneration der Rettungshäuser und Erziehungsanstalten wie Mary

22 Vgl. zu Duensing: Zeller.
23 Dickinson, S. 6f.

Carpenter in England und Johann Wichern in Deutschland, für die ›progressive‹ Richtung standen z.B. Charles Russell in England und die ›moderne Schule‹ des Juristen Franz von Liszt in Deutschland.

Diese in Deutschland und England ähnliche Differenzierung der bürgerlichen Reformbewegungen kann zwar mit den aufeinanderfolgenden Phasen des gesellschaftlichen Wandels im 19. Jahrhundert in Verbindung gebracht werden; jedoch ist vor allem für den deutschen Reformverlauf kennzeichnend, daß die christlich-konservative Strömung nicht gänzlich von der progressiven abgelöst wurde, sondern daß beide Strömungen bis weit ins 20. Jahrhundert hinein teils kooperierend, teils sich bekämpfend nebeneinander Bestand hatten. Das Verhältnis dieser beiden idealtypischen Reformströmungen und ihr jeweiliger Einfluß auf die Gestaltung der Reformen ist ein wesentlicher Aspekt der Entwicklung der Jugendkriminalpolitik und wird in dieser Arbeit entsprechende Aufmerksamkeit erhalten.

Bei der Reformbewegung des Jugendstrafrechts handelte es sich zweifelsohne um ein internationales Phänomen. Die Parallelität der Reformentwicklung in allen westlichen Gesellschaften liegt auf der Hand und war auch den Zeitgenossen selbstverständlich. Nicht erst im 19. Jahrhundert unterlag das Strafrecht wie viele andere Basisinstitutionen in allen europäischen Gesellschaften gemeinsamen Entwicklungseinflüssen. Auch fand zwischen diesen Ländern ein ständiger Austausch von Erfahrungen und Auffassungen im Gebiet des Strafrechts, des Strafvollzugs und der Kriminologie statt. Die rasche Verbreitung, die im 18. Jahrhundert Cesare Beccarias aufklärerische Ideen zum Strafrecht in ganz Europa gefunden haben, sind dafür ein Beispiel. Im 19. Jahrhundert entwickelte sich eine Tradition internationaler Kongresse, auf denen kriminalpolitische Reformen diskutiert wurden. Die lange Serie von Zusammenkünften begann 1846 mit dem ersten ›Internationalen Gefängniskongreß‹ in Frankfurt am Main, der von dem deutschen Strafrechtslehrer C. J. A. Mittermaier geleitet wurde; weitere Gefängniskongresse folgten 1847 in Brüssel und 1857 wieder in Frankfurt.[24] Später wurde diese Tradition mit den Tagungen der *›International Penal and Penitentiary Commission‹* aufgenommen, die 1872 in London das erste mal stattfand. Auf den Tagungen des *›International Congress of Criminal Anthropology‹*, die zwischen 1885 bis 1911

24 Vgl. Radzinowicz, Roots.

achtmal in verschiedenen europäischen Ländern stattfanden, wurde nicht nur der bereits erwähnte Kampf zwischen Kriminalanthropologen und -soziologen über die Ursachen des Verbrechens ausgetragen, sondern auch viele kriminalpolitische Themen diskutiert. Hinzu kamen die regelmäßigen Tagungen der bereits erwähnten IKV.

Die Frage ihrer gegenseitigen Beeinflussung wird bei dem Vergleich der deutschen und englischen Reformentwicklung noch häufig konkret zu stellen sein. Allgemein kann gesagt werden, daß bei der Entwicklung der Jugendkriminalpolitik England innerhalb Europas eine klare Vorreiterrolle hatte. Das Vorbild aller europäischen Länder einschließlich Englands war jedoch Amerika. Das Jugendstrafrecht dürfte wohl eines der ersten und wenigen Beispiele dafür sein, daß die USA im 19. Jahrhundert gegenüber den europäischen Staaten eine allgemein akzeptierte Position als Vorreiter einnahmen. Nachahmenswert erschienen den europäischen Reformern sowohl die mit persönlicher Aufsicht verbundene Bewährungsstrafe als auch das Jugendgericht mit der Vermischung strafrechtlicher und vormundschaftlicher Elemente. Englische und deutsche Reformer blickten gleichermaßen nach Amerika, wobei die Beziehung der angelsächsischen Länder durch ihre gemeinsame Sprache und Rechtstradition ungleich enger war. Typisch für die selbstbewußte Haltung der englischen Reformer war die Feststellung der Howard Association um 1880, Massachusetts sei das einzige Land, von dem England in Bezug auf die Jugendkriminalpolitik noch etwas lernen könne.[25] Hatten den englischen Reformern in der ersten Hälfte des 19. Jahrhunderts noch französische und deutsche Besserungsanstalten als Vorbilder für ihre *reformatory schools* gedient, so ließ ihr Interesse an der zögerlichen Reformentwicklung auf dem Kontinent im späteren 19. Jahrhundert deutlich nach. Die verhaltene Resonanz in England auf die Gründung der IKV kann dafür als Symptom gelten. Im Jahresbericht der Vereinigung wurde bedauernd festgestellt: *»Geringes Interesse scheint England bisher unseren Arbeiten entgegengebracht zu haben.«*[26] Nach einer anfänglich etwas stärkeren Beteiligung befand sich nach 1905 unter den über 1.100 Mitgliedern der IKV nur noch ein einziges aus Großbritannien.[27]

---

25 Howard Association, Annual Report for 1881.
26 Mitteilungen der IKV 2/1891, S. 10.
27 Radzinowicz, Roots, S. 5.

Ebenso wie beim Streit zwischen Kriminalanthropologie und -soziologie hielt sich England von den Reformdiskussionen auf dem europäischen Festland weitgehend fern. Darin spiegelte sich auch die Andersartigkeit des englischen Rechtssystems wider, das nicht von der kontinentaleuropäischen Tradition des römischen Rechts geprägt worden war. Der internationale Austausch gestaltete sich also höchst einseitig, denn in der Gegenrichtung blieb England für viele deutsche Reformer neben den USA das wichtigste Vorbild. Zahlreich sind die Darstellungen des englischen Strafrechtssystems und speziell seiner jugendspezifischen Aspekte aus der Feder deutscher Juristen, die eine Übernahme englischer Reformelemente forderten.[28] Bereits in den 1880er Jahren, als sich die deutschen Reformbewegung formierte, hatte der Berliner Jurist P.F. Aschrott die Erfahrungen einer Studienreise in einem Buch veröffentlicht und daraus Schlußfolgerungen für die Reform der deutschen Kriminalpolitik gezogen.[29] Im Zusammenhang mit der Reform der Strafprozeßordnung entsandte die ›Deutsche Gruppe‹ der IKV 1906 eine Kommission unter der Leitung des Frankfurter Oberbürgermeisters Adickes nach England, um die Funktionsweise des englischen Strafverfahrens und die Frage seiner Übertragbarkeit auf Deutschland zu untersuchen.[30] Während diese Berichte gründliche und sachkundige Analysen waren, zeichneten sich die zahlreichen Verweise deutscher Reformer auf das englische Vorbild oftmals durch eine Oberflächlichkeit und Einseitigkeit aus, die das Ergebnis einer selektiven Wahrnehmung war. Das gilt besonders für die Kampagne für die Ausweitung der Zwangserziehung; Berichte über deren vermeintliche Erfolge bei der Verminderung der Kriminalität in England wurden von den deutschen Reformern leichtgläubig aufgenommen, während man die zunehmende Ernüchterung und Kritik, die sich in England seit dem Ende des 19. Jahrhunderts artikulierte, vollständig ignorierte.

28 Siehe z.B. Lenz, Zwangserziehung; Struve; Frikker; Munzinger; Rosenfeld· Kriminalpolitik; Tönnies, Kriminalität.

29 Aschrott, Strafensystem; Aschrott, Reform des Strafen- und Gefängniswesens; Aschrott, Strafen und Gefängniswesen.

30 Siehe Budding; Weidlich; Liepmann u. Mannhardt.

## 3.3 ›Erziehung statt Strafe‹ – Die grundlegenden Reformansätze

Mit ihren Konzepten stellten die Reformer in Deutschland und England das klassische Strafrecht in entscheidenden Punkten auf den Kopf; der gemeinsame Kern aller Reformbewegungen war die Abkehr von der Abschreckungslogik der Vergeltungsstrafe. Allerdings muß schon hier angemerkt werden, daß die Reformanhänger in der praktischen Umsetzung ihrer Konzepte – teilweise bewußt, teilweise entgegen ihrer eigenen Überzeugung – nicht unbedingt einen radikalen Bruch mit dem klassischen Vergeltungstrafrecht vollzogen. Inwiefern die traditionellen Strafziele Abschreckung und Sühne hinter einer Fassade der Erziehungsrhetorik weiterlebten, wird sich bei der Analyse der Sanktionspraxis zeigen. Es kommt hinzu, daß nicht alle Reformer wie der Lenneper Jugendrichter Julius Landsberg eine völlige Abschaffung der normalen Strafen forderten; viele strebten eine Mischung des traditionellen Strafrechts mit neuen, erzieherischen Sanktionsformen und eine Wahlmöglichkeit zwischen den verschiedenen Sanktionen an. Alle waren sich aber in der Ablehnung des Ausschließlichkeitsanspruchs des alten Vergeltungsstrafrechts einig.

Die Forderung, jugendliche Delinquenten nicht nach der Abschreckungslogik des klassischen Strafrechts zu behandeln, ergab sich aus der Verneinung ihrer vollen strafrechtlichen Verantwortung. Zum einen wuchs mit der Betonung der Jugend als eigener Entwicklungsphase das Verständnis dafür, daß Selbstdisziplin und Moralbegriffe bei Jugendlichen nicht als ebenso gefestigt angesehen werden dürfen wie bei Erwachsenen. Zum anderen folgte die Ablehnung der Schuldfähigkeit aus der viktorianischen Auffassung, daß ungünstige familiäre Verhältnisse und schädliche Umwelteinflüsse an der Delinquenz der Jugendlichen schuld seien. Für das wichtigste Kriterium der Schuldfähigkeit im liberalen Strafrecht, der freien Willensentscheidung des Täters, fehlten den Minderjährigen demnach die charakterlichen Voraussetzungen. Das Ziel der Vergeltungsstrafe, den Täter und an seinem Beispiel die Allgemeinheit durch die Zufügung eines Strafübels von weiteren Straftaten abzuschrecken, mußte verfehlt werden, wenn der jugendliche Täter gar nicht fähig war, *»seine Triebe aus sich selbst heraus im Zaume zu halten«*.[31] Diese 1892 formulierte

31 Appelius, Behandlung, S. 18f.

Auffassung unterscheidet sich nicht wesentlich von der vierzig Jahre älteren englischen, daß die in Elend und Laster aufwachsenden und von ihren Eltern vernachlässigten Kinder *»cannot be otherwise than criminal«*.[32]

An die Stelle der Vergeltungsstrafe sollte eine an den Einzelfall angepaßte und erzieherisch wirksame Behandlung treten, die eine dauerhafte Besserung der Delinquenten zum Ziel hatte. Die Willensschwäche der jugendlichen Straftäter könne nicht durch Vergeltungsstrafen, sondern *»nur durch konsequente pädagogische Einwirkung überwunden werden«*[33], so der Berliner Jugendrichter Paul Köhne. Dieser Erziehungsgedanke zieht sich als roter Faden durch die Konzeptionen der Reformbewegungen in beiden Ländern von der Mitte des 19. Jahrhunderts an. Die englische Reformbewegung um 1850 lehnte die übliche Strafpraxis bei Jugendlichen ab, denn *»punishments [...] only render their miserable lives still more miserable, but [...] give them neither the desire nor the means of reformation.«*[34] In Deutschland wurde zu Beginn des 20. Jahrhunderts die Grundidee der Reformbewegung so beschrieben, *»daß dem strafbaren Verhalten von Jugendlichen zumeist ursächlich ein Erziehungsmangel zugrundeliegt, und daß ihm daher in der Regel richtiger durch Nachholen versäumter Erziehung als durch gerichtliche Strafe begegnet werden müsse.«*[35]

Die Gefängniskritik zog sich als ein Leitmotiv durch den Reformdiskurs des 19. Jahrhunderts, auch wenn diese Strafform nicht von allen Reformern und nicht uneingeschränkt aus dem Sanktionskatalog gestrichen werden sollte. Zumindest stieß aber ihre Anwendung auf die jüngeren Altersgruppen sowie der Vollzug zusammen mit erwachsenen Straffälligen auf allgemeine Kritik, die zunächst humanitär motiviert war, aber auch auf die Kontraproduktivität dieser Sanktionsform abzielte. Das Gefängnis führte nach Meinung der Reformer durch die ›Ansteckungsgefahr‹ durch ältere und erfahrene Gefängnisinsassen und durch die stigmatisierende Wirkung zu einer Verhärtung krimineller Neigungen und werde damit selbst zu einem Verursachungsfaktor der Jugendkriminalität, wie z.B. der englische Reformer Charles Russell behauptete:

32 Report of a Committee, S. 8; vgl. Adshead, S. 69.
33 Köhne, Strafverfahren, S. 632.
34 Report of a Committee S. 8; gleichlautend: Adshead, S. 71.
35 Becker, Organisation, S. 32.

Es verhärte den Charakter, ohne eine abschreckende Wirkung zu haben.[36] *»Wenn es irgendetwas gibt, worüber man in der Strafrechts-Wissenschaft und in der Strafrechts-Praxis heute einig ist, so sind es die schwerwiegenden Nachteile der kurzzeitigen Freiheitsstrafen«*, stellte ein deutscher Reformer am Ende des 19. Jahrhunderts fest.[37] Schon 1836 wurde in einem Bericht der englischen Gefängnisaufsicht die Meinung vertreten, bei vielen jugendlichen Straftätern würde sich eine völlige Straflosigkeit weniger schädlich auswirken als ihre Einsperrung;[38] eine Behauptung, die von Franz von Liszt ca. fünfzig Jahre später fast wörtlich wiederholt wurde: *»Wenn ein Jugendlicher [...] ein Verbrechen begeht und wir ihn laufen lassen, so ist die Wahrscheinlichkeit, daß er wieder ein Verbrechen begeht, geringer, als wenn wir ihn bestrafen.«*[39] Die Reformer aufgrund dieser Formulierungen zu Ahnherren des seit den 1970er Jahren propagierten generellen Sanktionsverzichtes zu erklären, wie von einigen Strafrechtswissenschaftlern geschehen, ist jedoch voreilig. Für Liszt z.B. ergab sich aus der Forderung nach Straffreiheit der 12- und 13jährigen Kinder, daß *»diese wohl fast sämtlich der Fürsorgeerziehung anheimfallen«* würden, also einer anderen Form des Freiheitsentzuges.[40]

Welche Konsequenzen aus der Erkenntnis der Schädlichkeit der Gefängnisstrafe zu ziehen waren und welche erzieherisch sinnvollen Alternativen zur Vergeltungsstrafe in Frage kamen, waren die Grundfragen, auf die die Reformer durchaus keine einfache Antwort wußten. Mit der Ablehnung der starren Vergeltungsstrafe sollte zunächst der Weg für flexible Reaktionsmöglichkeiten eröffnet werden, die sich nicht mehr an der Tat, sondern an der Persönlichkeit des einzelnen Täters orientierten. *»The character or gravity of the crime counts for little [...] the real factors are the boy's character at home and at school or work«*,[41] beschrieb der Liverpooler Polizeichef Leonard Dunning

36 Russell u. Rigby, S. xiv; vgl. Inspector of Reformatory and Industrial Schools, Memo, 24.9.1880, in: PRO HO 45/9593/93897/24 (Observations of Magistrates and Others on the Treatment of Juvenile Offenders, 1880-1887); vgl. weiterhin zur Gefängniskritik: Mayhew u. Binny sowie Mittermaier, Corrections- und Erziehungsanstalt.

37 Bachem, Verurteilung (1894), S. 1.

38 Zitiert bei Russell u. Rigby, S. 11.

39 Liszt, Kriminalität, S. 339.

40 Ebd., S. 348; vgl. Voß, Jugend, S. 94; Heinz u. Storz, S. 102.

41 Liverpool, Annual Police Report for 1907, S. 47.

diese Neuorientierung. Die Wahlmöglichkeit zwischen einer weiten Spanne von Sanktionsformen, die sich an dem Grad der Verwahrlosung und der kriminellen Neigung der Jugendlichen ausrichteten, war die Konsequenz aus der Täterorientierung. Prinzipiell ergab sich daraus eine Offenheit, die unterschiedliche Entwicklungslinien in der Jugendkriminalpolitik ermöglichte. Die Tendenz zum Sanktionsverzicht war in der Tat eine dieser Entwicklungslinien, aber sie prägte keinesfalls den Charakter der Reformkonzeptionen. Der unter den Reformern allgemein verbreitete Glaube an die Erziehungsbedürftigkeit der Jugendlichen führte zu der Überzeugung, daß nicht der Verzicht auf Sanktionen, sondern die Anwendung effektiverer Sanktionen im Vordergrund stehen sollten. Effektivität bemaß sich für die Reformer nach den negativen Erfahrungen mit dem Gefängnis nicht durch die Härte, sondern vielmehr durch die Dauer der Sanktionswirkung. Gerade weil die Gefängnisstrafen bei Jugendlichen in aller Regel sehr kurz ausfielen – eine Folge der meist geringen Schwere ihrer Straftaten, aber auch der Praxis der altersspezifischen Strafmilderung –, konnten sie dem Ziel der nachhaltigen erzieherischen Beeinflussung nicht entsprechen: *»Imprisonment is brief, too brief, indeed, for reformatory purposes.«*[42]

Vor allem aber mußten die auf Abschreckung angelegten Vergeltungsstrafen durch subtilere Sanktionsformen ersetzt werden, um das Ziel der dauerhaften Verhaltensänderung zu erreichen. Es hing auch von den jeweiligen pädagogischen Auffassungen ab, mit welchen mehr oder weniger repressiven Methoden die Reformer dieses Ziel zu erreichen hofften. Grundsätzlich war ihnen bewußt, daß ein Erziehungsprozeß kaum erfolgreich sein kann, der ausschließlich auf Zwang basiert und gegen den Willen der Betroffenen stattfindet. Landsberg brachte diese Erkenntnis zum Ausdruck, als er die Ziele der erzieherischen Behandlung so formulierte:

»Die Erziehung im engeren und im weiteren Sinne muß [...] die stärksten Impulse geben und die Richtung des Wollens bestimmen, so daß gar kein Raum mehr bleibt für das Aufgehen böser Saaten. [...] Sieghaft ist also nicht das Gebot, sondern die planvolle Einsetzung erwünschten Begehrens, die Einsetzung der Begierden, die uns jetzt erfüllen und die eine Richtung haben auf das Wohl unseres Volkes [...]«[43]

---

42 Adshead, S. 71; vgl. Russell u. Rigby, S. 82f.; Appelius, Behandlung, S. 40f.
43 Landsberg, Jugendpflege und Jugendgericht, S. 460.

Mary Carpenter hatte in der Mitte des 19. Jahrhunderts den paradoxen Begriff der »*willing obedience*« benutzt, um ihre Zielsetzung zu beschreiben.[44] Auch wenn aus solchen Formulierungen die Absicht der Manipulation jugendlicher Seelen sprach, so wird doch deutlich, daß diese Beeinflussung ohne einen gewissen Konsens mit den Jugendlichen nicht möglich ist. Damit waren die Reformer Vorreiter einer Entwicklung, die sich seit dem Ende des 19. Jahrhundert in der Kriminalpolitik insgesamt anbahnte: Wachsende Zweifel an der Notwendigkeit und Wirksamkeit des bestehenden Strafsystems führten zu einem allgemeinen Rückgang der Sanktionsschärfe; Zuchthausstrafen wurden durch Gefängnisstrafen ersetzt, die Dauer der Freiheitsstrafen nahm ab, Geld- und Bewährungsstrafen ersetzten Freiheitsstrafen.[45] Diese Abrüstung des Strafrechts geschah jedoch nicht mit dem Ziel, die Wirksamkeit des Strafsystems zu schmälern. Vielmehr wurde diese Entwicklung durch die Tendenz begleitet, die Bereiche des abweichenden Verhaltens, in denen staatliche Interventionen für notwendig erachtet wurden, erheblich über die Grenzen des Verbrechens auszudehnen. Die Karriere des Verwahrlosungs-Begriffes bei den Jugendlichen entsprach dieser Tendenz; ähnliches gilt insgesamt für die Definition der durch die Polizei kontrollierten öffentlichen Ordnung und für die medizinischen und psychiatrischen Definitionen von Normalität. Michel Foucault hat diese Ausweitung der Sanktionsanlässe vom Gesetzesbruch zur Normenabweichung zutreffend und nicht zufällig am Beispiel des Jugendstrafrechts beschrieben.[46]

Mit der Distanzierung vom alten Abschreckungsprinzip nahm daher die Intensität der sozialer Kontrolle durchaus nicht ab, sondern blieb erhalten oder wurde sogar gesteigert.[47] Anders als Foucault es behauptete, führte diese Entwicklung langfristig jedoch nicht zur Perfektion des »Kerker-Archipels« mit seinen »Technologien des Verhaltenszwanges«[48], sondern zu einem Sanktionssystem, das, gerade um das Ziel der Verhaltensbeeinflussung zu erreichen, zunehmend auf die Kooperationsbereitschaft der Betroffenen setzen mußte. Die Bewährungsstrafe ist das deutlichste Beispiel für dieses neue Disziplinie-

44 Zitiert bei Hendrick, Child Welfare, S. 31.
45 Vgl. Exner, Studien; S. 25ff.; Wiener, Criminal, S. 12.
46 Foucault, S. 386f.; vgl. Garland, Punishment and Welfare, S. 238ff.
47 Vgl. Wiener, March, S. 87f.
48 Foucault, S. 379, 383.

rungskalkül. Die Entwicklung der Jugendkriminalpolitik seit dem Ende des 19. Jahrhunderts läßt sich geradezu als eine Geschichte der langsamen und gebrochenen Durchsetzung dieses neuen ›Paradigmas‹ beschreiben und deuten.

Daß die Reformbewegungen als Alternative zum Gefängnis und als Königsweg der Behandlung jugendlicher Delinquenten die Zwangserziehung, eine staatlich angeordnete, langfristige Erziehung in dafür spezialisierten Institutionen favorisierten, erscheint in dieser Perspektive als eine paradoxe Entwicklung, blieben sie damit doch dem Paradigma des Einsperrens und der Ausübung von Zwang verhaftet, auch wenn sich die Gestaltung des Anstaltslebens deutlich von dem der Gefängnisse unterscheiden sollte. In der Tat war die Zwangserziehung unbeschadet ihres erzieherischen Ansatzes mit ihrem Prinzip des Freiheitsentzuges ein typisches Produkt des 19. Jahrhunderts und blieb in vielem dem Strafsystem verhaftet, von dem sich die Reformer absetzen wollten. Mit der Modernisierung der gesellschaftlichen Auffassungen von Erziehung im späten 19. Jahrhundert wurde die Kombination von ›Zwang‹ und ›Erziehung‹ zunehmend als ein innerer Widerspruch empfunden, der dieser Sanktionsform langfristig die Legitimation entzog und sie im Rückblick als ein Übergangsprodukt erscheinen läßt.

Was die Zwangserziehung in den Augen der Reformer gegenüber den klassischen Vergeltungsstrafen vor allem auszeichnete, war ihr präventiver Ansatz. Mit der systematischen Zwangserziehung der delinquenten Jugendlichen werde, *»was das Wesentliche ist, der Nachwuchs für das Berufsverbrechertum beschränkt.«*[49] Vom Erfolg der Zwangserziehung, die gefährdete Jugendliche vor einer unausweichlich erscheinenden kriminellen Karriere bewahren sollte, war man in England und Deutschland allgemein überzeugt.

Die konsequente Fortsetzung dieses Präventionsgedankens führte zur Ausweitung der Zwangserziehung von den straffälligen auf die lediglich ›verwahrlosten‹ Jugendlichen und damit zu einem weiteren Bruch mit dem liberalen Strafrecht. Das Strafrecht, so der deutsche Reformer Christian Klumker, sei für die Behandlung der jugendlichen Delinquenten *»völlig unbrauchbar«*, da es *»stets nur [...] die bereits Erkrankten erfassen kann, aber in keiner Weise*

49 Appelius, Behandlung, S. 21; vgl. Russell u. Rigby, S. 67.

*der Krankheit selbst [...] vorbeugen kann«.*[50] Aus dem Diskurs über die Ursachen von Jugendkriminalität ergab sich die Überzeugung, daß bestimmte Verwahrlosungssymptome wie Betteln, mangelnde Aufsicht durch die Eltern, unregelmäßiger Schulbesuch etc. mit großer Wahrscheinlichkeit zur späteren Straffälligkeit der Jugendlichen führten. Je mehr die prophylaktische Behandlung der Jugendlichen in den Mittelpunkt rückte, desto wichtiger wurde die Frage nach ihren gesamten Lebensumständen und Verhalten, und desto nebensächlicher wurde die Frage nach der konkreten strafrechtlichen Schuld des Jugendlichen. Der Berliner Jugendrichter Paul Köhne brachte diesen Perspektivenwechsel von der Tat auf den Täter auf den Punkt: *»Es ist [...] nur ein äußerer Zufall, ob sich die Verwahrlosung eines Kindes in Straftaten oder sonstigen unsittlichen, aber nicht mit Strafe bedrohten Handlungen äußert.«*[51]

Die kriminalpolitischen Vorstellungen der Reformbewegungen beschränkten sich jedoch nicht auf die Zwangserziehung. Auch wenn sie als wichtigstes Instrument einer neuen Jugendkriminalpolitik die größte Aufmerksamkeit erhielt – von den Reformern selbst, aber auch von vielen Historikern –, so war die Zwangserziehung doch zu keinem Zeitpunkt als angemessene Sanktion für *alle* delinquenten Jugendlichen gedacht. Für die große Mehrheit mußten andere Sanktionsformen gefunden werden – schon aus Kapazitätsgründen, aber auch, weil die Reformer realistischerweise davon ausgingen, daß durchaus nicht bei allen straffälligen Jugendlichen eine Verwahrlosung vorlag, die eine Entfernung aus der Familie notwendig gemacht hätte. Hier spielten die verschiedenen Formen der Bewährungsstrafe, in England *probation*, in Deutschland ›bedingte Begnadigung‹ genannt, eine entscheidende Rolle. Mit der Einführung der Bewährungsstrafe schlug die Jugendkriminalpolitik jenen Entwicklungspfad ein, der der oben erwähnten Tendenz zu weniger repressiven Sanktionsformen entsprach, und der im Gegensatz zur Zwangserziehung das Prinzip des Einsperrens tatsächlich hinter sich ließ. In der Behandlung jugendlicher Delinquenten entwickelte sich zunehmend eine Strategie heraus, die den bedingten Verzicht auf Sanktionen mit dem Versuch verband, erzieherisch auf das Verhalten der Delinquenten und ihrer Familien einzuwirken, ohne sie aus ihrer normalen Lebensumwelt herauszunehmen.

---

50 Klumker, Jugendliche, S. 436.
51 Köhne, Arbeiter, S. 14.

Nach Auffassung der Reformanhänger war dieser Strafverzicht als subtile Sanktionsform keinesfalls weniger effektiv als die Anwendung von Strafe, wie der Frankfurter Jugendrichter Allmenröder feststellte: *»Mit der Furcht vor der Gefängnisstrafe erreiche ich viel mehr als mit dem Vollzuge selbst«.*[52] Die Analyse der Sanktionspraxis wird zeigen, daß in England die Richter und sogar die Polizei mit ihrem weiten Ermessensspielraum bei jugendlichen Delinquenten häufig auf jegliche Sanktion verzichteten und damit der modernen Idee der Diversion recht nahe kamen. Diese Entwicklungen werden in der sozialgeschichtlichen Forschung häufig vernachlässigt, obwohl in Preußen bereits fünf Jahre vor dem großflächigen Ausbau der Zwangserziehung zur sogenannten Fürsorgeerziehung die bedingte Aussetzung der Gefängnisstrafe eingeführt wurde, von der jährlich deutlich mehr Jugendliche profitierten als in Fürsorgeerziehung eingewiesen wurden.[53]

Schließlich darf nicht vergessen werden, daß nach Meinung der meisten Reformer in vielen Fällen – dort wo Sozialisationsmängel nicht zu erkennen waren oder wo eine Straftat nur aus ›Leichtsinn‹ begangen wurde – weiterhin mit dem traditionellen Mittel der abschreckenden Strafe gearbeitet werden sollte. *»Der Richter soll in freiem Ermessen entscheiden, ob im Einzelfall Strafe oder Zwangserziehung angemessen ist«*[54], so die Forderung Liszts. In England behielt die abschreckende Intention des *›short sharp shock‹* einen festen Platz in der Sanktionspraxis der Gerichte. Mit welchen Strafformen allerdings Abschreckung zu erreichen war, ohne schädliche Nebenwirkungen wie bei der Gefängnisstrafe in Kauf zu nehmen, blieb in beiden Ländern ein dauerhaftes Problem der Kriminalpolitik.

Die Betonung der jugendlichen Unreife und Erziehungsbedürftigkeit hatte auch Konsequenzen für die Art und Weise, wie nach Meinung der Reformbewegungen mit jugendlichen Delinquenten im Strafverfahren umzugehen sei. Anstatt sie wie erwachsene Straftäter als gleichberechtigte Prozeßpartner zuzulassen, sollten sie dem Richter gegenüberstehen wie »das Kind dem strafenden Erzieher«, so Paul Köhne.[55] Die Überzeugung, daß das übliche Gerichts-

---

52 Allmenröder, Straf- und Erziehungsmittel, S. 74.

53 Vgl. z.B. Peukert, Grenzen, und Gräser, die sich beide ganz auf die Fürsorgeerziehung konzentrieren; erheblich ausgewogener ist die Darstellung von Dickinson.

54 Liszt, Kriminalität, S. 348.

55 Köhne, Strafverfahren, S. 633.

verfahren für Jugendliche unangemessen sei, begründete zu Beginn des 20. Jahrhunderts die Forderung, gesonderte Jugendgerichte einzurichten, in denen spezialisierte Richter über eine angemessene Behandlung der Jugendlichen entscheiden sollten. Gemeinsames Vorbild der englischen wie der deutschen Reformbewegung waren die Jugendgerichte in den USA, die sich bereits sehr weit vom Charakter eines Strafgerichts entfernt hatten.[56] Das Ziel der Reformer war in beiden Ländern die Erweiterung der Ermessensspielräume der Richter und die Vereinfachung von Verfahrensregeln, die bei jugendlichen Delinquenten als überflüssig und kontraproduktiv galten.[57] Vor allem in Deutschland zogen diese Ziele die Notwendigkeit weitreichender Änderungen der Verfahrensregeln nach sich.

## 3.4 Reformkonzepte und liberale Traditionen im Diskurs

Die soeben skizzierten Ansätze lassen erkennen, wie sehr die Ziele der Reformbewegung den Grundsätzen des klassischen liberalen Strafrechts zuwiderliefen. Der Wechsel von der Tat- zur Täterorientierung rückte die Persönlichkeit des Täters als dem entscheidenden Kriterium der Sanktionswahl in den Mittelpunkt. Auf dieselbe Straftat konnten je nach persönlichen Umständen des Täters eine weite Spanne von Sanktionen folgen. Diese Flexibilisierung der Strafzumessung widersprach dem Gleichheitsgrundsatz des klassischen Strafrechts, nach dem die Strafe ohne Ansehen der Person proportional zur Schwere der Tat bemessen werden sollte. Ein Verzicht auf Sanktionen verstieß daher ebenso sehr gegen die Grundsätze des liberalen Strafrechts wie die unverhältnismäßig schwere Sanktionierung. Die prophylaktische Anwendung von Sanktionen ohne Vorliegen einer Straftat verletzte die elementare Bindung der Strafe an einen vorangegangenen beweisbaren Gesetzesverstoß. Die Anwendung von Sanktionen unbestimmter Dauer, wie bei der Zwangserziehung der Fall, widersprach der Berechenbarkeit und Begrenztheit strafrichterlicher Entscheidungen. Der Abbau von strafprozessuralen Sicherheiten bedeu-

56 Siehe z.B. Baernreither, Jugendgerichte; Männel; Siegmund-Schultze.
57 Appelius, Behandlung, S. 134; Köhne, Strafverfahren.

tete eine Informalisierung des Rechts und dadurch eine erhebliche Verschlechterung der Rechtsstellung der Angeklagten. Der klassische Strafprozeß war nach den anschaulichen Worten Max Grünhuts ›ein Kampf des Angeklagten um Leben und Freiheit‹, in dem seine Verteidigungsposition durch die Formalität des Strafverfahrens geschützt wurde.[58] Je mehr die therapeutische Behandlung der Delinquenten in den Vordergrund rückte, desto hinderlicher wurde die formale Strenge des liberalen Strafrechts.

Die Jugendkriminalpolitik war der Vorreiter einer Entwicklung, in deren Verlauf sich die Funktionsbestimmung des Staates vom zurückhaltenden *laissez-faire*-Staat zum Interventions- und Wohlfahrtsstaat wandelte und dabei die Eingriffsrechte des Staates in die Privatsphäre der Bürger ausgedehnt wurden. Das klassische Strafrecht hatte, indem es der staatlichen Macht enge Grenzen zog, eine gänzlich andere Zielrichtung: Es war in der Auseinandersetzung des Bürgertums mit dem absolutistischen Staat entstanden und galt der liberalen Strafrechtslehre als eine ›Magna Charta des Verbrechers‹ zum Schutz vor justizieller Willkür.[59] Auch das deutsche Zivilrecht, das die Rechte und Pflichten von Eltern und Kindern und die Bedingungen für das Einschreiten des Staates in diese Rechtsbeziehung regelte, war ein liberales Bollwerk der familiären Autonomie, genauer gesagt der Gewalt des männlichen Familienoberhauptes. Das Glaubensfundament des liberalen Rechts ruhte in zivilrechtlicher Hinsicht auf der Autonomie der materiell und funktionell intakten Familie und in strafrechtlicher Hinsicht auf dem vernunftbegabten und zur Selbstdisziplin fähigen Individuum. Als der Glaube an die Funktionstüchtigkeit der Familie und in die Rationalität der Individuen schwand – und das war bei den Jugendlichen zuerst der Fall – ging auch das Vertrauen in die Stärke des liberalen Rechts verloren, die Zurückhaltung des Staates wich einer stärkeren Bereitschaft zur Intervention.[60]

Diese Neuorientierung der Kriminalpolitik bedurfte der Rechtfertigung. Die Reformbewegungen legitimierten ihre Konzepte mit der grundlegenden Überzeugung, daß sie das Wohl der delinquenten Jugendlichen zum obersten Maßstab der Behandlung erhoben hatten – in den Worten eines englischen Jugendrichters: »*The effective saving of the child is the only principle on*

58 Grünhut, Development, S. 234.
59 Stenglein, S. 148; vgl. Neumann, S. 206.
60 Vgl. Wiener, March, S. 91f.

*which courts should act.«*[61] In Deutschland agierte die Reformbewegung unter der von Wilhelm Polligkeit geprägten und in das Weimarer Jugendwohlfahrtsgesetz aufgenommenen Leitidee vom »Recht des Kindes auf Erziehung«.[62] Die Zwangserziehung war demnach keine Strafe, sondern eine Wohltat »an Leib und Seele«[63] für die Betroffenen. Für Mary Carpenter war die Zwangserziehung *»not a punishment, but a benefit conferred by the State for the welfare of society, and of its erring children«.*[64] Wie Carpenter in der Mitte, so begründete Hugo Appelius am Ende des 19. Jahrhunderts die prophylaktische Zwangserziehung der verwahrlosten Jugendlichen mit dem übereinstimmenden Interesse sowohl der Gesellschaft, die im Falle einer kriminellen Karriere unter den Folgen des versäumten staatlichen Eingreifens zu leiden habe, als auch der betroffenen Kinder, gegenüber denen es ein »Unrecht« sei, sie »in dem Sumpf von Verkommenheit und Elend« zu belassen.[65]

Die Umdefinition staatlicher Sanktionen von Strafen zu erzieherischen ›Wohltaten‹ sollte weitreichende Folgen für die weitere Entwicklung der Jugendkriminalpolitik bis in die Gegenwart haben. Die Berufung auf das Eigeninteresse der Betroffenen war geeignet, Sanktionsausweitungen und staatliche Intervention in die Familie gegen rechtsstaatliche Bedenken zu immunisieren.[66] Es entsprang ohne Zweifel der inneren Überzeugung der Reformer, ihre Bemühungen um die delinquente Jugend als philanthropisches Engagement zu sehen. Daß auch ›erzieherische‹ Sanktionen einen punitiven Charakter haben konnten, daß Abschreckung auch in den Konzepten der Reformbewegung eine wesentliche, jedoch verdrängte Rolle spielte, wie die Analyse der Sanktionspraxis zeigen wird, widersprach den Glaubensgrundsätzen der Reformanhänger. Der Erziehungsgedanke entwickelte sich, so die Kritik der heutigen Strafrechtswissenschaft, zu einem »Einfallstor pädagogisch verbrämter Repression«[67]. Immer wieder seit dem Beginn der Reformbewegungen wurden Sank-

---

61 John Dickinson, Aussageprotokoll, in: Parl. Papers, Reformatory and Industrial Schools (1913), minutes, S.417-419.
62 Polligkeit, Recht.
63 Jagemann, S. 70.
64 Zitiert bei Radzinowicz u. Hood, S. 171; vgl. Adshead, S. 71; Howard Association, Imprisonment of Young Children, S. 4.
65 Appelius, Behandlung, S. 20; vgl. Jagemann, S. 70.
66 Voß, Jugend, S. 221; Cornel, Erziehung.
67 Pfeiffer, Forschungen, S. 77.

tionen konzipiert und angewandt, die sich de facto nicht von einer Strafe unterschieden, jedoch mit einem euphemistischen Namen und dem schönen Schein des erzieherischen Nutzens versehen wurden. Noch heute werden jugendliche Straftäter in Deutschland häufiger und zu längeren freiheitsentziehenden Sanktionen verurteilt als erwachsene.[68]

Während die hier skizzierten grundlegenden Ansätze der Reformbewegungen in Deutschland und England weitgehend identisch waren, unterschied sich ihre Umsetzung in kriminalpolitische Reformen in beiden Ländern erheblich. Zunächst verlief die Durchsetzung der Reformen in Deutschland und England in sehr unterschiedlichem Tempo. Kurz gesagt stießen die Reformvorschläge in England auf wesentlich geringeren Widerstand, weil hier die Traditionen des liberalen Strafrechts in vieler Hinsicht schwächer verankert waren als im kontinentalen Europa. Das englische Strafrechtssystem war aufgrund seines theoriefernen und pragmatischen Charakters für Veränderungen empfänglicher, während in Deutschland eine dogmatisch-liberale Rechtstradition gesetzliche Reformen im Strafrecht für Jahrzehnte verhinderte. Obwohl die Reformbewegung in Deutschland erst im letzten Jahrzehnt des 19. Jahrhunderts aktiv wurde, als der Einfluß des klassischen Liberalismus auf die Definition staatlichen Handelns schon deutlich geschwächt war, spielte die liberal-rechtsstaatliche Kritik eine viel größere Rolle als in England, wo die Zwangserziehung bereits in der Mitte des 19. Jahrhunderts eingeführt worden war, und Kritik eher aus der Richtung der politischen Ökonomie des *laissez-faire*-Liberalismus aufkam.

### 3.4.1 England: *laissez-faire*-Liberalismus und *common law*-Tradition

Es war fast ausschließlich die Zwangserziehung, die in England zu kontroversen Diskussionen führte. Pointiert gesagt, ging es den Gegnern der Zwangserziehung in Deutschland eher um das Grundrecht der Bürger auf Schutz ihrer familiären Privatsphäre, in England dagegen um das Grundrecht der Bürger als Steuerzahler auf Schutz ihres Vermögens. Denn während in Deutschland vor allem rechtsstaatliche Aspekte der Zwangserziehung disku-

68 Pfeiffer, Forschungen, S. 66; Heinz, Abschied, S. 131.

tiert wurden – neben dem Ausmaß staatlicher Intervention in die Familie gehörten dazu auch die Folgen für die Strafrechtsdogmatik – , wurde in England stärker der sozial- und finanzpolitische Kontext der Zwangserziehung in den Vordergrund gerückt. Die Zwangserziehung wurde hier von vielen nicht nur als Wohltat, sondern darüber hinaus als kostspielige und unverdiente Sozialleistung bewertet.

Die Wurzeln dieser angesichts der tatsächlichen Furcht und Ablehnung der betroffenen Familien kurios erscheinenden Einschätzung der Zwangserziehung liegen in den sozialpolitischen Grundüberzeugungen des viktorianischen Bürgertums, das staatliche Sozialleistungen im Grundsatz als schädlich und demoralisierend ablehnte – eine Einstellung, die in den angelsächsischen Ländern bis in die Gegenwart politisch wirksam geblieben ist.[69] In einer Gesellschaft, in der die bürgerlichen Tugenden Fleiß, Sparsamkeit, Mäßigung und Eigenverantwortung als Schlüssel zum individuellen Lebenserfolg galten, wurde Armut als selbstverschuldetes, durch Charakterschwäche und Laster verursachtes Schicksal angesehen.[70] Von der Zwangserziehung wurde angenommen, daß sie die elterliche Verantwortung schwäche, da eine Verwahrlosung oder Straffälligkeit der Kinder mit ihrer Erziehung auf Staatskosten ›belohnt‹ würde. Eine überzogene Wohltätigkeit gegenüber verwahrlosten Kindern, ob von privater oder staatlicher Seite, so die Auffassung des Sekretärs der Howard Association, William Tallack, *»weakens [...] the sense of parental responsibility. [...] The numerous improvident, intemperate, and selfish persons who will never do anything for themselves [...] are thus increased in manifold degree.«*[71] Die großflächige Anwendung der Zwangserziehung war nach Ansicht der Howard Association eine Ermutigung *»to reckless and drunken parents to endeavour to throw their offspring upon the honest taxpayer for support.«*[72] Daher wuchs in England die Skepsis über die demoralisierenden Wirkungen der Zwangserziehung in dem Maße, wie diese Sanktionsform in den 1870er und 1880er Jahren immer weiter ausgedehnt wurde. Die Times gab

69 Vgl. Weisbrod (Hg.), Values; allg. für das folgende: Garland, Punishment and Welfare, S. 43ff; Stedman Jones, London, S. 241ff.

70 Howard Association, Annual Report for 1888, S. 3f.; vgl. Garland, Punishment and Welfare, S. 46.

71 Tallack, Principles, S. 3.

72 Howard Association, Offenders (1898), S. 4; vgl. Radzinowicz u. Hood, S. 174.

diesen Bedenken gegen eine zu freigiebige Anwendung der Zwangserziehung 1880 Ausdruck: *»A wholesale reformatory system would be little less than a positive premium on crime.«*[73] Daß die Erziehungsanstalten den Kindern aus den Slums der englischen Industriestädte in vielen Fällen eine bessere materielle Lebensbedingungen gewährten als dies ihre Eltern – falls vorhanden – im Stande oder Willens waren, verstieß gegen den ehernen sozialpolitischen Grundsatz der *less eligibility*, nachdem es niemanden, der staatliche Hilfe in Anspruch nahm, dadurch besser gehen sollte als denjenigen, die ihren Unterhalt aus eigener Anstrengung bestritten. Auf die Kriminalpolitik angewandt bedeutete dieses Prinzip, daß es keinem Straftäter im Gefängnis oder in der Erziehungsanstalt besser gehen dürfe als in Freiheit, um die Abschreckungsfunktion des Strafrechts aufrecht zu erhalten.[74]

Der Verweis auf die fiskalische Kosten-Nutzen-Bilanz der Zwangserziehung gehörte daher zum Grundbestand der Argumentation der englischen Reformanhänger. Den finanziellen Aufwand der Zwangserziehung rechtfertigten sie mit dem Hinweis auf die meßbare Kostenersparnis, die der Gesellschaft auf Dauer durch die Verhütung von Kriminalität entstünde: *»Beyond all doubt [it is] less costly to the country to reform a criminal than to leave him run his course of crime«*[75]. In einem Vortrag vor der Manchester Statistical Society wurde ein großer finanzieller Vorteil durch die Einführung der Zwangserziehung vorausgesagt; diese benötige nur ein Fünftel bis ein Viertel der Kosten, die die Steuerzahler aufwenden müßten, wenn aus einem Jugendlichen ein Gewohnheitsverbrecher werde.[76] Im übrigen lautete eine immer wieder erhobene Forderung, daß die Eltern an den Kosten der Zwangserziehung beteiligt werden sollten. Diese Maßnahme diente jedoch weniger der Minderung der öffentlichen Aufwendungen, sondern sollte im Sinne des *less eligibility*-Grundsatzes dazu beitragen, der angeblichen Attraktivität der Zwangserziehung bei den Eltern entgegenzuwirken.

Die Frage, wie die befürchtete Schwächung des elterlichen Verantwortungsgefühls am wirkungsvollsten vermieden werden konnte, blieb in der Reformdiskussion in England bis nach der Jahrhundertwende weit oben auf

73 *The Times*, 18.9.1880, S. 9.
74 Mannheim, Dilemma, S. 56.
75 Report of a Committee, S. 13.
76 Adshead, S. 106; vgl. Aspland, S. 42; Neal, Anhang, S. 19.

der Tagesordnung. Die Hartnäckigkeit, mit der die These des elterlichen Mißbrauchs der Zwangserziehung in England über die Jahrhundertwende hinaus diskutiert wurde, läßt sich als Indiz für die Schwierigkeiten deuten, eine kostenintensive und nicht ausschließlich punitive Behandlung jugendlicher Delinquenten mit den sozialpolitischen Grundsätzen des *laissez-faire*-Liberalismus zu versöhnen, zumal der Vergleich mit Deutschland zeigt, daß die ›Mißbrauchsthese‹ dort fast unbekannt war.

Es kann nicht verwundern, daß angesichts der Dominanz dieser sozialpolitischen Interpretation rechtsstaatliche Bedenken gegen die Zwangserziehung in England kaum laut wurden. Zu sehr war die öffentliche Meinung von dem benevolenten Charakter der neuen Sanktionsformen überzeugt, als daß die Einweisung von Minderjährigen in Erziehungsanstalten, ob aufgrund von Straffälligkeit oder bloßer Verwahrlosung, als eine Verletzung individueller Freiheitsrechte aufgefaßt worden wäre. Die massiven sozialen Probleme mit Straßenkindern, die in den Slums der Industriestädte ohne Eltern und Zuhause aufwuchsen, verliehen den Reformen in der Mitte des 19. Jahrhunderts eine besondere Dringlichkeit, die rechtsstaatliche Bedenken in den Hintergrund schob. Auch ist zu bedenken, daß die Behandlung delinquenter Jugendlicher im Kontext einer sehr repressiven Sozialpolitik stand, die den Empfängern von Armenunterstützung schon aufgrund ihrer Bedürftigkeit einen guten Teil ihrer bürgerlichen Freiheitsrechte entzog. Wenn Hunderttausende von Untersützungsempfängern nach dem 1834 reformierten Armenrecht ins Arbeitshaus gezwungen wurden, wo Eltern von ihren Kindern und Männer von ihren Ehefrauen getrennt wurden und unter gewollt entwürdigenden Umständen leben mußten, wenn überdies im Laufe des 19. und frühen 20. Jahrhunderts die Emigration von fast 100.000 Kindern aus den Unterschichten nach Kanada und Australien von kirchlichen und privaten Wohlfahrtsorganisationen mit staatlicher Unterstützung betrieben wurde, dann konnte die Einweisung in eine Erziehungsanstalt kaum als ein unrechtmäßiger Eingriff in die Autonomie der Familie empfunden werden.[77] Auch angesichts eines harschen Strafenkatalogs, der über die Mitte des 19. Jahrhunderts hinaus auch für jugendliche Straftäter die Deportation in eine Strafkolonie vorsah, was zumindest bei den

77 Zum Armenrecht vgl. Thompson, Rise, S. 350; Davin, S. 38; zur Kinderemigration siehe Bean u. Melville; Parr.

Insassen des Reform-Jugendgefängnisses Parkhurst auch praktiziert wurde[78], erschien die Zwangserziehung nicht als unverhältnismäßige Sanktion. Erst nachdem die Einweisungsziffern der *industrial schools* durch die Sanktionierung der Schulversäumnisse nach Einführung der allgemeinen Schulpflicht in die Höhe schnellten, und die Praxis der Zwangserziehung bei Teilen der Reformbewegung zu einer Desillusionierung geführt hatte, mehrten sich ab den 1880er Jahren Stimmen, die eine übermäßige Anwendung freiheitsentziehender Sanktionen explizit als Unrecht für die betroffenen Kinder kritisierten.

Was die im Vergleich zu Deutschland geringen Widerstände gegen die Reformen des Jugendstrafrechts jedoch vor allem erklärt, war die geringere Verankerung der liberalen Strafrechtslehre in der englischen Rechtskultur. Während Kontinentaleuropa vom Römischen Recht geprägt worden war, lebten im englischen Rechtssystem die pragmatischen Traditionen des *common law* weiter, die eine unsystematische, aber organische und flexible Entwicklung der Rechtsnormen ermöglichte. Die fehlende Kodifizierung des englischen Strafrechts, ja sogar die Nichtexistenz einer akademischen Strafrechtswissenschaft und die tragende Rolle von Laienrichtern sind äußere Zeichen dieser Rechtskultur.[79] Das fast vollständige Fehlen der akademischen Fachdisziplinen nicht nur im Strafrecht, sondern auch in der Kriminologie und der Kinder- und Jugendforschung bietet einen Schlüssel zum Verständnis der englischen Kriminalpolitik: Reformvorschläge wurden in erster Linie nach dem praktischen Nutzen für die Verbrechensbekämpfung und weniger nach ihrer Übereinstimmung mit abstrakten Rechtsprinzipien beurteilt.[80] Dieser Distanz zu akademischen Lehren und jeglicher »starre[n] Theorie«[81] ist es zuzuschreiben, daß sich die Grundsätze des klassischen liberalen Strafrechts in England nicht so konsequent durchgesetzt hatten wie im Einflußbereich des römischen Rechts, und daß folglich auch die Realisierung neuer kriminalpolitischer Ansätze nicht solche Widerstände hervorrief wie etwa in Deutschland.

Das galt vor allem für den Grundsatz des liberalen Vergeltungsstrafrechts, daß keine Straftat ungestraft bleiben sollte, um so die Abschreckungswirkung zu sichern. Wie die deutschen Juristen Paul Liepmann und Wolf Mannhardt

78 Vgl. Mannheim, Aspects, S. 233f.; Radzinowicz u. Hood, S. 216.
79 Vgl. ebd., S. 12.
80 Garland, Punishment and Welfare, S. 174f; Garland u. Young (Hg.), S. 10.
81 Liepmann u. Mannhardt, S. 23.

auf ihrer Studienreise im Auftrage der IKV feststellten, hatte die Vergeltungstheorie im englischen Strafrecht nie volle Gültigkeit erreicht. Anders als in Deutschland müsse hier nicht jede Tat aus »irgendwelchen abstrakten Gründen« gesühnt werden; für das Ziel der Abschreckung genüge eine exemplarische Strafverfolgung, während »Kleinigkeiten [und] zweifelhafte oder entschuldbare Fälle« häufig ungesühnt blieben.[82] Das Fehlen einer Anklagebehörde und eines Strafverfolgungszwanges war der institutionelle Ausdruck dieser Einstellung. Reformansätze, die dem Vergeltungsprinzip widersprachen, hatten es daher einfacher als in Deutschland, sich durchzusetzten, solange sie nicht mit zusätzlichen Kosten verbunden waren.

Was die englische Gesetzgebungsentwicklung von der deutschen darüber hinaus grundlegend unterschied, war die Fähigkeit, langwierige Grundsatzstreitigkeiten zu vermeiden und stattdessen unterschiedliche Positionen notfalls auch durch Kompromisse auszubalancieren. Diese Bereitschaft wurde von vielen deutschen Juristen wie dem Strafrechtslehrer Karl Birkmeyer geringgeschätzt, welcher apodiktisch feststellte: *»Kompromisse sind Halbheiten.«*[83] Die englische Kompromißbereitschaft zeigte sich z.B. in der gesetzlichen Regelung der Zwangserziehung in *reformatory schools*, bei der die Einweisung der jugendlichen Straftäter in eine Besserungsanstalt mit einer vorangehenden zweiwöchigen Gefängnisstrafe kombiniert wurde. Die Verbindung der Sanktionsziele Abschreckung und Erziehung – von den meisten deutschen Juristen verpönt – stellte für das englische Strafrecht kein dogmatisches Problem dar.[84]

Diese Offenheit für neue Ansätze ging mit einem vorsichtigen, schrittweisen Verlauf der legislativen Reformen einher, der radikale Richtungswechsel vermied und pragmatische Änderungen bevorzugte. Voraussetzung dafür war die fehlende Kodifizierung des Strafrechts, die durch eine Vielzahl von Einzelgesetzen (*statute law*) auf der Basis des ungeschriebenen *common law* ersetzt wurde.[85] Bedurfte es in den kontinentaleuropäischen Staaten Jahrzehnte,

82 Liepmann u. Mannhardt, S. 39-45, Zitat S. 45.

83 Birkmeyer, S. 41.

84 Vgl. Karl Weidlich, Diskussionsbeitrag in: Verhandlung der Gruppe Deutsches Reich zum Thema Verfahren gegen Jugendliche, in: Mitteilungen der IKV 15/1908, S.636.

85 Liepmann u. Mannhardt, S. 7.

bis die Revision eines Gesetzbuches abgeschlossen war und das reformierte Recht in Kraft treten konnte, so verlief der Gesetzgebungsprozeß in England kontinuierlicher. Dem ersten Gesetz über die Zwangserziehung, das 1854 verabschiedet wurde, folgten in den nächsten Jahren ein halbes Dutzend Ergänzungsgesetze. Mit der gleichen Behutsamkeit wurde die Verlagerung der Rechtsprechung bei jugendlichen Straftätern von den Geschworenen- zu den Polizeigerichten über einen Zeitraum von fünfzig Jahren in vielen kleinen Schritten vollzogen. Nur so konnten die Bedenken derer überwunden werden, die den *trial by jury* als einen Kern der englischen Freiheitsrechte betrachteten und der Ausweitung des summarischen Rechtsprechung wegen der Einschränkung der Verfahrensrechte kritisch gegenüberstanden.

Für den Erfolg der Reformbewegung in England war die relative Schnelligkeit, mit der neue kriminalpolitische Ansätze zu Gesetzesreformen führten, und die Stetigkeit, mit der diese dann weitergeführt wurden, eine wichtige Voraussetzung. Gesetze sind jedoch stets nur ein mal engerer, mal weiterer Rahmen, in dem sich die Praxis der strafrechtlichen Sozialkontrolle vollzieht. Für die Entwicklung der englischen Jugendkriminalpolitik war die Bereitschaft entscheidend, mit der die Reformansätze in der Strafrechtspraxis aufgegriffen und realisiert wurden. Die schrittweise Verlagerung aller Verfahren von den Geschworenengerichten zu den Polizeigerichten, wo den jugendlichen Angeklagten im Wortsinne ein ›kurzer Prozeß‹ gemacht werden konnte, war dafür eine wichtige Voraussetzung. Der englische Kriminologe William Morrison behauptete sogar: *»Probably no tribunals in the world are so well adapted for dealing effectively with young offenders as the English criminal courts. This arises from the fact that the English criminal law allowes very wide powers of discretion to the magistrates and judges.«*[86] Die Informalität des summarischen Verfahrens und der große Ermessenspielraum der überwiegend ehrenamtlichen und unbezahlten Richter ermöglichte eine flexible Ausrichtung der Sanktionen an den jeweiligen Delinquenten. Das entscheidende Element dieser traditionellen Ermessensfreiheit ergab sich aus der Abwesenheit eines Strafverfolgungszwanges im englischen Strafrecht, der wie gesagt Ausdruck der unvollständigen Durchsetzung der Vergeltungsstrafe war. Die Möglichkeit, einen Straftäter *nicht* zu bestrafen, erweiterte die Handlungs-

86 Morrison, Offenders, S. 187.

spielräume der Richter, aber auch der Polizei erheblich. So konnte sich in England z.B. eine informelle Praxis der Bewährungsstrafe etablieren, noch bevor diese gesetzlich verankert wurde. Der große Ermessensspielraum im englischen Strafrecht bedeutet in jedem Falle, daß die empirische Analyse der Strafpraxis eine überragende Bedeutung für den Gesamtbeurteilung der Kriminalpolitik erhält.

### 3.4.2 Deutschland: Liberale Strafrechtstradition und der ›Schulenstreit‹

So sehr die Strukturen des dortigen Rechtssystems den Reformideen in England entgegenkamen, so sehr behinderten die Strukturen des deutschen Rechtssystems ihre Durchsetzung in Deutschland. Der bürokratische und rigide Charakter der deutschen Strafrechtspflege und die Schwerfälligkeit der deutschen Gesetzgebung bildeten einen denkbar großen Kontrast zu der Offenheit des englischen Strafrechts und der Flexibilität der englischen Laienrichter. Die bürokratisch-etatistischen Traditionen des römischen Rechts hatten sich in Deutschland mit einer dogmatisch verengten liberalen Strafrechtslehre zu einem System verbunden, deren Grundsätze sowohl die Gesetzgebung als auch die Rechtspraxis weitgehend prägten. Die Strafrechtspraxis vollzog sich im Rahmen eines hierarchisch gegliederten Justizapparates, in dem das Verhalten der einzelnen Richter unbeschadet ihrer Unabhängigkeit sehr viel stärker der staatlichen Kontrolle ausgesetzt und daher einem gewissen Konformitätsdruck ausgeliefert war, der für eine größere Einheitlichkeit der Rechtsprechung als in England sorgte und innovatives Verhalten erschwerte. Wenn praktische Veränderungen durch die Initiative einzelner Richter oder Staatsanwälte eine Chance haben sollten – und solche Reformimpulse spielten in der Tat eine wesentliche Rolle – , so waren diese zumindest auf die Zustimmung übergeordneter Hierarchiestufen auf der Landes- und Oberlandesgerichtsebene angewiesen.[87]

87 Auch von der heutigen Kriminologie werden regionale Muster der Strafzumessung auf den Einfluß organisatorischer Strukturen zurückgeführt; dabei fallen z.B. Landgerichtsbezirke als »kleine Justiz-Welten« auf. Siehe Pfeiffer u. Schöckel; Pfeiffer u. Oswald (Hg.).

Der wesentlich engere Gestaltungsspielraum in der deutschen Rechtsprechungspraxis war das gewollte Ergebnis einer liberalen Rechtstradition, deren oberstes Ziel die Ausschaltung von Willkür war. Mit der Kodifizierung eines einheitlichen Strafrechts nach der Reichsgründung, die auf eine Übernahme des preußischen Strafrechts von 1851 hinauslief, wurde die liberale Rechtstradition der Aufklärung noch einmal bestätigt, als deren gesellschaftliche Fundamente durch die Industrialisierung längst brüchig geworden waren.[88] Die Grundsätze des Vergeltungstrafrechts – kurz gefaßt, daß jeder hinreichend Tatverdächtige vor Gericht gestellt werden muß, und daß jeder Schuldige verurteilt und nach der Schwere der Tat bestraft werden muß – bestimmten die Rechtsprechungspraxis in Deutschland. Die Auswirkung des Legalitätsprinzips wird durch die verglichen mit England wesentlich höhere Jugendkriminalitätsrate augenfällig. Das im Strafprozeßrecht fixierte Legalitätsprinzip zwang Polizei und Staatsanwälte im Prinzip dazu, jeden Fall vor Gericht zu bringen, und das materielle Strafrecht ließ den Richtern nach der Feststellung der Schuld nur einen sehr begrenzten Spielraum für die Strafzumessung. So schrieb das Reichsstrafgesetzbuch (RStGB) bei Diebstahl zwingend eine Freiheitsstrafe vor, während bei Körperverletzung oder Beleidigung immerhin zwischen Gefängnis- und Geldstrafe gewählt werden konnte. Die wenigen gesetzlichen Sonderbestimmungen für minderjährige Straftäter boten keinen wirkungsvollen Ansatzpunkt für eine erzieherische Behandlung, wie die Reformbewegung sie anstrebte. Angesichts des Ausbleibens gesetzlicher Reformen während des Kaiserreichs – sie wurden erst 1923 mit der Verabschiedung des Jugendgerichtsgesetzes verwirklicht – waren es dennoch die Ebenen der Justizverwaltung und der Rechtsprechungspraxis, auf die die Reformbewegung bei der Realisierung ihrer Konzepte verwiesen waren. Hier vollzogen sich die Reformen in den »Lücken des Gesetzes«[89] und vor allem außerhalb des Strafrechts. Es ist bezeichnend, daß die beiden Reformelemente, die die Sanktionspraxis vor dem Ersten Weltkrieg am nachhaltigsten verändert haben, außerhalb des regulären Strafrechts realisiert wurden. Dies traf nicht nur auf die Ausweitung der Zwangserziehung zu, die unter dem neuen Namen ›Fürsor-

88 Vgl. Liepmann, Kriminalität, S. 1f.; Grünhut, Development, S. 198f.

89 Wilhelm Polligkeit, Diskussionsbeitrag, in: Deutsche Zentrale für Jugendfürsorge (Hg.), Verhandlungen des dritten deutschen Jugendgerichtstages, S. 98.

geerziehung‹ im Zivilrecht verankert wurde, sondern auch auf die Einführung der Bewährungsstrafe mithilfe landesherrlichen Begnadigungsrechts.

Schnelle gesetzliche Veränderungen des Strafrechts aufgrund pragmatischer Überlegungen, die die Geschlossenheit des dogmatischen Systems beeinträchtigten, waren mit der deutschen Neigung zu Gründlichkeit schwer vereinbar; auch die Kodifizierung des Strafrechts als Ausdruck dieser Geschlossenheit erschwerte Einzelreformen. *»Codification requires time«*[90], erläuterte der nach 1933 emigrierte deutsche Strafrechtswissenschaftler Max Grünhut den angelsächsischen Juristen. In Deutschland hatte sich im 19. Jahrhundert eine akademische Strafrechtslehre etabliert, deren Hang zum Grundsätzlichen und zur philosophischen Abstraktion den Diskurs um die Jugendkriminalpolitik mitbestimmte – ein »altes Erbübel des sog. ›Volkes der Denker‹«[91], wie der Reformjurist Moritz Liepmann spottete. Das Ergebnis war eine langwierige weltanschauliche Auseinandersetzung zwischen Reformbefürwortern und -gegnern, die eine Facette der als ›Schulenstreit‹ in die deutsche Rechtsgeschichte eingegangenen Kontroverse um eine Gesamtreform des Straf- und Strafprozeßrechts darstellte, und dazu beitrug, gesetzliche Reformen des Strafrechts um Jahrzehnte zu verzögern. Pointiert beschreibt Leon Radzinowicz diesen Kontrast zwischen englischer und deutscher Entwicklung: *»While the I.K.V. was debating the English Parliament was legislating«*.[92]

In der Argumentation der als ›klassische Schule‹ bezeichneten liberalen Reformgegner sind zwei unterschiedliche Ebenen erkennbar, die jedoch eng miteinander verwoben waren: Zum einen verteidigte die klassische Schule die Zurückhaltung des *laissez-faire*-Staates, insbesondere die Schutzmechanismen des liberalen Strafrechts zur Bewahrung der Straftäter vor ungerechter und überzogener Bestrafung, und damit die landläufige Bedeutung des Begriffs ›Gerechtigkeit‹. Zum anderen zeigt gerade der Diskurs um das Jugendstrafrecht und das Verhältnis von Erziehung und Strafe, daß die Anhänger der klassischen Schule in erster Linie um die dogmatische Reinheit des Vergeltungsstrafrechts besorgt waren. Vor allem die Bedeutung dieser zweiten Ebene war es, die den deutschen Diskurs über die Jugendkriminalpolitik so sehr vom

---

90 Grünhut, Development, S. 249.
91 Liepmann, Strafrechtsreform, S. 2.
92 Radzinowicz, Roots, S. 78.

englischen unterschied und zur schleppenden Umsetzung der Reformansätze führte.

Die von der Reformbewegung aus pädagogischen Gründen geforderte Verlängerung der Gefängnisstrafe bei denjenigen Jugendlichen, auf die diese Strafform weiterhin angewendet werden sollte, bezeichnete der Wortführer der klassischen Schule, Birkmeyer, als »schreiend ungerecht«, da mit ihr die traditionell übliche Abmilderung der Strafen bei Jugendlichen in ihr Gegenteil verkehrt worden wäre.[93] Starke Kritik zogen naturgemäß die Vorschläge zur Zwangserziehung auf sich, besonders deren Ausweitung auf die nicht straffälligen Jugendlichen. Zum einen kam die Entkoppelung von persönlicher Schuld und Sanktion für die Anhänger der klassischen Schule einer Auflösung des Strafrechts gleich,[94] zum anderen lehnten viele Reformgegner eine ausgeweitete Zwangserziehung auch im zivilrechtlichen Rahmen als einen ungerechtfertigten Eingriff des Staates in die Autonomie der Familie ab. Überspitzt kommentierte Stenglein die Intentionen der modernen Schule: *»Man will das Zuchthaus als Strafanstalt abschaffen, dafür aber den Staat zum Zuchthaus machen.«*[95] Im Vergleich zu England erscheint bemerkenswert, daß die liberale Kritik sich fast ausschließlich auf die rechtliche Autonomie der Familie konzentrierte; die in England vorherrschende Kritik an der Zwangserziehung als unverdienter Sozialleistung, die das elterliche Verantwortungsgefühl schwäche, spielte in Deutschland praktisch keine Rolle.[96] Appelius erwähnte diesen Aspekt in seiner Auseinandersetzung mit den Kritikern der Reformkonzepte überhaupt nur »der Vollständigkeit halber«.[97]

Was den Widerspruch der klassischen Schule jedoch am meisten provozierte, und was sich als größte Hürde auf dem Weg zu gesetzlichen Reformen erwies, war nicht die Ausdehnung oder Verschärfung von Sanktionen, sondern das Abrücken vom abstrakten Grundsatz der tatbezogenen Vergeltungsstrafe und die Einführung des Sanktionsziels ›Erziehung‹ in das Strafrecht. Mit der Vergeltungsdoktrin war ein Verzicht auf Sanktionen, etwa im Falle der Bewährungsstrafe, ebenso unvereinbar wie der Ersatz der Gefängnisstrafe durch

---

93 Birkmeyer, S. 80.
94 Ebd., S. 1.
95 Stenglein, S. 155; vgl. Schmölder, S. 167.
96 Siehe einige Beipiele bei Dickinson, S. 45f.
97 Appelius, Behandlung, S. 37.

die Zwangserziehung. Wenn ein preußischer Richter die Bewährungsstrafe mit den Worten ablehnte: *»Der Strafrichter soll strafen, er soll verurtheilen oder freisprechen, aber nicht [...] erziehen!«*[98], dann brachte er die Haltung der klassischen liberalen Strafrechtslehre zum Erziehungsgedanken auf den denkbar kürzesten Punkt. Erziehung, so der Strafrechtslehrer Friedrich Oetker ausführlicher, sei ein »nicht taugliches Mittel der staatlichen Strafe«, denn Strafe müsse »Leidzufügung nach dem Gleichmaß von Schuld und Vergeltung« sein.[99]

Auch wenn dieser Streit um Strafe und Erziehung manchem als akademische Haarspalterei erschien – der Berliner Jugendrichter Paul Köhne disqualifizierte ihn als »Produkt abstrahierender Theorie«[100] – , so war er angesichts der Bedeutung des Legalitätsprinzips doch eine entscheidende Hürde für die gesetzliche Realisierung der Reformkonzepte, die die moderne Schule nach der Jahrhundertwende bei der Revision des Strafrechts und Strafprozeßrechts durchsetzen wollte. Die Anhänger der klassischen Schule pochten auf den Erhalt des Legalitätsprinzips; ein Verzicht auf Strafe, der über die vorhandenen Ausnahmeregeln für Minderjährige hinausging, hätte nach ihrer Meinung die Abschreckungswirkung grundsätzlich gefährdet.

Diese Kontroverse zwischen Vergeltungsanhängern und -gegnern wurde dadurch erheblich kompliziert, daß für die Behandlung jugendlicher Delinquenten nicht ausschließlich das Strafrecht, sondern auch das Zivilrecht relevant war. Mit dem Inkrafttreten des BGB im Jahre 1900 und den darauf aufbauenden Landesgesetzen, die die Zwangserziehung sowohl der verwahrlosten als auch der straffälligen Jugendlichen neu regelten, entstand eine verwirrende Parallelstruktur aus konkurrierenden Rechtsnormen und Instanzen, die nicht nur die Strafpraxis, sondern auch den kriminalpolitischen Diskurs über Erziehung und Strafe, so das Urteil des Reformers Christian Klumker, zu einem »fast unheilbaren Wirrwar«[101] werden ließ. Gleichzeitig bot die Zweigleisigkeit von Straf- und Zivilrecht den Reformern jedoch eine große Chance: Durch die Verlagerung der ursprünglich strafrechtlich geregelten Zwangser-

98 Gutachten des LG Potsdam vom 20.11.1902, in: GStA PK, Rep. 84a Nr. 8510 (Bedingte Strafaussetzung - gutachterliche Berichte 1902), f. 67f.
99 Oetker, S. 6.
100 Köhne, Epilog, Sp. 301.
101 Klumker, Jugendlichen, S. 438.

ziehung in den zivilrechtlichen Rahmen des Vormundschaftsrechts – die Behandlung der verwahrlosten, aber nicht straffälligen Jugendlichen war ohnehin stets Sache des Zivilrechts gewesen – wurde es den Reformanhängern möglich, dem Beharrungswillen der liberalen Rechtstraditionen auszuweichen und wichtige Teile ihres Programms außerhalb des engen Korsetts des Strafrechts zu verwirklichen. Dafür war jedoch auch die Überwindung des Legalitätsprinzips erforderlich. Vor allem gestattete das zivilrechtliche Verfahren gegen delinquente Jugendliche jenen Ermessensspielraum und jene Informalität in Verfahrensfragen, die im Strafrecht ausgeschlossen waren.[102] Diese Flexibilität machte man sich in den Jugendgerichten zunutze, die auf der Personalunion von Straf- und Vormundschaftsrichter basierten und auf dem Verwaltungswege eingerichtet wurden. Für die weitere Entwicklung der Jugendkriminalpolitik in Deutschland bedeutete die partielle Befreiung vom reformunwilligen Strafrecht daher eine wichtige Weichenstellung.

Für den kriminalpolitischen Diskurs hatte die Zweigleisigkeit der Behandlung jugendlicher Delinquenten den Nebeneffekt, den ohnehin starken Hang zum kompromißlosen Entweder-Oder zu verstärken und auf beiden Seiten die doktrinäre Unterscheidung von Strafe und Erziehung zu zementieren.[103] Daß die Zwangserziehung im Zivilrecht verankert wurde und damit formal keine Strafe, sondern eine ›Maßregel‹ war, bestärkte die Reformanhänger in dem Glauben, einen radikalen Bruch mit dem alten Strafparadigma vollzogen zu haben und nunmehr stets im besten Interesse der betroffenen Jugendlichen zu handeln; die Reformgegner bestärkte es wiederum in der Überzeugung, erzieherische Sanktionen seien ein Fremdkörper im Strafrecht.

Bot die vormundschaftliche Lösung einen pragmatischen Ausweg aus dem legislativen Stillstand des Strafrechts, so blieb doch das Problem bestehen, daß die Behandlung der straffälligen Jugendlichen im Zivilrecht die Lockerung des in der Strafprozeßordnung festgesetzten Legalitätsprinzips zur Voraussetzung hatte. Solange dieses Legalitätsprinzip Polizei, Staatsanwälten und Strafrichtern zur strafrechtlichen Verfolgung jedes Deliktes zwang, konnte eine Umleitung der Behandlung straffälliger Jugendlicher ins vormundschaftliche Verfahren kaum Erfolg haben. Der Schwerpunkt der juristischen Auseinanderset-

102 Grünhut, Development, S. 213.
103 Ebd., S. 250.

zungen verschob sich dadurch in Deutschland vom materiellen Strafrecht auf das Strafprozeßrecht. In welchem Umfange und unter welchen Bedingungen das Legalitätsprinzip bei jugendlichen Straftätern aufgehoben werden sollte, welche Ermessensspielräume dadurch insbesondere die Staatsanwälte erhalten sollten, und welche Rechte den jugendlichen Straftätern im zivilrechtlichen Verfahren blieben, entwickelte sich zu einem zentralen Streitpunkt nicht nur zwischen Reformanhängern und -gegnern, sondern auch innerhalb der Reformbewegung. Das Jugendstrafrecht war auch in dieser Frage eine Art Experimentierfeld, auf dem Reformansätze von übergeordneter Reichweite entwickelt und diskutiert wurden.

Juristen der modernen Schule eröffneten 1906 im Zusammenhang mit der anstehenden Revision der Strafprozeßordnung eine Kampagne für die Lockerung des Legalitätsprinzips nicht nur bei jugendlichen Straftätern. Die immense Zahl von Strafverfolgungen wegen geringfügiger Vergehen und polizeilicher Übertretungen kritisierten sie als »Verfolgungswut«[104] und »Schickanirerei«[105]. Das Legalitätsprinzip habe, so die Diagnose Paul Aschrotts, *»unzweifelhaft einen wesentlichen Anteil an der gegen unsere Strafjustiz leider vorhandenen Mißstimmung.«*[106] Diese ›Mißstimmung‹ größerer Teile der Bevölkerung gegenüber der Justiz und insbesondere der Vorwurf der Arbeiterbewegung, die deutschen Staatsanwälte und Richter übten ›Klassenjustiz‹, wurde von den Juristen immer wieder beklagt.[107] Die am englischen Rechtssystem orientierten Reformanhänger verglichen die vergleichsweise hohe Akzeptanz der dortigen Strafjustiz auch in den unteren Bevölkerungschichten mit der Unpopularität der deutschen Strafjustiz und führten diese vor allem auf einen übertriebenen Rigorismus der Strafverfolgung und eine dadurch bedingten überzogene Repression zurück.[108] Sie machten die Beobachtung, daß die Abwesenheit einer öffentlichen Strafverfolgungsbehörde und die weiten Ermessenspielräume der englischen Polizei und Gerichte, die zu einer selektiven und nachlässigen Strafverfolgung führten, von der englischen Bevölkerung offen-

---

104 Adickes, S. 70.

105 Weidlich, Diskussionsbeitrag zu: Stellung und Aufgaben der Polizei, in: Mitteilungen der IKV 15/1908, S.507-509; vgl. Rosenberg.

106 Aschrott, Reform des Strafverfahrens, S. 229.

107 Liszt, Kriminalität, S. 350f.; Köhne, Notwendigkeit, S. 108; Gleispach, S. 61.

108 Liepmann u. Mannhardt, S. 38.; vgl. Fosdick, S. 8-10, 87ff.

bar nicht als Willkür, sondern als Ausdruck einer angemessenen und ausgewogenen Anwendung des Strafrechts empfunden wurde. Daß diese Akzeptanz des Strafrechtssystems auf einem breiteren gesellschaftlichen Konsens ruhte, den es in Deutschland nicht gab, war den deutschen Beobachtern dabei bewußt.[109] Für diese reformorientierten Juristen war mit der Forderung nach einer Lockerung des Legalitätsprinzips über das Jugendstrafrecht hinaus die Hoffnung verbunden, die Strafjustiz auch in Deutschland zu einem Element einer konsensorientierten Herrschaftsausübung zu machen.

Aber auch die Gegner einer Lockerung des Legalitätsprinzips – und diese fanden sich auch in den Reihen der Reformbewegung – argumentierten mit dem öffentlichen Ansehen der Strafjustiz und insbesondere der Staatsanwälte. Die Vorstellung, daß Staatsanwälte selbständig über Anklageerhebung oder Einstellung eines Verfahrens selbst bei jugendlichen Dieben entscheiden könnten, rief in vielen Juristen die Angst vor dem Reizwort ›Klassenjustiz‹ wach. Schon 1892 – bevor sich das vormundschaftliche Modell des Jugendgerichts abzeichnete – hatte Appelius vor der Einführung staatsanwaltschaftlicher Ermessensentscheidungen gewarnt, weil das *»noch mehr Mißtrauen in die Amtsführung der Behörden säen [würde], als jetzt schon geschieht.«*[110] Auf dem ersten Jugendgerichtstag 1913 lehnte ein Redner die Lockerung des Legalitätsprinzips mit dem Argument ab, man müsse den »Schein einer beeinflußbaren Justiz« vermeiden.[111] Selbst der Reformpionier Paul Köhne hielt das Legalitätsprinzip grundsätzlich für notwendig, *»um den oppositionellen Volksmassen die Behauptung unmöglich zu machen: Ihr übt Klassenjustiz«*[112], plädierte aber dennoch für seine Aufhebung bei jugendlichen Straftätern.

Selbstverständlich war es absurd, die Behandlung jugendlicher Delinquenten mit der ganz anders gelagerten Thematik des politischen Mißbrauchs des Strafrechts zu vermengen, auf den sich der Vorwurf der Klassenjustiz in erster Linie bezog. Der Diskurs über das Legalitätsprinzip zeigt jedoch, wie übergroß die Empfindlichkeiten der deutschen Juristen in diesem Punkt waren. Auf die Vorwürfe einer willkürlichen und parteiischen Anwendung des Rechts, die im politischen Bereich zutreffend waren, reagierte die Mehrheit der deutschen

---

109 Liepmann u. Mannhardt, S. 128ff.
110 Appelius, Behandlung, S. 139.
111 Gleispach, S. 61.
112 Köhne, Notwendigkeit, S. 108; vgl. auch Liepmann, Kriminalität, S. 47, FN 35.

Juristen mit einem zwanghaften Festhalten an einer absoluten Gerechtigkeitsidee, die sie nur durch eine rigorose Strafverfolgung verwirklichen zu können glaubten, und nährten damit doch nur die Ablehnung und den Haß der Bevölkerungsschichten, die das Opfer dieses kompromißlosen Gerechtigkeitskonzeptes wurden. Die Anhänger des Legalitätsprinzips verstanden nicht, daß gerade diese rigorose Strafverfolgung eine wesentliche Ursache der von ihnen beklagten ›Mißstimmungen‹ in der Bevölkerung waren.

Mit der Umleitung vom straf- zum zivilrechtlichen Verfahren wurde jedoch noch eine anderer heikler Punkt berührt, bei dem – im Gegensatz zu den meisten anderen Aspekten des dogmatischen Schulenstreites – tatsächlich die Perspektive der betroffenen Jugendlichen im Mittelpunkt stand. Im zivilrechtlichen Verfahren verloren die Jugendlichen fast alle Rechte, die die Angeklagten im normalen Strafprozeß vor willkürlicher Behandlung schützen sollten. Das vormundschaftliche Verfahren konnte sogar ohne mündliche Verhandlung geführt werden; lediglich eine Anhörung der Eltern war vorgeschrieben. Belastende Zeugenaussagen brauchten den Jugendlichen oder seinen Eltern nicht bekannt gemacht zu werden. Einige Juristen nahmen an dieser Aufweichung der liberalen Schutzrechte Anstoß. Oetker kritisierte die Behandlung der Jugendlichen mit Blick auf das amerikanische Vorbild des Jugendgerichts als »wohlwollenden Despotismus«.[113] Der gemäßigte Reformgegner Kohlrausch verteidigte die Rechte der straffälligen Jugendlichen besonders eindringlich:

»Die Einweisung in Zwangserziehung ist ein mindestens ebenso schwerer Eingriff in seine persönliche Freiheit wie die Einweisung in eine Strafanstalt. Er hat dasselbe Recht wie ein Erwachsener, daß jene Feststellung in einem regulären, auch die Rechte des Angeklagten garantierenden Prozeß getroffen werde und nicht in dem auf diskretionäres Ermessen und Wohlwollen aufgebauten Verfahren vor dem Vormundschaftsrichter.«[114]

Schon mit der Gleichsetzung von Zwangserziehung und Gefängnisstrafe verweigerte sich Kohlrausch dem Glauben der Reformbewegung, daß die Zwangserziehung stets im besten Eigeninteresse der betroffenen Jugendlichen

---

113 Oetker, S. 40.

114 Kohlrausch, Fortschritte, S. 144; vgl. Fischer, S. 30, der forderte, der straffällige Jugendliche müsse »sein Recht« bekommen, sowie Feisenberger, S. 292ff.: *»Jedem erwachsenen Verbrecher gewährt man alle nur irgend möglichen Garantien für die Feststellung der Schuld. Dem Jugendlichen [...] entzieht man sie alle. Ohne Hauptverhandlung, ohne Verteidiger, ohne Beistand wird der Stab gebrochen.«*

war. Weil die Reformanhänger jedoch genau davon überzeugt waren, blieben die mahnenden Worte Kohlrauschs und einiger andere Kritiker für die Konzepte der Reformbewegung folgenlos.

# 4 Zwangserziehung: Aufstieg und Niedergang eines kriminalpolitischen Projekts

Kein anderes Element der Jugendkriminalpolitik im 19. und frühen 20. Jahrhundert hat eine vergleichbare Aufmerksamkeit erhalten und in dem Ausmaß Kontroversen ausgelöst – sowohl unter Zeitgenossen als auch in der historischen Rückschau – wie die Zwangserziehung. Unter ›Zwangserziehung‹ werden im folgenden alle Varianten der gerichtlich angeordneten, langfristigen Behandlung von minderjährigen Delinquenten außerhalb der eigenen Familie verstanden, gleichgültig ob diese Sanktion straffällige oder verwahrloste Kinder und Jugendliche betraf, ob sie straf- oder zivilrechtlich verankert wurde, ob sie Zwangserziehung oder, wie ab 1900 in Preußen, Fürsorgeerziehung genannt wurde, oder ob sie in England in *reformatory* oder *industrial schools* vollzogen wurde. Nur für die konkrete Entwicklung dieser Sanktionsform nach 1900 in Preußen wird der Begriff ›Fürsorgeerziehung‹ verwandt. Da die Zwangserziehung im Deutschen Reich in die Kompetenz der Länder fiel und von diesen unterschiedlich praktiziert wurde, beschränkt sich diese Arbeit im wesentlichen auf die preußische Entwicklung.

Vor allem zu Beginn der Reformbewegungen konzentrierten sich in beiden Ländern die Hoffnungen einer erfolgreichen Bekämpfung der Jugenddelinquenz auf diese Sanktionsform. Das grundlegende Kalkül der Zwangserziehung, wie es im vorangehenden Kapitel bereits dargestellt wurde, war einfach und bestechend: Durch eine langandauernde konsequente Erziehung würden die Kinder und Jugendlichen, die bereits straffällig geworden waren oder deren Lebensumstände und Verhalten dieses befürchten ließen, vor einer kriminellen Karriere bewahrt, und dadurch der Kriminalität insgesamt der Nachwuchs entzogen. Die Entfernung der Delinquenten aus ihren Familien und ihrer sozialen Umwelt galt als unverzichtbare Voraussetzung dieses Besserungsprozesses. Mit der prophylaktischen Behandlung der nicht straffälligen Kinder und Jugendlichen wurde der Ansatz einer konsequenten Verbrechensprävention zum ersten Mal im großen Stil Teil der staatlichen Kriminalpolitik.

Diese hochgesteckten Erwartungen, der vergleichsweise große Aufwand an finanziellen und personellen Ressourcen und schließlich auch die einschneidende Wirkung, die sie auf die betroffenen Jugendlichen und deren Eltern hatte, können das besondere Interesse an der Zwangserziehung erklären. Das muß auch dann anerkannt werden, wenn sie als eine von mehreren Sanktionsformen in den Gesamtrahmen der Jugendkriminalpolitik eingeordnet und dabei ihre Bedeutung relativiert wird. Als Sanktionsform war die Zwangserziehung zu allen Zeiten eine Ausnahme in der Kontrollpraxis der Jugenddelinquenz, die nur in einer Minderheit der gerichtlichen Fälle angewandt wurde.

Ihre Bedeutung erhielt sie vor allem dadurch, daß die Zwangserziehung wesentlich länger als andere Sanktionen dauerte und stärker in das Leben der Betroffenen eingriff, und – obwohl von ihren Erfindern kaum beabsichtigt – als unstrittig schwerste Sanktionsform über ihre tatsächliche Anwendung hinaus auf die gesamte Kontrollpraxis der Jugenddelinquenz ausstrahlte, ähnlich wie in potenzierter Form der Todesstrafe im frühneuzeitlichen Strafsystem eine generalpräventive Funktion über die Auslöschung des Menschenlebens hinaus zugedacht war. Daß die Richter diese generalpräventive Wirkung in ihrer Rechtsprechungspraxis als Abschreckungs- und Drohmittel nutzten, obwohl die Reformbewegungen mit der Zwangserziehung eine Abkehr von der traditionellen Strafe vollziehen wollten, gehörte zu den widersprüchlichen Aspekten der Jugendkriminalpolitik, die in dieser Arbeit ausführlich behandelt werden sollen. Wichtig dabei ist, daß eine doppelte Perspektive auf die Kontrollpraxis der Jugenddelinquenz eröffnet wird: Die eine Perspektive betrifft die Zwangserziehung als reale Behandlungsform jugendlicher Delinquenten, den Vollzug und die innere Gestaltung der Zwangserziehung in den Anstalten. Die andere Perspektive betrifft die Zwangserziehung als eine von verschiedenen Sanktionsmöglichkeiten, die den Richtern in ihrer Rechtsprechungspraxis zur Verfügung standen, betrifft die Kalküle und Erwartungen, die sie mit der Auswahl von Sanktionen verbanden, und die gewollten und ungewollten Wirkungen, die von diesen Sanktionsentscheidungen sowohl auf die betroffenen Jugendlichen als auch auf den Charakter des Jugendstrafrechts insgesamt ausgingen. In dieser Perspektive erhält die Zwangserziehung auch in ihrer ›Möglichkeitsform‹ eine reale Bedeutung für die Entwicklung der Jugendkriminalpolitik als eine Sanktionsform, die die gerichtliche Kontrollpraxis schon dadurch prägte, daß sie möglicherweise angewandt werden konnte. In methodischer Hinsicht unterstreicht diese Perspektive die Notwendigkeit, die komplexen Wirkungsmechanismen dieser Sanktion als Ergebnis einer sozialen Interaktion zwischen den Instanzen der staatlichen Sozialkontrolle und den betroffenen Jugendlichen und ihrer Familien zu begreifen; denn welche erzieherischen oder strafenden Wirkungen die Zwangserziehung tatsächlich hatte, wurde nicht in den Reformkonzepten entschieden, sondern in einer Praxis, die ebenso von den Intentionen der Reformer wie von den Reaktionen der Betroffenen geprägt wurde.

Besonders in der deutschen Sozialgeschichtsforschung hat die Zwangserziehung in den letzten Jahren eine wachsende Aufmerksamkeit erhalten. Dies erklärt sich in erster Linie aus ihrer spezifischen historischen Entwicklung in der Weimarer Republik, die unter dem Schlagwort der ›Krise der Fürsorgeerziehung‹ diskutiert wird und vor dem Hintergrund des aufziehenden Nationalsozialismus mit einer besonderen Wertigkeit versehen ist.[1] Bei vielen Autoren, allen voran Detlev Peukert, hat das dazu geführt, die Entwicklung der Zwangserziehung primär von ihrem Ende her zu interpretieren und nach Gründen für ihr eklatantes Scheitern am Ende der Weimarer Republik zu suchen. Wie bei kaum einem anderen Aspekt der Jugendkriminalpolitik ist der Vergleich zwischen Deutschland und England hier geeignet, das Verständnis für die jeweilige historische Entwicklung zu vertiefen. Dem krisenhaften Scheitern der Zwangserziehung in Deutschland steht eine Entwicklung in England gegenüber, die durch eine frühzeitig nachlassende Anwendung und innere Reformen der Erziehungsanstalten eine Krise erfolgreich vermied. Der Vergleich zwischen den beiden Ländern stellt zum einen die These Peukerts von der ›Immanenz‹ der totalitären Elemente in der erzieherischen Behandlung der jugendlichen Delinquenten in Frage, die sich in Deutschland am Ende der Weimarer Republik andeuteten und im Nationalsozialismus zum Durchbruch kamen.[2] Zum anderen weist der Vergleich doch auf grundsätzliche Gemein-

1 Peukert, Grenzen; Gräser; Harvey; Dickinson.
2 Peukert, Grenzen, S. 295; vgl. Gräser, S. 13.

samkeiten hin, die die These bestärken, daß die prominente Rolle der Zwangserziehung in der Jugendkriminalpolitik in der Tat früher oder später zu Ende gehen mußte, weil ihre aus der ersten Hälfte des 19. Jahrhunderts stammende Konzeption unter den geänderten gesellschaftlichen Rahmenbedingungen des späten 19. und frühen 20. Jahrhunderts nicht mehr funktional, ja sogar kontraproduktiv war. Schließlich unterlag die Zwangserziehung wie vor ihr auch das Gefängnis der inneren Dynamik der Kriminalpolitik, welche aus der stetigen Diskrepanz von erhofften Wirkungen und praktischen Mißerfolgen immer neue Reformzyklen hervorbringt.[3] Auf welche Art und Weise in Deutschland und England diese Spannung zwischen Anspruch und Wirkung der Zwangserziehung wahrgenommen wurde, ob, wann und welche Konsequenzen daraus für die weitere Reformentwicklung der Jugendkriminalpolitik gezogen wurden, soll besonders aufmerksam untersucht werden. Wichtig ist wiederum die Erweiterung der Perspektive, die sich aus dieser Fragestellung ergibt: Für die Geschichte der Kriminalpolitik sind die Bedingungen und Mechanismen, die zur Überwindung der Zwangserziehung beigetragen haben, ebenso relevant wie die, die sie zuvor hervorgebracht haben.

## 4.1. Etablierung und quantitative Entwicklung der Zwangserziehung

### 4.1.1 England

Das rechtliche und institutionelle System der Zwangserziehung wurde in England zwischen 1854 und 1866 etabliert. Im Jahre 1866 wurde für die Zwangserziehung ein gesetzlicher Rahmen festgelegt, der mit Modifikationen bis in die 1920er Jahre Bestand hatte. Damit wurde eine Behandlungsform jugendlicher Delinquenz zu einem Instrument der staatlichen Kriminalpolitik, die in philanthropischer Privatinitiative bereits auf eine längere Tradition zurück-

3 Vgl. Sutton, Children, S. 5; vgl. Kap. 4.1.

blicken konnte. Diese Vorgeschichte der Zwangserziehung soll hier nur ganz knapp skizziert werden.[4] Die erste Initiative, die zur Gründung einer Erziehungsanstalt führte, ging von der sogenannten *Philanthropic Society* aus und wird auf das Jahr 1788 datiert. In der ländlichen Umgebung von London wurden einige Häuser zur Aufnahme von Jugendlichen eingerichtet, deren Eltern zu Freiheitsstrafen verurteilt waren, oder die selbst bereits eine Strafe verbüßt hatten. Das pädagogische Konzept basierte auf der Organisation der Zöglinge in familienähnlichen Haushalten unter der Leitung von Handwerkern sowie auf einer strikten Arbeitsdisziplin.

Bei der Entwicklung der Sanktionspraxis jugendlicher Delinquenten während der ersten Hälfte des 19. Jahrhunderts spielten diese und ähnliche Initiativen, die ihre Zöglinge in der Regel erst im Anschluß an die staatliche Strafe aufnehmen konnten, jedoch noch keine maßgebliche Rolle. Die staatliche Sanktionspraxis wurde vielmehr zunehmend von der kurzzeitigen Gefängnisstrafe bestimmt; Reformbemühungen beschränkten sich vorrangig auf die kleine Minderheit der zur Deportation verurteilten Jugendlichen, die teils in die Strafkolonien in New South Wales und in Van Diemens Land (Tasmanien) geschickt wurden, teils in England auf Gefängnisschiffen (*hulks*) auf engstem Raum zusammengepfercht wurden. Zahlreiche Skandale um Mißhandlungen und Todesfälle auf diesen Schiffen trugen mit dazu bei, daß 1838 erstmals ein eigenes Zuchthaus für den getrennten Strafvollzug der zu Deportation verurteilten jugendlichen Straftäter gegründet wurde, das Gefängnis Parkhurst auf der Isle of Wight. Damit hatte sich diejenige Richtung der Kriminalpolitik vorläufig durchgesetzt, die auf der Beibehaltung des Abschreckungsprinzips und des Gefängnisses als Strafform bestand. In Parkhurst, das Platz für maximal 700 ausschließlich männliche Sträflinge bot, sollte der Freiheitsentzug mit Unterricht und landwirtschaftlicher bzw. handwerklicher Arbeit verknüpft werden. Der Strafcharakter wurde durch eine strenge Gefängnisdisziplin unterstrichen, zu der Uniformen, teilweises Schweigegebot sowie zeitweise bewaffnete Aufseher und Eisenketten bei der Feldarbeit gehörten, um den zahl-

4 Siehe dazu Adshead; Barnett, Delinquents; Watson, Reformatory Schools; Lenz, Zwangserziehung, S. 20ff.; Pinchbeck u. Hewitt, Bd. 2, S. 414-477; Hurt, Reformatory Schools; Radzinowicz u. Hood, S. 133-171; Weinberger, Children.

reichen Ausbruchsversuchen der Sträflinge vorzubeugen.[5] Parkhurst entwickelte sich zum Zuchthaus für besonders schwere Fälle jugendlicher Kriminalität; nicht die Resozialisierung in England, sondern die Deportation in die Kolonien blieb auch in dieser Reformanstalt das maßgebliche Ziel. Als die Deportation 1853 weitgehend abgeschafft wurde, war Parkhurst seiner eigentlichen *raison d' être* beraubt; in den Folgejahren ging die Zahl der Insassen stark zurück, und 1864 wurde die Anstalt in ein Frauengefängnis umgewandelt.

Inzwischen hatten in England die Kritiker der traditionellen Kriminalpolitik soweit an öffentlichem Einfluß gewonnen, daß die erzieherischen Konzepte der Reformbewegung gegenüber dem Abschreckungsprinzip die Oberhand gewannen und die Verwirklichung dieser Konzepte in greifbare Nähe rückte. Das allgemein als gescheitert angesehene Experiment Parkhurst trug auf seine Weise zu der Bereitschaft bei, gänzlich neue Wege in der Behandlung jugendlicher Delinquenten zu beschreiten. Denn mehr noch als der zahlenmäßig bedeutendere Strafalltag in den vielen lokalen Gefängnissen war Parkhurst zum Symbol einer gescheiterten Kriminalpolitik geworden, woran zu einem erheblichen Teil der publizistische Einsatz einer Frau verantwortlich war: Mary Carpenter veröffentlichte 1851 und 1853 zwei Bücher zur Behandlung jugendlicher Delinquenten, mit denen sie zur zentralen Figur der Reformbewegung in der Mitte des 19. Jahrhunderts wurde.[6] Carpenter lehnte die Gefängnisstrafe als Sanktionsform für Jugendliche kategorisch ab und kritisierte insbesondere die Behandlung der Sträflinge in Parkhurst, da eine echte Besserung nicht durch militärischen Drill und mechanische Disziplin, sondern nur durch eine auf die Herzen der Jugendlichen zielende Behandlung möglich sei.[7]

Carpenter stand in enger Verbindung mit dem Juristen Matthew Davenport Hill, der als Richter in Birmingham eine informelle Behandlung der jugendlichen Straftäter mit dem Ziel praktizierte, sie vor einem Gefängnisaufenthalt zu bewahren, teilweise durch ein Bewährungssystem, teilweise durch Einweisung in Erziehungsanstalten. Seit den 1840er Jahren verfolgte Hill das Ziel, entsprechende Änderungen des Strafrechts und die Einrichtung von Erziehungs-

5 Parl. Papers, Reformatory and Industrial Schools (1884), Anhang B, S. 736; Pinchbeck u. Hewitt, Bd. 2, S. 460ff.
6 Carpenter, Reformatory Schools; dies., Delinquents.
7 Pinchbeck u. Hewitt, Bd. 2, S. 472f.

anstalten zu erreichen.[8] Das große Vorbild der englischen Reformanhänger war die französische Zwangserziehungsanstalt Mettray, die 1839 von Frederic Demetz gegründet worden und zur Aufnahme der jugendlichen Straftäter bestimmt war, die von den Gerichten wegen mangelnder Einsichtsfähigkeit von normaler Strafe freigesprochen wurden.[9] Eine strenge Disziplin, militärischer Drill, eine spartanische Lebensweise und harte landwirtschaftliche Arbeit lassen durchaus Ähnlichkeiten mit dem Behandlungskonzept des Jugendgefängnisses Parkhurst erkennen. Jedoch sollte die Aufteilung der Zöglinge in Gruppen von ca. 40 sowie der religiös-moralische Eifer des Anstaltsleiters und seiner Helfer eine persönliche und familienähnliche Atmosphäre herstellen, in welcher man die ›Seelen‹ der Zöglinge besser zu erreichen hoffte. Im Vergleich zu Mettray spielte das ›Rauhe Haus‹, das von Johann Wichern einige Jahre zuvor bei Hamburg gegründet worden war, als Vorbild in England eine untergeordnete Rolle. Indirekt war jedoch der Einfluß der deutschen Rettungshausbewegung mit der religiösen Ausrichtung und Betonung des ›Familienprinzips‹, das auch in Mettray aufgegriffen worden war, durchaus wichtig.

Nach dem Vorbild Mettrays gründete die *Philanthropic Society* 1849 in Red Hill in Surrey eine *reformatory school,* die sich in der zweiten Hälfte des 19. Jahrhunderts zu einer der größten und bekanntesten Anstalten dieser Art entwickelte. Die Leitung wurde Sidney Turner übertragen, der später in den Posten des staatlichen Inspektors für das Zwangserziehungswesen überwechselte. Ebenfalls in privater Initiative gründeten die Richter George Bengough und Thomas Barwick Baker 1852 in Hardwicke in Gloucestershire eine Zwangserziehungsanstalt, deren Erziehungsgrundsätze auf der Verbindung von *»religious and moral instruction«* und *»industrial occupation«* beruhten.[10]

Was das französische Mettray als Vorbild für die Behandlung der straffälligen Jugendlichen bedeutete, das waren die schottischen *industrial schools* für die Behandlung der verwahrlosten Kinder. In den 1840er Jahren wurden zuerst in Aberdeen und später in Glasgow und Edinburgh Tagesschulen für bettelnde und verelendete Straßenkinder eingerichtet, die eine manuelle Beschäftigung mit kostenloser Verpflegung verbanden und deren Besuch freiwil-

---

8 Siehe z.B. *Law Times*, 24. 1. 1846, S. 355f.; vgl. Pinchbeck u. Hewitt, Bd. 2, S. 467f.

9 M. Foucault (S. 379ff.) entwickelte seine Thesen u.a. am Beispiel Mettrays.

10 Anonym, Report of Proceedings, S. 5.

lig war. Da in Großbritannien bereits Betteln ein strafbares Delikt war, bedeutete die Aufnahme in einer solchen Einrichtung allerdings oft die Alternative zu einer Gefängnisstrafe. Nach statistischen Erhebungen wurden diese *industrial schools* mehrheitlich von Waisenkindern oder Kindern von alleinerziehenden Müttern besucht.[11]

## *Der gesetzliche Rahmen der Zwangserziehung*

Für die weitere Entwicklung der Zwangserziehung in England war entscheidend, daß sich bei den Trägern der verschiedenen privaten Initiativen die Auffassung durchsetzte, eine gesetzliche Verankerung der Zwangserziehung als staatliche Sanktionsform verbunden mit einer entsprechenden finanziellen Förderung sei notwendig, um ihre Zielsetzung, eine deutliche Verminderung der Jugendkriminalität, zu erreichen. Damit schlug das englische *reformatory movement* einen gänzlich anderen Weg ein als die deutsche Rettungshausbewegung, die sehr lange am Prinzip der Freiwilligkeit festhielt und die Aufnahme strafrechtlich verurteilter Jugendlicher überwiegend ablehnte.[12] Um ihr Ziel zu erreichen, organisierten Mary Carpenter und Matthew Davenport Hill 1851 eine nationale Konferenz in Birmingham, auf der eine Resolution für Gesetzesreformen verabschiedet wurde.[13] Demnach sollten zwei Typen von Zwangserziehungsanstalten entstehen: Für die Gruppe der verwahrlosten Straßenkinder sogenannte ›*Industrial Feeding Schools*‹ und für die straffälligen Kinder ›*Correctional and Reformatory Schools*‹. In der Folge der Konferenz erreichte die Reformbewegung die Einrichtung eines parlamentarischen Untersuchungsausschusses, der sich mit der Frage gesetzlicher Reformen befaßte und fast ausschließlich Anhänger der Zwangserziehung als Sachverständige anhörte, darunter Mary Carpenter, Matthew Davenport Hill und Sidney Turner. 1853 wurde in Birmingham eine zweite Konferenz abgehalten, bei der sich unter dem Vorsitz des Earl of Shaftesbury 3000 Teilnehmer versammelten.[14] Die Kampagne der Reformanhänger mündete schließlich ein Jahr später in die gesetzliche Anerkennung der Zwangserziehung als Strafinstrument; den

11 Watson, Reformatory Schools, S. 259.
12 Wines, S. 694; vgl. Kap. 4.1.2.
13 Radzinowicz u. Hood, S. 176.
14 Anonym, Report of Proceedings.

Forderungen der Reformbewegung wurde im *Reformation of Youthful Offenders Act* größtenteils entsprochen.[15] Zunächst beschränkte sich die gesetzliche Reform auf die Zwangserziehung der wegen Vergehen oder Verbrechen verurteilten Jugendlichen in *reformatory schools*; 1857 folgte erstmals ein Gesetz, das die Einweisung von Kindern wegen Bettelns oder Obdachlosigkeit in *industrial schools* ermöglichte, wenn die Eltern keine Rechtsbürgschaft leisten konnten.[16] Damit wurde die Aufteilung der Zöglinge in ›Verwahrloste‹ und ›Kriminelle‹ und ihre Unterbringung in getrennten Anstalten, wie sie von Mary Carpenter und ihren Mitstreitern angestrebt worden war, realisiert. Ebenso setzte sich das Prinzip durch, daß der Staat selbst keine Anstalten unterhielt, sondern die Durchführung der Zwangserziehung gänzlich der privaten Initiative überließ, jedoch Finanzierung und Aufsicht übernahm, wobei die Kommunen einen Teil der Kosten für die *industrial schools* übernehmen mußten. Viele der Erziehungsanstalten waren konfessionell ausgerichtet. In den folgenden Jahren wurde die gesetzliche Grundlage der Zwangserziehung noch mehrfach geringfügig verändert und 1866 in eine für die folgenden Jahrzehnte gültige Form gebracht.[17]

Demnach galten für die Zwangserziehung in England folgende gesetzlichen Vorschriften: Die *reformatory schools* waren ausschließlich für die Aufnahme minderjähriger Straftäter unter 16 Jahren bestimmt, die wegen solcher Delikte verurteilt wurden, die mit Zuchthaus- oder Gefängnisstrafe bedroht waren; das betraf in erster Linie Eigentumsdelikte. Kinder unter 10 Jahren durften nur eingewiesen werden, wenn sie bereits vorbestraft waren. Diese Altersgrenze wurde 1893 auf 12 Jahre angehoben. Alle Zöglinge mußten vor der Zwangserziehung eine zehntätige Gefängnisstrafe verbüßen. Damit hatten die absoluten Gefängnisgegner unter den Reformanhängern, allen voran Mary Carpenter, eine Niederlage einzustecken. Die Dauer der Zwangserziehung konnte vom Gericht auf zunächst mindestens zwei, später drei bis längstens fünf Jahre festgesetzt werden, durfte aber höchstens bis zum 21., später 19. Lebensjahr durchgeführt werden. Die Leiter der *reformatory schools* erhielten das Recht, die Zöglinge nach frühestens 18 Monaten auf Widerruf zu entlassen und daran

---

15 17 & 18 Vict. c. 86.

16 *Industrial Schools Act* 1857 (20 & 21 Vict. c. 48).

17 *Reformatory Schols Act* 1866 (29 & 30 vict. c. 117); *Industrial Schools Act* 1866 (29 & 30 vict. c. 118).

Bedingungen des Aufenthalts und der Beschäftigung zu knüpfen. Für jeden Zögling erhielten die Anstalten einen einheitlichen Geldbetrag vom Staat; die Eltern konnten vom Gericht verpflichtet werden, sich an den Kosten der Zwangserziehung zu beteiligen.

Wesentlich vielfältiger waren die gesetzlichen Bestimmungen, die die Einweisungen in die *industrial schools* regelten. Zu der Unterscheidung nach dem Grad der delinquenten Neigung kam eine altersmäßige Unterscheidung hinzu. Als obere Altersgrenze bei Einweisung wurde 13 Jahre festgesetzt; spätestens nach dem 16. Lebensjahr waren die Zöglinge aus der Zwangserziehung zu entlassen. Der nicht-kriminelle Charakter der Zöglinge wurde dadurch unterstrichen, daß Einweisungen grundsätzlich nicht aufgrund einer Verurteilung, sondern nur aufgrund einer gerichtlichen Anordnung erfolgten, selbst wenn eine strafbare Handlung vorlag. Im Abschnitt 14 des *Industrial Schools Act* 1866 wurden als Einweisungsgründe verschiedene Erscheinungsformen des Zustandes aufgezählt, den man im zeitgenössischen Sprachgebrauch als *destitution* (Verelendung) und *vagrancy* (Landstreicherei) bezeichnete: Abschnitt 14 (1) des Gesetzes nannte Betteln oder die Absicht zu betteln, auch unter dem Vorwand des Straßenhandels, Abschnitt 14 (2) betraf Kinder, die ›umherwandernd‹ auf der Straße aufgegriffen wurden und ohne Zuhause oder ordentliche Aufsicht und Erziehung (*»proper guardianship«*) lebten; Abschnitt 14 (3) und (4) betrafen verelendete Waisenkinder oder Kinder von Strafgefangenen sowie Kinder, die in der Gesellschaft von ›bekannten Dieben‹ lebten; 1880 wurde dies auf Kinder von Prostituierten ausgedehnt.[18] Mit dem Abschnitt 15, der Kinder unter zwölf Jahren betraf, die zum ersten Mal wegen einer Straftat vor Gericht standen, wich das Gesetz von dem Grundsatz der Trennung der kriminellen von den verwahrlosten Kindern ab. Zu diesen beiden wichtigsten Einweisungsgründen kamen noch zwei weitere hinzu: Zum einen konnten ›widerspenstige‹ Kinder aus den Armenhäusern in die Zwangserziehung überwiesen werden, zum anderen konnten Eltern nach Abschnitt 16 selbst die Einweisung eines Kindes in eine *industrial school* beantragen, wenn sie vor Gericht erklärten, es nicht mehr kontrollieren zu können. In diesem Fall war jedoch eine größere finanzielle Beteiligung der Eltern an den Kosten vorgesehen, um einen Mißbrauch zu erschweren.

18 *Industrial School Amendment Act* 1880 (43 & 44 Vict. c. 15).

In den 1870er Jahren wurde diese bereits weit gefaßte Definition der korrektionsbedürftigen Verwahrlosung noch erheblich ausgeweitet, als mit der Einführung der allgemeinen Schulpflicht das Versäumnis des Schulbesuchs zu der Liste des Einweisungsgründe in *industrial schools* hinzugefügt wurde.[19] Für die Behandlung der hartnäckigen Schulschwänzer wurden vor allem in Liverpool, London und einigen anderen Industriestädten zwei besondere Arten von Erziehungsanstalten gegründet, in denen die Zöglinge entweder nur für einige Wochen aufgenommen wurden (*truant schools*) oder nur tagsüber blieben und weiter bei ihren Eltern wohnen konnten; letztere wurden daher *day industrial schools* genannt. Viele Schulschwänzer kamen jedoch in Ermangelung solcher speziellen Anstalten in normale *industrial schools* und wurden dort wie die übrigen Zöglinge behandelt.[20]

### *Quantitative Entwicklung*

Mit diesen gesetzlichen Bestimmungen hatte die englische Reformbewegung ihr Ziel – die Verankerung der Zwangserziehung im Strafrecht als Kernelement einer präventiven Kriminalpolitik – weitgehend erreicht. Es hing nun vor allem von dem Verhalten der Gerichte ab, ob sich die Zwangserziehung auch in der Rechtsprechungspraxis durchsetze. Wie die Statistiken zeigen, erlebten die *reformatory schools* unmittelbar nach ihrer gesetzlichen Anerkennung einen Boom: 1854 wurden vom Innenministerium die ersten vier Anstalten für Jungen und zwei für Mädchen zugelassen, innerhalb der nächsten drei Jahre stieg diese Zahl auf 32 bzw. 9. Bereits 1861 war die Expansion der *reformatories* bei einer Gesamtzahl von 50 weitgehend abgeschlossen.[21] Entsprechend kletterte die Zahl der eingewiesenen Zwangszöglinge nach 1854 sehr schnell in die Höhe. Im Jahr der Gesetzesreform waren es lediglich 28 Jungen und ein Mädchen, die zur Zwangserziehung in einer *reformatory school* verurteilt wurden; im nächsten Jahr stieg die Zahl der Einweisungen auf 164 bzw. 24, und schon 1857 erreichte sie mit 960 Jungen und 159 Mädchen ein Niveau, das die *reformatories* niemals wesentlich übersteigen sollten. In absoluten Zahlen

19 *Elementary Education Act* 1876 (39 & 40 Vict. c. 79).
20 Vgl. Kap. 4.1.1.
21 Aspland, S. 61.

*Abb. 4.1: England und Wales, 1856-1923. Jährliche Einweisungen in Zwangserziehungsanstalten ohne* day industrial schools *(Raten pro 10.000 Bevölkerung 8 - 15 Jahre)*

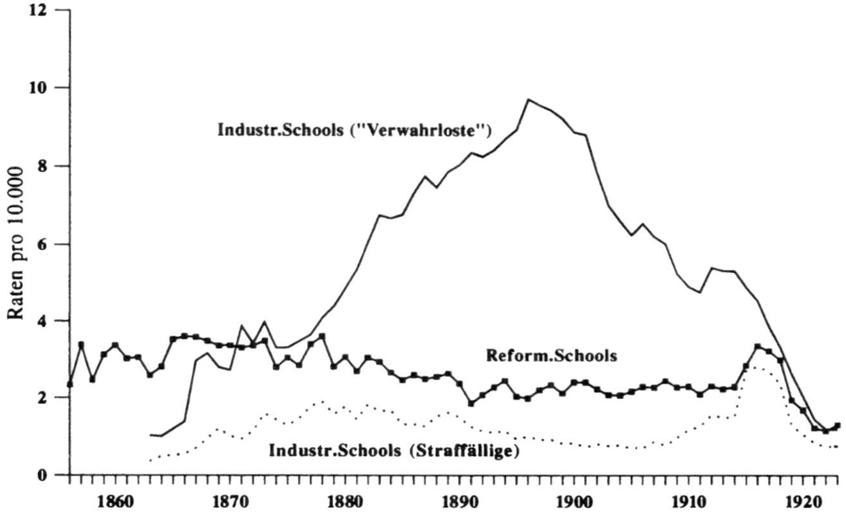


Eig.Berechn., Quelle: Parl.Papers, Annual Report [...] Reformatory and Industrial Schools, 1856ff.; Home Office, Report on the Work of the Children's Branch, 1923ff.; Parl. Papers, Census of England and Wales, 1851ff. (Bevölkerungszahlen interpoliert)

schwankte die Zahl der jährlichen Einweisungen mit Ausnahme des Ersten Weltkrieges stets zwischen 1.000 und 1.500. Legt man anstelle dieser absoluten Ziffern die Raten pro 10.000 der altersgleichen Bevölkerung[22] zugrunde, was angesichts einer Verdoppelung der englischen Bevölkerung zwischen 1851 und 1911 sinnvoll erscheint, dann erreichten die *reformatories* mit einer Rate von 3,6 pro Zehntausend jährlichen Einweisungen ihren zahlenmäßigen Höhepunkt im Jahre 1866; danach gingen die Einweisungsraten leicht, aber kontinuierlich zurück (siehe Abb. 4.1). Zehn Jahre nach ihrem Gipfel waren die Raten um 20% auf 2,8 pro 10.000 gesunken, am Ende des 19. Jahrhunderts pendelten sie sich bei 2,1 bis 2,3 ein, das entspricht ca. zwei Drittel des höchsten Niveaus. Wie bei der registrierten Jugendkriminalität insgesamt war auch

22 Als Basis für diese Raten wurden zur Vereinfachung sowohl bei *reformatories* als auch bei *industrial schools* die Altersgruppe der Acht- bis Fünfzehnjährigen gewählt. Beim Zeitpunkt der Einweisung in *reformatory schools* konnten die Zöglinge 10 bis 15 Jahre und in den *industrial schools* ca. 8 bis 13 Jahre alt sein.

hier das Übergewicht des männlichen Geschlechts deutlich ausgeprägt; in den 1860er und 1870er Jahren erreichte die Zahl der in *reformatories* eingewiesenen Mädchen ca. ein Viertel der Jungen und fiel danach überproportional stark auf ein Achtel bis ein Zehntel ab.

Entsprechend ihrer Bestimmung als Erziehungsanstalten für die ›kriminelle‹ Jugend dominierten bei den Gründen für Einweisungen in *reformatories* mit ca. 90% Eigentumsdelikte, in aller Regel einfacher Diebstahl. In den mittleren Industriestädten Bolton, Stockport und Oldham wurden Delinquenten fast ausschließlich bei Diebstahl in *reformatories* eingewiesen; in den größeren Städten Leeds und Manchester kam Landstreicherei mit ca. 10 bis 15% der Einweisungen hinzu. Von den in ganz England jährlich nur etwa 150 bis 200 Einweisungen in *reformatories* wegen Landstreicherei fielen alleine ca. 30 bis 40% auf Liverpool, was die außergewöhnliche Position dieser Stadt in der englischen Kriminalgeographie unterstreicht. Da Jugendliche ab 14 Jahren nicht mehr in *industrial schools* eingewiesen werden konnten, bedeutet diese geringe Zahl, daß in England insgesamt die Zwangserziehung als Instrument zur Bekämpfung bloßer Verwahrlosung bei den Jugendlichen über 14 Jahren – anders als in Deutschland – kaum noch angewandt wurde; wer noch mit 14 Jahren oder älter von der Zwangserziehung erfaßt wurde, der mußte schon straffällig geworden sein.

Im Vergleich zu der langfristig eher moderaten Entwicklung der *reformatories* erlebten die *industrial schools* in der zweiten Hälfte des 19. Jahrhunderts dank der weitgefaßten Definition der Einweisungsgründe einen anhaltenden Zuwachs und übertrafen die quantitative Bedeutung der *reformatories* bei weitem (siehe Abb. 4.1). Nachdem die Zahl der Einweisungen in den ersten Jahren nur langsam stieg und deutlich unterhalb der Zahlen der *reformatories* blieb, führte die Neufassung der gesetzlichen Bestimmungen, die insbesondere die staatliche Finanzierung betraf, 1866 zu einer sofortigen Verdoppelung der Einweisungen. Zu Beginn der 1870er Jahre überstieg die Zahl der Einweisungen in *industrial schools* die in *reformatories* bereits deutlich. Ihre größte Expansion erlebten die *industrial schools* jedoch durch ihren Einsatz als Sanktionsinstrument zur Durchsetzung der Schulpflicht: Von jährlich ca. 2.000 unmittelbar vor Einführung der allgemeinen Schulpflicht kletterten die jährlichen Einweisungen auf über 7.000 in den 1890er Jahren; darunter befanden sich ca. 1.500 bis 2.000 Einweisungen in *day industrial schools*, die aufgrund ihres Charakters als Tagesschule kaum mit den übrigen Erziehungsanstalten verglichen werden können und daher bei den statistischen Beschreibungen nicht berücksichtigt werden sollen. Auch ohne diese Tagesschulen lag das Niveau der Einweisungen in *industrial schools* in den 1880er und 1890er Jahren bei dem vier- bis fünffachen der *reformatories.* Zu Beginn der 1880er Jahre gab es in England 99 *industrial schools* und 10 *day industrial schools.*[23] Nach ihrem absoluten Höhepunkt im Jahre 1896 mit 10,7 pro Zehntausend fielen die Einweisungsraten jedoch ebenso schnell wie sie zuvor angestiegen waren und lagen in den Jahren vor dem Ersten Weltkrieg nur noch bei 6 bis 7 pro Zehntausend, was etwa zwei Drittel des vorhergehenden Niveaus entsprach. Insgesamt gesehen hatte die Zwangserziehung in England ihren Höhepunkt mit der Jahrhundertwende überschritten.

Anders als in den *reformatories* überwogen in den *industrial schools* die

*Abb. 4.2: England & Wales, 1893. Einweisungen in* industrial schools *(ohne* day industrial schools*) nach Einweisungsgründen und Geschlecht (in %)*

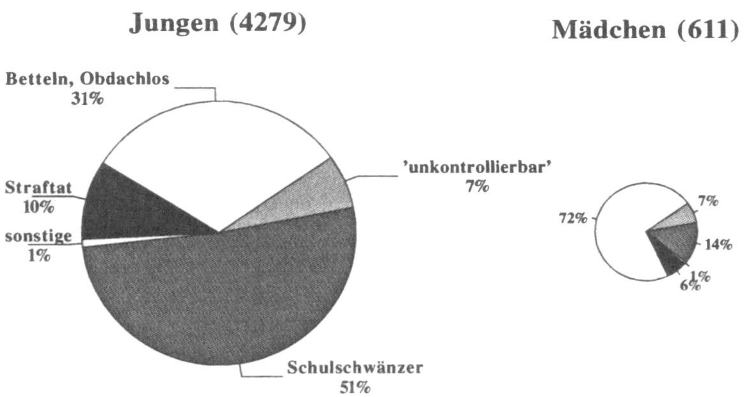


Quelle: Parl. Papers, Annual Report [...] Reformatory and Industrial Schools for 1893; Watson, Reformatory Schools, S. 286f.

23 Parl. Papers, Reformatory and Industrial Schools (1884), S. ix.

nicht kriminellen Zöglinge deutlich (Abb. 4.2). Die Möglichkeit, Kinder aufgrund von Eigentumsdelikten in *industrial schools* einzuweisen, spielte mit einem Anteil von weniger als 10% nur eine untergeordnete Rolle, was allerdings auch an den restriktiven gesetzlichen Bestimmungen lag, mit denen verhindert werden sollte, daß das ›kriminelle‹ Element in den *industrial schools* zu stark und auf die lediglich ›verwahrlosten‹ Zöglinge abfärben würde. In der Praxis der Zwangserziehung erwies sich die Differenzierung der Zöglinge nach dem Grad ihrer delinquenten Neigung als überaus problematisch, lauerte die Gefahr der gegenseitigen ›Ansteckung‹ in den Anstalten doch überall. Besonders die Gruppe der zwölf- und dreizehnjährigen straffälligen Kinder und die der zehn- und elfjährigen vorbestraften Kinder brachte die Richter in ein Dilemma. Denn so wenig diese Delinquenten nach dem Gesetz in eine *industrial school* eingewiesen werden durften, so wenig paßten sie nach der Meinung vieler Richter in ein *reformatory,* wo sie selbst das Opfer von schädlichen Einflüssen der älteren und kriminell erfahreneren Zöglinge werden konnten. Es war daher eine übliche Rechtsprechungspraxis, solche Kinder in großzügiger Umgehung der gesetzlichen Normen nicht wegen der begangenen Straftat zu verurteilen, sondern auf Abschnitt 16 des *Industrial Schools Acts* auszuweichen und sie als ›außer Kontrolle‹ ihrer Eltern zu erklären. Ein Beispiel dafür ist der Fall des zwölfjährigen Joseph Allen, der 1906 vom Polizeigericht in Stockport wegen eines Diebstahls in die dortige *industrial school* eingewiesen wurde; da er bereits vorbestraft war, erklärte das Innenministerium diese Einweisung jedoch für rechtswidrig. Das Gericht änderte daraufhin die Anordnung dahingehend, daß sie statt nach Abschnitt 15 nun nach Abschnitt 16 erfolgte – *»upon father's statement in Court that he was unable to control the lad.«*[24] Auch die Londoner Richter berichteten wiederholt über dieses Verfahren:

»In London we get over this difficulty [...] by discharging him from the felony and getting the parent to charge the child under section 16 as a boy whose parent is unable to control him, [...] and the boy is then sent to an Industrial School.«[25]

24 PRO HO 349/1 (Stockport Industrial School Admission Book, 28.7.1906).

25 John Bridge, Brief an Home Office, 12.8.1890, in: PRO HO 45/9825/B8706/2; London Magistrates' Clerkes Association, Brief an Home Office, 1908, in: PRO HO 45/10362/154821/128.

Das Innenministerium empfahl dieses Prozedere sogar offiziell zur Nachahmung.[26] Die Legalisierung dieser Praxis im *Children's Act* von 1908, welche die entsprechende Altersgrenze von 12 auf 14 Jahren anhob, führte dann zu einer prompten Verdoppelung der Einweisungen wegen Straffälligkeit (Abb. 4.1) In einzelnen Städten läßt sich die Verlagerung der formalen Einweisungsgründe nach 1908 exakt an den Statistiken ablesen: In Leeds zum Beispiel verdreifachten sich die jährlichen Einweisungen in *industrial schools* wegen Diebstahls im Vergleich der Jahre vor und nach Inkrafttreten des *Children Acts* von ca. 5 auf 19, während die Einweisungen nach Abschnitt 16 von durchschnittlich 10 auf 0 fielen.[27] Auch in Manchester stiegen die Einweisungen wegen Diebstahls um 85%, die Einweisungen nach Abschnitt 16 fielen um 50%; gleichzeitig nahm die Zahl der dreizehn- und vierzehnjährigen Zöglinge deutlich zu.[28] Diese Beispiele zeigen, welchen Spielraum die englischen Richter bei der Anwendung der Rechtsnormen hatten, mahnt aber auch zur Vorsicht bei der Interpretation der Statistiken. Das ›kriminelle Element‹ war in den *industrial schools* offenbar stärker vertreten als es die offiziellen Statistiken zu erkennen gaben. Dennoch steht außer Frage, daß der steile Anstieg der Einweisungszahlen während der 1870er bis 1890er Jahre in erster Linie auf die Ausdehnung der Zwangserziehung über die im engeren Sinne delinquenten Jugendlichen hinaus auf die Schulschwänzer zurückzuführen ist.

Dem Bemühen der Gesetzgebung und auch vieler *industrial schools* selbst, eine Differenzierung zwischen *reformatories* und *industrial schools* aufrecht zu erhalten und den nicht-kriminellen Charakter der *industrial school*-Zöglinge zu unterstreichen, stand die realistische Wahrnehmung vieler Zeitgenossen gegenüber, daß weder zwischen den beiden Anstaltstypen noch zwischen ihren Zöglingen ein wesentlicher Unterschied bestand. Das galt vor allem für die beiden in den Gesetzen von 1866 definierten Zielgruppen der straffälligen und verwahrlosten Jugendlichen, die Mary Carpenter als die Nachkommenschaft der *»perishing and dangerous classes«* tituliert hatte, jedoch weniger für die in

26 Zirkular des Innenministeriums, 8.10.1890, in: PRO HO 45/9825/B8706/2 (Committal to Reformatory and Industrial Schools; Children Remanded in Workhouses from Police Courts).
27 Leeds, Annual Police Report, 1900 ff., Tabelle ›Quasi-Criminal Proceedings‹.
28 Manchester Certified Industrial Schools, Annual Report, 1887ff.

den 1880er und 1890er Jahren hinzukommenden Schulschwänzer.[29] 1870 schrieb Sidney Turner als staatlicher Inspektor für die Zwangserziehung, die *industrial schools* seien, *»though still called by the name of schools, [...] in fact, but reformatories of a milder type [...] They are houses of detention for the young vagabond and petty misdemeanant«.*[30] Die kriminelle Vorgeschichte der Zöglinge in den *reformatories* beschränkte sich größtenteils auf geringfügige Diebstahlsdelikte. Es entsprach durchaus den Forderungen der Reformbewegung, daß nicht mehr die Schwere der Tat, sondern die persönlichen Lebensumstände der Delinquenten in den Mittelpunkt der Sanktionsentscheidung rückten. Diese wurden bei den meisten Zöglingen, gleich ob in *reformatories* oder *industrial schools*, durch ihre Herkunft aus den untersten Schichten der städtischen Arbeiterbevölkerung geprägt. Die Untersuchungskommission des Innenministeriums faßte diese Erkenntnis 1896 so zusammen:

»The truth seems to be that the parents of the children at these schools belong to a very low stratum of our artisan population, [...] and the children themselves are the specially neglected children of this class, with an infusion, greater in reformatories, less in industrial schools, of the criminal element«; der Unterschied zwischen *reformatory-* und *industrial school*-Zöglingen sei lediglich, daß letztere »früher erwischt« würden.[31]

Die verfügbaren Daten zum sozialen und familiären Hintergrund der Zöglinge zeigen, daß sich in den Zwangserziehungsanstalten zu einem erheblichen Teil Kinder aus unvollständigen Familien sammelten. Von den Zöglingen, die in *reformatories* kamen, hatten in den 1850er und 1860er Jahren nur ca. ein Drittel in der Obhut beider Elternteile gelebt; in den 1880er und 1890er Jahren stieg dieser Anteil auf ca. 50%.[32] Das gleiche galt für die *industrial schools*: in den 1870er Jahren waren 43% der Zöglinge Halb- oder Vollwaisen, weitere 8% waren von ihren Eltern ›im Stich gelassen‹ worden; 5% waren unehelich,

---

29 Carpenter, Reformatory Schools.

30 Zitiert in: Parl. Papers, Reformatory and Industrial Schools (1896), S. 14f. Bereits 1860 hatte der englische Erziehungsminister, unter dessen Aufsicht die industrial schools zu Beginn standen, festgestellt: *»There is no moral or social difference between the classes of children who fill the reformatories on the one hand, or the industrial schools on the other.«* (ebd., S. 13.)

31 Parl. Papers, Reformatory and Industrial Schools (1896), S. 22, 16.

32 Parl. Papers, Annual Report [...] Reformatory and Industrial Schools, diverse Jahrgänge.

und nur ein gutes Drittel hatte in vollständigen Familien gelebt.[33] Die erhaltenen Aufnahmeregister der *industrial school* in Stockport, einer Textilindustriestadt in der Nähe Manchesters mit 1890 ca. 70.000 Einwohnern, bestätigen diese Verhältnisse: In den 1870er Jahren kamen 63% der Zöglinge aus unvollständigen Familien, wobei der Vater wesentlich häufiger fehlte als die Mutter; etwa jeder zehnte entbehrte beide Elternteile.[34] Die in diesen Aufnahmeregistern enthaltenen knappen Eintragungen zu den persönlichen Lebensumständen lassen die Schicksale der Kinder erahnen, welche sich hinter den unzureichenden und, wie gezeigt wurde, oft willkürlichen Kategorien richterlicher Anordnungen verbergen. Über einen elfjährigen Waisenjungen, der wegen des Diebstahls einer Jacke eingewiesen wurde, vermerkt das Aufnahmeregister: *»Destitute, employed by a boatman, want of clothes compelled him to steal«*. Bei einem anderen Waisenkind wurde notiert: *»Turned out by aunt, begging«*. In anderen Fällen heißt es über die familiären Verhältnisse knapp: *»Miserable home, children dirty and neglected«* oder *»wretched home, drunken parents«*. Geographische Schwerpunkte der Zwangserziehung lagen, gemessen an der Herkunft der Zwangszöglinge, in den urbanisierten und industrialisierten Regionen Englands; London sowie die nordenglischen Industrieregionen Lancashire und Yorkshire waren zusammen für die Hälfte aller Einweisungen in *reformatories* verantwortlich.[35] Innerhalb der Grafschaften waren es größere Industriestädte wie Liverpool, Manchester und Bolton, aus denen die Zöglinge in überproportionalem Maße stammten. Eine außergewöhnliche Position nahm Liverpool ein, das gemessen an seiner Bevölkerungszahl mehr Zwangserziehungszöglinge hervorbrachte als jede andere Stadt einschließlich Londons. Bei den *industrial schools* war Liverpool für ca. 20-30% der Einweisungen in ganz England verantwortlich.

33 Watson, Reformatory Schools, S. 282. Diese Angaben beziehen sich auf Großbritannien unter Einschluß Schottlands.

34 PRO HO 349/2 (Stockport Industrial School, Aufnahmeregister, N=283).

35 Parl. Papers, Annual Report [...] Reformatory and Industrial Schools for 1895, Anhang IX.

*Zwangserziehung als Sanktion gegen Schulschwänzer*

Es wurde bereits erwähnt, daß die Erweiterung der Einweisungsgründe mit dem Gesetz über die allgemeine Schulpflicht von 1876 zu einer enormen quantitativen Ausdehnung der Zwangserziehung und zur Einrichtung spezieller *industrial schools* für Schulschwänzer geführt hat. Die glatte Verdoppelung der Einweisungsraten in *industrial schools* zwischen 1876 und 1896 ging zu einem erheblichen Teil auf das Konto dieser Schulschwänzer. Schon vor 1876 wurden solche Kinder auf Initiative der Schulausschüsse in Erziehungsanstalten eingewiesen, wobei man sich bei der rechtlichen Begründung auf ihre ›Unkontrollierbarkeit‹ nach Abschnitt 16 des *Industrial Schools Acts* stützte.[36] Nach den gesetzlichen Bestimmungen von 1876 konnten Kinder unter dreizehn Jahren in *industrial schools* eingewiesen werden, wenn sie ihre Schulpflicht ›gewohnheitsmäßig und ohne vernünftige Entschuldigung‹ versäumten und gegen eine vorherige gerichtliche Anordnung zum Schulbesuch verstießen, die der Einweisung zwingend vorangehen mußte. In den 1890er Jahren wurden jährlich zwischen 3000 und 4000 Schulschwänzer in die Zwangserziehung eingewiesen, also ca. doppelt so viele wie straffällige Kinder und Jugendliche.

Dadurch kam eine neue Klasse von Kindern in die *industrial schools*, die kaum den Definitionen von Verwahrlosung entsprachen, welche die Reformbewegung bei der Einrichtung der Zwangserziehungsanstalten im Sinn gehabt hatte; den meisten von ihnen fehlten jene Anzeichen einer Verwahrlosung oder kriminellen Neigung, wie sie die anderen Zöglinge der *industrial schools* auszeichnete.[37] Nach der Einschätzung des Liverpooler Schulausschusses stammten diese Kinder aus einer ›besseren Schicht‹ als die normalen Zwangszöglinge.[38] Dafür spricht auch, daß ihre Familienverhältnisse nicht in dem gleichen Ausmaß zerrüttet waren. Die erhaltenen Aufnahmeregister der *industrial school* in Stockport zeigen, daß bei den Zöglingen, die wegen Bettelns, ›Umherwanderns‹ oder Diebstahls in die *industrial school* kamen, zu ca. 50% wenigstens ein Elternteil fehlte, während es bei denen, die wegen Versäumnis der

36 Liverpool School Board, Memo, 1876, in: PRO HO 45/9403/53522 (Formation of Liverpool Industrial School for Truant Children); Parl. Papers, Reformatory and Industrial Schools (1896), S. 89.

37 Safford, S. 254; Carpenter, Industrial School Act, S. 266.

38 Liverpool School Board, Memo, 1876, in: PRO HO/45/9403/53522.

Schulpflicht eingewiesen wurden, nur 26,5% waren.[39]

Zwar entsprang diese Ausweitung der Zwangserziehung der Überzeugung, daß Schuleschwänzen der erste Schritt auf dem Weg in die kriminelle Karriere sei, und daß diese Laufbahn nur durch eine möglichst frühzeitige Intervention verhindert werden könne;[40] gleichzeitig war den Reformanhängern jedoch von Anfang an bewußt, daß die Zwangserziehung in der bestehenden Form für die Gruppe der Schulschwänzer keine angemessene Behandlungsform darstellte. Weder erschien die jahrelange Dauer der Zwangserziehung erforderlich, noch wurde die gemeinsame Unterbringung mit den stärker verwahrlosten oder sogar bereits straffälligen Jugendlichen für wünschenswert gehalten. Daß genau dies in den ersten Jahren nach der Einführung der allgemeinen Schulpflicht passierte, wurde von den Reformanhängern ebenso wie vom Innenministerium kritisiert: *»To shut them up for years is quite unnecessary and really monstrous, unjust to the children themselves, unjust to the parents and unjust to the local community.«*[41] Nach Meinung eines Reformers bedrohte ihre überzogene Anwendung die Akzeptanz der Zwangserziehung in der Bevölkerung.[42] Auch Mary Carpenter hatte bereits 1875 die Einrichtung besonderer *industrial feeding schools* für Schulschwänzer gefordert, die dann 1876 als *day industrial schools* eine gesetzliche Grundlage erhielten.[43] Zusammen mit den sogenannten *truant schools*, die einige Jahre später zunächst in Liverpool und London eingerichtet wurden, nahmen diese Tagesschulen den größeren Teil der Schulschwänzer auf, bei denen die Gerichte Zwangserziehung angeordnet hatten.

Die Zahl dieser besonderen Anstalten reichte jedoch nicht aus, um alle Schulwänzer aufzunehmen, so daß auch weiterhin zahlreiche Kinder in normale *industrial schools* geschickt wurden. Noch 1894, als es zwölf *truant schools* und ca. zwanzig *day industrial schools gab,* wurden in England 511 Kinder wegen des Verstoßes gegen die Schulpflicht in normale *industrial schools* eingewiesen; das waren nur etwas weniger als die 608 wegen Straffälligkeit

39 PRO HO 349/2 (Stockport Industrial School, Aufnahmeregister, N=283).
40 Drew, S. 736; Liverpool School Board, Memo, 1876, in: PRO HO/45/9403/53522.
41 Memo, 1882, in: PRO HO 45/9617/A13312/15a; vgl. Hill, Schools, S. 249.
42 Safford, S. 265.
43 Carpenter, Industrial School Act, S. 266ff.

eingewiesenen Zöglinge.[44] Betroffen davon waren vor allem einige Industriestädte wie Preston, Bolton und Bradford, in denen keine *day industrial schools* eingerichtet wurden.

### 4.1.2 Preußen

Die historische Entwicklung der Zwangserziehung in Deutschland wurde durch das Paradox geprägt, daß es zwar einerseits eine im Vergleich zu England ältere und breitere philanthropische Tradition der Anstaltserziehung verwahrloster Kinder und Jugendliche gab – die sogenannte Rettungshausbewegung – , daß es aber fast ein halbes Jahrhundert länger dauerte als in England, bis die Zwangserziehung als Bestandteil der staatlichen Kriminalpolitik vollständig etabliert und großflächig angewandt wurde. Ein Grund dafür neben anderen kann darin gesehen werden, daß die christlich-pietistische Rettungshausbewegung bis in die 1870er Jahre selbst keinen Wert auf eine gesetzliche Verankerung ihrer ›privaten‹ Erziehungsarbeit legte und es teilweise sogar ablehnte, gerichtlich verfolgte Straffällige in ihre Anstalten aufzunehmen. Dennoch hatten die privaten, meist kirchlich ausgerichteten Rettungshäuser und Erziehungsanstalten durch ihr Vorbild und später auch als Durchführende der Zwangserziehung im staatlichen Auftrag einen entscheidenden und über den Ersten Weltkrieg fortdauernden Einfluß auf die Entwicklung der Jugendkriminalpolitik. Brachte die späte Einführung der Zwangserziehung als staatliche Sanktionsform an sich schon einen anachronistischen Zug in die deutsche Jugendkriminalpolitik, so behinderten die kirchlichen Träger durch ihr Beharren auf der aus der ersten Hälfte des 19. Jahrhunderts stammenden, autoritär-repressiven Gestaltung der Erziehungsanstalten eine Anpassung der Zwangserziehung an die veränderten gesellschaftlichen und kulturellen Rahmenbedingungen des frühen 20. Jahrhunderts. Die Probleme und Konflikte, die in Preußen die Praxis der Zwangserziehung nach 1900 beeinträchtigten, verweisen daher auf die frühere Entwicklung der Erziehungsanstalten im 19. Jahrhundert.

44 Parl. Papers, Reformatory and Industrial Schools (1896), S. 88, 121.

*Die Rettungshausbewegung*

Die Rettungshausbewegung war eine spezifisch protestantisch-pietistische Reaktion auf den als Auflösung der gesellschaftlichen Ordnung verstandenen sozialen Wandel und den Pauperismus im frühen 19. Jahrhundert.[45] Soziale Verelendung und ›moralische Verwahrlosung‹, die sich in der Wahrnehmung der ›Kinderretter‹ in der Alltagskultur der städtischen Unterschichten, im Autoritätsverlust von Familie und Obrigkeit und auch in der Distanz zu Religion und Kirche manifestierten, verschmolzen zu einer Bedrohungsdiagnose, die ein verstärktes Engagement in der Kinder- und Jugendfürsorge notwendig erscheinen ließen. Die Erziehungsarbeit in den Rettungshäusern ebenso wie in den kirchlichen ›Jünglings‹- und ›Jungfrauenvereinen‹ war durch das übergeordnete Ziel motiviert, durch die ›Rettung‹ verwahrloster Kinder die Fundamente der traditionellen gesellschaftlichen Ordnung, nämlich die patriarchale Gewalt in Familie und Gesellschaft und die Verbindlichkeit des christlichen Glaubens, vor dem Zerfall zu bewahren. Zum Prototyp des christlichen Rettungshauses wurde das 1833 von Johann Wichern bei Hamburg gegründete ›Rauhe Haus‹, das dem Modell der vorindustriellen patriarchalen Familie nachempfunden war. Ein regionaler Schwerpunkt der Rettungshausbewegung lag zunächst in Württemberg, wo es 1830 bereits sieben Anstalten gab.[46]

Den stärksten Anstieg erlebte die evangelische Rettungshausbewegung nach der Revolution von 1848 und parallel zur Etablierung der Zwangserziehung in England. Wurden bis 1830 20 und zwischen 1830 und 1847 46 Anstalten gegründet, kamen in den zwei Jahrzehnten zwischen 1848 und 1867 194 neue Anstalten hinzu; von 1868 bis 1885 wurden nur noch 31, und von 1885 bis 1895 nur noch 16 Anstalten gegründet.[47] Auch auf katholischer Seite verstärkte sich nach der Jahrhundertmitte das Engagement in der Jugendfürsorge, nachdem in der ersten Hälfte des 19. Jahrhunderts erst 26 Anstalten gegründet worden waren; zwischen 1850 und 1870 entstanden 173 katholische Einrichtungen, so zum Beispiel die Erziehungsanstalten der ›Schwestern vom Guten Hirten‹ für Mädchen.[48] Ebenso wie die 1848 gegründete ›Innere Missi-

45 Vgl. allg. Priem; Rube; Salzmann; Scherpner; Schrapper u. Sengling (Hg.).
46 Wichern, Rettungsanstalten, S. 111; vgl. Priem.
47 Wichern, Rettungsanstalten, S. 111; Hennig, Statistik, S. 148.
48 Scherpner, S. 152.

on‹ verstand sich die Rettungshausbewegung als eine Abwehrreaktion gegen die Gefahren, die von dem Anwachsen der proletarischen Unterschichten und ihren politischen Emanzipationsbestrebungen ausgingen.[49] Die Nähe der evangelischen Amtskirche zum preußischen Staat, der Versuch, die kulturelle Hegemonie des christlich-konservativen Bürgertums gegenüber einer sich ausdehnenden proletarischen Volkskultur zu behaupten, und die politische Abwehrhaltung gegen die Arbeiterbewegung haben dazu beigetragen, daß es gerade der evangelischen Jugendwohlfahrt bis ins 20. Jahrhundert hinein sehr schwer fiel, den Unterschichtsjugendlichen vorurteilsfrei und ohne den Tenor der Entrüstung zu begegnen, und daß umgekehrt auch die Unterschichtsjugendlichen wenig für die Bemühungen der evangelischen Jugendwohlfahrt übrig hatten.

Vor diesem Hintergrund erscheint es überraschend, daß die evangelischen ›Kinderretter‹ trotz ihrer Staatsnähe eine Ausweitung des staatlichen Handelns im Bereich der Jugendfürsorge und eine gesetzliche Verankerung der Anstaltserziehung – wie in England ab 1854 geschehen – ablehnten. Für die gleichfalls ablehnende Haltung der katholischen Gruppierungen stellte zweifelsohne deren grundsätzliche Distanz zum preußischen Staat einen hinreichenden Grund dar. Die Erfahrungen der katholischen Kirche im Kulturkampf verfestigten ihre anti-etatistische Haltung und führten dazu, daß sich die katholischen Wohlfahrtsverbände den Forderungen nach einer Ausweitung staatlicher Interventionen in die Familie für lange Zeit grundsätzlich verschlossen, und daß die Zentrumspartei auf der politischen Ebene die Ausweitung des staatlichen Zwangserziehungssystems gemeinsam mit der Sozialdemokratie torpedierte. Daß auch die evangelischen Gruppierungen bis in die 1870er Jahre nicht für eine aktivere Rolle des Staates plädierten, war Ausdruck eines liberalen Grundkonsenses, der die deutsche Sozialpolitik bis zur Krise der 1870er Jahre bestimmte. In einer noch ungetrübten *laissez-faire*-Mentalität wurde die Bekämpfung sozialer Mißstände vorrangig als Aufgabe der privaten Wohltätigkeit gesehen.[50] Das galt um so mehr, als die Jugendfürsorger sich an dem sozial-konservativen Ideal der autonomen Familie orientierten, in dem die staatliche Einmischung in die Gewalt des ›Hausvaters‹ keinen Platz hatte.

49 Vgl. Olk u. Heinze; Geist u. Klüvers, S. 383ff.; Gailus, Rauchen, S. 29f.
50 Peukert, Grenzen, S. 44; Dickinson, S. 15; vgl. Reulecke, Formen.

Jedoch änderte die evangelische Rettungshausbewegung ihre Einstellung, als am Ende des 19. Jahrhunderts viele Anstalten durch schrumpfende Belegungszahlen in ihrer Existenz bedroht waren.[51]

Für die Praxis der privaten Erziehungsanstalten bedeutete dies, daß sie ihre Zöglinge überwiegend nicht aufgrund gerichtlicher Anordnungen und nicht gegen den Willen der Eltern – sofern diese vorhanden waren – aufnahmen und auch nicht aufnehmen wollten. Die Freiwilligkeit war sogar ein expliziter Grundsatz der Rettungshausbewegung, durch die sie sich von dem Zwangs- und Strafcharakter der staatlichen Gefängnisse und Arbeitshäuser abgrenzen wollten. Die Betonung der Freiwilligkeit und die Abgrenzung von staatlichen Anstalten entsprang jedoch vor allem dem Wunsch eines positiven Selbstbildes der Rettungshäuser und stimmte mit der Realität nicht ganz überein. Tatsächlich konnte von einer echten Freiwilligkeit der Eltern nur begrenzt die Rede sein, denn mit der Einweisung in eine private Erziehungsanstalt kamen sie oft lediglich einer justizförmigen Behandlung ihrer delinquenten Kinder und damit dem Gefängnis oder der staatlichen Erziehungsanstalt zuvor.[52] Da die Zahl der Zöglinge in den Rettungshäusern erheblich war – bis 1885 wurden in Deutschland insgesamt 57.000 Zöglinge aufgenommen –, während die staatliche Zwangserziehung bis in die 1870er Jahren eine deutlich geringere Rolle spielte, liegt die Vermutung nahe, daß die privaten Erziehungsanstalten auch die Funktion einer informellen Alternative zur staatlichen Strafverfolgung erfüllten, bevor die Zwangserziehung in die staatliche Kriminalpolitik inkorporiert wurde. Es kommt hinzu, daß entgegen den Behauptungen Wicherns zumindest einige private Erziehungsanstalten durchaus gerichtlich verfolgte Delinquenten aufnahmen.[53] 1859 befanden sich zum Beispiel in Preußen 276 männliche gerichtlich eingewiesene Zwangszöglinge unter sechzehn Jahren in Rettungshäusern.[54] Damit war bereits die weitere Entwicklung der Erziehungsanstalten im späten 19. Jahrhundert vorgezeichnet: Ebenso wie in England übernahmen sie fast vollständig den Vollzug der Zwangserziehung im staatlichen Auftrag und verloren damit vollends den Anschein der Freiwilligkeit. Kurz vor der Jahrhundertwende waren ein Drittel der rund 11.000 Zög-

51 Hennig, Statistik, S. 149.
52 Wines, S. 689.
53 Wichern, Rettungsanstalten, S. 95.
54 Wichern, Einrichtung, S. 55.

linge in den evangelischen Rettungshäusern Deutschlands staatlich überwiesene Zwangszöglinge.[55]

*Die staatliche Zwangserziehung*

Bei der Darstellung der Zwangserziehung als staatlicher Sanktionsform muß beachtet werden, daß sich ihre rechtliche Entwicklung teilweise im Strafrecht, teilweise im Zivilrecht vollzog, wobei sich langfristig eine Verlagerung in den zivilrechtlichen Bereich vollzog, die die kriminalpolitische Schwerpunktverlagerung von den straffälligen zu den verwahrlosten Jugendlichen reflektiert. Vor 1900 spielte die zivilrechtlich begründete Zwangserziehung in Deutschland praktisch keine Rolle. Hinzu kommt, daß die Gestaltung der Zwangserziehung auch nach der Reichsgründung eine Aufgabe der Länder blieb, wenn auch die allgemeinen Reichsgesetze den rechtlichen Rahmen vorgaben. Im folgenden wird zunächst die Zwangserziehung bei strafmündigen Kindern und Jugendlichen, für die ab 1871 der § 56 RstGB die rechtliche Basis bildete, und anschließend die Zwangserziehung bei strafunmündigen Kindern nach § 55 RstGB behandelt.

*Zwangserziehung der straffälligen und strafmündigen Jugendlichen*

Die Behandlung der straffälligen Jugendlichen wurde in Preußen in der ersten Hälfte des 19. Jahrhunderts in der absolutistischen Tradition des ALR als eine polizeiliche Aufgabe definiert. Das heißt, jugendliche Delinquenten konnten von den Polizeibehörden auch ohne gerichtlichen Beschluß in Arbeits-, Armen- oder Korrektionshäuser gebracht werden, die in einer breiten Grauzone zwischen Kriminal- und Sozialpolitik der Behandlung von Armen, Vagabunden und Straffälligen dienten.[56] Auch wenn die preußische Regierung die Einrichtung besonderer Erziehungsanstalten für straffällige Jugendliche begrüßte,[57] kann von einer staatlichen Jugendkriminalpolitik vor der Jahrhundertmitte keine Rede sein. Die Sanktionspraxis wurde überwiegend von Prü-

55 Hennig, Statistik, S. 150.
56 Wolff, Entwicklung, S. 134.
57 Siehe z.B. die Denkschrift des preußischen Unterrichtsministeriums vom 2.10.1826 (HStA Düsseldorf, Regierung Düsseldorf Nr. 10784).

gelstrafe und kurzem Arrest sowie summarischen Verfahren ohne formale Verurteilungen geprägt.[58] Eine grundlegende Änderung brachte das preußische Strafgesetzbuch von 1851, das den liberalen Prinzipien des Strafrechts – z.B. Gleichbehandlung aller Straftäter, Mündlichkeit und Öffentlichkeit des Verfahrens, Einschränkung polizeilicher Strafvollmachten – endgültig zum Durchbruch verhalf. Das neue Strafrecht hob die untere Strafmündigkeitsgrenze von sieben Jahren auf und schrieb für jede Sanktionierung minderjähriger Straftäter unter 16 Jahren ein gerichtliches Strafverfahren vor.[59] Gleichzeitig wurde die Zwangserziehung erstmals als Sanktionsform für minderjährige Straftäter in der Form der französischen *discernement*-Regelung eingeführt. Dieser sogenannte ›Einsichtsparagraph‹, der durch die Beibehaltung des *code pénal* zuvor schon in der Rheinprovinz Gültigkeit gehabt hatte und über das preußische Strafrecht 1871 als § 56 in das RStGB Eingang fand, knüpfte die Anwendung der Zwangserziehung an das fehlende Einsichtsvermögen der Delinquenten in die Strafbarkeit ihrer Tat. Kam das Gericht zu der Überzeugung, daß dieses Einsichtsvermögen fehlte, dann mußte es den Delinquenten förmlich freisprechen und konnte gleichzeitig entscheiden, ob er seinen Eltern zurückgegeben oder aber zur Zwangserziehung in eine Erziehungsanstalt eingewiesen werden sollte. Die Zwangserziehung wurde also anders als in England durch die Verknüpfung mit einem Freispruch grundsätzlich nicht als Strafe, sondern als Erziehungsmaßregel definiert. Anders als in England konnten die Richter daher auch nicht frei zwischen Zwangserziehung und anderen Sanktionsformen wählen. Das Einsichtsvermögen wurde von der Rechtsprechung sehr restriktiv als intellektuelle Kenntnis der Strafbarkeit definiert, die besonders bei älteren und Wiederholungstätern selten in Frage stand. Am Ende des 19. Jahrhunderts nahm die Kritik am § 56 stark zu, da er sich als ein

58 Vgl. Kap. 3.1.

59 Roth, Entstehung, S.22f. In der Praxis kam es jedoch nur selten vor, daß Kinder unter 7 Jahren mit dem Ziel der Einweisung in eine Erziehungsanstalt vor Gericht gestellt wurden. Eine Ausnahme stellte 1864 der Fall eines sechsjährigen, wegen Brandstiftung angeklagten Jungen dar, der in der Revision bis vor das königliche Ober-Tribunal in Berlin ging. Die Richter lehnten eine Einstellung des Verfahrens unter Hinweis auf die altersmäßig nach unten nicht begrenzte Strafmündigkeit ab und betonten, daß es in diesem Falle gerade nicht um die Verurteilung des Jungen, sondern um seine Unterbringung in einer Besserungsanstalt nach § 42 des preußischen Strafgesetzbuches gehe (Korrespondenz des preuß. Justizministeriums, in: GStA PK, Rep. 84a Nr. 8124 f. 111).

Hemmschuh bei der angestrebten Ausweitung der Zwangserziehung erwies (siehe unten).

Im Reichsdurchschnitt wurden in den 1890er Jahren zunächst 3,5% und mit leicht steigender Tendenz bis ca. 1910 knapp 4,5% der verurteilten minderjährigen Straftäter nach § 56 freigesprochen, aber von diesen wurde wiederum nur eine Minderheit in Zwangserziehungsanstalten eingewiesen. In Preußen entschieden sich die Richter in den 1890er Jahren nur ca. bei einem Drittel der wegen mangelnden Einsichtsvermögens freigesprochenen Straftäter für diese Sanktion. Offenbar waren unter den Freigesprochenen viele, bei denen die Richter weder Strafe noch Zwangserziehung für notwendig erachteten. In Preußen wurden nie wesentlich mehr als 350 Delinquenten pro Jahr aufgrund des Einsichtsparagraphen in Zwangserziehung eingewiesen. In den Jahren 1880 und 1881 wurden durchschnittlich 320 Delinquenten pro Jahr eingewiesen, in den 1890er Jahren waren es ca. 270 p.a.[60] Angesichts der Zahl von jährlich über 25.000 insgesamt wegen Vergehen und Verbrechen verurteilten Jugendlichen ist dies eine fast zu vernachlässigende Größe. Verglichen mit der Anwendung der Zwangserziehung bei Straffälligen in England erreichte die Zwangserziehung in Preußen bei einer etwa gleich großen Bevölkerungszahl nur ein Fünftel des englischen Niveaus.

Nach der Einführung der zivilrechtlich verankerten Fürsorgeerziehung im Jahr 1901 kam die Anwendung der Zwangserziehung nach § 56 RStGB, obwohl sie rechtlich weiterhin möglich war, sehr schnell außer Gebrauch: Von 279 im Jahr 1900 fiel die Zahl der Einweisungen in Preußen auf lediglich 50 im Jahr 1911. Entsprechend fiel die Zahl der in Zwangserziehung befindlichen Zöglinge von 1.700 um die Jahrhundertwende auf 300 vor dem Ersten Weltkrieg; 1916 waren es schließlich nur noch 87 Jugendliche.[61]

### *Zwangserziehung der straffälligen und strafunmündigen Kinder*

Eine erste bedeutende Expansion erlebte die Zwangserziehung in Preußen am Ende der 1870er Jahre mit dem Gesetz »über die Zwangserziehung verwahrloster Kinder« vom 13. März 1878. Dieses Gesetz betraf ausschließlich die

---

60 Preuß. Statistisches Bureau (Hg.), Schutz, S. 165; Hoegel, Straffälligkeit, S. 29.

61 Preuß. Min. des Innern, Statistik über die Fürsorgeerziehung, 1901ff.

Gruppe der sechs- bis zwölfjährigen und damit strafunmündigen Kinder, die strafbare Handlungen begangen hatten, während die zwölf- bis siebzehnjährigen Jugendlichen weiterhin nach dem § 56 RStGB zu behandeln waren. Das neue Gesetz war die indirekte Folge der Vereinheitlichung der Strafmündigkeitsgrenzen nach der Reichsgründung. Mit dem Inkrafttreten des RStGB war in § 55 die in Preußen bis dahin offene untere Strafmündigkeitsgrenze auf zwölf Jahre festgesetzt und die obere Grenze der eingeschränkten Strafmündigkeit von 16 auf 18 Jahren angehoben worden. Dadurch entstand für die Behandlung der unter zwölfjährigen Kinder, die in Preußen bis dahin ebenfalls nach dem Einsichtsparagraphen behandelt worden waren, eine ›Sanktionslücke‹, die 1876 durch eine Ergänzung des § 55 RStGB gefüllt wurde; darin wurde es den Ländern ermöglicht, die Zwangserziehung der strafunmündigen Kinder in Landesgesetzen zu regeln.[62] Infolge des preußischen Gesetzes von 1878 stieg die Zahl der Zwangszöglinge ab ca. 1880 kräftig an.[63] Bis zur Einführung der Fürsorgeerziehung lagen die jährlichen Einweisungszahlen bei ca. 1.500.[64] Die Zahl der in Zwangserziehung befindlichen Zöglinge stieg in wenigen Jahren auf knapp über 10.000 und blieb dann bis zur Jahrhundertwende konstant. Die quantitative Anwendung der Zwangserziehung bei den unter zwölfjährigen straffälligen Kindern erreichte damit ein fünffach höheres Niveau als die Zwangserziehung der zwölf- bis siebzehnjährigen Jugendlichen, obwohl deren delinquente Neigungen sicherlich manifester waren. Auch wenn die Zwangserziehung nach der Einführung des FEG 1901 insgesamt noch eine erhebliche Ausdehnung erlebte, hatte sie für die Altersgruppe der sechs- bis zwölfjährigen Kinder bereits 1880 ein Niveau erreicht, daß später nicht mehr entscheidend überschritten wurde.

Die Ausweitung der Zwangserziehung bei den strafunmündigen Kindern erscheint umso bemerkenswerter, als diese nach dem bis 1871 gültigen preußischen Strafrecht auch früher schon von den Gerichten in Zwangserziehung hätten eingewiesen werden können. Daß sich durch das Gesetz von 1878 eine so durchschlagende Änderung der Sanktionspraxis ergab, ist auf Ursachen zurückzuführen, die über formalrechtliche Aspekte weit hinausgehen. Die

62 Vgl. Dörner, Erziehung, S. 147ff.

63 Vgl. für das folgende Preuß. Statistisches Bureau (Hg.), Schutz, S. 9.

64 Statistische Übersichten sind enthalten in: Preuß. Min. des Innern, Statistik der [...] Strafanstalten, 1869ff; sowie in StA Münster, OP Münster Nr. 2637.

1870er Jahre markierten im sozialen Denken des deutschen Bürgertums den Wandel von der altliberalen Fortschrittszuversicht zur kulturpessimistischen Verunsicherung und von der *laissez-faire*-Haltung zur ›socialpolitischen‹ Offensive.[65] Dieser Wandel vollzog sich vor dem Hintergrund der entstehenden Industriegesellschaft und ihrer ersten Wirtschaftskrise. Die Kriminalstatistiken verzeichneten nach 1871 einen Aufwärtstrend, wie es ihn seit der Jahrhundertmitte nicht mehr gegeben hatte. Die besorgte Wahrnehmung des sozialen Wandels erodierte den liberalen Widerstand gegen staatliche Interventionen, und eine neue Generation progressiver Sozialreformer übernahm von ihren liberalen Vorgängern die Meinungsführerschaft in den öffentlichen Diskursen. Die Gründung des ›Vereins für Socialpolitik‹ 1872 und des ›Deutschen Vereins für Armenpflege und Wohltätigkeit‹ 1881 sind Beispiele dafür.[66] Die Ablösung der traditionellen entspannten Haltung durch eine neue besorgt-pessimistische Beurteilung der Kriminalität, die sich in Deutschland am Ende der 1870er Jahre vollzog, habe ich in Kap. 2 beschrieben. In der Kriminologie wurde das alte Deutungsmonopol der liberalen Kriminalstatistiker durch Franz Liszt und die positivistische Schule der Kriminalanthropologen aufgebrochen. Diese waren sich in der dramatischen Beurteilung gerade der Jugendkriminalität mit den Kulturpessimisten des christlich-konservativen Lagers einig. Vor diesem Hintergrund wuchs die Bereitschaft der bürgerlichen Sozialreformer, die Bekämpfung der Jugendkriminalität nicht mehr nur als Aufgabe der ›freien Liebestätigkeit‹ anzusehen, sondern nach staatlicher Initiative zu rufen. Das galt insbesondere für die evangelischen Jugendfürsorge, die keine Bedenken mehr hatte, durch die Aufnahme der Zwangszöglinge in ihre Erziehungsanstalten das aktivere Eingreifen des Staates in den Kampf gegen die Jugendkriminalität zu unterstützen.[67] Widerstand kam allerdings, wie bereits erwähnt, innerhalb des bürgerlichen Lagers vor allem von Seiten der katholischen Kirche und der Zentrumspartei, die eine Einschränkung der Privatautonomie der Familie unter dem Vorzeichen eines kirchenfeindlichen Staates strikt ablehnten.[68]

Ein anderer nicht zu unterschätzender Grund für den ›Erfolg‹ des Zwangs-

---

65 Vgl. Dickinson, S. 15ff.; Wehler, Gesellschaftsgeschichte, Bd.3, S. 745f.
66 Vgl. Bruch, Sozialreform.
67 Vgl. Scherpner, S. 155.
68 Dickinson, S. 20.

erziehungsgesetzes lag in der Verlagerung der gerichtlichen Entscheidung von den Straf- zu den Vormundschaftsgerichten. Wie bereits ausgeführt wurde, bestand bei den preußischen Strafrichtern – mit Ausnahme der westlichen Provinzen, die mit der französischen Rechtstradition seit jeher vertraut waren – eine ausgeprägte Zurückhaltung bei der Anwendung der Zwangserziehung nach § 56 RStGB; die Zwangserziehung paßte als Erziehungsmaßregel nicht in die strafrechtliche Systematik und wurde daher als »zum Strafrecht im eigentlichen Sinne nicht dazugehörend« betrachtet.[69] In den Rahmen des Vormundschaftsgerichts schien sich die Zwangserziehung wesentlich besser einzufügen. Damit wurde ein richtungsweisender Weg eingeschlagen, der die weitere Entwicklung der Zwangserziehung in Deutschland und ihre Ausdehnung auf die verwahrlosten Kinder und Jugendlichen bestimmen sollte.
Die spätere Gestaltung der Fürsorgeerziehung wurde auch insofern vorweggenommen, als das Zwangserziehungsgesetz von vorneherein klar auf die Einbeziehung der privaten Erziehungsanstalten in die Infrastruktur der staatlichen Kriminalpolitik setzte. Die Statistiken zeigen, daß die staatlichen Erziehungsanstalten, die zur Aufnahme der jugendlichen Zwangszöglinge nach § 56 bestimmt waren, keine Rolle bei der Behandlung der unter zwölfjährigen Zöglinge spielten, auch wenn diese über ihr zwölftes Lebensjahr hinaus in Anstaltserziehung blieben. In den 1880er und 1890er Jahren befanden sich durchweg weniger als zehn Zöglinge, also unter einer Promille, in einer Staatsanstalt.[70] Den weitaus größten Teil der Anstaltserziehung leisteten die privaten Einrichtungen, die in den ersten Jahren nach 1880 bis 4.700 und in den 1890er Jahren mit etwas abnehmender Tendenz noch um die 4.000 Zöglinge beherbergten. In einigen östlichen und zentralen Regionen Preußens (Westpreußen, Brandenburg, Berlin, Sachsen, Schlesien und Posen) spielten öffentliche Erziehungsanstalten der Kommunalverbände eine wachsende Rolle. In diesen Anstalten befanden sich 1884 erst 465, zehn Jahre später aber schon 1.261 Zöglinge.[71]

Während die Zwangserziehung der straffälligen Minderjährigen, zumindest der Kinder, also in den letzten beiden Jahrzehnten des 19. Jahrhunderts an Bedeutung gewann, blieb den Gerichten die Anwendung der Zwangserziehung auf nicht straffällige, aber verwahrloste Minderjährige weiterhin versagt.

---

69 Lilienthal, Alter, S. 104; vgl. Jagemann, S. 62f.
70 StA Münster, OP Münster Nr. 2637.
71 Ebd.

Das in Preußen noch gültige ALR beschränkte das staatliche Eingreifen in die elterliche Erziehungsautonomie auf eklatante Fälle des schuldhaften Mißbrauchs, indem es den Nachweis forderte, daß *»die Eltern das Kind grausam mißhandeln, zum Bösen verleiten oder ihm den notwendigen Unterhalt versagen«.*[72] Zum Bedauern der Reformanhänger und zur Beruhigung der Reformgegner scheinen vormundschaftliche Eingriffe gegen den Willen der Eltern in der Praxis selten vorgekommen zu sein; eine durch Alkoholismus des Vaters verursachte Verwahrlosung reichte z.B. noch nicht aus, ihm die Gewalt über seine Kinder zu entziehen.[73] Zahlen über die Häufigkeit solcher zivilrechtlichen Interventionen nach den Bestimmungen des ALR wurden jedoch nicht veröffentlicht.

*Der Weg zum Fürsorgeerziehungsgesetz*

Das Zwangserziehungsgesetz von 1878 markierte den Auftakt für eine in den 1880er und 1890er Jahren anschwellende Diskussion, in der zwei Forderungen im Mittelpunkt standen: Erstens die Erleichterung der Anwendung der Zwangserziehung bei den straffälligen Jugendlichen über zwölf Jahren, und zweitens die Ausweitung der Zwangserziehung auf die nicht straffälligen, aber verwahrlosten und gefährdeten Minderjährigen. Die erste Forderung wurde von den Strafrechtsreformern erhoben, die größtenteils in der IKV zusammengeschlossen waren; die zweite Forderung, die in der öffentlichen Diskussion insgesamt im Vordergrund stand, war das gemeinsame Anliegen sowohl der Strafrechtsreformer als auch der Reformkräfte in der Wohlfahrtspflege. Mit der doppelten Perspektive sowohl auf die straffälligen als auch auf die verwahrlosten Jugendlichen entstand in den Reformkonzeptionen und -diskussionen eine Zweigleisigkeit, da sowohl das Straf- als auch das Zivilrecht mit ihren unterschiedlichen Zuständigkeiten und Verfahrensweisen betroffen waren. In England gab es diese Aufspaltung der gerichtlichen Sanktionspraxis in Straf- und Zivilrecht nicht. Daß die Zwangserziehung in Deutschland dann ausschließlich im zivilrechtlichen Rahmen durchgesetzt wurde, war einerseits das Ergebnis der Reformunfähigkeit des Strafrechts, andererseits auch Aus-

72 ALR Teil II Titel 2 § 90, 91.
73 Appelius, Behandlung, S. 123; Schmölder, S. 168.

druck der Tatsache, daß wichtige Reformimpulse von Vertretern der Wohlfahrtspflege ausgingen, die die Zwangserziehung in das Netz einer umfassenden kommunalen Jugendfürsorge einbinden wollten.[74]

Nachdem die Forderung nach der Zwangserziehung der verwahrlosten Jugendlichen erstmals 1885 auf der Jahresversammlung des ›Deutschen Vereins für Armenpflege und Wohltätigkeit‹ diskutiert worden war, kam der bedeutendste Reformentwurf für eine Ausweitung der Zwangserziehung von Seiten der Strafrechtsreformer in Form eines umfassenden Bericht, den der Elberfelder Staatsanwalt Hugo Appelius 1892 als Leiter einer Kommission der IKV über die »Behandlung jugendlicher Verbrecher und verwahrloster Kinder« veröffentlichte.[75] Die Zwangserziehung von straffälligen ebenso wie von lediglich verwahrlosten Jugendlichen sollte demnach zu einem festen Bestandteil der staatlichen Kriminalpolitik werden. Den Reformansätzen der ›modernen Schule‹ folgend sollten die Strafrichter durch die Aufhebung des Legalitätsprinzips in die Lage versetzt werden, ebenso wie ihre englischen Kollegen frei zwischen Strafe und Erziehungsmaßregel, d.h. Zwangserziehung, zu wählen.

Daß sich der größte Teil der Zwangserziehung in Zukunft nicht mehr in staatlichen, sondern in privaten Erziehungsanstalten vollziehen würde, wurde von den Autoren des Gesetzentwurfes als selbstverständlich angenommen. Mit der Verbindung staatlicher Kriminalpolitik und privater Initiative, die in Preußen spätestens seit 1878 praktiziert wurde, bedeutete die Zwangserziehung einen Schritt auf dem Weg zum ›korporativen Wohlfahrtsstaat‹, der die Struktur der deutschen Jugendwohlfahrtspolitik bis in die Gegenwart geprägt hat.[76] Auch für die Anhänger einer interventionistischen ›Socialpolitik‹ war eine Jugendkriminalpolitik, die ausschließlich von staatlichen Organen vollzogen wurde, nicht denkbar; die geplante Ausweitung der Zwangserziehung hatte ohne die privaten Rettungshäuser keine realistische Chance. Durch die Koalition der ›progressiven‹ Strafrechtsreformer mit der christlich-konservativen Rettungshausbewegung wurde jedoch ein Problempotential angelegt, das sich schon bald zu einem schweren Hindernis bei der Modernisierung der Zwangs-

---

74 Gräser, S. 26ff.
75 Appelius, Behandlung.
76 Diesen Aspekt hebt vor allem Dickinson, z.B. S. 286f., hervor.

erziehung entwickelte und langfristig zu ihrem Scheitern beitrug.[77]

Auch wenn das zentrale Element dieses Reformkonzeptes, die Ausweitung der Zwangserziehung, tatsächlich realisiert wurde, so verlief der Reformprozeß doch nicht so wie von der IKV erhofft. Die Idee, alle straf- und zivilrechtlichen Aspekte der Behandlung jugendlicher Delinquenz für das Deutsche Reich einheitlich in einem Gesetz zu regeln, wurde erst in der Weimarer Republik verwirklicht, und auch dann blieb mit dem Jugendgerichtsgesetz (JGG) und dem Reichsjugendwohlfahrtsgestz (RJWG) die Trennung von Straf- und Zivil- bzw. Sozialrecht bestehen. Vor dem Ersten Weltkrieg blieben alle Reformversuche des Strafrechts erfolglos, auch wenn ein Regierungsentwurf für ein ›Gesetz über das Verfahren gegen Jugendliche‹ bereits erste parlamentarische Hürden genommen hatte, als der Krieg den Fortgang der Reformen unterbrach.[78] Die Hintergründe dieses extrem schleppenden Reformprozesses auf der legislativen Ebene – der rechtsdogmatische ›Schulenstreit‹, die Probleme mit der Gesamtkodifizierung des Rechts, die passive Rolle des deutschen Parlaments – habe ich im Kap. 3 beleuchtet. Angesichts der Unbeweglichkeit des Strafrechts wuchs die Bedeutung des Zivilrechts für die Reformen, zumal die Behandlung der nicht straffälligen Jugendlichen sowieso keine strafrechtliche Frage war. Die Chancen für eine Neuregelung der Zwangserziehung im Zivilrecht stiegen durch den Umstand, daß die Vereinheitlichung und Kodifizierung des Zivilrechts nach der Reichsgründung noch ausstand. Aber auch hier gelang es den Reformanhängern nur durch eine Hintertür, ihre interventionistischen Vorstellungen durchzusetzen. Entgegen der ursprünglichen Entwürfe sorgten SPD und Zentrum in gemeinsamer Opposition dafür, daß es im späteren § 1666 BGB bei der engen Bindung der Zulässigkeit der Zwangserziehung an das schuldhafte Verhalten der Eltern blieb.

Darüber hinaus wurde im Entwurf eines Einführungsgesetzes zum BGB in Bezug auf die Behandlung der strafunmündigen Kinder in Ausführung des § 55 RStGB festgelegt, daß bei diesen die Zwangserziehung nur nach der Begehung einer strafbaren Handlung angeordnet werden dürfe. Dadurch wäre nicht nur die weitere Ausdehnung der Zwangserziehung unmöglich gewesen, sondern auch die bereits bestehenden, an den § 55 RStGB angelehnten

77 Siehe unten Kap. 4.3.2.

78 Köhne, Epilog; vgl. Wolff, Entwicklung, S. 132.

Zwangserziehungsgesetze Badens und Hessens hätten ihre rechtliche Basis verloren. Es war das Ergebnis der sozialen und politischen Spaltung der deutschen Gesellschaft, daß die Ziele der Reformbewegung an dem Widerstand gleich mehrerer politischer Parteien zu scheitern drohten, die dem staatlichen Handeln tiefstes Mißtrauen entgegenbrachten. Seitens der SPD gab es konkrete Befürchtungen, daß die Zwangserziehung auch aus politischen Gründen angewandt werden könnte – angesichts der Neigung des christlich-konservativen Bürgertums, eine sozialdemokratische Gesinnung von Arbeiterjugendlichen als Ausdruck ihrer allgemeinen Verwahrlosung zu bewerten, keine gänzlich abwegige Vorstellung.[79] Das katholische Lager wiederum fürchtete den Mißbrauch der Zwangserziehung durch einen Staat, der nicht mehr auf christlichen Fundamenten ruhte. Demgegenüber hatte sich die evangelische Innere Mission längst auf die Seite des staatlichen Interventionismus gestellt.[80]

Es waren die von den restriktiven Entwürfen des BGB betroffenen Länder, insbesondere Hessen und Baden, die die Reformkonzepte schließlich doch gegen die Haltung des Parlament durchsetzen konnten. Sie erreichten, daß in § 135 des Einführungsgesetzes des BGB eine Art Bestandsgarantie für ihre Zwangserziehungsgesetze eingefügt wurde. Demnach konnten auf der Länderebene weiterhin gesetzliche Regelungen in Kraft bleiben – und, was noch bedeutsamer war, neue erlassen werden – , in denen die Anwendung der Zwangserziehung weder an eine Straffälligkeit der Kinder noch an ein schuldhaftes Verhalten der Eltern gebunden war, sondern auch dann zulässig sein sollte, wenn sie »zur Verhütung des völligen sittlichen Verderbens notwendig« sei.[81] Dieser zusätzliche rechtliche Spielraum wurde von der preußischen Regierung genutzt, um nach dem Vorbild Badens und Hessens eine neue landesgesetzliche Regelung mit erweiterten Anwendungskriterien zu erlassen. Andere Länder wie Bayern folgten diesem Beispiel. Das preußische ›Gesetz über die Fürsorgeerziehung Minderjähriger vom 2. Juli 1900‹ (FEG) kannte drei Gründe für die Anordnung von Zwangserziehung durch das Vormundschaftsgericht: Neben der Verwahrlosung aufgrund elterlichen Verschuldens (§ 1666 BGB) oder bei Fehlen des Vaters (§ 1838 BGB) in § 1 Absatz 1 des Gesetzes wurde in Absatz 2 das alte Zwangserziehungsgesetz von 1878 weitergeführt,

79 Dickinson, S. 102; vgl. Kap. 2.
80 Keil.
81 Zitiert bei Peukert, Grenzen, S. 129.

das die straffälligen, aber strafunmündigen Kinder unter zwölf Jahren betraf. Die eigentliche Neuerung und entscheidende Ausweitung des Zwangserziehungsrechts lag in § 1 Absatz 3, der die Formulierung des Einführungsgesetzes zum BGB aufgriff und die Anwendung der Zwangserziehung in allen Fällen zuließ, wo dies »wegen Unzulänglichkeit der erziehlichen Einwirkung der Eltern oder sonstigen Erzieher oder der Schule zur Verhütung des völligen sittlichen Verderbens des Minderjährigen nothwendig ist.«[82] Durch diesen ›Gummiparagraphen‹[83] boten sich weitgefaßte Eingriffsmöglichkeiten, die allerdings durch den subsidiären Charakter des FEG wieder eingeschränkt wurden. Die Fürsorgeerziehung sollte demnach nur dann angewandt werden, »wenn alle anderen zur Verfügung stehenden Maßregeln, eine geordnete Erziehung herbeizuführen, versagen.«[84] Die Ausführungsbestimmungen zum FEG räumten der gemeindlichen Armenpflege und der ›freien Liebesthätigkeit‹ einen Vorrang vor der Fürsorgeerziehung ein. Das Subsidiaritätsprinzip der Fürsorgeerziehung diente zum einen der Beschwichtigung der Reformgegner, zum anderen sollte so verhindert werden, daß die für die Armenpflege verantwortlichen Gemeinden aus Kostengründen Fälle von armutsbedingter Verwahrlosung auf die staatlich finanzierte Fürsorgeerziehung abwälzten. In der Rechtsprechungspraxis erwies sich dieses Subsidiaritätsprinzip als ein erstrangiges Konfliktpotential zwischen antragstellenden Gemeinden und Vormundschaftsgerichten, das die Anwendung der Fürsorgeerziehung in Preußen spürbar – und nach Meinung ihrer Anhänger negativ – beeinflußte.

In noch einer anderen Hinsicht wurde mit der landesgesetzlichen Regelung der Zwangserziehung eine dauerhafte Problemkonstellation geschaffen: Gemeint ist das ungeklärte Verhältnis von straf- und zivilrechtlichem Verfahren. Das preußische FEG stellte, anders als das von der IKV vorgeschlagene, aber nie verwirklichte Reichsgesetz eine nur partielle Reform des Jugendrechts dar; vor allem das Strafrecht blieb völlig unverändert bestehen. Während die Nichtstraffälligen und Strafunmündigen davon nicht tangiert wurden, entwickelte sich in der Behandlung der straffälligen Jugendlichen eine verwirrende Zweigleisigkeit von straf- und vormundschaftlichem Verfahren heraus, denn nach wie vor mußten straffällige Jugendliche nach dem in der Strafprozeßordnung

82 Preuß. Min. des Innern, Statistik über die Fürsorgeerziehung für 1902, S. III.
83 Peukert, Grenzen, S. 145.
84 Preuß. Min. des Innern, Statistik über die Fürsorgeerziehung für 1902, S. X.

festgeschriebenen Legalitätsprinzip in jedem Falle vor das Strafgericht gebracht werden. Dem Strafrichter war jedoch im Gegensatz zum Vormundschaftsrichter die Anwendung der Fürsorgeerziehung nach dem FEG versagt; theoretisch konnte er die straffälligen Jugendlichen zwar weiterhin nach § 56 RStGB in eine Zwangserziehungsanstalt einweisen, jedoch wurde davon nach der Einführung der Fürsorgeerziehung praktisch kein Gebrauch mehr gemacht.[85] Bei erwiesener Schuld der Jugendlichen war eine strafrechtliche Verurteilung kaum zu vermeiden (außer in den wenigen Fällen, die für einen Freispruch nach § 56 in Frage kamen), auch wenn die Richter häufig die nominale Strafe des Verweises wählten oder eine Gefängnisstrafe durch die bedingte Begnadigung außer Vollzug gesetzt wurde. Nach erfolgter strafrechtlicher Verurteilung konnte ein Jugendlicher – jetzt nicht mehr wegen der begangenen Straftat, sondern wegen der Verwahrlosung, die sich in dieser Tat manifestiert hatte – vor dem Vormundschaftsgericht ein zweites Mal ›verurteilt‹ werden; rechtlich gesehen stellte die Anordnung der Fürsorgeerziehung allerdings keine Verurteilung dar. Für die Anhänger des Reformgrundsatzes ›Erziehung statt Strafe‹ war es eine absurde Situation, daß über die Fürsorgeerziehung erst nach dem Strafverfahren in einem zweiten, formal unabhängigen Verfahren vor dem Vormundschaftsgericht entschieden werden konnte, selbst wenn in kleineren Amtsgerichten Straf- und Vormundschaftssachen vom selben Richter bearbeitet wurden. Das preußische Innenministerium beklagte 1907 die mangelnde Koordination zwischen straf- und vormundschaftlicher Behandlung jugendlicher Delinquenten; so gäbe es nach einem Freispruch im Strafverfahren keine Kontrolle darüber, »ob der Jugendliche wenigstens gleichzeitig der Fürsorgeerziehung überwiesen« würde.[86] Die Umständlichkeit dieses verfahrensrechtlichen Nebeneinanders kam auch darin zum Ausdruck, daß weder die Kriminalstatistik noch die Fürsorgestatistik Aufschluß darüber gaben, in welchen Fällen straffällige Jugendliche anstatt oder zusätzlich zu einer Kriminalstrafe in Fürsorgeerziehung eingewiesen wurden. In den meisten Fällen wurde die Fürsorgeerziehung bei Straffälligen ebenso wie bei ›Ver-

85 Nach der Jahrhundertwende wurden in Preußen deutlich unter einem Prozent der verurteilten jugendlichen Straftäter mit weiter fallender Tendenz nach § 56 in Erziehungsanstalten eingewiesen.

86 Preuß. Min. des Innern, Statistik über die Fürsorgeerziehung für 1906, S. lxxxviii; vgl. Köhne, Strafverfahren, S. 268.

wahrlosten‹ nach Absatz 3 (»zur Verhütung des völligen sittlichen Verderbens«) angeordnet. Angesichts dieser Situation ist es verständlich, daß sich die Reformbemühungen nach der Jahrhundertwende vor allem auf die verfahrensrechtlichen Aspekte einschließlich der Einrichtung von Jugendgerichten konzentrierte.

Die Einführung des wohlklingenderen Begriffs ›Fürsorgeerziehung‹ anstelle von ›Zwangserziehung‹ sollte den Makel der strafrechtlichen Herkunft und die stigmatisierende Wirkung der Anstaltserziehung beseitigen und den Anspruch des Staates unterstreichen, im eigenen Interesse der betroffenen Jugendlichen zu handeln. In diesem wie in organisatorischen Fragen folgte das FEG den Vorschlägen der Reformbewegung. Dazu gehörte die Unterbringung in Erziehungsanstalten oder in fremden Familien ebenso wie die beaufsichtigte Erziehung in der eigenen Familie und die Ernennung von ehrenamtlichen ›Fürsorgern‹ für diese Zöglinge. Mit der Organisation und Beaufsichtigung der Fürsorgeerziehung wurden die bestehenden Kommunalverbände der preußischen Provinzen beauftragt. Diese entschieden über die Art und den Ort der Unterbringung und den Zeitpunkt der Entlassung. Die Kosten der Fürsorgeerziehung wurden zu einem Drittel von diesen Kommunalverbänden und zu zwei Dritteln vom Staat getragen. Vor der gerichtlichen Entscheidung verlangte das Gesetz die Anhörung der Kommunalverwaltung, von der in der Praxis auch die Mehrheit der Anträge ausgingen, und der für die Jugendlichen zuständigen Geistlichen und Lehrer. In vielen größeren Städten wurden in Anlehnung an die bereits bestehenden Gemeindewaisenräte und oft in personeller Überschneidung sogenannte Jugendfürsorgeausschüsse gebildet, die Informationen über die persönlichen und familiären Hintergründe einholten und die Vormundschaftsgerichte so bei der Entscheidung berieten. Diese Ausschüsse bildeten den historischen Kern der späteren Jugendgerichtshilfen und Jugendämter.

### *Quantitative Entwicklung*

Die gesetzliche Neuregelung führte unmittelbar zu einer massiven Ausdehnung der Zwangserziehung in Preußen. Bereits im ersten Rechnungsjahr nach dem Inkrafttreten des Gesetzes am 1. April 1901 ordneten die Vormundschaftsgerichte in 7787 Fällen und damit ca. fünfmal so häufig Fürsorgeerziehung an wie in den Vorjahren (Tab. 4.1, Abb. 4.3). Im Folgejahr fiel die Zahl der neuen Einweisungen zwar auf ca. 6.200, stieg danach aber kontinuierlich bis auf einen vorläufigen Höchstwert von 10.358 im Jahre 1913. Der Gesamtbestand an Zöglingen, die sich in Fürsorgeerziehung befanden, wuchs entsprechend rasch von ca. 12.500 Zwangszöglingen nach altem Recht auf ca. 56.500 Fürsorgezöglingen bis zum Beginn des Ersten Weltkrieges an, wobei in dieser Zahl auch die aus den Anstalten entlassenen, aber formal noch der Fürsorgeerziehung unterstehenden Zöglinge eingeschlossen waren. Bereits innerhalb

*Tab. 4.1: Preußen, 1901 - 1923. Einweisungen in Fürsorgeerziehung nach wichtigen Merkmalen*

| Zeiträume → <br> Merkmal | 1901 | 1901/05 | 1906/10 | 1912 | 1917 | 1919 | 1923 |
|---|---|---|---|---|---|---|---|
| *Anzahl* | 7787 | 6720 | 7589 | 9909 | 13774 | 9486 | 12229 |
| *Raten pro 10.000* | | | | | | | |
| Jungen | 6,7 | 5,9 | 6,1 | 7,3 | | 9,0 | |
| Mädchen | 3,9 | 3,1 | 3,2 | 4,4 | | 5,2 | |
| *Geschlecht (in %)* | | | | | | | |
| Jungen | 63,6 | 65,8 | 65,7 | 62,5 | 73,3 | 64,0 | 61,7 |
| Mädchen | 36,4 | 34,2 | 34,3 | 37,5 | 26,7 | 36,0 | 38,1 |
| *Altersgruppen (in %)* | | | | | | | |
| unter 14 Jahre | 68,1 | 57,7 | 53,0 | 47,0 | 50,8 | 43,8 | 45,2 |
| ab 14 Jahre | 31,9 | 42,3 | 47,0 | 53,0 | 49,2 | 56,2 | 54,8 |
| *Vorstrafen (in %)* | 26,3 | 31,1 | 28,8 | 28,5 | | | |
| *Einweisungsgrund (in %)* | | | | | | | |
| Absatz 1 | 33,2 | 19,9 | 17,3 | 19,9 | | 19,8 | 24,0 |
| Absatz 2 | 11,7 | 12,1 | 7,8 | 4,1 | | 2,2 | 2,6 |
| Absatz 3 | 55,1 | 67,9 | 74,9 | 76,0 | | 78,0 | 72,6 |
| *Unterbringung (in %)* | | | | | | | |
| Anstalten | 56,8 | 66,5 | 70,3 | 73,9 | | 72,5 | |
| Familien | 24,5 | 16,3 | 14,8 | 15,8 | | 9,5 | |
| vorläufige U. | 18,7 | 17,2 | 14,9 | 10,3 | | 18,0 | |

Quelle: Preuß. Min. des Innern, Statistik über die Fürsorgeerziehung für 1901ff.

weniger Jahre erreichte die Fürsorgeerziehung in Preußen ein Niveau, das deutlich oberhalb des höchsten Standes der Zwangserziehung in England in der Mitte der 1890er Jahre lag. Ein wichtiger und folgenreicher Unterschied zur Zwangserziehung in England war jedoch, daß die Ausdehnung der Fürsorgeerziehung in Preußen vor allem die Altersgruppe der Jugendlichen ab 14 Jahren betraf. Die Entwicklung während und nach dem Ersten Weltkrieg brachte eine noch weitere Ausdehnung der Fürsorgeerziehung und damit einen zum Rückgang der Zwangerziehung in England gegenläufigen Trend. Die absolute Höchstmarke wurde mit 13.774 Einweisungen im Krisenjahr 1917 erreicht.

Bedeutete die Fürsorgerziehung für die überwiegende Mehrheit der Betroffenen die Einweisung in eine Erziehungsanstalt, so spielte auch die sofortige Unterbringung in Pflegefamilien – evt. nach einem kurzen Anstaltsaufenthalt von einigen Wochen – bei fast jedem sechsten Zögling, eine erhebliche Rolle, allerdings mit abnehmender Tendenz. Diese Unterbringungsform wurde bei Kindern doppelt so oft gewählt wie bei Jugendlichen. Besonders häufig wurde die Familienpflege in den westlichen Provinzen Schleswig-Holstein, Hessen und Westfalen angewandt.[87] Hier spielte wahrscheinlich zum einen die mit der agrarischen Bevölkerungsstruktur verbundene größere Verfügbarkeit geeigneter Pflegefamilien eine Rolle; zum anderen ist auffällig, daß in diesen Regionen auch überdurchschnittlich viele Kinder unter zwölf Jahren in Fürsorgeerziehung eingewiesen wurden, bei denen die Familienunterbringung eher in Frage kam.[88] Die Erwartung der Reformbewegung und der preußischen Regierung, daß zumindest bei den Kindern der Familienunterbringung Vorrang vor der Anstaltserziehung zu geben sei, erwiesen sich jedoch als unrealistisch. Nur auf den Bestand aller in der Fürsorgeerziehung befindlichen Zöglinge berechnet erlangte die Familienunterbringung eine zahlenmäßige Mehrheit, jedoch ergab sich diese wie schon bei der alten Zwangserziehung vor 1900 aus dem Umstand, daß die aus den Anstalten in eine Lehre oder in ein Arbeitsverhältnis gegebenen Zöglinge, obwohl de facto aus der Fürsorgeerziehung entlassen, in

87 Siehe z.B. Büchsel, Organisation.

88 Vor allem im Bezirksverband Kassel überstieg die Raten der Fürsorgezöglinge unter sechs Jahren den preußischen Landesdurchschnitt um das Drei- bis Vierfache. Preuß. Min. des Innern, Statistik über die Fürsorgeerziehung für 1909, Abschnitt A, S. 50f.

der Statistik noch mitgezählt wurden.[89] Ebenfalls zu optimistisch hatten die Reformanhänger die Bedeutung der Fürsorgeerziehung in der eigenen Familie unter Aufsicht eines Erziehungspflegers eingeschätzt, die in der Praxis nur bei unter 0,5% der eingewiesenen Zöglinge angewandt wurde.

*Abb. 4.3: England & Wales und Preußen, 1855 - 1930. Jährliche Einweisungen in Zwangserziehung (Raten pro 100.000 Gesamtbevölkerung)*

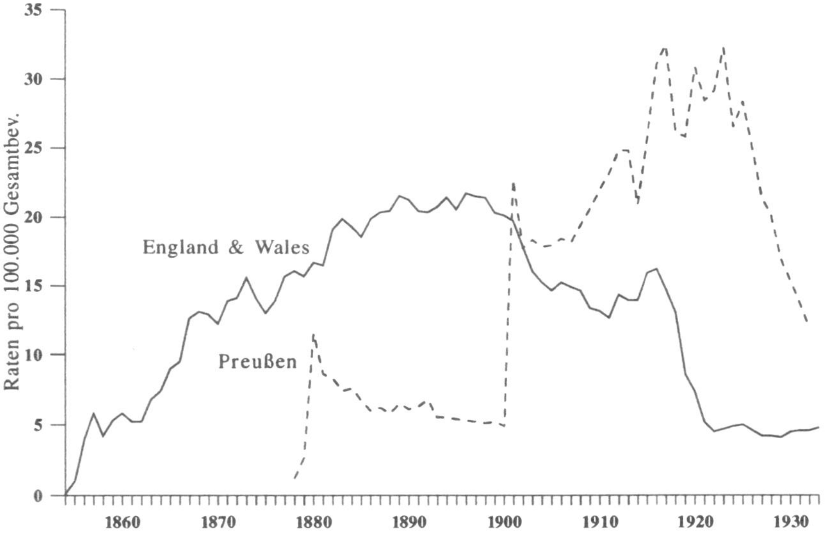


England & Wales: Einweisungen in Reformatory und Industrial Schools ohne Day Industrial Schools
Preußen: Einweisungen in Zwangserziehungsanstalten und in Familienpflege

Quellen: (England & Wales) Parl. Papers, Annual Report [...] Reformatory and Industrial Schools, 1857ff.; Parl. Papers, Census of England and Wales, 1851ff. (Bevölkerungszahlen interpoliert); Bailey, Delinquency, S. 317; (Preußen) Preuß. Ministerium des Innern, Statistik der zum Ressort des kg. Preußischen Ministeriums des Innern gehörenden Strafanstalten und Gefängnisse und der Korrigenden, Berlin 1871ff; Preuß. Ministerium des Innern, Statistik über die Fürsorgeerziehung für 1904ff.; Gräser, S. 109.

Diese Ausweitung der Fürsorgeerziehung war vor allem der Anwendung des § 1 Absatz 3 des neuen Gesetzes zu verdanken. Von Beginn an überwogen

89 Preuß. Min. des Innern, Statistik über die Fürsorgeerziehung für 1919, S. 9; Dickinson, S. 102, und Roth, Entstehung, S. 14 übersehen diesen Zusammenhang.

die Zöglinge deutlich, die zur ›Verhütung des völligen sittlichen Verderbens‹ eingewiesen wurden, und ihr Anteil an allen Einweisungen nahm von zwei Drittel in den ersten Jahren auf ca. drei Viertel vor Beginn des Krieges kontinuierlich zu (Tab. 4.1). Schon bei den unter 14jährigen Kindern erfolgte ungefähr die Hälfte der Einweisungen nach Absatz 3 – bei den Jungen etwas mehr, bei den Mädchen etwas weniger –, bei den Jugendlichen ab 14 Jahren waren es sogar über 90%. Es war also vor allem die Altersgruppe der Jugendlichen ab 14 Jahren, die nun dank der unpräzisen Verwahrlosungsdefinition im Einführungsgesetz des BGB von der Fürsorgeerziehung erfaßt wurde. Diese Jugendlichen machten zu Beginn etwas über 40% und kurz vor dem Ersten Weltkrieg 53% der Neueinweisungen aus (Tab. 4.1). Aus dem hohen Anteil der Einweisungen nach Absatz 3 kann jedoch nicht geschlossen werden, daß die Fürsorgeerziehung nun mehrheitlich – gerade in den älteren Altersgruppen – prophylaktisch bei verwahrlosten, aber nicht straffälligen Jugendlichen angewandt worden ist. Es ist wegen der Trennung der strafrechtlichen Kriminalstatistik und der zivilrechtlichen Fürsorgestatistik zwar nicht möglich, ein genaues Bild von den Einweisungsanlässen zu gewinnen, aber schon die Angaben über Vorstrafen zeigen deutlich, daß sich unter den nach Absatz 3 eingewiesenen Fürsorgezöglingen eine große Zahl von Straffälligen befunden haben.

Auffällig ist der im Vergleich zu England wesentlich höhere Anteil weiblicher Zöglinge in der preußischen Fürsorgeerziehung. Schon bei der in der Kriminalstatistik registrierten Jugendkriminalität lag der Anteil der Mädchen in Deutschland mit ca. 15% doppelt so hoch wie in England, und in beiden Ländern lag der weibliche Anteil an den Zwangszöglingen deutlich über dem weiblichen Anteil an den Straffälligen. Nicht Straffälligkeit, sondern der Verstoß gegen Verhaltensnormen stand bei den delinquenten Mädchen im Vordergrund. In Preußen stellten Mädchen mit einem Drittel der jährlichen Einweisungen einen deutlichen Teil der Fürsorgezöglinge, der bis 1914 auf 40% anstieg.

Ob straffällig oder nur verwahrlost, typisch waren für die preußischen Fürsorgezöglinge ebenso wie für ihre englischen Leidensgenossen die oftmals ungünstigen familiären Verhältnisse, jenes Zusammenwirken von Armut, Alkoholismus, elterlicher Vernachlässigung und Zerrüttung des ›normalen‹ Familienlebens, das an den unteren Rändern der großstädtischen Arbeiterschichten endemisch war, und das in der Regel den Ausschlag dafür gab, einen jugendlichen Straftäter nicht mit Verweis oder Bewährung laufen zu lassen, sondern in eine Erziehungsanstalt zu bringen. Aus den Statistiken des Innenministeriums geht hervor, daß etwa jeder sechste Fürsorgezögling unehelich geboren war, daß mehr als ein Viertel ganz oder teilweise außerhalb der eigenen Familie aufgewachsen war, daß 40% vor ihrem vierzehnten Geburtstag ein oder beide Elternteile durch Tod oder Trennung verloren hatten, daß die große Mehrheit der Eltern der untersten Einkommensgruppe angehörte und ca. 15% Unterstützungsempfänger waren.[90] Ca. 40 bis 45% hatten vorbestrafte Eltern, bei einem knappen Drittel wurde auch den Eltern ›schlechte Neigungen‹ und bei ca. 3% gar ›geistige Minderwertigkeit‹ attestiert.[91] Ebenso wie in England stellten die Großstädte eine überdurchschnittliche Zahl von Fürsorgezöglingen, was die klare Zielrichtung der Zwangserziehung auf das proletarische Unterschichtsmilieu zum Ausdruck bringt. Städte mit mehr als 20.000 Einwohnern waren für mehr als die Hälfte aller Einweisungen verantwortlich, obwohl sie nur ca. ein Drittel der preußischen Bevölkerung umfaßten. Die größten Städte wiesen durchweg zwei- bis dreimal höhere Einweisungsraten auf als der gesamtpreußische Durchschnitt.

Je jünger die Zöglinge waren, je weniger sie dadurch auch Gelegenheit gehabt hatten, Verhaltensauffälligkeiten zu entwickeln, desto stärker rückten die sozialen Lebensumstände und das Fehlverhalten der Eltern als Einweisungsgrund in den Vordergrund. Die Hoffnungen auf eine präventive Wirkung der Fürsorgeerziehung ruhten insbesondere auf dieser Altersgruppe, und auf die konzentrierte sich auch die Anwendung des § 1 Absatz 1 (schuldhaftes Verhalten bzw. Fehlen des Vaters) des Fürsorgeerziehungsgesetzes. Im ersten Jahr der Gültigkeit des FEG machten diese Fälle bei den unter 14jährigen Jungen 34% und bei den unter 14jährigen Mädchen sogar 60% der Einweisungen aus, aber schon 1902 sank dieser Anteil abrupt auf 20% bzw. 40%. Die Veränderung, die sich 1902 plötzlich und massiv ereignete, setzte sich in den folgenden Jahren langsamer, aber kontinuierlich fort: Die Einweisungen jugendlicher Zöglinge stiegen relativ stärker an, bis sie 1912 erstmals die

---

90 Preuß. Min. des Innern, Statistik über die Fürsorgeerziehung für 1912, Abschnitt A, S. 51ff; Peukert, Grenzen, S. 337ff.

91 Preuß. Min. des Innern, Statistik über die Fürsorgeerziehung für 1909, Abschnitt A, S. 68.

Mehrheit gegenüber den Zöglingen unter 14 Jahren stellten. Während die Einweisungsraten der unteren Altersgruppen durchweg unter das Niveau von 1901 absanken, stiegen die Raten der Jugendlichen mit zunehmendem Lebensalter drastisch an. Besonders die Einweisungsraten der 16 und 17jährigen Zöglinge verdoppelten sich bis 1912. Die Ausdehnung der Fürsorgeerziehung zwischen 1901 und dem Ersten Weltkrieg betraf also ausschließlich die Altersgruppe der Jugendlichen.

Eine Ursache dieser Entwicklung, vor allem soweit sie die zurückgehende Anwendung der Fürsorgeerziehung auf Kinder betraf, lag in der restriktiven Rechtsprechung der Vormundschaftsgerichte, nachdem das preußische Kammergericht in einer Grundsatzentscheidung den subsidiären Charakter der Fürsorgeerziehung und den Vorrang privater Wohltätigkeit und kommunaler Armenfüsroge unterstrichen hatte. Diese Rechtsprechung führte dazu, daß – wie wir soeben gesehen haben – viele ›leichte‹ Fälle und viele jüngere Kinder von der staatlichen Fürsorgeerziehung ausgeschlossen wurden, während sich in den Erziehungsanstalten mehr und mehr die »schlimmsten und gefährlichsten Elemente«[92] sammelten. Damit wurde der Fürsorgeerziehung nach Ansicht der meisten Reformanhänger gerade ihre hoffnungsvollste Klientel, die ›gefährdeten‹, aber noch nicht massiv verwahrlosten Kinder und Jugendlichen vorenthalten.[93]

Dieser Eindruck, den auch einige Sozialhistoriker vermitteln,[94] wird jedoch keinesfalls der Realität der preußischen Rechtsprechungspraxis gerecht. Das preußische Innenministerium wies zurecht auf die große Zahl von Fällen hin, in denen die Vormundschaftsgerichte zwar nicht Fürsorgeerziehung anordneten, aber durch eine rein zivilrechtliche Anwendung der §§ 1631, 1666 und 1838 BGB in unbefriedigende Familienverhältnisse intervenierten.[95] Die Gesamtzahl dieser zivilrechtlichen Anordnungen lag 1906 bei 4566, was 66% der Einweisungen in Fürsorgeerziehung entsprach; 1909 betrug sie noch 3960, so daß etwa zwei Einweisungen in Fürsorgeerziehung noch eine zivilrechtliche Anordnung gegenüberstand (Tab. 4.2). In der Altersgruppe der unter 12jäh-

92 Liepmann, Kriminalität, S. 23.
93 Z.B. Kohlrausch, Jahre, S. 702f.; Liepmann, Kriminalität, S. 23; Niese, S. 37ff.
94 So z.B. die Bewertung bei Dickinson (S. 100) und Frie (S. 36f.).
95 Preuß. Min. des Innern, Statistik über die Fürsorgeerziehung für 1906, Abschnitt A, S. XXXIVff; ebd. für 1908, Abschnitt A, S. 42ff; ebd. für 1909, S. 108ff.

rigen Kinder übertrafen die zivilrechtlichen Anordnungen sogar die Anordnungen nach dem FEG um 25% (Abb. 4.4). Betrachtet man nur die Fälle, in denen es zur Herausnahme der Kinder aus ihren Familien und zur Unterbringung in Pflegefamilien oder Erziehungsanstalten kam, wobei die Statistik zusätzlich zu den gerichtlichen Anordnungen noch eine gewisse Anzahl ›freiwilliger‹ Unterbringungen durch die Gemeinden oder private Wohlfahrtseinrichtungen registrierte, so ergibt sich der erstaunliche Befund, daß 1908 neben 1.032 Fürsorgezöglingen mehr als doppelt so viele, nämlich 2.185 weitere Kinder in Pflegefamilien, und zusätzlich zu 5.239 Fürsorgezöglingen noch weitere 1.003 Kinder oder Jugendliche in Erziehungsanstalten untergebracht wurden.

*Tab. 4.2: Preußen 1906 - 1909. Vormundschaftliche Anordnungen nach dem Fürsorgeerziehungsgesetz (FEG) und sonstige zivilrechtliche Anordnungen nach BGB*

| | 1906 | 1908 | 1909 |
|---|---|---|---|
| Anordnungen | | | |
| FEG | 6923 | 7455 | 8099 |
| BGB | 4566 | 4367 | 3960 |
| *BGB in % von FE* | *66,0* | *58,6* | *48,9* |
| Einweisungen in Anstalten | | | |
| FE | | 5239 | 5511 |
| BGB | | 1003 | 904 |
| *BGB in % von FE* | | *19,1* | *16,4* |
| Einweisungen in Familien | | | |
| FE | | 1032 | 1387 |
| BGB | | 2185 | 1596 |
| *BGB in % von FE* | | *211,7* | *115,1* |

Quelle: Preuß. Min. des Innern, Statistik über die Fürsorgeerziehung für 1906, Abschnitt A, S. XXXIV; ebd., für 1908, Abschnitt A, S. 42-45; ebd., für 1909, Abschnitt A, S. 110-113

*Abb. 4.4: Preußen, 1906. Vormundschaftliche Anordnungen nach dem Fürsorgeerziehungsgesetz (FEG) und sonstige Anordnungen nach BGB, nach Altersgruppen*

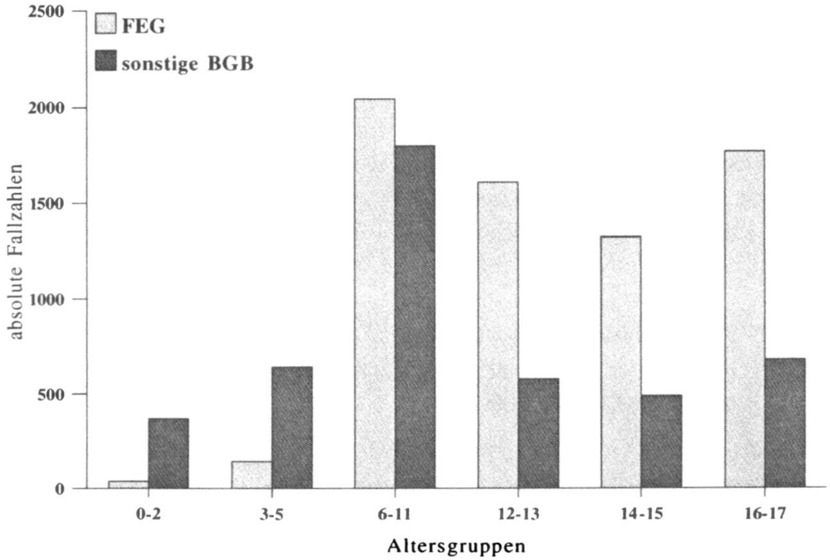


Quelle: Preuß. Min. des Innern. Statistik über die Fürsorgeerziehung für 1906, S. XXXIV

Die Anwendung der verschiedenen zivilrechtlichen Instrumente neben dem FEG bildete also einen wichtigen Teil der Behandlungspraxis jugendlicher Delinquenten durch die Vormundschaftsgerichte. Die Maßregeln des BGB rundeten die Sanktionspalette der Richter nach unten ab und ermöglichten flexible Interventionsformen, die vor allem nach der Einrichtung von Jugendgerichten ab 1908 eine wachsende Bedeutung erlangten.[96] Die Richter entwickelten aus der ›Not‹ des Kammergerichtsurteils gleichsam eine Tugend, indem sie das Fürsorgegesetz durch die Instrumente des BGB ergänzten und sich dabei die generalpräventive Wirkung der Fürsorgeerziehung zunutze machten. Der Duisburger Fürsorgeausschuß zum Beispiel stellte 1904 fest, die Anwendung des Fürsorgeerziehungsgesetzes werde zwar durch das Kammergerichtsurteil beschränkt, aber *»doch ist seine abschreckende Wirkung bei manchem Jugendlichen und dessen Eltern nicht zu verkennen, und das ist*

96 Siehe Kap. 5.3.2.3.

*Tab. 4.3: Preußische Städte, ca. 1901 - 1906. Von den Fürsorgeausschüssen untersuchte Fälle und gerichtliche Anordnungen von Fürsorgeerziehung (pro Jahr im Durchschnitt der Jahre ca. 1901-1906)*

| | Unter-suchung (U) | Rate pro 10tsd*. | gerichtl. Anordnung (A) | Verhältnis U:A |
|---|---|---|---|---|
| Bochum | 95 | 34,9 | 39 | 2,4:1 |
| Duisburg | 331 | 82,8 | 65 | 5,1:1 |
| Gelsenkirchen | 84 | 51,2 | 45 | 1,9:1 |
| Lennep | 15 | 4,7 | 8 | 1,9:1 |
| M.Gladbach | 35 | 14,6 | 14 | 2,5:1 |

* Rate pro 10.000 Bevölkerung unter 18 Jahre

Quelle: Bochum, Gelsenkirchen, Mönchengladbach: Verwaltungsberichte; Duisburg: StA Duisburg, 501/342; Lennep: StA Remscheid, B VI B 6

*schon ein dankenswerter Erfolg.«*[97] Es ist als eine bewußte Strategie des Duisburger Fürsorgeausschusses zu verstehen, daß er die abschreckende Breitenwirkung der Fürsorgeerziehung dadurch erhöhte, daß bei einer viel größeren Zahl von Minderjährigen die Frage gerichtlicher Interventionen geprüft als dann tatsächlich vor dem Vormundschaftsgericht beantragt wurde. So wurden z.B. 1909 480 Fälle geprüft, aber nur 96 mündeten in gerichtliche Verfahren.[98] Auch in anderen Städten überstieg die Zahl der von den Fürsorgeausschüssen erwogenen Fälle die der tatsächlichen Einweisungen in Fürsorgeerziehung deutlich (Tab. 4.3). In Witten wurden im ersten Jahr des Bestehens des Jugendfürsorgeausschusses 114 Fälle geprüft, in 68 Fällen Verwarnungen ausgesprochen und nur in 30 Fällen gerichtliche Anordnungen beantragt.[99] Das Kammergerichtsurteil wirkte sich in dieser Perspektive durch die Beschränkung der freiheitsentziehenden Zwangserziehung sogar beschleunigend auf die

97 Protokollbuch des Vereins für Jugendfürsorge Duisburg, 30.12.1904, in: StA Duisburg, 501/342, S. 38.

98 Ebd., S. 68.

99 Preuß. Min. des Innern, Statistik über die Fürsorgeerziehung für 1907, Abschnitt A, S. 54f.

Entwicklung einer ›modernen‹ Jugendkriminalpolitik aus, die in der Weimarer Republik größere Bedeutung und auch gesetzliche Legitimation erhielt.[100]

## 4.2 Anspruch und Realität der Erziehungsanstalten

War für die Gerichte ein Fall mit der Verurteilung zur bzw. Anordnung der Zwangserziehung abgeschlossen, so begann an diesem Punkt für die Erziehungsanstalten die lange und herausfordernde Besserungsarbeit mit den ihnen anvertrauten Kindern und Jugendlichen. Anders als die jeweilige straf- bzw. zivilrechtliche Verankerung und gerichtliche Handhabung der Zwangserziehung in den unterschiedlichen Rechtssystemen Deutschlands und Englands wies die Durchführung der Zwangserziehung in beiden Ländern so große Ähnlichkeiten auf, daß sich eine gemeinsame Darstellung nahezu aufdrängt. Die Anstaltserziehung der verwahrlosten und straffälligen Minderjährigen entwickelte sich in beiden Ländern – und darüber hinaus in vielen europäischen Ländern – aus einer gemeinsamen christlich-philanthropischen Tradition und in enger gegenseitiger Beeinflussung. Es war die spezifische protestantische Glaubensrichtung des Pietismus in Deutschland und die religiös verwandte Strömung der Evangelikalen in England, die sich in dem Gebiet der ›Kinderrettung‹ besonders engagierten. Es kommt hinzu, daß die pädagogischen Grundlagen der Anstaltserziehung in England und in Deutschland gleichermaßen aus der ersten Hälfte und der Mitte des 19. Jahrhunderts stammten, auch wenn es in Preußen und Deutschland überhaupt sehr viel länger dauerte, bis die Zwangserziehung in vollem Umfange in die staatliche Kriminalpolitik inkorporiert wurde.

Die Praxis der Zwangserziehung, Lebensbedingungen und Atmosphäre in den Anstalten, die alltägliche Behandlung der Zöglinge und erst recht deren subjektiven Erfahrungen angemessen zu beurteilen, ist nur annäherungsweise möglich. Zu einer zweifelsohne vorhandenen Bandbreite unterschiedlicher Erfahrungen kommen die Schwierigkeiten der Quellenbewertung. Dem religiös getränktem Erziehungsoptimismus der Reformer und Anstaltsleiter stehen nur wenige Berichte von Betroffenen oder Außenstehenden gegenüber, die

100 Vgl. dazu Dickinson, S. 106f, 200; Harvey, S. 226f.

eher zufällige Blicke auf die ernüchternde Anstaltswirklichkeit erlauben. Sicher ist, daß sich zwischen den Hoffnungen und Konzepten der Reformbewegung und der Realität der Zwangserziehung eine breite Kluft auftat, wozu nicht nur die unvermeidlichen Probleme des Anstaltsbetriebs beitrugen, sondern auch der kulturelle Graben zwischen den Moralvorstellungen und Verhaltensnormen der ›Kinderretter‹ und ihrer Zöglinge. Am grellsten wurde diese Kluft zweifelsohne durch die publikumswirksamen Skandale erhellt, die das System der Zwangserziehung in England weniger stark, in Preußen massiv – und hier vor allem in der Weimarer Republik – erschütterten. Ihre Repräsentativität für den Anstaltsalltag ist jedoch fraglich. In dieser Situation stellen in England die offiziellen Berichte der staatlichen Inspektoren, vor allem aber die Berichte der drei vom Innenministerium eingerichteten Untersuchungskommissionen (1884, 1896 und 1913 veröffentlicht) eine wertvolle Quelle dar, da sie das ganze System der Zwangserziehung mit einem ausgeprägten Realitätssinn, mit der notwendigen Distanz und mit einer zunehmenden Kritikbereitschaft bewertet haben. Die Aufmerksamkeit und öffentliche Kritikbereitschaft scheint demgegenüber bei den preußischen Behörden und bei weiten Teilen der bürgerlichen Reformbewegung geringer ausgeprägt gewesen zu sein; umso stärker fiel statt dessen die Fundamentalkritik der Arbeiterbewegung an der Zwangserziehung aus, die in England fast unbekannt war. Die wachsende Distanzierung eines großen Teils der englischen Reformbewegung von der Zwangserziehung, die dem heutigen Betrachter zu wertvollen Einblicken verhilft, ist selbst ein zentrales Ereignis in der Geschichte der englischen Jugendkriminalpolitik im späten 19. und frühen 20. Jahrhundert, da sie die weitere Entwicklung der Zwangserziehung – nämlich ihre stetig zurückgehende Bedeutung und gleichzeitige innere Modernisierung – bestimmt hat. Das gleiche gilt mit eher negativen Vorzeichen für die preußische Entwicklung: Eine gering ausgeprägte Bereitschaft zur Selbstkritik und ein Festhalten an überlebten Behandlungsmethoden trug entscheidend zur Reformunfähigkeit der Anstaltserziehung und damit auch zur Krise der Fürsorgeerziehung bei, die sich schon vor 1914 abzeichnete und in der Weimarer Republik zuspitzte.

### 4.2.1 Die Behandlungskonzepte der Reformbewegung

In England wurde die Zwangserziehung ausschließlich in privaten und kirchlichen Anstalten durchgeführt. Daß das institutionelle Netz der Zwangserziehung in England nach der Mitte des 19. Jahrhunderts relativ schnell geknüpft wurde, und daß viele der Initiatoren dem gleichen bürgerlichen, häufig evangelikal geprägten kulturellen Milieu zuzurechnen sind, spricht für eine relative Gleichartigkeit der inneren Gestaltung der Zwangserziehungsanstalten, *reformatory* ebenso wie *industrial schools.*[101] In Preußen ist dagegen stärker zwischen den privaten und kirchlichen Einrichtungen einerseits und den staatlichen Erziehungsanstalten andererseits zu differenzieren, die jedoch eine nachrangige Rolle bei der Durchführung der Fürsorgeerziehung spielten. Nur im Rheinland, wo die Mehrzahl der Staatsanstalten lag, hatten diese eine etwas größere Bedeutung. Die preußischen Behörden räumten den privaten Anstalten klar die Priorität bei der Unterbringung der Zöglinge ein. Den Staatsanstalten haftete mehr noch als den konfessionellen Erziehungsanstalten der Ruf der gefängnisartigen und strafenden Zwangserziehung an, und in der Tat nahmen sie überwiegend die älteren und schwer zu disziplinierenden Zöglinge auf.

In den Grundzügen blieb das pädagogische Programm der Zwangs- bzw. Fürsorgeerziehung seit der Mitte des 19. Jahrhunderts unverändert: Die Zöglinge sollten *»durch religiöse Beeinflussung, durch Schulunterricht, Erziehung zur Arbeitsfreudigkeit, durch konsequente Gewöhnung an Zucht, Gehorsam, Reinlichkeit, Ordnung, durch Pflege des Frohsinns und des Spiels«* gebessert werden.[102] Die Behandlungskonzepte speisten sich zum einen aus den Erziehungsvorstellungen des christlich orientierten Bürgertums, zum anderen aus den zeitgenössischen Auffassungen von Jugenddelinquenz und der Kritik am traditionellen Strafrecht, die wir in den vergangenen Kapiteln bereits kennengelernt haben. Ihre Konzepte zeigen, daß die Leiter der ersten Erziehungsanstalten mit der Parole ›Erziehung statt Strafe‹ ernst machen wollten; die praktische Umsetzung ihrer Konzepte zeigt aber auch, daß ihre Erziehungsvorstel-

---

101 Vgl. Watson, Reformatory Schools, S. 293: *»The routine of the reformatories is very much the same in all [...]«*.

102 Preuß. Min. des Innern, Statistik über die Fürsorgeerziehung für 1909, Abschnitt A, S. 118f. Die Konstanz der Behandlungskonzepte der württembergischen Rettungshäuser vom frühen 19. bis in das 20. Jahrhundert betont Priem, S. 353.

lungen so sehr von Autorität und Kontrolle geprägt waren, daß sich die Behandlung in den Erziehungsanstalten nur wenig vom repressiven Charakter der traditionellen Strafe unterschied. So blieb das zentrale Anliegen der Reformanhänger, sich vom Strafcharakter der Gefängnisse bzw. der staatlichen Besserungsanstalten abzugrenzen, zu einem guten Teil Rhetorik. Gerade die Pioniere der Anstaltserziehung legten größten Wert auf die Vermeidung äußeren Zwangs. Daher lehnte Mary Carpenter nicht nur die Gefängnisstrafe für Jugendliche generell ab, sondern sprach sich anders als viele Mitstreiter auch gegen körperliche Züchtigungen in der Zwangserziehung aus;[103] daher sollte die Behandlung der neu eingewiesenen Zöglinge in einer anderen, 1852 gegründeten Anstalt auf dem Grundsatz »völliger Freiheit« und dem Verzicht beruhen, eine »äußerliche Konformität mit rigider Disziplin« zu erzwingen.[104] Tatsächlich machten einige der *reformatories* ihre Abgrenzung vom Gefängnis dadurch glaubhaft, daß sie ihren Zöglingen unbeaufsichtigte Ausgänge aus der Anstalt gestatteten oder weibliche Zöglinge als Dienstboten in Privathaushalten arbeiten ließen.[105] Ebenso bezeichnete Johann Wichern die Freiheit als Grundlage der Rettungshauspädagogik:

»Die Strafanstalten sind und bleiben außer stande, die aus der Freiheit entspringenden Erziehungsmittel [...] aus sich hervorgehen zu lassen, denn es fehlt in ihnen jene Grundbedingung, die Freiheit des Individuums. [...] Dagegen kann das auf Freiheit wachsende Rettungshaus [...] seinen ausgesprochenen Zweck, die Rettung der Kinder, nur dann erreichen, wenn es sich den fruchtbarsten Boden aller Hoffnung erweckenden Erziehung, und das ist die Freiheit der Zöglinge [...] als einen der größten Schätze und Fundamente seines Lebens bewahrt.«[106]

Genauso wie das englische *reformatory movement* baute die deutsche Rettungshausbewegung auf die freiwillige Einsicht der Zöglinge in die Notwendigkeit ihrer Behandlung und betonte die Distanz zu den traditionellen Strafformen ebenso wie zur staatlichen Zwangserziehung, bevor diese Abgrenzung durch die Aufnahme von Zwangs- und Fürsorgezöglingen ad absurdum geführt wurde. Aber auch nachdem die privaten Erziehungsanstalten in Preußen zum Vollzugsorgan staatlicher Kriminalpolitik geworden waren, sahen sie ihre

103 Selleck, S. 109.
104 Report of Proceedings, S. 8.
105 Ebd., S. 6.
106 Wichern, Rettungsanstalten, S. 94f.

Aufgabe weiterhin darin, *»den Zöglingen den Aufenthalt in unseren Anstalten, überhaupt die ganze Fürsorgeerziehung, als eine Wohltat darzustellen, ihnen den Zwang innerlich zur Freiheit werden zu lassen«*.[107] Unter den Bedingungen des Zwangs die Freiwilligkeit und das Einverständnis der Zöglinge zu erreichen, das war die erzieherische Grundproblematik, die einer Quadratur des Kreises gleichkam und in der Praxis meist zu Lasten der Zöglinge gelöst wurde.

Die Ablehnung des Zwanges beruhte auf dem Bewußtsein, daß das große Ziel der Zwangserziehung, die Einpflanzung der »moralischen und religiösen Grundsätze«[108] in die Herzen der Zöglinge, am ehesten in einem Klima der emotionalen Wärme und der Bereitwilligkeit gelingen könne. Wichern bezeichnete die Aufgabe des Anstaltspersonals stets als »Liebesarbeit« oder »eingehende Liebespflege«[109]. Auch nachdem die deutschen Rettungshäuser zum Vollzugsorgan der staatlichen Fürsorgeerziehung geworden waren, sollte sich nach Auffassung der Anstaltsleiter an diesen pädagogischen Grundsätzen nichts ändern. *»Nicht niederschlagen, nicht immer eindämmen, nicht hemmen und einengen, sondern [...] edle Kräfte wecken und [...] in rechte Bahnen lenken«*, um nicht *»maschinenmäßig handelnde, unselbständige, willensschwache Menschen«*[110] zu erziehen, lautete die Devise des evangelischen Anstaltsleiters Pastor Knaut. Das Anstaltspersonal sollte durch ein enges persönliches Verhältnis zu den Zöglingen ihr Vertrauen und ihre Zuneigung erlangen.[111] Immer wieder wurde die überragende Bedeutung der Persönlichkeit der Anstaltsleiter und seiner Mitarbeiter, ihres erzieherischen und auch religiösen ›Eifers‹ für ein positives Klima in den Anstalten und für das Gelingen der Zwangserziehung beschworen: *»The personality of the superintendent is, in our opinion, the most important factor determining the quality of the school«*,[112] stellte der ministerielle Untersuchungsausschuß in England noch 1913 fest. Die Wirksamkeit dieses Faktors war nach allgemeiner Auffassung

---

107 Disselhoff, S. 48.

108 Adshead, S. 91.

109 Wichern, Rettungsanstalten, S. 116.

110 Knaut, Erziehungsarbeit, S. 25; ders., Selbstverwaltung, S. 162.

111 Carpenter, Delinquents, zitiert bei Pinchbeck u. Hewitt, Bd. 2, S. 474; Report of Proceedings, S. 12f.

112 Parl. Papers, Reformatory and Industrial Schools (1913), S. 19; vgl. Report of Proceedings. S. 5.

in den von freiwilliger Initiative getragenen privaten Anstalten eher gewährleistet als in staatlichen Anstalten.[113] Für das pädagogische Ziel der charakterlichen Beeinflussung der Zöglinge – modern ausgedrückt: für das Ziel der Internalisierung von Verhaltensnormen – waren die christlichen ›Kinderretter‹ bzw. *›child saver‹* aufgrund ihrer religiösen Vorstellungen besonders prädestiniert, war doch die intensive Gewissenserforschung und die religiöse Bekehrung in Form des ›Erweckungserlebnisses‹ eine spezifisch pietistische Glaubensform.[114] Die religiöse Unterweisung der Zöglinge stand daher im Erziehungsprogramm der Rettungshäuser an allererster Stelle.[115]

Das im Rauhen Haus von Wichern entwickelte ›Familiensystem‹, das auch der französischen Anstalt Mettray als Vorbild diente, galt in Deutschland wie in England als der Schlüssel zur erfolgreichen Gestaltung der Anstaltserziehung. Das »christlich familienhafte Zusammenleben«[116], so Wichern, sollte es ermöglichen, über die Einübung von Arbeitsfleiß und Verhaltensdisziplin hinaus auch die ›Seelen‹ der Zöglinge zu erreichen. Daher nahmen – anders als in den Industrieschulen des 18. Jahrhunderts oder im Franckeschen Waisenhaus des 17. Jahrhunderts[117] – auch Freizeit und Spiel eine elementare Rolle in der Rettungshauspädagogik ein. *»Das Spiel des Kindes ist das Produkt seiner innersten Freiheit und seines innersten Wohlbehagens«*[118], stellte Wichern fest, nicht ohne hinzuzufügen, daß das Spiel jedoch *»nicht ausarten und entarten«* dürfe.

Die angestrebte enge, familienähnliche Beziehung zwischen Zöglingen und Erziehern war jedoch weit mehr als nur Mittel zum Zweck, sondern stellte in sich ein zentrales Anliegen der Reformbewegung dar. Die tiefere kulturelle Bedeutung der Zwangserziehung erschließt sich erst vor dem Hintergrund der gesellschaftlichen Wahrnehmungsmuster der Jugenddelinquenz, wie sie im Kapitel 2 dargestellt wurden. Der hohe Symbolgehalt, den die Jugenddelinquenz im bürgerlichen Diskurs für die Auflösung der traditionellen sozialen

---

113 Parl. Papers, Reformatory and Industrial Schools (1884), S. xiv.
114 Vgl. Sutton, Children, S. 41; zum Begriff der Internalisierung und seiner Bedeutung im Konzept Norbert Elias': Elias, Studien, S. 44-50; Heiland, Selbst- und Fremddisziplinierung, S. 307; Spierenburg, Elias.
115 Wichern, Rettungsanstalten, S. 111.
116 Ebd., S. 94.
117 Vgl. Scherpner, S. 74ff, 101ff.
118 Wichern, Rettungsanstalten, S. 136.

Ordnung hatte, prägte auch die Vorstellungen von der Behandlung der Jugendlichen in den Erziehungsanstalten. Mit der Wahrnehmung der Jugenddelinquenz als Ausdruck eines Autoritätsverlustes der traditionellen Herrschaftsinstanzen korrespondierte der Versuch, diese Autorität in der Zwangserziehung und dadurch auch in der Gesellschaft wiederherzustellen. *»Trotz, Gewaltthätigkeit und Widerspenstigkeit gegen alle Zucht, hochfahrende Geringschätzung aller Autorität«* waren für Wichern der eigentliche Kern jugendlicher Verwahrlosung.[119] Der Gewalt des Vaters als Prototyp der Autorität in der patriarchalen Gesellschaft kam in diesem Erziehungsprozeß die Schlüsselposition zu. Daher rührte die Betonung, die Mary Carpenter auf die »bereitwillige Unterwerfung des eigenen Willens [der Zöglinge, D.O.] unter die Autorität« der Erzieher legte.[120] Ein anderer Ausdruck dieses Autoritätsverlusts war die vielfach beklagte Unabhängigkeit und Frühreife der Unterschichtsjugend, die nicht mit der Konzeption der ausgedehnten und behüteten Kindheit übereinstimmte, wie sie im Bürgertum Gültigkeit hatte und im 19. Jahrhundert zunehmend als Maßstab auch auf die Kinder der Unterschichten übertragen wurde.[121] Das galt in ganz besonderem Maße für die weiblichen Zöglinge, deren Delinquenz häufig lediglich in einer sexuellen ›Frühreife‹ bestand, die als krasser Verstoß gegen die bürgerliche Kindheitskonzeption wahrgenommen wurde.[122] Von diesem schichtgebundenen Rollenmodell gingen die Reformanhänger aus, wenn sie die Aufgabenstellung der Zwangserziehung in der scheinbar selbstverständlichen Aussage zusammenfaßten, die verwahrlosten und »rebellischen« Zöglinge in »normale Kinder« verwandeln zu wollen:[123] *»The child [...] must be gradually restored to the true position of childhood. He must be brought to a sense of dependence [...] in short, he must be placed in a family.«*[124] [Hervorhebung im Original]

119 Wichern, Rettungsanstalten, S. 114.
120 Carpenter, Delinquents, zitiert bei Pinchbeck u. Hewitt, Bd. 2., S. 474.
121 Cunningham, Children, S. 108ff., 141.
122 Cale, Girls, S. 206; Zedner, Women, Crime and Custody, S. 2ff.
123 Report of Proceedings, S. 6.
124 Carpenter, Delinquents, zitiert bei Pinchbeck u. Hewitt, Bd. 2., S. 474.

## 4.2.2 Die Realität der Erziehungsanstalten

»Hohe Mauern mit Glasspitzen. Die Fenster vergittert. Das Tor fällt [...] knarrend ins Schloß. [...] Im Karzer mit schlechter Beleuchtung ein halbwüchsiger Mensch, der, als der Führer die Tür öffnet, halb erschreckt, halb blöde aufspringt. Mein Innerstes erzittert ... der Mensch dort vor mir soll hier – – erzogen werden. Ich befinde mich in einer Erziehungsanstalt.«[125]

Mit dieser eindringlichen Beschreibung leitete Konrad Agahd 1905 sein Plädoyer für eine grundlegende Reform der Erziehungsanstalten ein. Agahds engagierte Kritik bietet einen punktuellen Hinweis auf eine Realität der Zwangserziehung, die sich von der Selbstdarstellung der Anstalten deutlich unterscheidet. Auch wenn eine pauschale Beurteilung der vielen hundert Erziehungsanstalten und eines langen historischen Zeitraumes nicht angeraten erscheint, ist es doch möglich, allgemeine Tendenzen zu benennen.[126] Die Wirklichkeit der Anstaltserziehung, wie sie sich in England und Deutschland im Laufe der zweiten Hälfte des 19. Jahrhunderts entwickelte, unterschied sich deutlich von den Entwürfen der Reformer. Von einer Abkehr von strafenden und repressiven Behandlungsformen konnte in der Praxis der Zwangserziehung kaum die Rede sein. Im Gegenteil: Die Behandlung der Zöglinge wurde in den meisten Anstalten von einem rigiden Anstaltsregime geprägt, in dem die Unterordnung unter eine schematische Disziplin und die Unterdrückung von Individualität und Lebensfreude den Alltag bestimmten. Was als Erziehung gemeint war, glich häufig eher eintöniger Routine und militärischem Drill. Schon in der Rettungshauspädagogik Wicherns hatte militärisches Exerzieren mit Holzgewehren und in »straffer Körperhaltung« Platz.[127] Besonders die Erziehungsanstalten für männliche Jugendliche pflegten häufig militärische Umgangsformen. Denn die Zöglinge, so berichtete Pastor Knaut auf einer Konferenz der evangelischen Rettungshausverbände,

»sind gar zu gerne Soldat und werden als solche behandelt. [...] Manchem älteren Burschen, der mürrisch und blasiert ins Haus kommt, geht ein Leuchten über die Züge, wenn er

---

125 Agahd, Kinderarbeit, S. III.

126 Vgl. allg. Priem, die die gründlichste Darstellung und Analyse des Behandlungsalltags in Erziehungsanstalten am Beispiel der evangelischen Rettungshäuser in Württemberg leistet.

127 Wichern, Rettungsanstalten, S. 137; vgl. Priem, S. 269.

die militärische Straffheit sieht [...] Wo viele ältere Zöglinge zusammen sind [...] läßt sich auch schwerlich ohne militärisches Kommando äußere Ordnung und Zucht schnell herstellen«.[128]

Zwar hatten die englischen Reformer das Ausmaß an militärischer Disziplin, das im französischen Mettray das Anstaltsleben dominierte, als ungeeignet für die zivileren englischen Verhältnisse erkannt, aber auch im Red Hill *Reformatory* gehörten verschiedene militärisch anmutende Übungen wie der *»battalion drill«* zum Erziehungsprogramm.[129]

Schon die Tatsache, daß das angeblich vorbildliche ›Familiensystem‹ in Red Hill aus Gruppen von ca. fünfzig bis sechzig Zöglingen bestand, deutet auf einen Widerspruch zwischen Anspruch und Realität hin, der den Reformern selbst jedoch keineswegs bewußt war.[130] Überdies wurde das ›Familiensystem‹ in England nur in einigen Anstalten eingeführt; in der Mehrzahl wurden die Zöglinge in einem großen Anstaltsgebäude in noch größeren Gruppen untergebracht, was ihre Kontrolle zusätzlich erschwerte.[131] Nach Ansicht des Leiters der Hamburger Behörde für Jugendfürsorge Johann Petersens war Wicherns ›Familiensystem‹ im Laufe der Jahrzehnte zu einem bloßen Euphemismus für die unpersönliche Anstaltserziehung verkommen.[132] In den staatlichen Erziehungsanstalten der Rheinprovinz umfaßten die ›Familien‹ in den 1860er Jahren zwanzig bis fünfundzwanzig Zöglinge; in der privaten Rettungsanstalt des Grafen von der Recke in Düsselthal waren die Gruppen mit zehn bis fünfzehn Kindern deutlich kleiner.[133] In vielen Anstalten in England ebenso wie in Deutschland mußten die Zöglinge Uniformen und kurzgeschorene Haare tragen;[134] der Tagesablauf war streng organisiert, alle Verrichtungen des Alltags wie Aufstehen, Waschen, Essen wurden reglementiert und beaufsichtigt; selbst Gebete und Lieder mußten auf Kommando gesprochen bzw. gesungen wer-

---

128 Knaut, Erziehungsarbeit, S. 26.

129 Watson, Reformatory Schools, S. 292; vgl. Humphries et al., S. 107 für Fotos; Rose, Erosion, S. 140f. für die Anwendung von ›drill‹ in den Volksschulen.

130 Adshead, S. 93; Report of Proceedings, S. 12; Watson, Reformatory Schools, S. 292.

131 Aspland, S. 44.

132 Petersen, Methoden, S. 260; vgl. auch Plaß, Forderungen, S. S. 59.

133 General-Prokurator Nicolovius, Bericht an das Justizministerium, 13.5.1862, in: GStA PK, Rep. 84a Nr. 9763 (M), f. 86.

134 Norris, Limitations, S. 4; Home Office, [First] Report, S. 18.

den. Tagespläne, die um 5 Uhr begangen und lediglich zwischen dem Abendessen um 19 Uhr und der Bettruhe um 20 Uhr Freizeit vorsahen, waren in deutschen Erziehungsanstalten keine Seltenheit.[135] Noch 1913 berichtete ein Besucher über seine Beobachtungen in einer englischen Erziehungsanstalt: »*It is depressing to see big boys march to the meal table, clasp their hands at the call of a number, begin grace at the call of another, and so on till at the final number they fall upon their food.*«[136] Während der Mahlzeiten herrschte in einigen Anstalten ein Schweigegebot, und wiederholt wurde berichtet, daß Zöglinge vom Anstaltspersonal nicht mit ihren Namen, sondern mit Nummern angesprochen wurden.[137] Die zentrale Rolle im Erziehungsprozeß der Anstalten kam der Arbeit zu. Das Erziehungsprogramm der Zwangserziehung wurde von der englischen Reformbewegung immer wieder stereotyp als Kombination von »*religious influence and industrial occupation*«[138] beschrieben, wobei ›*industrial*‹ keinesfalls als ›industriell‹, sondern in der zeitgenössischen Bedeutung als ›industriös‹ oder ›fleißig‹ zu übersetzen ist. Daß in den Erziehungsanstalten »immer etwas Nützliches oder Nothwendiges vorgenommen werden muß«[139], bezeichnete der preußische Kultusminister in einer Denkschrift schon 1826 als wesentliches Element der Zwangserziehung. Mit der innigen Verbindung von Religion und Arbeit stand die Zwangserziehung in einer langen Traditionsreihe von Disziplinarinstitutionen, die bereits mit den Zucht- und Arbeitshäusern des 16. Jahrhunderts begann.[140] Die Ziele der Reformbewegung wurde durch eine protestantisch gefärbte Arbeitsethik bestimmt, die in Deutschland besonders vom Pietismus, in England vom eng verwandten Methodismus propagiert wurde, und die arbeitsfreie Zeit schon bei Kindern als Versuchung zur Faulheit und zur Sünde geißelte.[141] Eine fehlende Arbeits

135 Agahd, Kinderarbeit, S. 36.

136 Parl. Papers, Reformatory and Industrial Schools (1913), S. 109.

137 Howard Association, Annual Report for 1883; Norris, Limitations, S. 3; vgl. auch Humphries, Hooligans, S. 214ff.

138 Report of Proceedings, S. 5, 13.

139 Denkschrift des Ministerium der geistlichen, Unterrichts- und Medizinalangelegenheiten, 2.10.1826, in: HStA Düsseldorf, Regierung Düsseldorf Nr.10784 (Correctionsanstalten für jugendliche Verbrecher).

140 Vgl. allgemein Finzsch u. Jütte (Hg.); Spierenburg, Prison.

141 Cruikshank, S. 2; Scherpner, S. 74. Vgl. Thompson, Making, S. 412, über die methodistische Tradition. Charakteristisch z.B. Watson, Reformatory Schools, S. 291: »*Idleness is the parent of vice, and labour the devil's greatest enemy.*« Vgl. Spie-

disziplin bereitete nach allgemeiner Auffassung den Boden für weitere Laster und insbesondere für das Verbrechen. Sidney Turner bezog sich bewußt auf die Bibel, wenn er forderte, die Zöglinge *»should be really taught and required to work, their industrial training being as labourious as possible, and the Apostle's rule adhered to, ›If a man will not work, neither shall he eat‹«.*[142] Die erzieherische Aufgabe der Anstaltserziehung wurde ursprünglich kaum in der Vermittlung einer qualifizierten beruflichen Ausbildung gesehen, sondern vor allem in der Gewöhnung an eine strenge Arbeitsdisziplin (*»habits of industry«*),[143] oder, wie es Wichern formulierte, in der Vermittlung der »Wertschätzung der Arbeit«[144]. Die Arbeitserziehung ist dabei ein weiteres Beispiel für die Abnutzung und Pervertierung der ursprünglichen Erziehungsansätze der Rettungshauspädagogik. Denn obwohl Wichern explizit monotone Handarbeiten zum Zweck des Gelderwerbs als pädagogisch wertlos ablehnte, prägten eine Vielzahl hausindustrieller Auftragsarbeiten den Arbeitsalltag in vielen Anstalten. In englischen Erziehungsanstalten waren genauso wie in Gefängnissen Papiertüten und Streichholzschachteln kleben, Holz zerkleinern oder die Verarbeitung von Faserresten aus der Textilindustrie (*oakum-picking*) weit verbreitet. In deutschen Erziehungsanstalten waren auch Bürstenbinden und Korbflechten, Auslesen von Bohnen und Kaffee sowie das Bemalen von Zinnsoldaten üblich.[145] Bei allen diesen Arbeiten stand der Gelderwerb, der natürlich der Anstaltskasse zufloß, im Vordergrund.

Daneben unterhielten praktisch alle englischen und preußischen Erziehungsanstalten Schuster- und Schneiderwerkstätten sowie Wäschereien, die auf den Eigenbedarf der Anstalten ausgerichtet waren. Hinzu kamen verschiedene handwerkliche Tätigkeiten wie z.B. Zimmern, Tischlern und Mauern für Jungen und Hauswirtschaft für Mädchen, die in Hinblick auf einen späteren Broterwerb unterrichtet wurden. Im späten 19. und frühen 20. Jahrhundert verstärkten die Erziehungsanstalten ihre Bemühungen um eine qualifizierende Arbeitserziehung, jedoch blieb die Qualität dieser beruflichen Ausbildung

---

renburg, Sociogenesis, mit einer kritischen Beurteilung der Weberschen Prostantismus-These.

142 Zitiert bei Hurt, Schools, S. 51f.

143 Siehe z.B. Howard Association, Education, S. 3; Tallack, Poor, S. 2f.; Brookes, S. 225; vgl. Schneider, Web, S. 135; Fenner, S. 55ff.

144 Wichern, Rettungsanstalten, S. 132.

145 Agahd, Kinderarbeit, S. 16f.

äußerst unzureichend.[146] Die Vorbereitung auf eine Berufstätigkeit, im Idealfall durch eine Lehre, blieb in der preußischen Fürsorgeerziehung der Zeit nach der Entlassung aus der Erziehungsanstalt vorbehalten, wenn die Zöglinge von den Anstaltsleitungen in Dienst- oder Lehrstellen vermittelt werden sollten.

Eine besondere erzieherische Wirkung versprachen sich die Reformanhänger von landwirtschaftlicher Arbeit, die zum festen Bestand der deutschen Rettungshauspädagogik gehörte. Auch das preußische FEG schrieb den Erziehungsanstalten die Beschäftigung der Zöglinge in der »Haus-, Garten-, Feld- und Viehwirtschaft« zwingend vor.[147] Dem kontinentalen Vorbild der Rettungshäuser folgend, wurden einige englische Erziehungsanstalten, so auch Red Hill, als sog. *farm schools* gegründet.[148] In der »gesunden Arbeit auf offenem Feld«[149] erblickte man ein geeignetes Mittel zur Besserung der Zöglinge sowohl in körperlicher als auch in moralischer Hinsicht. Barwick Baker hielt zum Zweck der Beruhigung und Erschöpfung der Zöglinge keine andere Beschäftigung für so geeignet wie »beständiges schweres Umgraben«.[150] Ein deutscher Anstaltsleiter begründete die Bevorzugung landwirtschaftlicher Arbeit mit der Beobachtung: *»Bei diesen degenerierten Zöglingen, die durch ihre Sittenführung entnervt sind, hat sich gezeigt, daß die Arbeit auf dem Lande eine ungemein kräftigende Wirkung ausübt.«*[151] Über die körperliche Wirkung hinaus sprach für die landwirtschaftliche Arbeit auch ihre Distanz zu den Gefahren des Großstadtlebens. Mit der Lage der Erziehungsanstalten außerhalb der Städte und den landwirtschaftlichen Tätigkeiten wurde die Hoffnung verbunden, die Zöglinge vom ›moralischen Sumpf‹ der Großstadt in die intakte Welt des Landes zu verpflanzen, wo es unter anderem – so die Erkenntnis eines Anstaltsleiters – *»nicht viel [zu] stehlen«*[152] gab. In Preußen wurde die Benutzung von Anstalten in Großstädten oder industriell geprägter Umgebung ausdrücklich ausgeschlossen; dasselbe galt für die Arbeits- oder Lehrstellen

146 Plaß, Erziehungsarbeit, S. 5f.; Fenner.
147 Preuß. Min. des Innern, Statistik über die Fürsorgeerziehung für 1902, S. XVII.
148 Weitere Beispiele bei Aspland, S. 45, 49.
149 Watson, Reformatory Schools, S. 291.
150 Zitiert bei Radzinowicz u. Hood, S. 190; vgl. Adshead, S. 116.
151 Thimm, Diskussionsbeitrag, in: Central-Ausschuß für Innere Mission (Hg.), Verhandlungen der 10. Konferenz, S. 92.
152 Matthies, Diskussionsbeitrag, in: Ebd., S. 94.

der entlassenen Zöglinge. Die Ausrichtung auf vorindustrielle und agrarische Arbeits- und Lebensformen kennzeichnete den sozialrestaurativen Charakter der Zwangserziehung, der sich aus der Mißbilligung der industriellen Großstädte und einer kulturpessimistischen Grundhaltung der christlichen Kinderretter speiste.

Die christlich-konservativen Kinderretter verbanden mit der Landwirtschaft sozialromantische Vorstellungen von der heilenden Kraft des Landes und hofften, daß zumindest ein Teil der Zöglinge trotz ihrer großstädtischen Prägung dauerhaft auf dem Lande bleiben würden. Während die englische Reformbewegung ihre Hoffnungen dabei vor allem auf die Emigration in die britischen Kolonien setzte, war man in Preußen auf die ›innere Kolonisation‹ beschränkt, was den Nachteil hatte, daß den Jugendlichen nur geringe Hürden für eine Rückkehr in die Städte gesetzt werden konnten.

»Man sollte [...] alles versuchen, den Zöglingen Freude an der Landwirtschaft beizubringen. Dadurch lassen sich doch manche bestimmen, dem landwirtschaftlichen Berufe treuzubleiben. [...] Ein tüchtiger Knecht legt mehr zurück als ein Arbeiter in der Stadt mit größerem Verdienste«,

versuchte der Leiter der Erziehungsanstalt Steinfeld, Rhiel, den Zöglingen die landwirtschaftliche Arbeit schmackhaft zu machen.[153] Andere sahen die landwirtschaftliche Beschäftigung von Fürsorgezöglingen in einem größeren gesellschaftspolitischen Rahmen auch als eine Chance, der Landflucht entgegenzusteuern und planten ›agrarische Erziehungskolonien‹.[154] Rhiel schlug zum Beispiel vor, die ›schwererziehbaren‹ Fürsorgezöglinge in Arbeitskolonien mit der Urbarmachung von landwirtschaftlichen Flächen zu beschäftigen und entwickelte die sozialromantische Vision, daß so *»ein nettes Dörfchen mit Kirche und Schule entstehen [könnte], wo zufriedene Kleinbauern, vielleicht frühere Fürsorgezöglinge, ihr kleines Gut von ca. 50 Morgen bewirtschaften.«*[155] Zu dem sozialpädagogischen Ziel, aus delinquenten Jugendlichen gesetzestreue Bürger zu machen, gesellte sich in der Vorstellungswelt der christlich-konservativen Kinderretter das restaurative sozialpolitische Ziel, die aufsässigen Arbeiter von morgen in ›zufriedene Kleinbauern‹ zu verwandeln und damit die

153 Rhiel, S. 8.
154 Droste, S. 5.
155 Rhiel, S.17.

gesellschaftliche Entwicklung um fünfzig bis hundert Jahre zurückzudrehen. Andere wollten die Behandlung der Fürsorgezöglinge in den Dienst einer sozialimperialistischen Deutschtumspolitik in den preußischen Ostprovinzen stellen. Auf einer Rettungshauskonferenz der Inneren Mission wurde 1911 ein entsprechender Plan vorgestellt:

»Es liegt weder im Interesse unserer [...] Zöglinge, noch im Interesse der Industrie oder gar der Landwirtschaft, daß unsere Fürsorgezöglinge, die auf dem Lande erzogen werden, wieder in die Städte zurückfluten, um dort aufs neue proletarisiert und degeneriert zu werden. Wenn es aber gelingt, in ihnen einen tüchtigen Stamm seßhafter ländlicher Arbeiter und Dienstboten mit gesundem Nachwuchs großzuziehen, der auch imstande ist, die drohende slawische Überflutung zurückzudämmen, so haben wir damit ein gutes nationales Werk getan.«[156]

Wiederum vernachlässigten die Anstaltsleiter die Ratschläge Wicherns, der bereits Jahrzehnte zuvor erkannt hatte: *»In der glücklichen Lage, Landleute aus ihnen [den städtischen Zöglingen, D.O.] zu erziehen, wird sich die Anstalt nie befinden.«*[157] Während sich viele dennoch der Illusion hingaben, die Fürsorgezöglinge dauerhaft in der Landwirtschaft halten zu können, waren andere pragmatisch genug um zu erkennen, daß die meisten von ihnen mit der Volljährigkeit in die Städte zurückkehren würden, wo sie sich dann mangels einer qualifizierten technischen Ausbildung am untersten Ende des industriellen Arbeitsmarktes einordnen mußten.[158]

Tatsächlich zeigte eine Statistik der von 1904 bis 1909 aus der Fürsorgeerziehung entlassenen Zöglinge, daß später nur 11% der Jungen und 9% der Mädchen einen landwirtschaftlichen Beruf ausübten, während die große Mehrzahl der Jungen im sekundären oder tertiären Sektor beschäftigt waren. Ca. ein Viertel der aus *industrial schools* entlassenen Jungen waren in der Landwirtschaft tätig.[159] Die Mehrzahl dieser Jungen, vor allem aus London, wurden auf kleinen Farmen in Wales untergebracht; die Londoner Kommunalbehörden beschäftigten in Wales einen Agenten für die Vermittlung und Betreuung der Zöglinge. Auch die Anstaltsleiter, die bis zu deren achtzehntem Lebensjahr

156 Central-Ausschuß für innere Mission (Hg.), Verhandlungen der 12. Konferenz, S. 40f.

157 Wichern, Rettungsanstalten, S. 147f.

158 Pfeiffer, Diskussionsbeitrag, in: Central-Ausschuß der Inneren Mission (Hg.), Verhandlungen der 10. Konferenz, S. 94.

159 Parl. Papers, Reformatory and Industrial Schools (1913), S. 51.

vormundschaftliche Rechte über ihre ehemaligen Zöglinge hatten, nahmen diese teilweise selbst durch jährliche Inspektionsreisen nach Wales wahr. Trotzdem konnte nicht verhindert werden, daß die Mehrzahl der Zöglinge nicht dauerhaft in der Landwirtschaft blieben. Nach der offiziellen Statistik befanden sich 1911 noch ca. 300 der in den drei vorhergehenden Jahren entlassenen männlichen *reformatory*-Zöglinge und ca. 1.100 der *industrial school*-Zöglinge in landwirtschaftlichen Arbeitsstellen; aber ca. 200 bzw. 500 Zöglinge waren zu diesem Zeitpunkt in den südwalisischen Bergbau abgewandert. Nach einer 1913 durchgeführten Studie blieben nur 5% der Zöglinge auf Dauer in der Landwirtschaft.[160] Die Vermittlung der Zöglinge nach Wales, die von Kritikern als eine Art moderner Sklavenhandel bezeichnet und von einigen Betroffenen wie eine ›lebenslange Verbannung‹[161] empfunden wurde, war – wie in Preußen – nicht unwesentlich durch den Arbeitskräftemangel in der Landwirtschaft motiviert. Auf den Farmen nahmen die entlassenen Zöglinge den Platz der Söhne ein, die von den höheren Löhnen im Bergbau angezogen wurden; sobald sie konnten, folgten sie deren Beispiel.

Die Aufrechterhaltung der Disziplin war stets das zentrale Problem der Erziehungsanstalten, welches trotz der Beteuerung von Liebe und Freiwilligkeit nicht ohne die Anwendung auch körperlicher Strafen in den Griff zu bekommen war. Im Gegensatz zu Mary Carpenter – über deren tatsächliches Verhalten in der von ihr gegründeten *reformatory school* jedoch wenig bekannt ist – befürwortete Wichern die Anwendung der Prügelstrafe vorbehaltlos.[162] Das pädagogische Programm der Rettungsanstalt in Düsselthal lautete: *»Der Stock [ist] gewöhnliches Erziehungs-, Gebet und Fürbitte [sind] die Hauptbildungsmittel.«*[163] Je größer die Disziplinprobleme durch die Ausweitung der preußischen Fürsorgeerziehung auf die Jugendlichen über 14 Jahre wurden, desto mehr scheinen repressive Behandlungsformen wie Prügelstrafe, Arrest und Nahrungsentzug den Alltag vieler Erziehungsanstalten geprägt zu haben.[164] Eine Reihe von Erziehungsanstalten in Preußen – auch staatliche –

---

160 Davies, School-Boy, S. 8.

161 Ebd., S. 12.

162 Wichern, Rettungsanstalten, S. 139.

163 Zitiert in: General-Prokurator Nicolovius, Bericht an das Justizministerium, 13.5.1862, in: GStA PK, Rep. 84a Nr. 9763 (M), f. 90.

164 Dickinson, S, 103f.

legten jedoch Wert darauf, weitgehend oder ganz auf die Prügelstrafe zu verzichten, weil man um die negativen Rückwirkungen des »entehrende[n] Stockregiment[s]«[165] - Rebellion oder Flucht aus der Anstalt – wußte.[166] In den englischen Anstalten wurde die Disziplin mit einer beinahe wörtlich zu verstehenden Mischung aus Zuckerbrot und Peitsche hergestellt: Zum einen waren körperliche Strafen auch hier weit verbreitet, zum anderen praktizierten viele Anstalten ein Anreizsystem, in dem Wohlverhalten mit Punkten belohnt wurde, die dann in kleine Geldbeträge umgewandelt wurden.[167] Für die Anwendung der Prügelstrafe erließen die Aufsichtsbehörden in England und Preußen Regeln und schrieben die Eintragung in einem Register vor. Solchen Eintragungen zufolge wurden zum Beispiel im Eastmoor *Reformatory* in der Nähe von Leeds in den Jahren vor dem Ersten Weltkrieg jährlich ca. 80 bis 100 Prügelstrafen, also zwei- bis dreimal in der Woche vollzogen, meistens 4 bis 12 Schläge mit dem Rohrstock. Als Gründe für die Sanktionen wurden im Strafenregister überwiegend Rauchen, Faulheit, Lügen, Ungehorsam oder *»dirty habits«* genannt.[168]

Gehörte die mehr oder weniger maßvolle Anwendung der Prügelstrafe zur pädagogischen Normalität der Zeit, so wurde die Grenze zwischen strikter Disziplin und grausamer Unterdrückung in den Zwangserziehungsanstalten mehr als nur einmal überschritten. In England sorgten in den 1880er Jahren erstmals mehrere Skandale für öffentliches Aufsehen. 1881 wurden in London mehrere Zöglinge wegen Brandstiftung in ihrer *industrial school* vor Gericht gestellt. Ihre Aussagen über die Hintergründe ihrer Verzweifelungstat lenkte die Aufmerksamkeit der Öffentlichkeit auf die grausame und sadistische Behandlung der Zwangszöglinge durch das Anstaltspersonal. Demnach war es üblich, daß sich die Jungen auch im Winter mit nackten Füßen außerhalb des Gebäudes und mit kalten Wasser waschen mußten. Widersetzlichkeiten wurden durch Schläge mit einem Gürtel und einem Rohrstock bestraft. Die Strafpraxis in dieser Anstalt bezeichnete die *Times* als *»brutal in the extreme«*,[169]

---

165 Backhausen, Diskussionsbeitrag, in: Central-Ausschuß für innere Mission (Hg.), Verhandlungen der 12. Konferenz, S. 19.

166 Preuß. Min. des Innern, Statistik über die Fürsorgeerziehung für 1909, Vorbericht, S. 122.

167 z.B. Aspland, S. 49.

168 Leeds RO, Eastmoor Reformatory 11/1 (Punishment Book).

169 *The Times*, 11.11.1881, S. 7.

auch die Ernährung war unzureichend. Ähnliche Zustände in einer nordenglischen *industrial school* für katholische Jungen brachte eine Untersuchung der Schulbehörde in Leeds ans Licht.[170] Dort wurde über eine »konstante und extreme Härte in der Bestrafung der Jungen« berichtet; Zöglinge wurden mit 7 bis 9 Stockschlägen auf jede Hand oder mit Essensentzug bestraft. Mehrtägige Einzelhaft bei Wasser und Brot in einer kahlen Zelle ohne Sitzmöglichkeit gehörte ebenfalls zum Strafenkatalog in dieser Anstalt. Über die Ernährung berichtete die Schulbehörde, die Zöglinge seien fast »zu Tode verhungert«. Auch Mädchen blieben in den Erziehungsanstalten nicht von grausamen Mißhandlungen verschont.[171] So wurden in einer Anstalt Mädchen auf Veranlassung der Anstaltsleiterin in ihren Betten mit kaltem Wasser übergossen.[172] Diese Behandlung war ebenso Ausdruck eines repressiven Erziehungskonzepts wie in einer anderen Erziehungsanstalt die Unterteilung des Schlafsaales in einzelne Kabinen, deren Zwischenwände mit spitzen Nägeln besetzt waren, um einen nächtlichen Kontakt zwischen den Mädchen zu verhindern.[173] Angesichts der Vielzahl der an die Öffentlichkeit gelangten Skandale, zu denen auch die Mißhandlungen von Zöglingen auf Schulschiffen gerechnet werden müssen (siehe unten), zeugt es von grenzenloser Naivität, wenn in der deutschen Fachzeitschift ›Die Jugendfürsorge‹ 1912 berichtet wurde: *»Von Überschreitungen des Züchtigungsrechts in englischen Fürsorgeanstalten scheint man noch nie gehört zu haben.«*[174]

In Preußen erregten Fälle von Mißhandlungen und Skandale erst mit der Ausweitung der Zwangserziehung nach der Jahrhundertwende eine weitere Öffentlichkeit; mit einer aufsehenerregenden Kette von Anstaltsskandalen und Zöglingsrevolten erreichte das öffentliche Ansehen der Fürsorgeerziehung jedoch erst am Ende der 1920er Jahre ihren absoluten Tiefpunkt.[175] 1909 wurden sieben Angestellte einer evangelischen Erziehungsanstalt in der Eifel wegen Körperverletzung von Fürsorgezöglingen zu Geld- und Gefängnisstrafen

170 Leeds School Board, Report [...] Communication.
171 Radzinowicz u. Hood, S. 196ff.
172 Howard Association, Annual Report for 1887, S. 5.
173 Parl. Papers, Reformatory and Industrial Schools (1896), S. 91.
174 Städtische Fürsorgeerziehung in Gross-London, in: Jugendfürsorge 13/1912, S. 99-111, hier S. 104.
175 Vgl. Gräser, S. 102ff.

verurteilt.[176] Der bekannteste Skandal vor dem Ersten Weltkrieg betraf die ostpreußische Anstalt Mieltschin, wo es 1911 zu einer Zöglingsrevolte kam, die offensichtlich durch sadistische Mißhandlungen ausgelöst worden war. Zöglinge wurden aus nichtigen Anlässen mit mehr als 50, in einzelnen Fällen über 100 Peitschenhieben bestraft; ein Zögling wurde zu diesem Zweck zunächst mit dem Rücken, dann mit dem Bauch an einen Baum gebunden und bis zur Bewußtlosigkeit geschlagen. Ein dunkler Kellerraum diente als Arrestzelle, in der Zöglinge so angekettet wurden, daß sie weder stehen noch liegen konnten.[177] Grobe Überschreitungen des Züchtigungsrechts führten in einer Reihe von weiteren Fällen zu strafrechtlichen Konsequenzen für die Anstaltsleiter. Diese Skandale wurden von sozialistischen Kritikern als Beleg des Unterdrückungs- und Klassencharakters der Fürsorgeerziehung aufgegriffen.[178] Ebenso kamen Verurteilungen von Anstaltsleitern oder deren Helfern wegen sexuellen Mißbrauchs von weiblichen und auch männlichen Zöglingen vor.[179]

Es wäre zu kurz gegriffen, diese ernüchternde Realität der Zwangs- und Fürsorgeerziehung, die auch von vielen Reformanhängern in Deutschland mit dem Verdikt ›gefängnisartig‹ belegt wurde[180], und als deren Wesenszüge die *Times* 1900 treffend eine *»deadening, machine-like precision«* und *»absence of humane, quickening culture«*[181] nannte, mit unvermeidlichen Reibungsverlusten bei der praktischen Umsetzung der Reformkonzepte, mit der Knappheit der verfügbaren finanziellen Ressourcen oder mit der menschlichen Unvollkommenheit des Anstaltspersonals zu erklären. Sicherlich wurde die Praxis der Zwangserziehung auch von solchen Schwierigkeiten beeinträchtigt; sicher krankte sie auch daran, daß viele gute Vorsätze der Pionierzeit im Laufe von Jahrzehnten abgeschliffen und aufgegeben wurden. So waren die meisten An-

---

176 Preuß. Min. des Innern, Statistik über die Fürsorgeerziehung für 1910, Abschnitt B, S. 53.

177 Rühle, S. 217ff.; Dickinson, S. 104.

178 Rühle, S. 219ff.

179 Preuß. Min. des Innern, Statistik über die Fürsorgeerziehung für 1911, Abschnitt B, S. 41; vgl. bereits 1862: General-Prokurator Nicolovius, Bericht an das Justizministerium, 13.5.1862, in: GStA PK, Rep. 84a Nr. 9763 (M), f. 90.

180 Siehe z.B. Preuß. Min. des Innern, Statistik über die Fürsorgeerziehung für 1902, S. XXXIX; Liepmann, Kriminalität, S. 25; Plaß, Erziehungsarbeit, S. 45.

181 *The Times*, 29.11.1900, S. 9.

stalten einfach zu groß, um eine persönliche Atmosphäre entstehen zu lassen. Sicherlich verfügten auch nicht alle Anstaltsleiter über das Maß an charakterlichen und pädagogischen Fähigkeiten, die Johann Wichern und Mary Carpenter vielleicht ausgezeichnet hatten. Insgesamt spricht jedoch vieles dafür, daß sich die Zwangserziehung nicht trotz, sondern wegen der erzieherischen Intentionen der Reformpioniere zu der eben skizzierten repressiven Praxis entwickelte.[182] In den Formulierungen Carpenters und Wicherns deuten sich mit der paradoxen Verbindung des Wunsches nach Freiwilligkeit und dem Gebot der Unterordnung und des Gehorsams bereits Konflikte an, die das Verhältnis von Erziehern und Zöglingen trüben mußten. *»Die freiwillige Unterordnung, die Anerkennung der Autorität eines Erwachsenen, zu dem sie Vertrauen gefaßt haben, ist ein gemeinsamer Zug der Jugendlichen«*, behauptete Pastor Knaut noch 1912 trotz des massiven Widerstands der älteren Zöglinge gegen die Versuche der Anstalten, eben diese Autorität einzufordern.[183] Freiheit und Selbständigkeit wurden von den christlichen Kinderrettern zwar häufig als Erziehungsziele beschworen, aber hinter diesen Schlagwörten verbarg sich ein zutiefst repressiv-autoritäres Menschenbild, in dem das Jugendalter an sich schon als eine Bedrohung erschien, und nach dem die Erziehung defensiv als ein Kampf gegen die unerwünschte Autonomie der Jugendlichen verstanden wurde. Demnach ging es darum, *»den Trieb der Freiheit und Selbstbetätigung in die rechten Bahnen zu leiten«*, weil er sich unkontrolliert in falsche Richtungen zu entwickeln drohte.[184] Auf einem Kongreß der evangelischen Rettungshausverbände und Erziehungsvereine wurde es als zentrales Erziehungsziel bezeichnet, *»das gerade in der Jugend rasch wachsende Selbstbewußtsein in die ihm gebührenden Schranken zurückzudrängen«* und ein Gefühl der Abhängigkeit zu erhalten;[185] die Erziehung der Jugend beschrieb ein anderer Referent als »das große Reinemachen«, bei dem es darum ginge, den Jugendlichen ihre »Nichtigkeitsideale der Sinnenlust« und ihre »törichten Jugendein-

---

182 Vgl. Priem, die zusammenfassend feststellt: *»Der heimliche Lehrplan der Rettungsanstalten ist durch Erziehung zu Hoffnungslosigkeit, Passivität, Apathie, Hilflosigkeit und Selbstaufgabe durch die Zerstörung des Selbstwertgefühls der Zöglinge zu charakterisieren.«* (S. 311)

183 Knaut, Selbstverwaltung S. 165.

184 Ebd., S. 163.

185 Hammerschmidt, S. 25f.

bildungen« auszutreiben.[186] Diese Erziehungsziele nahmen auf den Gedanken keine Rücksicht, daß die Zöglinge, deren vorzeitige Entwöhnung von der elterlichen Autorität gerade der Grund für die Einweisung in eine Erziehungsanstalt gewesen war, sich nicht unbedingt freiwillig in den Stand der kindlichen Abhängigkeit und Bevormundung zurückbegeben würden; Konflikte im Anstaltsleben waren dadurch vorprogrammiert.[187] Wichern hatte mit seiner auf Freiheit und Liebe ruhenden Erziehungslehre eine pädagogische Utopie formuliert, in der eine Rückweisung der Erziehungsbemühungen durch die Zöglinge letztlich nicht vorgesehen war. Fügten sich die Zöglinge nicht »frei und willig, gern und ganz« in das Anstaltsleben ein, so blieb nur, »zum Besten der Kinder mit ihren Sünden in einen schweren Kampf einzutreten.«[188] Angesichts des überragenden Stellenwerts, den Gehorsam und Unterordnung in diesen christlich-autoritären Erziehungsvorstellungen hatten, war die Brechung des kindlichen und jugendlichen Eigenwillens auch durch körperlichen Zwang weithin unumstritten und wurde durch eine lange christliche Glaubenstradition gedeckt.[189] *»Wir müssen stramme Erziehung halten, bis sie sich freiwillig beugen lernen«*[190], lautete die schlichte Devise von Pastor Seiffert, dem Vorsitzenden des ›Allgemeinen Deutschen Fürsorgeerziehungs-Tages‹, der Dachorganisation der konfessionellen und privaten Erziehungsanstalten, und der bereits mehrfach zitierte Pastor Knaut, der zwar vor einer zu rigiden Anstaltsdiziplin gewarnt hatte, führte gleichwohl aus:

»Die Anstalt würde ihren Zweck verfehlen, die ihre jungen Burschen, die draußen meist in Ungehorsam, Unsauberkeit und Unordnung groß geworden sind, nicht mit eiserner Konsequenz zu striktem Gehorsam, anständigem, höflichem Benehmen, straffer Zucht, Reinlich-

---

186 Krausbauer, Die Jugend und ihre Ideale, in: Central-Ausschuß für Innere Mission (Hg.), Verhandlungen der 10. Konferenz, S. 13.

187 Humphries, Hooligans, S. 217.

188 Wichern, Rettungsanstalten, S. 140.

189 Dickinson, S. 102ff. August Hermann Francke hatte die pädagogische Zielsetzung seiner Waisenanstalt folgendermaßen zusammengefaßt: *»Der natürliche Eigenwille muß gebrochen werden und lernen, dem Gebote Gottes ohne Zwang zu folgen auf Grund der vom Verstand erfaßten heilsamen Lehren der wahren Gottseligkeit.«* Zitiert bei Scherpner, S. 74f.; vgl. Priem, S. 246ff., S. 312ff.

190 Seiffert, Disussionsbeitrag, in: Deutsche Zentrale für Jugendfürsorge (Hg.), Verhandlungen über die Wirksamkeit, S. 86.

keit und Ordnung erzöge [...] in dieser Beziehung darf man dem militärischen Ton und Geist ein Wort reden.«[191]

Die Anwendung körperlicher Strafen in der Zwangserziehung, soweit sie nicht in Gewaltexzesse mündete, unterschied sich im übrigen nicht grundsätzlich von der in vielen anderen Erziehungsinstitutionen, war doch die Prügelstrafe in der Familie ebenso wie in Schulen ein gängiges Erziehungsmittel.[192] Mit ihrer Betonung von Konformität, Disziplin und Arbeitsfleiß entsprach die Behandlung der Zwangszöglinge durchaus den Erziehungsmaximen des 19. Jahrhunderts, wie sie z.B. auch in Waisenhäusern und Schulen Anwendung fanden. Die vom Historiker Stephen Humphries ausgewerteten mündlichen Erinnerungen ehemaliger Zöglinge stimmen in der Beschreibung der strengen und uniformen Anstaltsdisziplin weitgehend überein, gleichgültig ob es sich um Waisenhäuser oder Zwangerziehungsanstalten handelte.[193] Fotos zeigen auch Kinder in Dr. Barnado's Kinderheimen mit kurzgeschorenen Köpfen und in Uniformen.[194] Das Netz dieser verschiedenen Anstalten war ein Versuch der bürgerlicher Sozialreformer, der schockierend empfundenen Anarchie der ›Straße‹ – das Synonym für die Lebenswelt der Unterschichtskinder – eine geordnete und disziplinierte Welt entgegenzusetzen.[195] Je größer das moralische Entsetzen des Bürgertums über die ihnen unbekannten Lebenswelten war, desto rigider fielen ihre Disziplinierungsversuche aus. Henry Mayhew, der die Londoner Slums wie ein Ethnologe erforschte und dort eine von der übrigen Bevölkerung abgesonderte *»outcast race«* entdeckte, beschrieb die Lebenssituation der Slumkinder als einen Zustand der »moralischen Anarchie«.[196] In der Mitte des 19. Jahrhunderts setzte sich in England der bildhafte Vergleich der Straßenkinder mit den ›Wilden‹ der außereuropäischen Welt durch; der Ausdruck *›street arabs‹* wurde zu einem gängigen Synonym für die verwahrlosten Unterschichtskinder.[197] Aus dieser Analogie formte sich im

191 Knaut, Erziehungsarbeit, S. 26.
192 Vgl. Borries, insb. S. 32 über die Selbstverständlichkeit der Prügelstrafe; Rose, Erosion, S. 179ff.
193 Humphries, Hooligans, S. 214ff.
194 Humphries et al., S. 92f.
195 Vgl. Gräser, S. 96; zur Bedeutung der ›Straße‹ im Jugenddiskurs in Deutschland siehe: Behnken u. Zinnecker; Hafeneger, S.22; Lindner, Straße.
196 Mayhew u. Binny, S. 387; vgl. zur ethnologischen Methode: Lippold.
197 Cunningham, Children, S. 97ff.

kriminologischen Denken die atavistische Vorstellung von der Kindheit als einer niedrigeren, den ›wilden‹ Naturvölkern ebenso wie den Kriminellen verwandte Entwicklungsstufe des Menschen.[198] Für die Pädagogik ergab sich aus dieser negativen Bewertung der kindlichen Psyche die klare Konsequenz, daß Erziehung nur die Zähmung und Überwindung des ›Wilden‹ im Kind bedeuten konnte.[199] Die Verwandlung der zerlumpten und schmutzigen ›kleinen Wilden‹ in ›ordentliche‹ Kinder wurde dementsprechend als missionarische Aufgabe empfunden und von vielen Anstalten in Fotographien dokumentiert, die die Zöglinge zunächst bei ihrer Aufnahme quasi im ›Naturzustand‹ und später in ordentlicher Anstaltskleidung zeigten; solche ›Vorher-Nachher‹-Fotographien wurden von verschiedenen Organisationen der Jugendwohlfahrt als Werbemittel zur Spendenakquirierung verwandt.[200]

Die auf die Zwangszöglinge gerichteten Erziehungsbemühungen waren also zugleich ein kleiner Mosaikstein in der großen und vielgestaltigen Strategie des Bürgertums, ihre kulturelle Hegemonie gegenüber den Unterschichten durchzusetzen. Was den persönlichen Umgang der Anstaltsleiter und ihrer Helfer mit den Zöglingen trübte, war daher auch die kulturelle Kluft zwischen Bürgertum und Unterschichten, als deren Repräsentanten sich beide Seiten gegenüberstanden. Daß viele der bürgerlichen Verhaltensnormen und Wertvorstellungen von den Kindern und Jugendlichen, die in den großstädtischen Arbeitervierteln in einer veränderten Lebenswelt und in einem neuen kulturellen Milieu aufwuchsen, nicht geteilt und befolgt wurden, konnte besonders von den christlichen Kinderrettern nicht anders denn als moralischer Verfall gedeutet werden. Englische und deutsche Kinderretter teilten ihre Entrüstung über zu frühe Unabhängigkeit, ›Genußsucht‹ und Autoritätsverneinung der Unterschichtsjugend und über ihre Vorliebe für die ›Straße‹, Kino und Groschenromane. Die ablehnende Haltung zur Religion mußte die christlich-konservative Richtung der Jugendfürsorge besonders treffen, die ja zum großen Teil von Geistlichen getragen wurde. Auch wenn selbst Wichern davor ge-

---

198 Siehe Kap. 2.2.

199 Vgl. Malmede, Genius; vgl. Kap. 2.

200 z.B. *Bolton Journal*, 13.1.1872, S. 5d-e (*Rev. Stephenson Children's Home* in Bolton); Stanhope-Brown, S. 44 (*Manchester Boys' and Girls' Welfare Society*); Cunningham, Children, S. 142 (*Dr. Barnado's Children Homes*).

warnt hatte, die Zöglinge »zu Gott zu drängen«[201], blieb die Religion doch das vorrangige Thema in den konfessionellen und ebenso in den staatlichen Anstalten, die teilweise ebenfalls von Geistlichen geleitet wurden. Der preußische Staat verlangte von allen Erziehungsanstalten explizit eine »ernst religiös-sittliche Erziehung«[202], die bei den Betroffenen jedoch auf »passiven und aktiven Widerstand«[203] stieß, wie in einem Bericht der staatlichen Erziehungsanstalten zugegeben wurde. Den Anstaltsleitern erging es dabei nicht anders als den Gefängnisgeistlichen, die in ihren Jahresberichten über die städtische Unterschichtsjugend – im Gegensatz zu ihren Altersgenossen aus ländlichen Regionen – entsetzt konstatierten: *»In einer gegen die kirchliche und staatliche Autorität wühlenden und hetzenden, sittlich verlotterten Gesellschaft groß geworden, haben sie jeden religiösen Sinn nicht bloß verloren, sondern sind direkt Religionsfeinde geworden.«*[204] Wo jugendliche Straffälligkeit und Verwahrlosung pauschal mit proletarischer Alltagskultur und Religionsablehnung vermengt und als Sünde im religiösen Sinne bewertet wurde, konnte keine entspannte und nachsichtige Haltung in der Behandlung der Zöglinge Platz greifen. Das galt für Deutschland noch mehr als für England, da sich hier zur moralischen Entrüstung noch die politische Angst vor der Arbeiterbewegung gesellte. Das Problem der Jugenddelinquenz wurde in der Wahrnehmung der bürgerlichen Öffentlichkeit in Deutschland aufgeladen mit kulturpessimistischen und politischen Ängsten vor einer völligen Auflösung der gesellschaftlichen Ordnung. Daß diese politische Dimension in England keine vergleichbare Rolle spielte, ist ein Beleg für die weitaus geringeren Spannungen in den englischen Sozial- und Klassenbeziehungen. Es charakterisierte das gesamte christlich-konservative Lager der Jugendfürsorge in Deutschland, daß es kaum in der Lage und willens war, zwischen sozialer Verwahrlosung einerseits und kultureller und politischer Opposition der Unterschichtsjugend andererseits, zwischen Autoritätsablehnung im persönlichen und im politischen Bereich zu differenzieren. Der Kampf gegen die Verwahrlosung der Jugendlichen wurde

201 Wichern, Rettungsanstalten, S. 146.

202 Preuß. Min. des Innern, Statistik über die Fürsorgeerziehung für 1902, S. XV (Ausführungsbestimmungen zum FEG).

203 Ebd. für 1909, Abschnitt A, S. 119.

204 Preuß. Min. des Innern, Statistik der [...] Strafanstalten für 1910, S. CIV; vgl. für Engand: Parl. Papers, Report [...] Prisons for 1907, S. 289.

zugleich als ein politischer Kampf gegen den Einfluß der Sozialdemokratie auf die Arbeiterjugend gesehen, die – so die Diagnose eines katholischen Gefängnisgeistlichen – von *»Freidenkertum und Sozialdemokratie [...] von einem sittlichen Abgrund in den anderen«*[205] gerissen werde. Deshalb auch nannte ein Redner auf einer Konferenz evangelischer Erziehungsanstalten als größtes Hindernis bei dem Versuch, die Selbständigkeit und Autoritätsverachtung der Jugendlichen zurückzudrängen, die »Einflüsterungen« der Sozialdemokratie, *»die es als des Menschen unwürdig bezeichnen, sich fortgesetzt gängeln zu wollen, und die [...] Gesellschaft, Staat, Kirche als etwas hinstellen, was nur geschaffen sei zur Beschränkung der menschlichen Freiheit, zur Knechtschaft.«*[206] Zum Erziehungsprogramm der Anstalten gehörte die politische Beeinflussung im ›patriotischen Sinne‹, die Vermittlung von »Liebe zur Provinz, zum Vaterland, zum Staat«[207] selbstverständlich dazu. Auch in ihrer knapp bemessenen Freizeit und an den Feiertagen wurde die Unterhaltung der Zöglinge nicht dem Zufall und ihrem schlechten Geschmack überlassen:

»Es kommt dabei auch darauf an, den Zöglingen einen Geschmack an edler Freude zu geben und sie zu patriotischem Sinn zu erziehen, Freude an der Natur zu wecken und ihnen zu zeigen, wie sie ihre Freizeit und besonders die Sonntage zubringen sollen. Kaisers Geburtstag, der Sedantag und Weihnachten werden besonders festlich [...] begangen.«[208]

Das Ziel der weitgehenden Abschottung der Anstalt von der Welt und der geistigen Bevormundung der Zöglinge war letztlich die Konsequenz aus einem tiefen Mißtrauen und der Angst der Anstaltsleiter vor dem unkontrollierbarem Eigensinn der Zöglinge. Nach einer Umfrage des Allgemeinen Fürsorgeerziehungstages waren Zeitungen aus den meisten Anstalten verbannt, weil man besonders den negativen Einfluß von Berichten über Anstaltsskandale und entlaufene Fürsorgezöglinge fürchtete. *»Keine Zeitung, auch die beste nicht, ist ganz frei von Dingen, die bei der eigentümlichen Art unserer Zöglinge nicht Anstoß zu unerwünschten Gedankengängen geben könnte.«*[209] Nur unter der Bedingung, daß das Anstaltspersonal den Zöglingen *»zur richtigen Ur-*

205 Preuß. Min. des Innern, Statistik der [...] Strafanstalten für 1910, S. CIV.
206 Hammerschmidt, S. 25f.
207 Seiffert, Arbeitserziehung, S. 99.
208 Preuß. Min. des Innern, Statistik über die Fürsorgeerziehung für 1909, Abschnitt A, S. 121.
209 Backhausen, Die Zeitungen in den Erziehungsanstalten, in: ZB 6/1914-15, S. 57.

*teilsbildung zu verhelfen imstande ist«*, befürwortete Pastor Backhausen die Zeitungslektüre.

Diese christlich-konservative Weltsicht und das daraus abgeleitete Erziehungskonzept wurde durchaus nicht von allen Gruppierungen der Jugendfürsorge geteilt; ein Teil der ›progressiven‹ Strömung innerhalb der Reformbewegung, die sich ungefähr seit der Jahrhundertwende bemerkbar machte, begegnete den delinquenten Jugendlichen und ihrer Lebenswelt – soweit sie sich nicht in die pseudo-Wissenschaftlichkeit psychiatrischer und kriminalbiologischer Degenerationstheorien verstieg – mit wesentlich größerem Verständnis und der Bereitschaft, die kulturelle und politische Differenz zwischen sich und den Jugendlichen zumindest teilweise zu akzeptieren. In wesentlich größerem Umfang vollzog sich dieser Wandel der Wahrnehmungen in England, wo sich seit der Jahrhundertwende eine entspanntere Haltung zur Jugendkriminalität allgemein durchsetzte und der Kulturpessimismus deutscher Prägung keine meinungsbildende Rolle spielte. Die historisch gewachsenen Strukturen der Jugendkriminalpolitik brachten es jedoch mit sich, daß diese neuen Strömungen in der Reformbewegung, die auch das Ergebnis eines Generationenwechsels waren, auf die Praxis der Erziehungsanstalten fast keinen Einfluß ausübten. Während sich die neuen Strömungen der Jugendkriminalpolitik eher ganz von der Zwangserziehung abwandten und auf eine mehr kooperative Strategie der Verhaltensbeeinflussung setzten, blieben die Erziehungsanstalten mit wenigen Ausnahmen unter dem Einfluß der konservativen Kinderretter, die sich gegen Kritik und Reformvorschläge weitgehend abschotteten. Daß die Zwangs- und Fürsorgezöglinge in den Anstalten ausgerechnet mit diesen christlich-konservativen Kinderrettern konfrontiert wurden, die schon bei den ›normalen‹ Unterschichtsjugendlichen in den Großstädten auf Ablehnung stießen, war keine gute Voraussetzung für den Erfolg der Anstaltserziehung. Noch viel weniger stand zu erwarten, daß die delinquenten Jugendlichen, die ihre mangelnde Anpassungsfähigkeit an die in der Gesellschaft geltenden Verhaltens- und Leistungsnormen bereits unter Beweis gestellt hatten, sich auf das antiquierte Erziehungskonzept dieser Kinderretter einlassen würden.

Und noch ein weiterer Faktor verschärfte in der preußischen Fürsorgeerziehung ganz entscheidend das schwierige Verhältnis zwischen Zöglingen und Erziehern: Das Überwiegen der oberen Altersstufen zwischen 14 und 20 Jahren. Waren in England nur 20% der Zwangszöglinge in *industrial* und *refor-*

*matory schools* zum Zeitpunkt der Einweisung 14 oder 15 Jahre alt, so stellten die Jugendlichen in Preußen mit 53% die Mehrheit. Mit einem Drittel der Einweisungen waren die 16- bis 17jährigen sogar die größte Gruppe, während diese Position in England von den 12- bis 13jährigen eingenommen wurde. Läßt man die in Familienpflege untergebrachten Zöglinge außer Betracht, dann waren in Preußen sogar 63% der im Jahr 1911 neu in Erziehungsanstalten eingewiesenen Fürsorgezöglinge im jugendlichen Alter und 40% 16 oder 17 Jahre alt; bei den Mädchen waren es sogar 76% bzw. 56% (Abb. 4.5).[210] Da die Fürsorgeerziehung über das 18. Lebensjahr fortdauerte, befanden sich in preußischen Erziehungsanstalten zu einem erheblichen Teil junge Erwachsene, die bereits das Alter der vollen Strafmündigkeit erreicht hatten. 1922 wurde die Obergrenze des Einweisungsalters sogar auf 20 Jahre angehoben, jedoch 1932 inmitten der schweren Krise der Fürsorgeerziehung durch Notver-

*Abb. 4.5: England & Wales und Preußen im Vergleich, 1911/12. In Erziehungsanstalten eingewiesene Zwangszöglinge nach Altersgruppen*

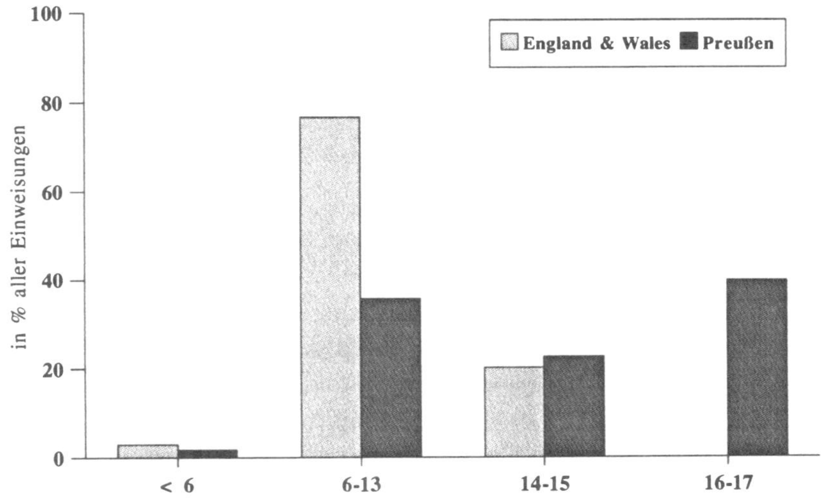


Preußen: ohne Einweisungen in Pflegefamilien; England & Wales: inkl. Schottland
Quelle: Preuß. Min. d. Innern, Statistik über die Fürsorgeerziehung für 1912, Tab. VII; Barnett, Delinquents, S. 44

210 Preuß. Min. des Innern, Statistik über die Fürsorgeerziehung für 1912, Tabelle VII.

ordnungen wieder zurückgenommen.[211] Daß die Ausweitung der Fürsorgeerziehung über das Jugendalter hinaus die entscheidende Ursache für die Häufung der Disziplinprobleme und Anstaltsrevolten war, welche schließlich am Ende der 1920er Jahre die gesamte deutsche Jugendfürsorge erschütterten, erscheint umso plausibler, wenn man im Vergleich dazu die englische Entwicklung betrachtet. Durch die niedrige Altersgrenze von 15 Jahren bewahrte man hier sowohl die Erziehungsanstalten als auch die Betroffenen selbst vor den negativen Folgen des zweifelhaften Versuchs, ein Behandlungskonzept überzustrapazieren. Zwar wurde in England für die 16- bis 21jährigen Straffälligen eine besondere, der Zwangserziehung ähnliche Form des Strafvollzuges eingeführt, jedoch blieb diese Gefängnisstrafe klar an die Begehung einer Straftat gebunden und wurde nur relativ selten angewandt.[212] Auch in Deutschland war im übrigen das 16. Lebensjahr lange Zeit die Grenze für die Einweisung in die Zwangserziehung gewesen. Johann Wichern hatte das 11. und 12. Lebensjahr als das beste Alter für die Aufnahme in Rettungshäuser genannt und sogar vor der Aufnahme von Jugendlichen über 14 Jahren gewarnt.[213] In Preußen wurde die staatliche Zwangserziehung vor 1900 überwiegend auf Kinder angewandt, und viele andere Länder des deutschen Reiches wie Bayern, Sachsen und Württemberg hielten auch nach 1900 an der Altersgrenze von 16 Jahren fest.[214] Selbst in den Entwürfen der IKV von 1892 war diese Altersgrenze noch bei Einweisungen wegen Verwahrlosung vorgesehen, auch wenn Appelius davon überzeugt war, daß

»im vorgerückten Alter die in der Erziehungsanstalt empfangenen Lehren viel leichter aufgenommen werden und nachhaltiger wirken, als in ganz jungen Jahren; auch eine Erziehung, die erst nahe dem achtzehnten Lebensjahre beginnt, ist durchaus nicht vergeblich.«[215]

Die dann entgegen dieser optimistischen Prognose auftretenden massiven Probleme mit den älteren Jugendlichen beherrschten bald nach der Jahrhundertwende die Diskussionen der Reformbewegung, weil sie den Erfolg der gesamten Anstaltserziehung bedrohten. *»Die sog. Unverbesserlichen sind unsere*

---

211 Vgl. dazu Gräser, S. 172ff.; Peukert, Grenzen, S. 253ff.
212 Siehe Kap. 5.1.1.
213 Wichern, Rettungsanstalten, S. 113.
214 Vieregge, S. 101f.
215 Appelius, Behandlung, S. 154.

*Last, das Gift für unsere Anstalt«*[216], klagte der Anstaltsleiter Pastor Backhausen.

Das Ende der Schulpflicht und der Beginn der Erwerbstätigkeit markierte für die deutschen ebenso wie für die englischen Jugendlichen der Arbeiterschichten das Ende der eigentlichen Jugendzeit und den Beginn eines Lebensabschnittes, der dem Erwachsenenstatus bereits sehr nahe stand. Die Klagen der bürgerlichen Beobachter über die verfrühte Unabhängigkeit und Autoritätsverachtung der Unterschichtsjugend können diesen Befund nur bestätigen. Diese Altersgruppe durch den Einsatz von Freiheitsentzug und physischer Gewalt ›erziehen‹ zu wollen, mußte den Widerstand der Betroffenen provozieren, der natürlich weit schwieriger zu zügeln war als der von Kindern. In den Diskussionen der Anstaltsleiter über die älteren Zöglinge spiegelt sich indirekt die innere Ablehnung und Verbitterung der Jugendlichen wider, die die einschneidende Sanktion einer mehrjährigen Anstaltserziehung – oft ausgelöst durch ein Bagatelldelikt, für das erwachsene Delinquenten mit kurzen Gefängnisstrafen davongekamen – nicht akzeptieren wollten. Den *»furchtbarsten Haß gegen die Fürsorgeerziehung in diesen Burschen«*[217] konstatierte ein Gefängnisgeistlicher, der als Außenstehender die Probleme der Erziehungsanstalten unbefangener aussprach. Ein anderer Gefängnisgeistlicher, der in seiner Arbeit häufig mit ehemaligen Fürsorgezöglingen zu tun hatte, hörte von diesen »immer und immer wieder« die Devise: *»›Lieber ins Gefängnis, als in die Erziehungsanstalt!‹ Diese Angst der Fürsorgezöglinge vor der Erziehungsanstalt ist für uns manchmal nahezu beängstigend.«*[218] In einem Ausschuß des Allgemeinen Fürsorgeerziehungstages, der speziell dem Problem der ›schwererziehbaren‹ männlichen Zöglinge gewidmet war, tauschten die Leiter von Erziehungsanstalten ihre wenig erfreulichen Erfahrungen aus und beratschlagten mögliche Behandlungskonzepte. Dabei handelte es sich vor allem um Anstalten, die speziell schwer zu disziplinierende ältere Zöglinge aufnahmen. In einer Sitzung des Ausschusses 1911 berichtete Backhausen resigniert aus seiner Anstalt:

---

216 Backhausen, Diskussionsbeitrag, in: Allgemeiner Fürsorge-Erziehungs-Tag (Hg.), Bericht (1912), S. 30.

217 Matz, S. 126.

218 Richter, Diskussionsbeitrag, in: Central-Ausschuß für Innere Mission (Hg.), Verhandlungen der 10. Konferenz, S. 75f.

»Der korporative Widerstand der Zöglinge gegen die Erziehung ist noch zu stark [...] Die Gemütspflege leidet unter dem deprimierendem Eindruck der gefängnisartigen Räume. Die Landarbeit war bisher ohne Anwendung einer Zwangshose, die das Entweichen erschwert, nicht durchführbar. Hat überhaupt eine Erziehung, die fast ausschließlich in eisernem Zwang besteht, Zweck und Erfolg?«[219]

Ähnliche Erfahrungen wurden in der ostwestfälischen ›Moorburg‹ gesammelt, einer geschlossenen Abteilung der Anstalten der Inneren Mission in Bethel, in der die Zöglinge mit Torfstechen beschäftigt wurden. Pastor von Bodelschwingh, ein Verwandter des Gründers der Bodelschwinghschen Anstalten, mußte das Scheitern seiner Behandlungsstrategie zugeben:

»Demütigend für uns ist [...], daß 14 der Zöglinge eine Kettenhose tragen müssen. Es gab eine Zeit, da wir dieses Zwangsmittel nicht gebrauchten. Ein unscheinbarer, buckeliger Bruder [Erzieher, D.O.] [...] konnte den Gemütern bis auf den Grund kommen und das machte die ›Kettenhose‹ unnötig. Der Bruder brach unter der Arbeit zusammen. Jetzt müssen wir aber wieder zu jenem Zwangmittel greifen und haben zwei Revolten gehabt. Wir sorgen für Gemütlichkeit in der Anstalt. [...] Tagsüber herrscht der Kommandoton, abends der seelsorgerische Ton. Nur nicht im Gönnerton reden.«[220]

Abends wurden die Zöglinge in Einzelzellen eingeschlossen, in denen nicht einmal Tische oder Bücherregale vorhanden waren. Die arbeitsfreien Sonntagen mußten die Zöglinge wegen der Fluchtgefahr in der Anstalt verbringen.[221] In einer anderen Anstalt ließ man die Zöglinge außerhalb der Anstaltsmauern nur unter *»scharfe[r] Beaufsichtigung [...] verstärkt durch einen Schutzhund«* arbeiten, und auch Pastor Seiffert empfahl seinen Kollegen *»die Anschaffung eines gut dressierten Schutzhundes«* sowie Einzelarbeitsplätze in der Anstalt, die *»von einem drei Meter hohen Drahtzaun umgeben«* sind.[222]

Unter den Anstaltsleitern herrschte über die angemessene Behandlung der älteren Zöglinge, für die sich bald die Begriffe ›Schwererziehbare‹ und ›Unerziehbare‹ eingebürgert hatten, Ratlosigkeit. Eine dosierte Zurücknahme des Gefängnischarakters, die Vermeidung von »chronischem Mißtrauen« und zu häufiger Anwendung der Prügelstrafe sowie ein beschränktes Maß an ›Selbstverwaltung‹ sollten daher guten Willen demonstrieren und die Situation in den

219 Ebd, S. 42f.
220 Ebd., S. 43.
221 ZB 4/1912-13, S. 46ff.
222 Ebd., S. 45.

Anstalten entspannen – oft mit dem einzigen Ergebnis, daß die Zöglinge diese Lockerung zur Flucht oder zu gesteigerter Aufsässigkeit nutzten.[223] Ein Verzicht auf die Prügelstrafe erschien in dieser Zwangssituation illusorisch:

»Die bisherigen Erfahrungen lassen leider mit ziemlicher Sicherheit erwarten, daß ohne das Damoklesschwert strenger körperlicher Züchtigungen diese Burschen einfach nicht zu zügeln und die Erzieher in ihrer persönlichen Sicherheit nicht ausreichend zu schützen sind.«[224]

War das Klima in der Anstalt erst durch Repression und körperliche Gewalt geprägt, so entwickelte sich im Verhältnis zwischen Zöglingen und Anstaltspersonal eine negative Dynamik, die der Autor Georg Glaser in seinem 1932 veröffentlichten Roman ›Schluckebier‹ aufgrund seiner eigenen Erfahrungen als Fürsorgezögling eindrucksvoll beschrieb. Er verglich die Anstaltssituation mit einem Raubtierkäfig, in dem der Dompteur »halbgezähmte Bestien« in Schach hielt, die über ihren Unterdrücker herfielen, sobald dieser sich Schwächen erlaubte.[225]

Neben Revolten war die Flucht aus der Anstalt die häufigste Form des Widerstandes der Zöglinge. Die höchst unterschiedliche Zahl von Entweichungen in Preußen und England kann als weiteres Indiz für die größeren Disziplinprobleme der preußischen Erziehungsanstalten mit den älteren Zöglingen bewertet werden. Mit deutlich steigender Tendenz verzeichnete die preußische Statistik anfangs unter 1.000, 1906 schon 3.000 und 1912 sogar über 6.000 Entweichungen, die etwa zu gleichen Teilen die Erziehungsanstalten und die Pflegefamilien betrafen (Tab. 4.4). Damit betrug die Zahl der Zöglinge, die der Fürsorgeerziehung zu entkommen versuchten, in den ersten Jahren 8,5% bis 10% und kurz vor dem Ersten Weltkrieg fast 12% des gesamten Bestandes bzw. über 60% der jährlichen Neueinweisungen! Die evangelischen Anstalten waren von Entweichungen deutlich häufiger betroffen als die katholischen; insbesondere bei den Mädchen lag die Rate der evangelischen Anstalten um

---

223 Backhausen, Diskussionsbeitrag, in: Deutsche Zentrale für Jugendfürsorge (Hg.), Verhandlungen über die Wirksamkeit, S. 91. Über die Erfahrungen im ›Burschenfürsorgeheim‹ der evangelischen Anstalt Straußberg wurde berichtet: *»Es ist bemerkenswert, daß jede Milderung hier mit Hohn und unerträglich gestiegener Aufsässigkeit aufgenommen wurde.«* (ZB 5/1913-14, S. 127).

224 Anonym, Zur Behandlung der schwererziehbaren Fürsorgezöglinge, in: ZB 5/1913-14, S. 127f.

225 Glaser, S. 79f.

das zwei- bis dreifache über der der katholischen, was den evangelischen Pastor Backhausen zu selbstkritischen Gedanken über die Qualität der evangelischen Rettungshäuser veranlaßte.[226] Auch wenn es gelang, ungefähr zwei Drittel der flüchtigen Zöglinge wieder zurückzubringen, so blieben die massenhaften Entweichungen eine unmißverständlicher Hinweis auf die widerspenstige Haltung der Jugendlichen zur Fürsorgeerziehung. In den letzten Jahren vor dem Ersten Weltkrieg waren permanent ca. 5% aller Fürsorgezöglinge flüchtig. Eine um Potenzen niedrigere Zahl von Entweichungen verzeichnete demgegenüber die englische Zwangserziehungsstatistik: 1911 sind demnach aus den *reformatory schools* nur 40 und aus den *industrial schools* sogar nur 28 Zöglinge geflüchtet; das entsprach 0,8 bzw. 0,2% des Bestandes.[227] Inwieweit diese Zahlen auch auf unvollständige Meldungen der Anstaltsleitungen zurückzuführen sind, kann nicht rekonstruiert werden, da das Thema Entweichungen in England kaum thematisiert wurde.

*Tab. 4.4: Preußen, 1902 - 1910. Fürsorgeerziehung, Anzahl der jährlichen Entweichungen aus Anstalten und Familien, absolut und % vom Bestand*

| Jahr | Erziehungsanstalten | | Fam.unterbringung | | zusammen | | *(Neueinw.)* |
|---|---|---|---|---|---|---|---|
| | *abs.* | *%* | *abs.* | *%* | *abs.* | *%* | *abs.* |
| 1902 | 600 | 7.1 | 144 | 3.5 | 744 | 5.4 | *6197* |
| [...] | | | | | | | |
| 1906 | 1321 | 8.0 | 1636 | 10.2 | 2957 | 8.4 | *6923* |
| 1907 | 1698 | 9.9 | 2181 | 11.8 | 3879 | 10.0 | *6921* |
| 1908 | 1815 | 9.9 | 1994 | 9.8 | 3809 | 9.1 | *7455* |
| 1909 | 2064 | 10.9 | 2387 | 10.5 | 4451 | 9.9 | *8099* |
| 1910 | 2103 | 10.3 | 3039 | 12.7 | 5142 | 10.8 | *8733* |
| 1911 | 2458 | 11.4 | 3421 | 13.5 | 5879 | 11.6 | *9348* |
| 1912 | 2738 | 12.2 | 3532 | 13.0 | 6270 | 11.7 | *10183* |

Quelle: Preuß. Min. des Innern, Statistik über die Fürsorgeerziehung für 1901ff.

226 Backhausen, Entweichen, S. 243.
227 Barnett, Delinquents, S. 37f.

Der Diskurs der deutschen Anstaltsleiter und Fachleute angesichts des offenkundigen Scheiterns der Fürsorgeerziehung bei den älteren Zöglingen nahm mit dem Begriff der ›Unerziehbarkeit‹ und der damit verbundenen Heranziehung psychiatrischer und erbbiologischer Erklärungsmuster, die schließlich in der Befürwortung totalitärer Lösungen mündeten, einen verhängnisvollen Verlauf. Anstatt die Ursachen der Disziplinprobleme in der überzogenen altersmäßigen Ausdehnung der Fürsorgeerziehung zu suchen, gab man den renitenten Zöglingen selbst die Schuld und kleidete diese Schuldzuweisung in die Form wissenschaftlicher Erkenntnisse über ihre psychische ›Abnormität‹. In England ist eine vergleichbare Diskussion dagegen ausgeblieben, weil auch die entsprechenden Probleme in der Anstaltserziehung ausblieben. Die krisenhafte Entwicklung der Fürsorgeerziehung in Deutschland mit allen ihren Folgewirkungen *auch* auf die Folgen der hohen Altersgrenzen zurückzuführen, ist scheinbar so banal, daß dieser Faktor von deutschen Sozialhistorikern bislang schlichtweg übersehen wurde. Das gilt neben Detlev Peukert auch für Marcus Gräser, der die Erziehungsideologie der Fürsorgeerziehung unbewußt übernimmt, wenn er die 1932 erfolgte Begrenzung der Fürsorgeerziehung auf das 19. Lebensjahr nicht als Einsicht in die Untauglichkeit dieser Behandlungsform für junge Erwachsene, sondern als ein Verstoß gegen das vom Weimarer Wohlfahrtsstaat postulierte ›Recht auf Erziehung‹ bewertet.[228]

### 4.2.3 Die abschreckende Wirkung der Zwangserziehung als ›schwerste Strafe‹

Daß die Praxis der Zwangserziehung erheblich von den ursprünglichen Konzepten der Reformbewegung abwich, dafür haben wir in den vorangegangenen Abschnitten eine Vielzahl von Indizien gesammelt. Im Kern entstand diese Diskrepanz aus dem hochgesteckten Anspruch der Reformbewegung, mit der Gefängnisstrafe auch die Ziele des traditionellen Strafrechts, nämlich Abschreckung und Sicherung, aufzugeben und ausschließlich auf die Besserung als Sanktionszweck der Zwangserziehung zu setzen. Die Abgrenzung von der Gefängnisstrafe und vom Abschreckungsprinzip war der zentrale Ausgangs-

228 Gräser, S. 177. Vgl. dagegen die Darstellung bei Dickinson, S. 194ff.

punkt für die Reformen des Jugendstrafrechts gewesen. Das Ziel der dauerhaften Verhaltensbeeinflussung setzte das Einverständnis der betroffenen Zöglinge zu ihrer Erziehung voraus. Schließlich ruhte auch die Legitimation der Zwangserziehung auf dem Anspruch, im wohlverstandenen Eigeninteresse der delinquenten Jugendlichen zu handeln. Nur weil die Zwangserziehung nicht als eine Bestrafung der Zöglinge, sondern als eine ›Wohltat‹ bewertet wurde, war die einschneidende Wirkung des langen Freiheitsentzuges überhaupt zu rechtfertigen. Das galt insbesondere für die deutsche Jugendkriminalpolitik, die durch die Verankerung der Zwangserziehung im Zivilrecht eine strikte Trennung von den Zielen des Strafrechts vollzogen hatte.

Es kann jedoch kein Zweifel daran bestehen, daß die Zwangserziehung in der Praxis viele Ähnlichkeiten mit der Gefängnisstrafe hatte und diese in ihren abschreckenden und sichernden Funktionen sogar noch übertraf. Dafür sorgte schon die Tatsache des langfristigen Freiheitsentzugs; hinzu kam die unvermeidliche Stigmatisierung der entlassenen Zöglinge. Das repressive, auf Unterordnung und Gehorsam ausgerichtete Anstaltsleben konterkarierte den erzieherischen Anspruch der Reformbewegung, da diese zumindest rhetorisch den Zwang als Grundlage der pädagogischen Beziehung zu den Zöglingen ablehnte; dies sollte in Preußen auch durch die Umbenennung der Zwangs- zur ›Fürsorgeerziehung‹ symbolisiert werden. Für die Wirkung der Zwangserziehung kam es jedoch entscheidend darauf an, wie sie von den Betroffenen selbst empfunden und in der Öffentlichkeit wahrgenommen wurde. Soweit Quellen über diese Perspektive verfügbar sind, weisen sie eindeutig darauf hin, daß die Zwangserziehung von den Jugendlichen und ihren Familien nicht als eine erzieherische Wohltat, sondern als eine Strafe empfunden wurde und deshalb auf massive Ablehnung stieß. Nachrichten über exzessive körperliche Züchtigungen, Mißhandlungen und Anstaltsrevolten gab es sowohl aus England wie aus Preußen, wo sie um so zahlreicher wurden, je länger sich die christlich-konservativen Erziehungsanstalten gegen innere Reformen sträubten. Zwar prägten diese Skandale wohl nicht den Anstaltsalltag und eignen sich deshalb nur begrenzt als Gradmesser der Disziplinierungsprobleme und des Widerstandes der Zöglinge; umso mehr trugen sie dazu bei, das negative Bild der Zwangserziehung in der Öffentlichkeit zu verfestigen.

Ablehnung und Widerstand gegen die Zwangserziehung scheinen in Deutschland insgesamt heftiger als in England gewesen zu sein. Die Einstellung der unteren Schichten zum Staat und damit auch zur Justiz war in Deutschland generell stärker von Mißtrauen und Ablehnung geprägt als in England; der Vorwurf der ›Klassenjustiz‹ war ein Symptom für konfrontative Sozialbeziehungen und belastete das Ansehen des Berufsstandes der Juristen in den unteren Bevölkerungsschichten erheblich.[229] Die Ablehnung der Zwangserziehung war aber keineswegs das Produkt marxistischer Gesellschaftskritik oder politischer Propaganda, sondern entsprang den lebensweltlichen Erfahrungen und Einstellungen der Betroffenen, die man überwiegend der ›rauhen‹ Arbeiterschaft zuordnen kann. Die Ausdehnung der Zwangserziehung nach der Jahrhundertwende führte zu teilweise heftigen Protestreaktionen der betroffenen Familien und der lokalen Öffentlichkeit. Die für die Fürsorgeerziehung zuständigen regionalen Behörden erreichte eine Flut von Petitionen von betroffenen Eltern, die sich gegen die gerichtliche Anordnung der Fürsorgeerziehung wehren oder eine frühzeitige Entlassung ihrer Kinder erreichen wollten.[230] Die Mitglieder der Jugendfürsorgeausschüsse, deren Berichte über die persönlichen Verhältnisse der jugendlichen Delinquenten für die gerichtliche Anordnung der Fürsorgeerziehung mit entscheidend waren, sahen sich dem Haß und den Beleidigungen der Angehörigen ausgesetzt.[231] Davon waren Lehrer und Pfarrer, die den Gerichten von Berufs wegen über das Verhalten der Jugendlichen Auskunft gaben, besonders betroffen. Julius Landsberg übertrieb wohl nicht mit seiner Feststellung, die Fürsorgeerziehung ziehe »Mißtrauen und Ablehnung von Millionen auf sich«[232]. Das OLG Köln regte vor diesem Hintergrund 1906 an, die Gutachten von Lehrern und Geistlichen nicht wörtlich in die Urteilsbegründung aufzunehmen, um sie vor Beleidigungen und Beschimpfungen zu schützen.[233] Dieser Vorschlag kennzeichnet das gespannte Verhältnis zwischen den Instanzen und Objekten der staatlichen

229 Vgl. Liepmann u. Mannhardt, S. 128ff; Liszt, Kriminalität, S. 350f.

230 Im Oberpräsidium Münster füllten solche Bittschriften bis 1929 nicht weniger als 19 Aktenbände. Siehe StA Münster, OP Münster Nr. 2639, Bd. 1-19; vgl. HStA Düsseldorf, Regierung Düsseldorf Nr. 10797. Das preußische Innenministerium nahm diese Flut als positives Anzeichen einer verstärkten elterlichen Bemühens um ihre Kinder, das durch die Fürsorgeerziehung bewirkt worden sei (Preuß. Min. des Innern, Statistik über die Fürsorgeerziehung für 1902, S. 11).

231 Landsberg, Fürsorgeausschuß, S. 56.

232 Landsberg, Schutzaufsicht, S. 592.

233 OLG Köln, Memo, 13.11.1906, in: HStA Düsseldorf, LG Köln Nr. 28/485; vgl. auch Grünhut, Development, S. 242f.

Ordnung und speziell die ablehnende Haltung der Betroffenen zur Fürsorgeerziehung. In der Revolution von 1918 weitete sich der latente Widerstand gegen die Fürsorgeerziehung zu einer vorübergehenden Aushebelung der Rechtsordnung aus und führte auch zu einer Politisierung des Protestes der Betroffenen. Lokale Arbeiter- und Soldatenräte veranlaßten die Freilassung von Zöglingen, die mit dem Ende der Monarchie auch das Ende ihrer Bevormundung gekommen sahen;[234] in Hamburg gründeten ehemalige Fürsorgezöglinge mit Unterstützung der KPD einen Verein, deren Mitteilungsorgan unter dem Titel ›Der Verfemte. Kampfschrift der Deklassierten‹ erschien.[235]

Als weiteres Indiz des mißglückten Versuches, die Betroffenen selbst von den Vorteilen der Zwangserziehung zu überzeugen, können die tausende jährlicher Entweichungen aus den preußischen Erziehungsanstalten gelten. Für das preußische Innenministerium war die hohe Zahl der Entweichungen ein deutlicher Beleg für die abschreckende Wirkung der Fürsorgeerziehung auf die betroffenen Jugendlichen:

»Wie sehr die Fürsorgeerziehung von den Minderjährigen selbst, namentlich von den älteren gefürchtet wird, geht einmal aus der großen Zahl der Entweichungen hervor, dann aber daraus, daß viele Zöglinge, namentlich solche, die das Gefängnisleben schon kennengelernt haben, Straftaten, und zwar oft sehr schwere – Diebstahl, Brandstiftung – begehen, wofür sie eine lange Freiheitsstrafe zu erwarten haben, um nur der Fürsorgeerziehung zu entgehen; das Gefängnis mit seiner bestimmt abgegrenzten Dauer ist ihnen lieber als die unbestimmt währende Fürsorgeerziehung.«[236]

Diese Erfahrung machten die Gerichte keineswegs erst nach der Jahrhundertwende, sondern schon in den 1850er und 1860er Jahren. 1862 berichtete der Generalstaatsanwalt für die Rheinprovinz über Strafprozesse gegen Zwangszöglinge, die im Arbeitshaus Brauweiler untergebracht waren, es sei auffallend, daß

»die Beschuldigten fast durchgängig die Erklärung abgeben, sie hätten die ihnen zur Last gelegten Verbrechen oder Vergehen nur deshalb begangen, um von einem Orte fortzukommen, an welchem der Aufenthalt ihnen unerträglich sei. Es sind sogar Fälle vorgekommen,

234 Bessel, State, S. 200f.; Gräser, S. 56f.
235 Harvey, S. 233.
236 Preuß. Min. des Innern, Statistik über die Fürsorgeerziehung für 1902, S. 11; vgl. gleichlautend Klumker, Jugendlichen, S. 439.

in welchen Corrigenden zu dem angegebenen Zwecke sich selbst grundlos eines schweren Diebstahls oder der Brandstiftung beschuldigten.«[237]

Zwei 16- und 17jährige Zöglinge der staatlichen Erziehungsanstalt Steinfeld wurden 1861 wegen einer so motivierten Brandstiftung zu zehn Jahren Zuchthaus verurteilt.[238]

Die Einschätzung des Innenministeriums, daß die Zöglinge das Gefängnis der Erziehungsanstalt vorzogen, entsprach der allgemeinen Beobachtung von Richtern, Gefängnisgeistlichen und Anstaltsleitern, soweit diese zu einer ehrlichen Bewertung ihrer Erfahrungen bereit waren. Sowohl auf den Tagungen der Verbände der Erziehungsanstalten als auch auf den Jugendgerichtstagen war der mißlungene Versuch, die Fürsorgeerziehung den Betroffenen als eine erzieherische Wohltat nahezubringen, ein vorrangiges Diskussionsthema.[239]

Viele Richter erkannten, daß der Wirkungsmechanismus der Zwangserziehung nicht nur auf der bessernden Wirkung auf diejenigen Jugendlichen beruhte, die von dieser Sanktion erfaßt wurden, sondern ebensosehr auf der generalpräventiven Wirkung auf diejenigen, die (noch) nicht von ihr erfaßt worden waren. Die preußischen Vormundschaftsrichter setzten diese abschreckende Wirkung gezielt in ihrer Rechtsprechungspraxis ein. Die Fürsorgeerziehung erfüllte damit eine Aufgabe, wie sie für eine am obersten Ende der Härteskala angesiedelte Sanktionsform typisch war: Ihre Wirkung überstrahlte das Maß ihrer tatsächlichen Anwendung. Die von einigen Vormundschaftsrichtern entwickelte Strategie, diese Wirkung durch die bloße Androhung der Fürsorgeerziehung im schwebenden Verfahren zu erhöhen, wird in Kap. 5.3.2.3 ausführlich untersucht. Ein Amtsrichter faßte die Wirkung dieser Strategie, die auf dem Abschreckungscharakter der Fürsorgeerziehung beruhte, so zusammen: *»Durch die im Hintergrunde stehende Fürsorgeerziehung [...] werden die jugendlichen Rechtsbrecher am allermeisten in Schranken gehalten. Sie fürchten diese immer noch vielmehr als das Gefängnis«.*[240]

---

237 General-Prokurator Nicolovius, Bericht an das Justizministerium, 13.5.1862, in: GStA PK, Rep. 84a Nr. 9763 (M), f. 89f.

238 Ebd.

239 Siehe ausführlich unten Kap. 4.3.

240 Badstübner, Diskussionsbeitrag, in: Allgemeiner Fürsorgeerziehungs-Tag (Hg.), Bericht (1910), S. 66.

Auch in England sprechen einige Indizien für den abschreckenden Charakter der Zwangserziehung und für eine entsprechende Verwendung als Strafsanktion. Unbeschadet aller Erziehungsrhetorik waren sich beide Seiten, sowohl Richter als auch straffällige Jugendliche, in der Beurteilung der Zwangserziehung als ›schwerste Strafe‹ einig. Wie in Deutschland nahm die Zwangserziehung in der Hierarchie der verfügbaren Sanktionsformen wegen des langen Freiheitsentzuges den obersten Rang ein, noch vor der weiterhin zulässigen Gefängnisstrafe. Daß viele englische Richter diese Wirkung mehr oder weniger bewußt eingesetzt haben, zeigt sich an ihrer Strafzumessungspraxis. Die Zwangserziehung wurde als ultima ratio des Sanktionskatalogs vorrangig bei Wiederholungstätern angewandt. Das Liverpooler Gericht berichtete zum Beispiel 1890, daß es *»never sends a juvenile to a Reformatory for a first offence, except under very exceptional circumstances.«*[241] Der gleiche Grundsatz wurde in Manchester verfolgt, wo Ersttäter üblicherweise eine Friedensbürgschaft eingehen mußten oder eine Prügelstrafe erhielten und erst bei einem Rückfall in eine Erziehungsanstalt eingewiesen wurden.[242] Der Liverpooler Polizeirichter J. Stewart hob die generalpräventive Wirkung der Zwangserziehung als einen besonders wirksamen Aspekt dieser Sanktion hervor. Schon die Drohung der Polizei, ein Kind oder Jugendlichen vor Gericht zu bringen, erst recht aber die tatsächliche Anordnung der Zwangserziehung führe zu einer deutlichen Stärkung der elterlichen Erziehungsbemühungen nicht nur in den betroffenen Familien, sondern auch in der Nachbarschaft.

»A policeman has simply to say to a woman: ›That child of yours is being neglected, and is not going to school. If you go on like this you will have to take it to Mr. Stewart.‹ One whole street was put right by three cases which were dealt with.«[243]

Dieses Sanktionsverhalten entsprach offensichtlich auch den Erwartungen von Reformbewegung und Regierung. Bereits 1862 wurde angesichts der ersten

---

241 Polizeigericht Liverpool, Brief an Home Office, 16. 10. 1890, in: PRO HO 45/9825/B8706/4; vgl. auch Macallum, Diskussionsbeitrag in: Summary of Proceedings, Punishment and Reformatory Dept., Transactions NAPSS 1862 (1863), S. 517-521.

242 Polizeigericht Manchester, Brief an Home Office, 1906, in: PRO HO 45/10340/139389/24.

243 W. J. Stewart, Aussageprotokoll, in: Parl. Papers, Reformatory and Industrial Schools (1896), minutes, S. 801f.

Erfahrungen Kritik an einer zu vorschnellen Anwendung der Zwangserziehung bei jugendlichen Straftätern laut. Thomas Barwick Baker warf seinen Richterkollegen vor, zu viele Ersttäter in Erziehungsanstalten einzuweisen, bei denen sich eine kriminelle Neigung noch nicht manifestiert habe.[244] Auch im Innenministerium sorgte man sich wiederholt über die hohe Quote von Ersttätern in den *reformatories*, die konstant zwischen 40% und 50% der Einweisungen betrug. 1882 kritisierte das Ministerium: *»Children have been sent to the Reformatory too young or on first conviction who are not real criminals«.*[245] 1890 ermahnte das Ministerium die Gerichte wiederum zur Vorsicht bei Einweisungen in *reformatories*, damit nicht »verhältnismäßig unschuldige Kinder mit älteren und abgebrühten Straftätern« in Kontakt gerieten.[246] Daß hier mit der ›Ansteckungsgefahr‹ dieselben Bedenken gegen die Erziehungsanstalten artikuliert wurden, die schon von der Kritik der Reformbewegung an der Gefängnisstrafe bekannt war, ist ein Anzeichen für die allmähliche Desillusionierung über die Zwangserziehung. Ein Teil dieser Besorgnis bezog sich allerdings konkret auf die *reformatories* und die geschilderte Problematik, daß straffällige Kinder zwischen zwölf und vierzehn Jahren und wiederholt straffällige Kinder auch unter zwölf Jahren aufgrund der gesetzlichen Bestimmungen nicht in *industrial schools* eingewiesen werden konnten, obwohl sie von ihrem Alter her dort besser aufgehoben schienen als in *reformatory schools.* Von seiten der Anstaltsleitungen wurde jedoch zurecht darauf hingewiesen, daß es sich bei den in Zwangserziehung eingewiesenen ›Ersttätern‹ in den meisten Fällen um polizei- und gerichtsbekannte Problemfälle handelte, die bislang lediglich einer formalen Verurteilung entgangen waren.[247]

»I beg to inform you that in 99 such cases out of 100 the so-called first conviction means that the girl or boy has been before the magistrate before often two or three times but on account of the youth of the offender the would be prosecutor has declined to proceed with the charge, and the child has been dismissed with a caution«,

244 Barwick Baker, Diskussionsbeitrag zu: Carpenter, Principles, S. 517-521. Seiner Kritik schloß sich Osborne, S. 521, an.

245 Innenministerium, Memo, 1882, in: PRO HO 45/9617/A13312/15a.

246 Zirkular des Innenministeriums, 1890, in: PRO HO 45/9825/B8706/2.

247 Siehe z.B. Carpenter, Principles, S. 444; Holmes, Reform, S. 4. Zur Praxis des Strafverzichts siehe Kap. 5.3.1.1.

berichtete zum Beispiel 1890 eine *reformatory school* für Mädchen.[248] Die Einweisung in die Zwangserziehung bei Eigentumsdelikten war – entgegen der offiziellen Statistik – eine Sanktion, die in erster Linie den Wiederholungstätern vorbehalten blieb und daher das Gefängnis als schwerste Strafe ablöste. Die abschreckende Wirkung der Zwangserziehung, die aus dem langen Freiheitsentzug und der repressiven Gestaltung des Anstaltslebens resultierte, wurde also durch die Art der Anwendung in der Sanktionspraxis noch verstärkt.

Entsprechend lauteten die Einschätzungen englischer Fachleute über die Wirkung der Zwangserziehung. In den Diskussionen der NAPSS gab 1885 ein Richter seine Einschätzung der Zwangserziehung zu Protokoll: *»The sending of a child to an Industrial School or Reformatory is generally dreaded [...] both by itself and its parents«.*[249] Ganz ähnlich formulierte diese Erkenntnis der Vorsitzende des Zwangserziehungsausschusses des Londoner Schulausschusses: *»What children dislike most of all, and what therefore is the strongest weapon to use against them for purposes of their own reformation, is their being taken away from their parents for a time.«*[250] Drastisch wies ein Reformanhänger 1910 auf den stigmatisierenden Effekt der Zwangserziehung hin: der Zögling einer *reformatory school* sei *»branded for the rest of his life«*. Gerade dieses Stigma bewertete er jedoch als positiv in Hinblick auf eine generalpräventive Wirkung der Sanktion.

Die Zitate aus England und Preußen repräsentieren bereits eine Einsicht in die tatsächlichen Wirkungen der Zwangserziehung, die eine kritische Reflexion der ursprünglichen Reformkonzeptionen voraussetzte. Diese Einsicht war das Ergebnis eines Bewußtseinsprozesses, der keineswegs als selbstverständlich anzusehen ist. Wie die Entwicklung des kriminalpolitischen Diskurses in England zeigt, gingen seit der Einführung der Zwangserziehung einige Jahrzehnte ins Land, bevor sich eine Ablösung des kriminalpolitischen Denkens von der ›Errettungsrhetorik‹ der frühen Reformbewegung bemerkbar machte. Das war auch eine Generationenfrage: Nicht die Reformpioniere selbst, die das institutionelle Netz der Zwangserziehung in der Mitte des 19. Jahrhunderts

248 Girls Reformatory Ipswich, Brief an Home Office, 11.11.1890, in: PRO HO 45/9825/B8706/12.

249 Hill, Schools, S. 247.

250 Drew, S. 736.

aufgebaut hatten, sondern die nachfolgende Generation von Reformern, die ab den 1880er und 1890er Jahren in der Gestaltung der Kriminalpolitik aktiv wurden, stellten die Erfolge der Zwangserziehung in Frage.

## 4.3 Wirkungen und Rückwirkungen: Der Niedergang der Zwangserziehung

*Die Zwangserziehung im Spannungsbogen der Kriminalpolitik*

Die englische wie die deutsche Jugendkriminalpolitik erhielten mit der Etablierung der Zwangserziehung ein mächtiges Instrument zur Bekämpfung der Jugenddelinquenz. Bereits in den 1850er und 1860er Jahren eingeführt, prägte es in England für mehr als ein halbes Jahrhundert die strafrechtliche Behandlung Jugendlicher mit und sorgte so auch für ein hohes Maß an Konstanz in der Entwicklung der Jugendkriminalpolitik. Generationen von Kindern und Jugendlichen durchliefen und -litten die *reformatory* und *industrial schools*; bis zum Ende des Ersten Weltkriegs addierte sich ihre Zahl auf über 270.000. In Preußen wie auch in anderen Ländern des Deutschen Reiches ließ der großflächige Einsatz der Zwangserziehung als Instrument staatlicher Kriminalpolitik trotz der starken Tradition der christlich-philanthropischen Rettungshäuser bis zum Beginn des 20. Jahrhunderts auf sich warten. Dann aber erlebte die Zwangserziehung innerhalb weniger Jahre eine bemerkenswerte Ausdehnung, die das englische Vorbild noch übertraf. So wurden in Preußen nach dem neuen FEG bis zum Ende des Ersten Weltkriegs, also in weniger als zwanzig Jahren, 160.000 Kinder und Jugendliche von dieser Sanktionsform erfaßt. Wir haben gesehen, daß die Expansion der Zwangserziehung in beiden Ländern nicht auf eine ›reale‹ Zunahme jugendlichen Fehlverhaltens, sondern vor allem auf die Erweiterung von Delinquenz- und Verwahrlosungsdefinitionen zurückzuführen war. Die Reformbewegung hatte ihre Forderung realisieren können, die Zwangserziehung als Präventivmittel möglichst schon vor einer Straffälligkeit einzusetzen. In England führte das schließlich sogar zu einer Anwendung der Zwangserziehung auf hartnäckige Schulschwänzer. Dem steilen Anstieg folgte in England ab den 1890er Jahren ein ebenso deutlicher Rückgang der Einweisungsraten, der zunächst ebenfalls die Gruppe der Schulschwänzer betraf. Doch dieser Rückgang setzte sich – unterbrochen durch den Ersten Weltkrieg – langfristig fort und führte in den 1920er Jahren zu einem sehr niedrigen Niveau, das deutlich unterhalb der Einweisungsraten sogar der 1860er Jahre lag (Abb. 4.1). Auch in Preußen ließ die Anwendung der Zwangserziehung Ende der 1920er Jahre spürbar nach – im Vergleich zu England allerdings mit einiger zeitlicher Verzögerung und auf wesentlich höherem Niveau (Abb. 4.3).

Dieser statistische Kurvenverlauf spiegelt einen Spannungsbogen wider, der die Entwicklung der Zwangserziehung in beiden Ländern charakterisierte; in England ist dieser Spannungsbogen wegen der langgestreckten und kontinuierlichen Entwicklung der Jugendkriminalpolitik deutlicher ausgeprägt, in Deutschland lagen Aufbau und Niedergang der Zwangserziehung zeitlich sehr eng beieinander. Nachdem in England in der Mitte des 19. Jahrhunderts die Hoffnungen der Reformbewegung auf der Zwangserziehung als einer tragenden Säule des Jugendstrafrechts geruht hatten, erlebte diese Sanktionsform ab dem späten 19. Jahrhundert einen Umbewertungsprozeß, der ihr langfristig einen guten Teil ihrer Legitimation und ihrer praktischen Bedeutung entzog. Lange Zeit überwog in der englischen Fachöffentlichkeit deutlich die Auffassung, die Zwangserziehung als einen großen kriminalpolitischen Erfolg anzusehen. Ab den 1880er Jahren, also nach fast einer Generation, begannen sich negative Stimmen in den Diskurs zu mischen, die die Berechtigung und den Erfolg der Zwangserziehung zwar nicht grundsätzlich in Frage stellen wollten, aber doch an ihrer Praxis und dem Ausmaß ihrer Anwendung Kritik übten. Diese Kritik wuchs mit der Expansion der Zwangserziehung in den 1870er und 1880er Jahren. Schließlich bildete sich aus der Kritik an der christlich-philanthropischen Tradition der Zwangserziehung ein neuer Reformimpuls, der eine explizit ›progressive‹ Weiterentwicklung der Jugendkriminalpolitik anstrebte und dabei der traditionellen ›Kinderrettung‹ den neuen Anspruch professioneller Sozialarbeit entgegensetzte. Diese neue Reformrichtung ist als ein Teil des *›New Liberalism‹* anzusehen, der in England am Ende des 19. Jahrhunderts die viktorianische *laissez-faire*-Haltung durch eine aktive staatliche Sozialpolitik ablöste.[251] Während sich dieser Umbewertungsprozeß der Zwangserziehung in England im späten 19. Jahrhundert langsam entwickelte, setzte die kritische Diskussion in Deutschland bereits unmittelbar nach der Neugestaltung der Zwangserziehung im Jahre 1900 ein, blieb jedoch zunächst fast folgenlos für die Praxis. Der entscheidende Unterschied der englischen gegenüber der deutschen Entwicklung war, daß die kritische Bewertung der Zwangserziehung noch vor dem Ersten Weltkrieg die Meinungsführerschaft erlangte und von der Regierung aufgegriffen wurde. Dadurch bildete sich ein reformfreudiges Klima, das die Anpassung der Strafpraxis an neue kriminalpolitische Zielsetzungen begünstigte. Damit machte sich in der Jugendkriminalpolitik ein langsames Abrücken vom Paradigma des Einsperrens bemerkbar, und ambulante Sanktionsformen, die die Delinquenten in ihrer sozialen Umwelt beließen, gewannen sowohl in den Konzeptionen und als auch teilweise in der Praxis der strafrechtlichen Kontrolle an Bedeutung. Mit dieser Tendenz zu milderen Sanktionen entsprach das Jugendstrafrecht einer Entwicklung, die die Kriminalpolitik insgesamt prägte, und die mit einer Entspannung der gesellschaftlichen Wahrnehmungen des sozialen Problems Kriminalität korrespondierte.[252] Es wird noch zu begründen sein, daß mit dem ›Abrüsten‹ des Sanktionsapparats im Jugendstrafrecht jedoch nicht unbedingt ein Nachlassen der Kontrollintensität beabsichtigt war, sondern vielmehr eine effektivere Dosierung von Sanktionen.

Wenn auf der Tagesordnung des zeitgenössischen Diskurses also die Frage des Erfolges oder Mißerfolges der Zwangserziehung stand, so ging es dabei nicht nur um die meßbaren Auswirkungen auf die statistische Entwicklung der Jugend- oder Gesamtkriminalität. Zwar bemühten sich die Reformanhänger um den Nachweis einer positiven Wirkung der Zwangserziehung auf die Entwicklung der Kriminalität, aber naturgemäß fiel es ihnen schwer, klare Beweise dafür zu finden. Letztlich entschied über die Bewertung der Kriminalpolitik und ihrer einzelnen Elemente nicht ihre statistisch meßbare Effektivität, sondern vielmehr ihre Übereinstimmung mit den herrschenden ›Glaubenssysteme‹ und gesellschaftlichen Wertvorstellungen. Seit Emile Durkheim haben Soziologen wiederholt darauf hingewiesen, daß die soziale Bedeutung der

251 Himmelfarb, Poverty, S. 381f.; Garland, Punishment and Welfare, S. 208f.
252 Vgl. Wiener, Criminal, S. 360; Exner, Studien, S. 25ff.

Strafe über die Sanktionierung des konkreten Fehlverhaltens hinaus in dem »Mechanismus der Herstellung [...] von gesellschaftlicher Ordnung« liegt.[253] Nicht nur, welche Verhaltensweisen als sanktionswürdig definiert werden, sondern auch, welche Art von Sanktionen angewandt werden, ist ein Teil der ›Konstruktion‹ und Bekräftigung von sozialen Beziehungen und wird von den Mentalitätsstrukturen und Werthaltungen der jeweiligen Zeit geprägt. Auch die Anschauungen über Kriminalität und ihre Verursachung können, wie in Kap. 2 gezeigt wurde, als Ausdruck solcher Interpretationsmuster und Welterklärungsansätze gedeutet werden – unabhängig von ihrem ›Wahrheitsgehalt‹.[254] Die Gestaltung des Strafensystems steht in einer engen Beziehung zu diesen kriminologischen Auffassungen. In seiner langen Entwicklungsgeschichte hat sich das Strafrecht immer wieder solchen veränderten kulturellen Rahmenbedingungen angepaßt, ohne daß von den daraus resultierenden Reformen des Strafensystems eine entscheidende Wirkung auf die ›reale‹ Kriminalitätsentwicklung ausgegangen wäre. Auch wenn für jede Reform mit dem Versprechen geworben wurde, die Kriminalität dadurch wirksamer als bislang eindämmen zu können – selbst die Abschaffung der Todesstrafe wurde damit begründet – , so hing die Zufriedenheit bzw. Unzufriedenheit mit einem Strafensystem weniger von unrealistischen und schwer verifizierbaren Erfolgen ab, sondern eher von der Frage, ob die Behandlung der Delinquenten mit geltenden Wertekonzepten und Weltdeutungen in Einklang stand.

Das galt auch für die Reformbewegung des Jugendstrafrechts im 19. Jahrhundert, indem sie mit der Zwangserziehung einer neuen Sanktionsform zum Durchbruch verhalf, die eher als die traditionellen Strafen die Erwartungen zu befriedigen versprach, die die bürgerliche Kindheits- und Jugendkonzeption an die Behandlung der minderjährigen Delinquenten stellte. Die Erziehungsbedürftigkeit und -fähigkeit der Unterschichtsjugend stand im Zentrum dieser Konzeption. Wenn im folgenden die Entwicklung des zeitgenössischen Diskurses hin zu einer kritischen Bewertung der Zwangserziehung analysiert werden soll, dann muß dieser These folgend die Frage im Mittelpunkt stehen, wann und weshalb die Übereinstimmung zwischen den Erwartungen der Reformbewegung und ihrer Wahrnehmung der Realität der Zwangserziehung

253 N. Luhmann, zitiert in: Sack, Kontrolle, S. 26; vgl. Garland, Punishment and Society, S. 195ff; Garland, Theory.

254 Garland, Punishment and Society, S. 210f; vgl. Kap. 2.

brüchig wurde. Ein konkreter Erklärungsansatz dafür liegt in der Beobachtung, daß zwischen Anspruch und Wirklichkeit der Zwangserziehung eine breite Kluft bestand. Ob und wann diese Kluft überhaupt als ein Problem wahrgenommen wurde, ist daher für die Entwicklung des kriminalpolitischen Diskurses von zentraler Bedeutung.

## 4.3.1 England

### *4.3.1.1 Der Bewertungswandel der Zwangserziehung*

*Statistische Fehlinterpretationen*

Bis in die 1880er Jahre beherrschte in England ein breiter Konsens über die Erfolge der Erziehungsanstalten den kriminalpolitischen Diskurs. Typisch für diese positive Sichtweise der Zwangserziehung war das Urteil des ersten Untersuchungsausschusses über die Zwangserziehung, der 1884 trotz einiger Bedenken zu dem Gesamturteil kam: »*These schools are successfully training a vast number of children for honest and useful lives. [...] they have undoubtedly had the effect of preventing large numbers of children from entering a career of crime.*[255] Als meßbare Belege für diese Überzeugung dienten einige statistische Indizien, zu denen neben der allgemeinen Kriminalstatistik die allerdings lückenhaften und unzuverlässigen Rückfallstatistiken der entlassenen Zwangszöglinge gehörten. Laut der Statistik der in den Jahren 1908 bis 1910 entlassenen Zwangszöglinge waren bis Ende 1911 8,7% der männlichen und 2,4% der weiblichen *reformatory*-Zöglinge straffällig geworden; bei den *industrial school*-Zöglingen waren es nur 4,8% der Jungen und 0,6% der Mädchen.[256] Die Gesamttendenz dieser Zahlen dürfte auch bei einer hoch anzusetzenden Dunkelziffer erhalten bleiben. Daß sie in der englischen Öffentlichkeit als ein Erfolg der Zwangserziehung bewertet wurden, war der Ausdruck des kriminologischen Denkens, das von der Unausweichlichkeit der kriminellen

255 Parl. Papers, Reformatory and Industrial Schools (1884), S. x, xii; vgl. gleichlautend Grosvenor, S. 404.

256 Ebd.

Karriere ohne Intervention überzeugt war. Im gleichen Sinne wurde die geringere Straffälligkeit der entlassenen *industrial school*-Zöglinge im Vergleich zu denen der *reformatory schools* mit ihrer Einweisung in einem früheren Alter und der längeren Erziehungsdauer begründet.[257] Dabei wurde außer Acht gelassen, daß die wenigsten der *industrial school*-Zöglinge – im Gegensatz zu den *reformatory school*-Zöglingen – je ein kriminelles Delikt begangen hatten; daß sie ohne die Anstaltserziehung kriminell geworden wären, war die axiomatische Annahme, die die Zwangserziehung der verwahrlosten Jugendlichen überhaupt rechtfertigte. Kaum jemand dachte auch daran, die Rückfallquoten der verschiedenen Sanktionsformen zu vergleichen, was angesichts fehlender Erhebungen auch kaum möglich war.[258] Der Kriminologe William Morrison war in den 1890er Jahren einer der ersten und wenigen, die diese Annahme wenn auch nur ansatzweise hinterfragte.[259] Die These vom episodenhaften Charakter der Jugenddelinquenz spielte im kriminalpolitischen Denken noch keine nennenswerte Rolle.

Mehr noch als die Rückfallstatistiken schien die allgemeine statistische Entwicklung der Jugendkriminalität in England den Erfolg der Zwangserziehung zu bestätigen. Hier bestand allerdings das Problem, daß es in England vor 1893 keine zuverlässigen Statistiken über die Jugendkriminalität gab. Die Vorrangstellung der Freiheitsstrafe im Strafensystem des 19. Jahrhunderts hatte dazu geführt, daß man die Gefängnisstatistiken als Ersatz für eine gerichtliche Verfahrens- oder Verurteilungsstatistik verwandte und dabei den schweren Fehlschluß beging, die Zahl der in die Gefängnisse eingewiesenen Jugendlichen mit der Zahl der insgesamt straffälligen Jugendlichen gleichzusetzen. Dieser Fehler wirkte sich umso krasser aus, je mehr das Gefängnis als vorrangige Strafform für Jugendliche zurückgedrängt wurde, was ja gerade das erklärte Ziel der Zwangserziehung war.

Die Entwicklung der Gefängnisstatistik in den Jahren unmittelbar nach der Einführung der *reformatory schools* war in der Tat äußerst beeindruckend

257 Barnett, Delinquents, S. 166.

258 Aspland, S: 59; Baker, Diskussion zu: Meredith (siehe dazu Kap. 6.).

259 »Es wäre aber eben eine sehr gewagte Behauptung, daß ohne den Bestand dieser Anstalten all jene Kinder Verbrecher geworden sein würden; es ist vielmehr sicher, daß sehr viele von ihnen sich auch so schließlich in brave Bürger verwandelt hätten.« Morrison, Übelthäter, S. 133f.

(siehe Abb. 5.1). Daß die Zahl der Gefängniseinweisungen von Jugendlichen gleichzeitig mit der Etablierung der *reformatory schools* deutlich abfielen, kann mit Sicherheit auf die Umlenkung jugendlicher Straftäter - insbesondere von Intensivtätern - von den Gefängnissen in Erziehungsanstalten zurückgeführt werden. Von 12.501 Gefängnisstrafen im Jahre 1857 fielen die Ziffern innerhalb von vier Jahren auf 8.029 ab; das entspricht einem Rückgang von 36%. Diese Entwicklung ist umso bemerkenswerter, als alle Jugendlichen vor ihrer Aufname in die *reformatory school* eine kurze Gefängnisstrafe absitzen mußten. Bis zum Ende des 19. Jahrhunderts fiel die Zahl der Gefängniseinweisungen von Jugendlichen auf unter 10% ihres Ausgangsniveaus, jedoch in erster Linie, weil die Gefängnisstrafe durch andere Sanktionsformen ersetzt wurde.

In der Argumentation der Reformanhänger nahm der Abfall der Gefängniszahlen verständlicherweise eine zentrale Rolle ein. Thomas Barwick Baker kam ebenso wie andere Beobachter sogar zu dem Schluß, die jugendlichen Gewohnheitsdiebe seien weitgehend aus dem Erscheinungsbild der englischen Städte verschwunden, weil diese nun für einige Jahre in den Erziehungsanstalten festgehalten würden.[260] Während in dieser frühen Phase der Reformbewegung noch das Bewußtsein dafür vorhanden war, daß der Rückgang der Gefängnisstrafen primär durch die Füllung der Erziehungsanstalten erreicht wurde, verselbständigte sich die These von dem Rückgang der Jugendkriminalität in den 1880er und 1890er angesichts des fortgesetzten und drastischen Rückgangs der Gefängniseinweisungen immer mehr. In verschiedenen Beiträgen der *Royal Statistical Society* wurden die Zahlen aus den Gefängnisstatistiken ohne Quellenangabe und unkommentiert als statistischer Nachweis der Jugendkriminalität verwandt.[261] Wiesen diese Autoren immerhin noch auf den Zusammenhang mit den wachsenden Einweisungen in Zwangserziehung hin, ging dieser Aspekt in der öffentlichen Diskussion weitgehend unter.[262]

Die fragwürdige Verwendung der statistischen Daten zeigt, wie sehr der kriminalpolitische Diskurs von oberflächlichen Argumenten dominiert wurde, welche von den Fachleuten - mit wenigen Ausnahmen wie dem Kriminologen

260 Baker, Abstracts, S. 441. Im gleichen Tenor berichtete Aspland 1863 (S. 58), viele Bezirke in den englischen Städten seien *»almost cleared of juvenile crime«*.

261 Levi, S. 454; Watson, Reformatory Schools, S. 310.

262 Parl. Papers, Reformatory and Industrial Schools (1884), S. x.

William Morrison[263] - und der breiteren Öffentlichkeit gutgläubig aufgenommen wurden. Erst recht traf diese Kritik auf die Reformanhänger in Deutschland zu, die das englische Vorbild als Argument für die Ausweitung der Zwangserziehung in Deutschland einsetzten. In fast keinem Beitrag fehlte der Hinweis auf die angeblich stark gesunkene Jugendkriminalität in England, wobei stets – und wahrscheinlich ohne es zu wissen – die Gefängnisstatistiken zitiert wurden.[264]

### *Wachsende Kritik*

Ungefähr eine Generation nach ihrer Einführung entwickelte sich der kriminalpolitische Diskurs über die Zwangserziehung in England zunehmend kritischer. Die beschriebene Diskrepanz zwischen dem benevolenten Anspruch und der repressiven und abschreckenden Wirklichkeit war dabei ein wichtiges Thema, jedoch fehlte in England die rechtsdogmatische Brisanz, die sich in Deutschland aus der abstrakten Unterscheidung der Sanktionsziele Strafe und Erziehung ergab. Während einige Vertreter der Gründergeneration trotz gegenteiliger Evidenzen an dem Dogma festhielten, die Zwangserziehung sei keine Strafe, sondern Erziehung,[265] empfanden viele Reformanhänger dieses Dilemma nicht als problematisch, da sie auf Strafe gar nicht vollständig verzichten wollten. Das zeigt sich auch daran, daß die Idee des *›short sharp shock‹* für die Mehrzahl der englischen Richter stets ein erstrebenswertes Ziel blieb, wie zum Beispiel die Popularität der Prügelstrafe zeigt. Es entsprach auch ihrer nüchternen und theoriefernen Einstellung, daß viele Reformanhänger und Praktiker eine skeptische Distanz zum Erziehungskonzept bewahrten und dieses nicht als omnipotenten Problemlöser betrachteten. Die Einsicht in die Notwendigkeit, bei der Behandlung jugendlicher Delinquenten die widerstreitenden Ziele von Erziehung und Strafe auszubalancieren und pragmatische Kompromisse zu finden, war in England weit verbreitet. 1880 warnte der

---

263 Morrison, Offenders, S. 9.

264 Appelius, Behandlung, S. 32; Jagemann, S. 70; Fuld, Zwangserziehung (1890), S. 123; vgl. auch Aschrott, Reform des Strafen- und Gefängniswesens, S. 40. Eine rühmliche Ausnahme war Hoegel, Straffälligkeit.

265 Lord Norton, Leserbrief an die *Times*, 19.2.1880, zitiert in: Howard Association, Annual Report for 1880, S. 18. Vgl. Radzinowicz u. Hood, S. 206f.

Hauptredner einer Versammlung der Reformbewegung in Manchester vor der Illusion, den Konflikt zwischen Strafe und Erziehung vollständig auflösen zu können. Letztlich verfolge jede Sanktion sowohl abschreckende als auch bessernde Absichten, und eine ideale Verbindung von beiden Wirkungen gebe es nicht: *»Now these things are hard to reconcile; perhaps they are impossible to reconcile in the fullest sense«*[266].

Dennoch formierte sich ab den 1880er Jahren eine Strömung, die die Erfolge der Zwangserziehung zunehmend kritisch betrachtete. Zunächst wurde Kritik vor allem an den *reformatory schools* geäußert. Daß diese Erziehungsanstalten mit der Rolle als schwerster Strafe von den Gefängnissen auch deren Nachteile geerbt hatten, wurde immer häufiger ausgesprochen. 1875 fand sich im Jahresbericht der *Howard Association* erstmals die Bezeichnung der *reformatories* als *»semi-prisons«*[267]. 1880 wurden die *reformatories* in einer Diskussion der NAPSS mit Gefängnissen verglichen.[268] Die *Howard Association* warnte ein Jahr später vor der moralischen ›Ansteckungsgefahr‹ der Zöglinge in den Erziehungsanstalten: *»There is a reason why even committals to* Reformatories *should not be resorted too freely to. Even in these institutions the worst youths often corrupt the others* [Hervorhebung im Original, D.O.]«[269]. Die *Howard Association* stand mit dieser Beurteilung nicht alleine; zu den Charakteristika der englischen Entwicklung gehörte, daß auch die Regierung ab den 1880er Jahren auf der Seite derer zu finden war, die die Praxis der Zwangserziehung eher skeptisch beurteilten. Das Innenministerium warnte 1882 – wie bereits erwähnt – vor der Einweisung zu junger und nur wenig delinquenter Kinder in *reformatories*, weil diese dort nicht nur der Gefahr der ›Ansteckung‹, sondern auch der Gefahr einer grausamen Behandlung durch die übrigen Zöglinge ausgesetzt seien.[270] Später formulierte die *Howard Asso-*

266 *Manchester Guardian*, 6.10.1880 (Earl of Derby). Vgl. auch Hall, State, S. 49: *»The problem of reconciling the apparently conflicting ends of punishment and beneficial treatment is undoubtedly the greatest wich confronts a magistrate dealing with delinquent children.«*

267 Howard Association, Annual Report for 1875, S. 5.

268 Meredith, S. 397.

269 Howard Association, Annual Report for 1881.

270 Home Office, Memo, 1882, in: PRO HO 45/9617/A13312/15a. Radzinowicz u. Hood, S. 222, sprechen die Urheberschaft dieses Papiers dem Inspektor für das Zwangserziehungswesen Godfrey Lushington zu.

*ciation* ihre Besorgnis über die ›Ansteckungsgefahr‹ in den *reformatories* wesentlich drastischer. 1896 bezeichnete sie die Anstalten als »Brutstätten des Verbrechens« und stellte fest: *»The worst prisoners, by far, are youths from reformatories. They have learned so much evil.«*[271] Auch wurden in den 1880er Jahren erste Zweifel an der Tauglichkeit der Anstaltserziehung für eine Vorbereitung der Zöglinge auf ein selbständiges Leben laut; die *Howard Association* kritisierte die künstliche Ordnung des Anstaltslebens und die damit einhergehende Unterdrückung der Individualität der Zöglinge.[272]

### *Von der* less-eligibility-*Perspektive zur neuen Kindorientierung*

In diesem Meinungswandel war die *Howard Association* unter den Reformgruppierungen die treibende Kraft. Zwar nahmen sich auch andere Jugendwohlfahrtsorganisationen wie die NSPCC und die 1897 gegründete *State Children's Association* der Frage der Behandlung jugendlicher Delinquenten an und machten sich die Kritik an der Zwangserziehung zu eigen, aber keine Organisation begleitete und beeinflußte die Entwicklung der Jugendkriminalpolitik mit einer vergleichbaren Konstanz wie die *Howard Association.* Und keine Organisation repräsentierte in England besser den Übergang vom ›viktorianischen‹ kriminalpolitischen Denken der Jahrhundertmitte zu den ›progressiven‹ Konzeptionen, die die Weiterentwicklung des Jugendstrafrechts ab dem Ende des 19. Jahrhunderts bestimmten. Dabei war die *Howard Association* der Zwangserziehung schon sehr früh mit Vorbehalten begegnet, die sich aus der sozialpolitischen *laissez-faire*-Perspektive ergaben, die in Kap. 3.4.1 bereits angesprochen wurde. In der malthusianischen Tradition der Sozialpolitik betrachtete die *Howard Association* die Erziehung der delinquenten Kinder auf Staatskosten als eine sozialpolitische Wohltat, mit der elterliches Versagen belohnt wurde (*›premium on crime‹*).

Je mehr die Zwangserziehung in den 1870er und 1880er Jahren ausgedehnt wurde, desto mehr bestand in dieser *less-eligibility*-Perspektive die Gefahr, daß das elterliche Verantwortungsgefühl in den untersten Schichten untergraben und die Allgemeinheit mit unnötigen Kosten belastet wurde. In dieser tra-

271 Howard Association, Annual Report for 1896.
272 Ebd. for 1883, S. 11; Ebd. for 1887, S. 5.

ditionellen Auffassung galt die Zwangserziehung als schlecht, gerade weil sie für die Betroffenen ›zu gut‹ war und deshalb einem Mißbrauch von Steuergeldern gleichkam. Doch im Verlaufe der 1880er und 1890er rückten die Nachteile der Anstaltserziehung für die betroffenen Zöglinge mehr und mehr in den Mittelpunkt der Argumentation; die Zwangserziehung wurde nun – zugespitzt formuliert – nicht mehr kritisiert, weil sie als zu gut, sondern weil sie als zu schlecht für die betroffenen Kinder und Jugendlichen bewertet wurde. Die traditionelle *less-eligibility*-Perspektive machte einer neuartigen, kindorientierten Perspektive Platz, in der die Nachteile des Anstaltslebens für die Persönlichkeitsentwicklung der Zöglinge erstmals erkannt und ausgesprochen wurden. Das entscheidende für die Entwicklung der Kriminalpolitik in England war, daß diese neue, kindorientierte Kritik an der Zwangserziehung an die ältere Perspektive anknüpfen konnte. In den Veröffentlichungen der *Howard Association* läßt sich der langsame und fließende Übergang von der traditionellen zur neuen Bewertung der Zwangserziehung gut verfolgen, der sich bis ins 20. Jahrhundert hinzog.

1889 warnte der Generalsekretär der *Howard Association*, William Tallack, noch ganz im Sinne des *less-eligibility*-Prinzips vor einer zu luxuriösen Gestaltung der Erziehungsanstalten; gutes Essen, ordentliche Möbel und Teppiche könnten die Zwangserziehung in den Unterschichten als erstrebenswert erscheinen lassen und dadurch der elterlichen Vernachlässigung Vorschub leisten.[273] Die quantitative Ausweitung der Zwangserziehung kritisierte er als eine *›institution craze‹*.[274]

Die Kritik an der Vermehrung der *industrial schools* wurde im englischen Innenministerium geteilt. Sowohl der Inspektor für das Zwangserziehungswesen Godfrey Lushington als auch der Innenminister Sir William Harcourt zweifelten an der Notwendigkeit der Expansion der Zwangserziehung. Dieser Zweifel übertrug sich auch auf den grundsätzlichen Nutzen der Anstaltserziehung.[275] Dieser Bewertungswandel fand seinen Niederschlag im ersten und vor

273 Tallack, Principles, S. 6. Vgl. auch die Meinung der evangelikalen Philanthropin Maria Rye, die bei einer Umfrage der Howard Association noch 1898 empfahl: *»Above all, I would not let the children have better food or clothes than children in their own rank of life.«* (Howard Association, Offenders (1898)), S. 7.

274 Tallack, Principles, S. 351.

275 PRO HO 45/9617/A13312/15a; vgl. Radzinowicz u. Hood, S. 222f.

allem im zweiten Untersuchungsausschuß des Innenministeriums zur Zwangserziehung, deren Berichte 1884 bzw. 1896 veröffentlicht wurden. Auch wenn der erste Untersuchungsausschuß noch zu einer überwiegend positiven Beurteilung der Zwangserziehung kam, so griff der Kommissionsbericht doch die These von der mißbräuchlichen Anwendung der Zwangserziehung auf:

»There is ample testimony to the fact that the power of committing children to industrial schools has been largely abused, often from benevolent motives, sometimes because of the facilities afforded by the law to parents to get rid of their children's support and education, by throwing it upon the industrial school system.«[276]

Die mißbräuchliche Ausweitung der Zwangserziehung wurde hier explizit den Eltern angelastet, denen die staatlich finanzierte Zwangserziehung gelegen kam, um ihren unerwünschten Nachwuchs loszuwerden. Diesen Vorwurf bezog die Kommission vor allem, aber nicht ausschließlich, auf Schottland, wo die Einweisungsraten in *industrial schools* noch deutlich höher lagen als in England; angeblich wurden die *industrial schools* dort aufgrund ihres philanthropischen Ursprungs von vielen Eltern als eine Art soziale Stiftung aufgefaßt.[277]

Die These von der angeblichen Attraktivität der Zwangserziehung für die Betroffenen ist in erster Linie als Ausdruck des sozialpolitischen *laissez-faire*-Denkens des englischen Bürgertums zu bewerten. Der bei bürgerlichen Beobachtern weitverbreitete Eindruck von dem gering ausgeprägten Familiensinn und -zusammenhalt in den Unterschichten bestärkte die These, daß Eltern die Erziehung ihrer Kinder mutwillig vernachlässigten. *»In that class parents are well content never to see a son or a daughter again after the age of fourteen. If at that age or earlier the child gives them trouble [...], they will always be glad enough to find a public institution taking their place«*[278], urteilte beispielsweise die *Times* 1880. Eine interessante Erklärungsvariante hierzu lieferte ein Vertreter des Londoner Schulausschusses, der das Verhalten der Unterschichtseltern mit dem Vorbild der englischen Mittel- und Oberschichten in Verbindung brachte, deren Kinder häufig in Internatsschulen geschickt wurden: *»It is exactly like the case of a father who sends his boy to a public school*

276 Parl. Papers, Reformatory and Industrial Schools (1884), S. xxiii.
277 Vgl. auch Hill, Schools, S. 247.
278 Times, 25.9.1880, S. 9c.

*until he is seventeen or eighteen, and at that age he expects him back, and these parents act exactly in the same way.«*[279] Tatsächlich finden sich einzelne Hinweise, daß Kinder auf Initiative ihrer Eltern in Erziehungsanstalten eingewiesen wurden. Wiederholt wurden Fälle berichtet, in denen Eltern ihre Kinder bewußt zum Diebstahl z.B. der elterlichen Geldbörse provozierten, um sie anschließend anzuzeigen und die Anordnung von Zwangserziehung zu erreichen.[280] Die Auswertung des Aufnahmeregisters der *industrial school* in Stockport zeigt, daß in den 1870er Jahren 18% der wegen Diebstahls eingewiesenen Zöglinge von ihren Eltern oder anderen Verwandten angezeigt worden waren; in den 1890er und 1900er Jahren sind solche Fälle nicht mehr im Aufnahmeregister verzeichnet.[281]

Auf eine Minderheit der Eltern, die zahlenmäßig schwer zu bemessen ist, scheint der Vorwurf, die Einweisung ihrer Kinder in die Zwangserziehung bewußt anzustreben, zutreffend gewesen zu sein. In ihrer verallgemeinerten Form war diese These jedoch sicherlich überzogen. Eine zeitgenössische Stimme von besonderem Gewicht kann diese Beurteilung unterstützen. Der Polizeichef von Liverpool, der Stadt mit der verhältnismäßig größten Zahl von Zwangszöglingen in England, stellte 1898 zu der These der elterlichen Verantwortungslosigkeit eindeutig fest:

»Reformatory and Industrial Schools have not been found to act as an incentive to reckless and drunken parents to throw their offspring upon the honest ratepayers for support. On the contrary, it is found that parents, almost without exception, most strenuously object to their children being so dealt with.«[282]

Hätte die Zwangserziehung auf die breite Mehrheit der Eltern so anziehend gewirkt, wie es die Anhänger des *less-eligibility*-Grundsatzes behaupteten, dann hätte sich diese Sanktionsform nie als das Abschreckungs- und Drohinstrument etablieren können, das es sowohl in England als auch in Deutschland war. Die Zwangserziehung erlebte in England in den 1870er und 1880er

279 London School Board (Gesprächsprotokoll, 23.3.1901), in: PRO HO 45/10199/B31906 (Industrial Schools Bill, 1900-1901).

280 Greenwood, Prisoner, S. 92ff.; Holmes, Offenders, S. 847; Bolton Journal, 2.10.1880, S. 7h.

281 In absoluten Zahlen: 11 von 59 Zöglingen, die in den Jahren 1874 bis 1877 wegen Diebstahls eingewiesen wurden (PRO HO 349/2).

282 Captain J. W. Nott Bowler, in: Howard Association, Offenders (1898), S. 25.

Jahren deswegen eine so starke Expansion, weil sie – auf der Basis einer Ausweitung der gesetzlichen Delinquenzdefinitionen – von einer Koalition von Gerichten und kommunalen sowie privaten Jugendwohlfahrtsorganisationen als probates Mittel im Kampf gegen Jugendkriminalität und -verwahrlosung angesehen wurde.

*Der Bericht des Untersuchungsausschusses von 1896*

Auf diese Zusammenhänge aufmerksam zu machen und damit die Eltern zumindest teilweise zu entlasten, war das Verdienst des zweiten Untersuchungsausschusses, dessen Bericht 1896 veröffentlicht wurde. Der Ausschuß unter der Leitung des ehemaligen Inspektors für das Zwangserziehungswesen Godfrey Lushington unterzog das gesamte System der Zwangserziehung einer grundsätzlichen und radikalen Kritik, in deren Zentrum die These von der sog. *›asylum theory‹* stand. Damit beschrieb der Ausschuß die Tendenz aller beteiligten Gruppen, die Einweisung von verwahrlosten Kindern und Jugendlichen in Erziehungsanstalten als grundsätzlichen Vorteil sowohl für die Zöglinge als auch für die Gesellschaft anzusehen und deshalb über das tatsächlich notwendige Maß hinaus zu praktizieren.[283] Die Großzügigkeit der Gerichte bei Einweisungen erklärte der Ausschuß mit der – seines Erachtens falschen – »allgemeinen Überzeugung, daß man mit der Einweisung eines Kindes in eine *industrial school* nichts falsch machen könne«.[284] Private Wohlfahrtsorganisationen, so die Kritik des Ausschusses, seien häufig von den Lebensumständen in den Unterschichtsfamilien schockiert, die ihren bürgerlich-christlichen Moralvorstellungen widersprachen, *»and they see an easy remedy in a life within an institution.«*[285] Noch schärfer fiel die Kritik an den kommunalen Schulausschüssen aus, für die die *industrial schools* ein willkommenes Mittel seien, um »lästige Schulschwänzer loszuwerden«, und die dabei auch an die ausreichende Belegung der eigenen Erziehungsanstalten dächten.

Im Gegensatz zur traditionellen *less-eligibity*-Perspektive brach der Untersuchungsausschuß radikal mit der Auffassung, die Zwangserziehung bedeute für die betroffenen Zöglinge eine unverdiente Bevorzugung. Der Ausschuß

283 Parl. Papers, Reformatory and Industrial Schools (1896), S. 84.
284 Ebd., S. 86.
285 Ebd., S. 87, auch für das Folgende.

griff die von der *Howard Association* und einigen anderen Gruppierungen bereits artikulierten Kritikpunkte an den Erziehungsanstalten auf und bündelte diese zu einem bis dahin beispiellosen Generalangriff auf die Zwangserziehung. Die Kritik des Ausschusses gipfelte in dem Resümee, die Anstaltserziehung stelle sogar eine erhebliche Benachteiligung der Zöglinge im Hinblick auf ihre Lebenschancen dar:

"It is too often assumed that detention will be for the benefit of the child; but this assumption is by no means always justified. [...] Whereas [...] the presumption has hitherto been in favour of detention as providing an asylum where the child will be better off, in future the presumption should be in favour of liberty. [...] Speaking generally, we would say that it is not for the advantage of the child that it should be sent to an industrial school, unless the home or the child itself is very bad indeed."[286]

Damit formulierte der Untersuchungsausschuß nichts weniger als einen Paradigmenwechsel, indem der traditionelle Grundsatz des Einsperrens durch den Grundsatz der Behandlung in Freiheit abgelöst wurde. Waren die Anhänger der Zwangserziehung davon überzeugt, daß die Anstaltserziehung verwahrloster Kinder dem Leben in ungünstigen familiären und sozialen Verhältnissen im Zweifelsfall vorzuziehen sei, so drehte der Untersuchungsausschuß diese Priorität herum und stellte das Leben in Freiheit grundsätzlich über das Leben in einer Erziehungsanstalt. Der ›*asylum theory*‹ setzte der Ausschuß die Maxime entgegen: *»The child should not be sent to the school unless a clear and strong case of necessity is made out.«*[287]

Dieser Paradigmenwechsel war das Ergebnis eines Wandels gesellschaftlicher Wertvorstellungen und Wahrnehmungen sozialer Probleme. Gegenüber der Pionierzeit der Reformbewegung in der Jahrhundertmitte hatten sich die Einschätzungen sowohl des sozialen Kontextes der Jugenddelinquenz als auch der pädagogischen Wirkungen der Anstaltserziehung erheblich gewandelt. Mit der allmählichen Verkleinerung des kulturellen Grabens zwischen Bürgertum und Unterschichten, dem Verblassen der in der Jahrhundertmitte in Blüte stehenden Schreckensvision der ›*dangerous classes*‹ und der in ihr herrschenden ›moralischen Anarchie‹, sowie mit der Liberalisierung der viktorianischen Moralvorstellungen am Ende des 19. Jahrhunderts schwand die Legitimation

286 Ebd., S. 84.
287 Ebd., S. 95.

einer Kriminalpolitik, die jugendliche Delinquenten nur durch ihre dauerhafte Trennung von ihren Eltern und ihre Einsperrung in die künstliche Welt der Erziehungsanstalten retten zu können glaubte. Was diesen Wandel der kriminologischen Auffassungen angeht, kann auf die Ergebnisse von Kap. 2.2.2 verwiesen werden. Dort habe ich beschrieben, wie sich in Großbritannien am Ende des 19. Jahrhunderts ein allmählicher Trend zur Entdramatisierung der Jugenddelinquenz bemerkbar machte, der vor allem der Selbstreflexion der bürgerlichen Beobachter zu verdanken war, daß ihre Wahrnehmung des sozialen Problems Jugenddelinquenz zu einem guten Teil kulturell und klassenspezifisch ›aufgeladen‹ war. Je mehr die Delikte der Jugendlichen als alters- und schichtspezifisch gebundene, ›normale‹ Verhaltensweisen und nicht als Symptome einer kriminellen Neigung bewertet wurden, desto weniger schien eine so massive Intervention in das Leben der betroffenen Familien gerechtfertigt, wie sie die Zwangserziehung darstellte. Die Formulierungen des Kommissionsberichtes zeigen deutlich, daß seine Autoren von dieser entspannten Sichtweise geprägt wurden. So wandte sich der Untersuchungsausschuß entschieden gegen alle Vorstellungen, bei den Zwangszöglingen handele es sich um besonders kriminelle oder gar körperlich oder geistig ›minderwertige‹ Kinder:

»It would be extraordinary if these 17.000 children as a body were so different from their brothers and sisters left outside, or if they displayed any other general characteristics than those which are common to the great class from which they are taken, namely, the lowest ranks of the population of our large towns.«[288]

Verwahrlosungssymptome wie das Schuleschwänzen rechtfertigten für den Ausschuß nicht mehr eine mehrjährige Zwangserziehung, da sie nicht als erster Schritt einer unausweichlichen kriminellen Karriere bewertet wurden: *»There may be truth in the observation that truancy is often the beginning of a criminal career. But mere truancy [...] is not enough to establish a criminal tendency.«*[289] Von einer hinreichenden wurde das Schuleschwänzen zu einer notwendigen Bedingung für die kriminelle Karriere herabgestuft und damit entdramatisiert.

288 Ebd., S. 22.
289 Ebd., S. 124.

An der Kritik des Untersuchungsausschusses an der inneren Gestaltung der Erziehungsanstalten und der Behandlung der Zöglinge wird deutlich, daß der unerschütterliche Erziehungsoptimismus der christlich-philanthropischen Reformpioniere einer skeptischen Beurteilung der Anstaltserziehung gewichen war. Dabei handelte es sich zunächst um den normalen Prozeß der Desillusionierung, der in der historischen Entwicklung der Kriminalpolitik immer wieder auf Phasen des Reformoptimismus folgt. Hinzu kam jedoch, daß die Ausschußmitglieder andere pädagogische Maßstäbe an die Anstaltserziehung anlegten als die Gründergeneration der Zwangserziehung in der Mitte des Jahrhunderts. Auch dies war ein Ausdruck der veränderten gesellschaftlichen Wertvorstellungen, die am Ende des 19. Jahrhunderts in Erziehungsfragen zu einer stärkeren Berücksichtigung von Individualität und Freiheit der Kinder tendierten. Die einseitige Betonung von Disziplin und Gehorsam, der Gebrauch der Prügelstrafe, die monotone Arbeit und die gefängnisartige und anonyme Behandlung in den Anstalten wurde nunmehr scharf kritisiert. *»Mere rules, mere discipline, will not make character«.*[290]

An diese Kritik schlossen sich Forderungen nach einer Reform der Anstaltserziehung an, die sich an den neuen pädagogischen Leitvorstellungen orientierten. Die Anstaltserziehung sollte nunmehr auch »Gesundheit, Freiheit, Vergnügen und Fröhlichkeit«[291] der Zöglinge fördern. Die Sorge um Disziplin und Ordnung sollte zugunsten der Förderung von Individualität und Selbstbewußtsein der Zöglinge in den Hintergrund treten. Die »exzessive Abhängigkeit« der Anstaltsdisziplin von Verboten und Überwachung, Schweigegebote, Uniformen und häufige Prügelstrafen fanden in dieser Konzeption keine Rechtfertigung; stattdessen sollten die Anstalten sich darum bemühen, daß die Zöglinge ihren Aufenthalt nicht als eine verlängerte Gefängnisstrafe empfanden. Daher wurden unter anderem unbeaufsichtigte Ausgänge aus der Anstalt und die Zulassung von persönlichem Besitz als Ausdruck einer Privatsphäre vorgeschlagen. Hinter diesen Forderungen stand die Grundüberzeugung, daß die Entwicklung von Selbständigkeit und Selbstbewußtsein die wichtigste Voraussetzung für die erfolgreiche Behauptung der Zöglinge in der rauhen Wirklichkeit war. *»A boy has a poor chance in life, unless he can hold his*

290 Ebd., S. 27.
291 Ebd., S. 14.

*head up«*[292], wie diese Erkenntnis in der englischen Diktion des *common sense* formuliert wurde.

Ein Teil der Ausschußmitglieder einschließlich des ehemaligen Inspektors für das Zwangserziehungswesen Lushington, gingen in einem Minderheitsvotum noch weiter und erklärten die Erziehungsanstalten grundsätzlich für nur begrenzt wandelbar. Sie artikulierten in dieser Entschiedenheit erstmals eine radikal ablehnende Haltung zum Prinzip der Besserung durch Einsperren und beeinflußten damit zunehmend die weitere Entwicklung der englischen Jugendkriminalpolitik, in der nach der Jahrhundertwende die sogenannte *›anti-institutional lobby‹*[293] erheblich an Bedeutung gewann. Es war die Überzeugung dieser Kritiker, daß die Zwangserziehung nicht nur unter veralteten Erziehungsmethoden und praktischen Schwierigkeiten litt, sondern daß die Anstaltserziehung an sich »schwere Nachteile« habe, die auch durch Reformen nicht zu beseitigen seien.[294] Die Isolation der Zöglinge von der Außenwelt und das gemeinsame Einsperren in Erziehungsanstalten war nach dieser Auffassung ein grundlegend falscher Weg. Hinzu kam nach Meinung der Kritiker eine spürbare Prägung der Zwangserziehung durch die »Gefängnistraditionen«, von denen sie sich trotz der guten Absichten der Reformpioniere nicht hätten befreien können.[295]

### *4.3.1.2 Zurückdrängung und Modernisierung der Zwangserziehung*

Die historische Bedeutung des Kommissionsberichts lag zunächst in der kraftvollen Formulierung einer weitreichenden Kritik am gesamten System der Zwangserziehung. Diese Kritik gewann durch den offiziellen Charakter des Berichts, der im Auftrag des Innenministeriums verfaßt und als Parlamentsdrucksache veröffentlicht wurde, erheblich an Gewicht und stärkte die Position von Gruppierungen wie der *Howard Association*. Der Untersuchungsausschuß von 1896 markierte einen wichtigen Abschnitt in einer längerfristigen

292 Ebd., S. 157.
293 Smith, Delinquency in Britain, S. 132.
294 Parl. Papers, Reformatory and Industrial Schools (1896), S. 155f.
295 Ebd., S. 156. Dies wiederum veranlaßte andere Ausschußmitglieder, in einem eigenen ›Memorandum‹ die Zwangserziehung vor der Behauptung in Schutz zu nehmen, daß das Gefängnis irgendeinen Einfluß auf die Gestaltung der Anstalten gehabt habe (Ebd., 158ff.).

Neuorientierung der englischen Kriminalpolitik, die bereits in den 1880er Jahren begann und sich bis weit in das 20. Jahrhundert hinein erstreckte. Für diese Neuorientierung waren zwei unterschiedliche Aspekte von Bedeutung: Zum einen wurden die Erziehungsanstalten einem Modernisierungsdruck ausgesetzt, der auf den Austausch der traditionellen, christlich-philanthropischen Rettungspädagogik durch reformpädagogische Behandlungskonzepte gerichtet war. Zum anderen verstärkten sich die Stimmen, die die Zwangserziehung zugunsten anderer, weniger einschneidender Sanktionsformen zurückdrängen und auf die Rolle eines ›letzten Mittels‹ (*last resort*) beschränken wollten. Als Alternative zur Zwangserziehung wurde zunehmend die Bewährungsstrafe favorisiert, von der man sich eine bessere pädagogische Wirkung auf die Jugendlichen bei geringerer Sanktionshärte erhoffte. Beides, die Modernisierung der Zwangserziehung und ihre Zurückdrängung, waren Veränderungsprozesse, die sich über lange Zeiträume hinzogen und erst in den 1920er Jahren als halbwegs abgeschlossen gelten können.

### *Die neue ›sozialarbeiterische‹ Strategie*

Wegen des direkten negativen Bezuges zur Zwangserziehung ist es gerechtfertigt, die grundlegende Argumentation dieser Neuorientierung schon hier darzustellen. Aus der Ablehnung der Zwangserziehung formierte sich die neue kriminalpolitische Leitvorstellung von einer ›sozialarbeiterischen‹ Strategie der Verhaltenskontrolle und -beeinflussung der Jugendlichen in deren normaler Lebensumwelt und – zumindest in der Regel – ohne sie von ihren Eltern zu entfernen. Die gewandelte Perspektive auf die Eltern war vielleicht das charakteristischste Element dieser neuen Strategie, indem eine Besserung der delinquenten Jugendlichen nunmehr nicht mehr gegen, sondern mit den Eltern erreicht werden sollte; die positive Beeinflussung der Eltern wurde selbst zu einem Ziel der Jugendkriminalpolitik. Diese neue Konzeption wurde schon in den 1880er Jahren von der *Howard Association* propagiert. Daß diese Vorreiterrolle der *Howard Association* aus ihrer sozialpolitischen Skepsis gegenüber der Zwangserziehung resultierte und anfangs wenig mit der Orientierung auf das Kindeswohl zu tun hatte, habe ich oben bereits ausgeführt. Wenn Tallack 1889 forderte: *»So far as practible, correction should be secured by enforcing parental responsibilities, and by bringing good influences to bear upon the* *homes*«,[296] dann ging es ihm vor allem um die Vermeidung des Mißbrauchs staatlicher Unterstützung und die Aufrechterhaltung des *less-eligibility*-Prinzips. Daß die *Howard Association* nach David Garlands Beobachtung in sozialpolitischen Fragen auf der Seite des *laissez-faire*-Liberalismus stand, in kriminalpolitischen Fragen dagegen das traditionelle liberale Strafrecht hinter sich ließ, ist nicht als Widerspruch, sondern als Konsequenz einer gegenüber Staatsintervention kritischen Grundhaltung interpretierbar.[297]

Der *Howard Association* folgten andere Reformgruppierungen, deren Ablehnung der Zwangserziehung nunmehr eindeutig der neuen Kindorientierung entsprang. Sowohl die NSPCC als auch die *State Children's Association*, die 1889 bzw. 1898 gegründet wurden, verfolgten im sozialpolitischen Bereich das übergeordnete Ziel, für eine stärkere Berücksichtigung der Rechte und Bedürfnisse von Kindern in der Gesellschaft einzutreten und die Lebenssituation von benachteiligten Kindern zu verbessern. 1907 kam als eine Vereinigung von Strafrechtsreformern die *Penal Reform League* hinzu. Die NSPCC setzte sich für vernachlässigte und mißhandelte Kinder ein, während die Klientel der *State Children's Association* die in staatlicher Obhut, insbesondere in den Armenhäusern, aufwachsenden Kinder waren. Das Gebiet der Jugendkriminalpolitik wurde von der NSPCC und der *State Children's Association* zwar nur gestreift, jedoch ergaben sich gerade bei der Zwangserziehung breite Überschneidungen, da die *industrial schools* ja mit Zöglingen gefüllt waren, die oftmals wegen Armut oder elterlicher Vernachlässigung in die Zwangserziehung geraten waren. Das erklärte Ziel der NSPCC war es von Beginn an, das Erziehungsverhalten der Eltern positiv zu beeinflussen und die Wegnahme der Kinder von ihren Eltern nach Möglichkeit zu vermeiden. In Fällen von Kindesmißhandlungen und massiver elterlicher Vernachlässigung bestand die Strategie der NSPCC darin, eher die Eltern wegen Verstoßes gegen den *Prevention of Cruelty to Children Act* vor Gericht zu bringen, anstatt die betroffenen Kinder nach den Bestimmungen des *Industrial Schools Acts* oder in philanthropischer Privatinitiative dauerhaft aus der Familie zu entfernen. In den meisten Fällen hoffte die NSPCC jedoch die Eltern durch Gespräche und die Androhung der Strafverfolgung zu einer besseren Behandlung ihrer Kinder zu

---

296 Tallack, Principles, S. 349f.
297 Garland, Punishment and Welfare, S. 123-127.

bewegen. Diese Strategie brachte die NSPCC auf die griffige Formel: *»The object of the Society as regards bad homes is to remove the evils from which children in them suffer, leaving the children to continue to live in them.«*[298] Die Arbeit der NSPCC war für die Entwicklung der Jugendkriminalpolitik auch insofern relevant, als sie dazu beitrug, sozialstaatliche Interventionen in den einstmals autonomen Bereich der Familie zu legitimieren und eine Methode der Behandlung sozialer Probleme – nämlich positive Verhaltensbeeinflussung durch Sozialarbeit verknüpft mit Strafandrohung – praktizierte, die im Jugendstrafrecht später mit dem Instrument der Bewährungsstrafe aufgegriffen wurde.

### *Reformergebnisse bis 1918*

Wichtiger als das praktische Engagement der Reformgruppen war zweifelsohne ihre Rolle in der kriminalpolitischen Diskussion als Vordenker und progressiver Gegenpol zu der von den Traditionen des *reformatory movements* zehrenden Lobby der Erziehungsanstalten. Entscheidend für die Durchsetzung einer neuen Reformrichtung war die Tatsache, daß die kritische Haltung zur Zwangserziehung auch in der englischen Regierung einen starken Rückhalt fand. Die Zielsetzung der Modernisierung der Erziehungsanstalten wurde erheblich gestärkt, als 1913 mit Charles Russell ein bekannter Exponent der progressiven Reformrichtung zum Inspektor für das Zwangserziehungswesen ernannt wurde. Russell verkörperte durch seine Erfahrungen als Leiter eines Jugendklubs in einem Arbeiterviertel von Manchester und als Autor einschlägiger Bücher den modernen, ›sozialarbeiterischen‹ Ansatz des Umgangs mit delinquenten Jugendlichen, hatte aber zur Zwangserziehung eine differenzierte Meinung. So erkannte er die grundsätzliche Berechtigung der Anstaltserziehung an und forderte sogar deren Ausdehnung auf die Altersgruppe der sechzehn- bis achtzehnjährigen Jugendlichen.[299] Nach seinem verfrühten Tod im Jahre 1917 übernahm der Arzt Arthur Norris, ein Freund Russells und

298 NSPCC, Annual Report for 1902, S. 13.

299 Russell u. Rigby, S. 4, 12. 1906 schlugen Russell und Courtenay Lord die Erhöhung der Altersgrenze für Einweisungen in reformatories und die Einrichtung einer *›senior truant school‹* vor; in: PRO HO 45/10340/139444 (Reformatory and Industrial Schools: Detention of Children up to 18 or 19 years of Age, 1906).

ebenfalls aus der Jugendarbeit in Manchester kommend, die Leitung der später zur *Children's Branch* aufgewerteten Abteilung des englischen Innenministeriums. Durch diese Personalentscheidungen wurde das Innenministerium zu einer Agentur der progressiven Reformrichtung und zum Widerpart der eher konservativen, christlich-philanthropischen Verbände und Einrichtungen.[300] Zwischen dem Ministerium und den progressiven Reformgruppierungen entwickelte sich seit der Jahrhundertwende eine enge personelle Verflechtung, in der die verschiedenen Untersuchungsausschüsse eine wichtige Funktion hatten. So hatte Russell schon 1902 als Sachverständiger vor dem Untersuchungsausschuß über Kinderarbeit ausgesagt und wurde 1911 zum Mitglied des dritten Untersuchungsausschusses über die Zwangserziehung berufen. Seit 1907 war Russell zusammen mit einigen bekannten Jugendrichtern wie Courtenay Lord und Cecil Chapman in der *Penal Reform League* aktiv, die eine rege Lobby-Tätigkeit für eine weitere Zurückdrängung des Strafrechts zugunsten einer sozialarbeiterischen Behandlung der Jugenddelinquenz betrieb und die in den 1920er Jahren mit der *Howard Association* zur *›Howard League for Penal Reform‹* verschmolz. In einem anderen Untersuchungsausschuß, der sich 1909 mit der Effektivität der Bewährungsstrafe beschäftigte, wurden zwei Vertreter der progressiven Reformgruppen zu Mitgliedern ernannt: Der Londoner Polizeirichter John Dickinson gehörte ebenso der *Penal Reform League* an wie der Earl of Lytton, der gleichzeitig Vorsitzender der *State Children's Society* war.

Welchen Einfluß hatte diese Stärke der progressiven Reformrichtung und ihr Rückhalt im Innenministerium auf die weitere Entwicklung der Zwangserziehung? In welchem Maße wurden die Forderungen nach Veränderungen, die der Ausschuß 1896 formuliert hatte, in der Praxis durchgesetzt? Wie nicht anders zu erwarten vollzog sich der Abschied der englischen Jugendkriminalpolitik von der Zwangserziehung in einem langsamen und pragmatischen Prozeß. Die gesetzlichen Reformen des Jugendstrafrechts nach der Jahrhundertwende, die uns im nächsten Kapitel noch beschäftigen werden, ließen den Bereich der Zwangserziehung weitgehend unberührt und konzentrierten sich stattdessen auf die Durchsetzung neuer Reformelemente wie eben der Bewährungsstrafe oder die Einführung von Jugendgerichten. So ließ der *Children Act*

300 Vgl. für das Folgende: Clarke, S. 246f.

von 1908, der das gesamte Jugendstraf- und Jugendwohlfahrtsrecht neu ordnete, die gesetzlichen Grundlagen der Zwangserziehung in der alten Form von 1866 fast unverändert bestehen. Die Forderung der *Howard Association* und der anderen Gruppierungen, die Zwangserziehung auf die Rolle eines *last resorts* zu beschränken, war also auf der gesetzlichen Ebene gescheitert.[301] Wenn die Reformgruppierungen mit ihrem Anliegen, die Zwangserziehung zurückzudrängen, überhaupt Erfolg haben wollten, so war dies also nur durch eine veränderte Sanktionspraxis der Gerichte möglich.

*Der quantitative Rückgang der Zwangserziehung*

Ob und in welchem Maße die Zwangserziehung durch andere Sanktionsformen verdrängt wurde, soll zusammenhängend im nächsten Kapitel untersucht werden. Was die Entwicklung der Einweisungszahlen der Zwangserziehungsanstalten anging, so zeigt sich hier eine deutliche Zweiteilung. Die Zwangserziehung als Sanktion für straffällige Kinder und Jugendliche sowohl in *reformatory* als auch in *industrial schools* wies eine recht gleichmäßige Entwicklung auf; die Zwangserziehung der verwahrlosten Kinder in *industrial schools* erlebte dagegen einen steilen Aufstieg und einen darauffolgenden steilen Rückgang (Abb. 4.1). Hier ist also am ehesten ein verändertes Sanktionsverhalten der Gerichte als Folge einer skeptischeren Einstellung zur Zwangserziehung zu vermuten. Daß der Gipfel dieser Kurve mit dem Jahr der Veröffentlichung des Kommissionsberichts – 1896 – zusammenfiel, der auch im kriminalpolitischen Diskurs einen Wendepunkt markierte, muß eher als zufällige Koinzidenz gewertet werden; denn es ist wenig wahrscheinlich, daß die englischen Richter als Reaktion auf diesen kritischen Bericht ihre Behandlungspraxis unmittelbar und signifikant geändert hätten. Der längerfristige Abfall der Einweisungen der nicht-straffälligen Kinder in *industrial schools* nach 1896 ist jedoch beeindruckend: Zwischen 1896 und 1911 fiel die Einweisungsrate um die Hälfte von 9,7 auf 4,8 pro 10.000 der Bevölkerung im

301 1898 forderte die *Howard Association*, zu der von Barwick Baker seit den 1860er Jahren propagierten Linie zurückzukehren, ausschließlich bereits vorbestrafte Jugendliche in reformatories einzuweisen und Ersttäter mit weniger einschneidenden Mitteln zu sanktionieren (Howard Association, Offenders (1898), S. 7). Vgl. State Children's Association, Annual Report, 1910-1912, S. 21f.

Alter von 8 bis 15 Jahren. Wenn man diese Kurve weiter differenziert, stellt man fest, daß dieser Rückgang bis zum Ersten Weltkrieg überwiegend in der Gruppe der Schulschwänzer und weniger in der Gruppe der Verwahrlosten stattgefunden hat. Von 1896 bis 1910 fiel die Rate der Einweisungen wegen Schulschwänzens um 69%, die der Einweisungen wegen Verwahrlosung nur um 35%.

Dieser Rückgang der Einweisungen wegen Schulschwänzens war jedoch wahrscheinlich nicht das Ergebnis einer veränderten gerichtlichen Sanktionspraxis, sondern das Resultat eines echten Rückganges des Schulschwänzens. Nachdem die allgemeine Schulpflicht in England länger als dreißig Jahre bestand und bereits die Kinder der Generation erfaßte, die selbst schon schulpflichtig gewesen war, verschwand das Schuleschwänzen als ein ernsthaftes Massenphänomen der englischen Unterschichtskinder. *»Truancy in the strict sense has of recently become almost inconsiderable«*, stellte der dritte Untersuchungsausschuß über die Zwangserziehung 1913 fest.[302] Während dieses Problem in einigen Städten fast gar nicht mehr auftrete, gebe es nur noch in Liverpool wegen der dortigen »extremen Armut« weiterhin einen besonderen Bedarf für die Behandlung von Schulschwänzern. Ein Indikator dafür ist die Entwicklung der Zahl der Fälle, in denen die Eltern wegen der Verletzung der Schulpflicht ihrer Kinder zu Geldstrafen verurteilt wurden; auch diese Fälle nahmen zwischen der Jahrhundertwende bis zum Beginn des Ersten Weltkrieges um zwei Drittel ab.

Eine ähnliche Entwicklung läßt sich bei den Einweisungen wegen Verwahrlosung vermuten. Nach dem Eindruck vieler zeitgenössischer Beobachter hatte aufgrund der allgemeinen Verbesserung der sozio-ökonomischen Lage die krasse Verelendung der Unterschichtskinder in allen ihren Erscheinungsformen wie Obdachlosigkeit oder Straßenhandel bis zum Beginn des Ersten Weltkrieges deutlich abgenommen, der Lebens- und Verhaltensstandard in den Unterschichten entsprechend zugenommen.[303] Demnach hätte die Notwendigkeit, Kinder wegen einer Verwahrlosung oder Vernachlässigung in Erziehungsanstalten einzuweisen, im Laufe der Zeit abgenommen. Das bedeutet also, daß die Einweisungen nicht-straffälliger Kinder in *industrial schools*

---

302 Parl. Papers, Reformatory and Industrial Schools (1913), 62f.; vgl. Rose, Erosion, S. 189ff.

303 Davin, S. 162ff.

zwischen ihrem Höchststand in den 1890er Jahren und dem Beginn des Ersten Weltkrieges zwar dramatisch abgenommen haben, daß dies jedoch nur eingeschränkt auf eine wachsende Ablehnung der Richter, sondern auch auf einen realen Rückgang der sozialen Probleme zurückzuführen ist, die den Einweisungen zugrundelagen. Dieser Prozeß setzte sich übrigens nach dem Ersten Weltkrieg beschleunigt fort. Zwischen 1910 und 1920 fiel die Einweisungsrate der Schulschwänzer noch einmal um mehr als die Hälfte und die der Verwahrlosten sogar um 75%. Die Einweisungsraten der nicht-straffälligen Kinder in *industrial schools* hatte damit ein Niveau erreicht, das nur noch ein Sechstel des Höchststandes von 1896 betrug. Die eindrucksvolle Entwicklung zeigt, daß die Zwangserziehung in England zu diesem Zeitpunkt den größten Teil ihrer Bedeutung verloren hatte.

Ein etwas anderes Bild zeigt sich bei den straffälligen Kindern und Jugendlichen. Zum einen bewegten sich die Einweisungen hier insgesamt auf einem niedrigeren Niveau, zum anderen ist eine zurückgehende Anwendung schon zu einem Zeitpunkt festzustellen, als die Kritik an der Zwangserziehung noch gar nicht lautstark geworden war. Für die Zeit zwischen den 1890er Jahren und dem Ersten Weltkrieg kann dagegen kaum von einer abnehmenden Anwendung der Zwangserziehung gesprochen werden. Eigentlich galt bei straffälligen Jugendlichen nämlich schon lange, was die Reformgruppen immer wieder forderten: Die Zwangserziehung nahm in der Sanktionspraxis der Richter eher die Rolle des *last resort* ein und wurde relativ selten eingesetzt.[304] Die Einweisungsraten der *reformatory schools* hatten ihen Höhepunkt schon 1866 überschritten und befanden sich seitdem in einem langsamen, aber kontinuierlichen Rückgang, der sich aus dem Zusammenspiel einer gleichbleibenden Aufnahmekapazität der Erziehungsanstalten bei anhaltendem Bevölkerungswachstum ergab. Vor dem Ersten Weltkrieg stiegen sie aber wieder leicht und während des Krieges sogar stark an (Abb. 4.1). Ähnlich verlief die Entwicklung bei den Einweisungen von straffälligen Kindern in *industrial schools*. Hier wurde mit 1,9 pro 10.000 die höchste Einweisungsrate 1878 erreicht, bis zur Jahrhundertwende fiel diese Rate noch stärker als bei den *reformatory schools* um 50% auf 0,7 ab, um ab 1908 jedoch wieder um das Doppelte auf 1,5 im Jahre 1913 anzusteigen. Der Anstieg seit 1908 erklärt sich

304 Siehe Kap. 5.

durch die Legalisierung der Einweisungen von vorbestraften Kindern unter 12 und erstmals straffälliger Kinder zwischen 12 und 14 Jahren in *industrial schools*, die vorher offiziell in *reformatories* eingewiesen werden mußten. Da die Richter solche Kinder häufig trotzdem unter einer ›falschen‹ Verwahrlosungsdiagnose in *industrial schools* schickten, handelte es sich bei der plötzlichen Vermehrung der Einweisungen straffälliger Kinder in *industrial schools* ebenso wie bei der vorherigen niedrigeren Rate teilweise um ein statistisches Artefakt. Das kann jedoch das Gesamtergebnis nicht beeinflussen: Die Anwendung der Zwangserziehung bei straffälligen Kindern und Jugendlichen hat im Gegensatz zur Anwendung bei verwahrlosten Kindern zwischen dem Ende des 19. Jahrhunderts und dem Ersten Weltkrieg keinen erheblichen Rückgang erlebt.

Ein erheblicher Bedeutungsrückgang der Zwangserziehung auch bei straffälligen Kindern und Jugendlichen sollte kurz nach dem Ersten Weltkrieg erfolgen: Die Einweisungen in *reformatory* und *industrial schools* wegen Straffälligkeit fielen nach einem vorübergehenden Anstieg im Ersten Weltkrieg zwischen 1913 und 1921 jeweils um ca. 45%.

Die zurückgehende Anwendung der Zwangserziehung führte nicht nur zu einer insgesamt geringeren Belegung der Erziehungsanstalten, sondern auch zu einer Verschiebung der Altersstruktur der Zöglinge von den jüngeren zu den älteren Altersgruppen und den Jugendlichen mit ausgeprägteren delinquenten Neigungen. Konnte es für die Gegner der Zwangserziehung eine Genugtuung sein, daß die Zahl der jüngeren Zwangszöglinge abnahm, so waren die Erziehungsanstalten über diesen Trend weniger glücklich. Sie klagten darüber, daß sie es zunehmend mit einer Negativauslese von Jugendlichen mit starken kriminellen Neigungen zu tun hätten, die ihre Erziehungsarbeit erschwerten. Gegenüber dem Prinzip der Bewährungsstrafe, Ersttätern eine Chance zu geben und auf Strafsanktionen zu verzichten, hielten sie an dem Präventionsgrundsatz der Zwangserziehung fest, möglichst früh mit der Besserung der Delinquenten zu beginnen.[305]

305 I. Ellis, Aussageprotokoll, in: Parl. Papers, Reformatory and Industrial Schools (1913), minutes, S. 86.

*Reform der Erziehungsanstalten*

Auch was die innere Modernisierung der Erziehungsanstalten und ihrer Behandlungskonzepte anging, gestaltete sich die Entwicklung in England als ein zögerlicher, langfristig aber zumindest teilweise erfolgreicher Veränderungsprozeß. Im Gegensatz zum preußischen Beispiel verfolgte die englischen Regierung sehr viel energischer das Ziel, den neuen, freieren und eher kindorientierten Erziehungsvorstellungen gegen die viktorianische Anstaltsroutine zum Durchbruch zu verhelfen. Insbesondere seit der Ernennung Russells zum Inspektor für das Zwangserziehungswesen 1913 war es das erklärte Ziel des Innenministeriums, den christlich-repressiven Geist des 19. Jahrhunderts aus den Erziehungsanstalten zu verdrängen. Der Untersuchungsausschuß formulierte diese Forderung 1913 so: *»There is need of a general levelling up of these institutions, [...] and of a constant pressure towards a progressive policy.«*[306] Die »Selbstverwirklichung« *(self-realisation)* der Zöglinge wurde von der *Children's Branch* des Innenministeriums unter Leitung von Arthur Norris zur neuen Zielvorstellung der Zwangserziehung erhoben.[307]

Während das Innenministerium den Anstalten in freier Trägerschaft keine konkreten Vorschriften machen konnte, blieb als wirksamstes Druckmittel der Entzug der staatlichen Anerkennung und damit die Schließung einer Anstalt. Dieses Mittel wurde jedoch vor dem Ersten Weltkrieg selten angewandt. Erst in den Nachkriegsjahren nutzte Norris den Konkurrenzdruck der Anstalten angesichts sinkender Zöglingszahlen und der Schließung von 40 Anstalten dazu, den direkten Zugriff der Regierung auf die Gestaltung der Zwangserziehung zu erhöhen und die Anstaltsleitungen de facto ihrer Autonomie zu berauben.[308]

Inwieweit die Anstaltsdisziplin und die alltägliche Behandlung in den Anstalten sich in Folge der Reformbemühungen von den Traditionen ihrer viktorianischen Vergangenheit lösten, ist schwer abzuschätzen. Der Bericht des dritten Untersuchungsausschusses zur Zwangserziehung 1913 überging diese Frage weitgehend, jedoch wurde in einem abweichenden Memorandum von vier der zwölf Ausschußmitglieder, unter ihnen Russell, das Fortbestehen der

---

306 Parl. Papers, Reformatory and Industrial Schools (1913), S. 7.
307 Home Office, [First] Report, S. 17.
308 Clarke, S. 246; vgl. Home Office, [First] Report, S. 16.

*»machine like discipline«* und der Unterdrückung der Individualität der Zöglinge beklagt.[309] Nach dem Ersten Weltkrieg scheint sich die Modernisierung der Erziehungsanstalten unter dem massiven Druck des Innenministeriums beschleunigt zu haben. Ob diese Modernisierung soweit ging, daß insbesondere die *industrial schools* in den 1920er Jahren von normalen Internatsschulen kaum noch zu unterscheiden waren, wie Victor Bailey behauptet, kann hier dahingestellt bleiben.[310] In einem Fall schritten die pädagogischen Reformen jedoch sogar der allgemeinen Entwicklung des englischen Schulwesens weit voran. 1913 wurde mit Unterstützung des Innenministeriums und mehrerer bekannter Reformer das *›Little Commonwealth‹* auf dem Grundbesitz des Earl of Sandwich gegründet.[311] Dabei handelte es sich um staatlich anerkannte *reformatory school*, in der die amerikanischen Experimente mit der Selbstregierung von Schülern und die Methoden der Montessori-Pädagogik zu einer neuen Form der Behandlung delinquenter Jugendlicher verbunden werden sollten. Zehn Jahre vor der Gründung von Summerhill war das *Little Commonwealth* wahrscheinlich die erste Schule in England auf der Basis antiautoritärer Erziehungsmaximen. Das *Little Commonwealth* fand in der fortschrittlichen Öffentlichkeit großen Widerhall und wurde als ein vorbildliches Reformexperiment gewürdigt und zugleich überschätzt. [312] Das *Little Commonwealth* war jedoch nicht mehr als eine kurze Episode in der langen Geschichte der Zwangserziehung, denn schon 1917 entzog das Innenministerium der *reformatory school* die Zulassung, nachdem von seiten zweier Mädchen der Vorwurf sexueller Belästigung gegen den Leiter erhoben worden war.[313] Der Plan, die Modellanstalt nach dem Kriege wieder zu eröffnen, wurde nicht realisiert.

---

309 Parl. Papers, Reformatory and Industrial Schools (1913), S. 109.

310 Bailey, Delinquency, S. 63. Kritischer: Humphries at al, S. 108. Vgl. Houghton für einen autobiographischen Bericht über eine Erziehungsanstalt in den 1930er Jahre, in der nach wie vor eine militärische Disziplin praktiziert wurde.

311 Montague, Commonwealth; vgl. Hall, State, S. 62.

312 Hall, State, S. 62.

313 Anonym, Closing.

### 4.3.2 Preußen

#### *4.3.2.1 Die Fürsorgeerziehung in der Kritik*

In Preußen, ja in Deutschland insgesamt war ein nennenswertes öffentliches Interesse an den Ergebnissen der Zwangserziehung erst nach der gesetzlichen Neuregelung nach der Jahrhundertwende zu verzeichnen. Es ist auffällig, wie wenig Aufmerksamkeit vor 1900 der Arbeit der privaten Rettungshäuser und den Ergebnissen der Zwangserziehung geschenkt wurde, obwohl auch in dieser Zeit schon jährlich ca. 2.000 straffällige Kinder und Jugendliche von den preußischen Straf- und Vormundschaftsgerichten in Erziehungsanstalten eingewiesen wurden. Dieses Desinteresse gilt sowohl für das preußische Innenministerium, das sich auf die Veröffentlichung einiger knapper Statistiken beschränkte, als auch für die Anhänger der Reformbewegung, die zwar eine massive Ausdehnung der Zwangserziehung propagierten, ohne sich jedoch näher mit den Erfahrungen der bereits praktizierten Zwangserziehung auseinanderzusetzen.

Die neue Fürsorgeerziehung dagegen zog als Frucht einer langen Reformkampagne und als erstrangiges kriminalpolitisches Projekt von Beginn an eine große öffentliche Aufmerksamkeit auf sich. Der Rechtsstreit um die Kostenfrage zwischen den verschiedenen öffentlichen Körperschaften, die daraus resultierenden widersprüchlichen Gerichtsentscheidungen und die bald deutlich werdenden massiven Disziplinprobleme in den Erziehungsanstalten sorgten für dissonante Töne, welche nicht zu den hochgesteckten Erwartungen an die Fürsorgeerziehung paßten. Daß die Fürsorgeerziehung schon vor dem Ersten Weltkrieg von großen Teilen der Reformbewegung als gescheitert angesehen wurde, wie Edward Dickinson behauptet, ist zwar übertrieben;[314] jedoch waren die Probleme, die in den späten 1920er Jahren als ›Krise der Fürsorgeerziehung‹ die deutsche Jugendwohlfahrt erschütterten, in ihren Umrissen bereits nach wenigen Jahren klar erkennbar und warfen schon längst vor dem Ersten Weltkrieg dunkle Schatten auf das Erscheinungsbild der Fürsorgeerziehung. Die massive Verweigerungshaltung der älteren Zöglinge und die daraus resultierenden Disziplinprobleme der Erziehungsanstalten waren das beherr-

---

314 Dickinson, S. 104.

schende Thema in diesen Diskussionen. Detlev Peukerts Bewertung, die preußische Fürsorgeerziehung habe vor 1918 »mit solidem mäßigem Ergebnis« funktioniert und sei zu einer staatlichen Ersatz-Sozialisation geworden, »die kaum mehr wegzudenken war«, deckt diese problematischen Aspekte zu.[315]

*Statistische Ergebnisse der Fürsorgeerziehung*

Wenig kontrovers waren allerdings – wie in England – die Bewertungen des ›meßbaren‹ Erfolges der Fürsorgeerziehung auf das Verhalten der Zöglinge. Um diesen Erfolg zu belegen, begleitete das preußische Innenministerium die Praxis der Fürsorgeerziehung mit einer aufwendigen Sozialstatistik, die nicht nur die sozialen und familiären Verhältnisse der Zöglinge, sondern auch ihr Verhalten nach der Entlassung dokumentieren sollte. 1911 wurden erstmals Daten der über knapp 10.000 zwischen 1904 und 1909 aus der Fürsorgeerziehung entlassenen Zöglinge veröffentlicht.[316] Das Ergebnis dieser Untersuchung fiel, so das zusammenfassende Urteil des Innenministeriums, »überaus befriedigend« aus.[317] Insgesamt hatten sich fast 70% der ermittelten Zöglinge ›genügend bis gut‹, 11% ›zweifelhaft‹ und 19% ›ungenügend bis schlecht‹ geführt. Nach ihrer Entlassung waren 31% der Männer und 18,5% der Frauen gerichtlich bestraft worden; bei den nicht ermittelten Zöglingen lag die Quote, soweit sich dies anhand der Strafregister feststellten ließ, mit 37% bzw. 20% nicht wesentlich höher. Daß die überwiegende Mehrzahl der entlassenen Fürsorgezöglinge ein gesetzestreues Leben führte, konnte vor allem deswegen als großer Erfolg der Fürsorgeerziehung bewertet werden, weil man ebenso wie in England ganz allgemein von der Unausweichlichkeit der kriminellen Karriere jugendlicher Delinquenten überzeugt war. Aus diesem Konsens brach nur der Jurist Hugo Hoegel heraus, der – vergleichbar dem Kriminologen William Morrison in England – in vielen Fragen zu nachdenklichen Minderheitenpositionen tendierte. Gegenüber den »Fanatikern der Zwangserziehung« warnte er

315 Peukert, Grenzen, S. 150. Zur Forschungslage bemerkt er lapidar (S. 148): *»Über die inneren Zustände in den Anstalten, das Befinden der Zöglinge und die Erziehungspraxis ist wenig bekannt«*. Vgl. auch Gräser, S. 33ff, der sich in seiner Darstellung legitimerweise auf die Weimarer Republik konzentriert.

316 Preuß. Min des Innern, Statistik über die Erfolge.

317 Ebd., S. 2.

1903 vor einem *»Übermaß von Zwangserziehung, [...] das sich ebenso übel angebracht erweisen würde, als eine gerichtliche Strafe«*; denn es sei unzweifelhaft, daß *»die grosse Mehrzahl [der jugendlichen Straftäter, D.O.] nicht dauernd für die menschliche Gesellschaft verloren geht, nur bei einem geringen Bruchtheil besteht eine solche Gefahr.«*[318]

Während das preußische Innenministerium und die Verbände der Erziehungsanstalten gerne auf die günstigen Resultate der eben zitierten Untersuchungen verwiesen, zog man es vor, die Kriminalstatistiken zu ignorieren, denn diese stellten der Fürsorgeerziehung ein weitaus schlechteres Zeugnis aus. Das beste, was man über die Entwicklung der Jugendkriminalitätsrate, also der Rate der gerichtlichen Verurteilungen, sagen konnte, war, daß sie nicht wie in Jahren davor weiter anstieg; der erhoffte Rückgang blieb jedoch vollständig aus. Dabei konnte es zumindest in den ersten Jahren der Fürsorgererziehung noch nicht um die erhoffte bessernde Wirkung der Zwangserziehung, sondern ausschließlich um die sichernde Wirkung gehen, die sich aus der langfristigen Einsperrung einer großen Zahl von schon vorbestraften oder potentiell straffälligen Jugendlichen ergab. Ihren höchsten Stand vor dem Ersten Weltkrieg erreichte die Jugendkriminalitätsrate sowohl in Preußen als auch im Deutschen Reich insgesamt erst 1906. Daß sie 1909 plötzlich und spürbar sank, ist auf das veränderte Anklageverhalten der Staatsanwaltschaften zurückzuführen.[319]

Obwohl also durch die Fürsorgeerziehung bereits acht Jahre lang eine große Anzahl straffälliger Jugendlicher für einen längeren Zeitraum in Erziehungsanstalten untergebracht worden waren, verharrte die Kriminalitätsrate auf einem unverändert hohen Niveau. Hinzu kommt, daß die Periode des steilsten Anstiegs der Jugendkriminalitätsrate schon 1892, also rund zehn Jahre vor der Einführung der Fürsorgeerziehung, abgeschlossen war und von einer Phase des Auf und Ab abgelöst wurde, in der einem vorübergehenden Rückgang kaum größere Bedeutung beigemessen werden kann.

Angesichts des quantitativen Ausmaßes der Fürsorgeerziehung ist dieser Befund erstaunlich. In Preußen wurden in den Jahren nach 1900 jährlich ca. 30.000 bis 33.000 Jugendliche strafrechtlich verurteilt; 4.000 bis 5.000 Ju-

---

318 Hoegel, Straffälligkeit, S. 1.
319 Siehe Kap. 5.3.2.3.

gendliche im strafmündigen Alter von 12 bis 17 Jahren, davon ca. die Hälfte vorbestraft, wurden jährlich in die Fürsorgeerziehung eingewiesen. Schon nach fünf Jahren stieg die Zahl der Fürsorgezöglinge in den Erziehungsanstalten auf über 16.000. Daß die dauerhafte Verwahrung einer so großen Zahl delinquenter Jugendlicher nicht zu einem spürbaren Rückgang der gerichtlich verfolgten Jugendkriminalität geführt hat, ließe den Schluß zu, daß die Einführung der Fürsorgeerziehung mit einem gleichzeitigen starken Anstieg der Jugendkriminalität zusammenfiel, was auch das preußische Innenministerium vermutete.[320] Ein solcher Anstieg ohne eine in der Tendenz gleichgerichtete Bewegung der Erwachsenenkriminalität ist jedoch mehr als unwahrscheinlich und wäre in der seit 1882 geführten Kriminalstatistik einmalig gewesen. Die quantitativ nachvollziehbaren Wirkungen der Fürsorgeerziehung auf die registrierte Jugendkriminalität beschränkten sich darauf, daß ein harter Kern von jugendlichen Wiederholungstätern aus dem traditionellen Sanktionsapparat herausgenommen und in eine neue Sanktionseinrichtung, nämlich die Anstaltserziehung, überführt wurde.[321] Dafür spricht nicht nur ein sinkender Anteil von Gefängnisstrafen längerer Dauer an allen Verurteilungen zu Gefängnisstrafen, sondern auch ein seit der Jahrhundertwende fallender Anteil von vorbestraften Jugendlichen an allen Verurteilten.

Die Bereitschaft der Reformanhänger, diese Ergebnisse der Kriminalstatistik zur Kenntnis zu nehmen, war verschwindend gering. So häufig sie die steigenden Kriminalitätsziffern der Jugendlichen in den 1890er Jahren als Argument für die Einführung der Fürsorgeerziehung benutzt hatten, so sehr übergingen sie die für den Erfolg der Fürsorgeerziehung ungünstige Entwicklung der Kriminalstatistik nach 1900 mit Schweigen. Die Erfolgsstatistiken des Innenministeriums wurden dagegen von den Erziehungsanstalten dankbar zur Kenntnis genommen und als Bestätigung ihrer Arbeit bewertet.[322] Es blieb wiederum einem Außenseiter der Reformbewegung, dem Strafrechtslehrer E. Kohlrausch, vorbehalten, auf die ungünstige Entwicklung der Jugendkriminalstatistik hinzuweisen.[323] Das preußische Innenministerium beschränkte sich in

---

320 Preuß. Min. des Innern, Statistik über die Erfolge, S. 3.

321 Siehe Kap. 5.1.2.

322 Siehe z.B. Central-Ausschuß für Innere Mission (Hg.), Verhandlungen der 12. Konferenz, S. 4, 14, 45f., 54.

323 Kohlrausch, Kriminalität, S. 682.

ihrer ansonsten äußerst ausführlichen ›Statistik über die Erfolge der Fürsorgeerziehung‹ auf einen knappen und allgemein gehaltenen Hinweis auf die Reichskriminalstatistik, ohne deren Ergebnisse mit einem Wort zu erwähnen.[324]

### *Das Dilemma von Strafe und Erziehung im Diskurs der Juristen*

Dieses nur von wenigen Zwischentönen getrübte Einvernehmen über die angeblichen statistischen Erfolge konnte jedoch nicht verhindern, daß sich eine breite und kontroverse Diskussion über die Probleme der Fürsorgeerziehung entspann. Was diese Diskussion in Preußen – ebenso wie in England – vor allem bestimmte, war die Kluft zwischen dem hohen erzieherischem Anspruch und der ernüchternden Realität der Erziehungsanstalten, aus der die massiven Akzeptanzprobleme der Fürsorgeerziehung bei den betroffenen Jugendlichen und in der breiteren Öffentlichkeit resultierten. Im Kern war es das seit jeher ungelöste Verhältnis von Erziehung und Strafe, das durch die Weigerung der Zöglinge, sich freiwillig der Anstaltsdisziplin zu unterwerfen, in den Vordergrund gerückt wurde. Der Charakter der Fürsorgeerziehung als schwerste Strafe und die daraus erwachsenen Konsequenzen wurden von vielen Anhängern der Reformbewegung und von vielen, die mit dem praktischen Vollzug der Jugendkriminalpolitik befaßt waren, als das zentrale Problem angesehen.

Daß sich diese Diskussion über die Fürsorgeerziehung so bald nach ihrer Einführung entwickelte, erklärt sich auch daraus, daß sich am Ende des 19. Jahrhunderts ein ›Strukturwandel der Öffentlichkeit‹ vollzogen hatte. Die preußische Fürsorgeerziehung konnte nicht mehr von dem allgemeinen Konsens einer christlich-philanthropischen Weltanschauung profitieren, der die englische Zwangserziehung in der zweiten Hälfte des 19. Jahrhunderts für eine Generation vor größeren Kontroversen bewahrt hatte. Am Ende des Jahrhunderts wich dieser traditionelle Konsens in beiden Ländern einem ausdifferenzierten Feld unterschiedlicher Erklärungs- und Behandlungsansätze jugendlicher Delinquenz, die sich unter dem Einfluß einer neuen Pädagogik, der positivistischen Humanwissenschaften und einer neuen staatlichen Sozialpolitik bildeten. Zu den christlich-konservativen Kinderrettern, die als Träger der

324 Preuß. Min. des Innern, Statistik über die Erfolge, S. 3.

privaten Erziehungsanstalten entscheidenden Einfluß behielten, kam nicht nur die Reformbewegung der Juristen hinzu, die sich in Deutschland in einen eher strafrechtlich und einen eher zivilrechtlich orientierten Zweig aufspaltete, sondern auch die Psychiater, für die die Zöglinge vor allem ein interessantes ›Forschungsmaterial‹ und eine Gelegenheit darstellten, ihr noch unterentwickeltes wissenschaftliches Profil zu schärfen. Betrachteten bereits diese Gruppen innerhalb des bürgerlichen Spektrums die Fürsorgeerziehung aus unterschiedlichen Blickwinkeln, so sorgte die Gegenöffentlichkeit der Arbeiterbewegung für zusätzliche Spannungen im öffentlichen Diskurs, indem sie die tiefsitzenden Ressentiments der betroffenen Unterschichtsfamilien gegen die Fürsorgeerziehung artikulierte. Diese unterschiedlichen Perspektiven führten dazu, daß sich in Preußen eigentlich zwei verschiedene Diskurse über die Fürsorgeerziehung entwickelten, die zwar nicht voneinander isoliert, aber mit begrenztem Austausch und mit recht unterschiedlichen Schwerpunkten geführt wurden. Der eine Diskurs wurde von den Praktikern der Anstaltserziehung geführt und war im wesentlichen auf die konkreten Fragen der Anstaltserziehung konzentriert. An die negativen Erfahrungen mit der Behandlung vor allem der älteren Zöglinge schloß sich dann die grundsätzliche Frage nach ihrer Erziehbarkeit an, für deren Beantwortung sich die Psychiater als kompetente Experten anboten. Der andere Diskurs wurde vornehmlich von den reformorientierten Richtern und Staatsanwälten unter Einschluß der akademischen Strafrechtslehrer geführt und drehte sich im Kern um die Einordnung der Fürsorgeerziehung in das System der Jugendkriminalpolitik und das Gefüge der verschiedenen Sanktionsformen, die im Mittelpunkt des gerichtlichen Entscheidungsprozesses standen.

Die reformorientierten Juristen waren es, die am sensibelsten auf den Strafcharakter der Fürsorgeerziehung reagierten. Das gescheiterte Bemühen, den Betroffenen die Fürsorgeerziehung als eine erzieherische Wohltat nahezubringen, gefährdete das Behandlungskonzept der Reformbewegung. *»Furcht empfinden die Kinder und Jugendlichen, welchen durch Fürsorgeerziehung geholfen werden soll. Die Furcht schafft aber ein schlechtes Fundament für die Erziehung. Deren Grundlage ist Vertrauen«*[325], beklagte zum Beispiel Julius Landsberg. Auf dem ersten Jugendgerichtstag forderte ein Redner, die Er-

325 Landsberg, Schutzaufsicht, S. 592.

ziehungsanstalten müßten den »erzieherischen Gedanken« konsequenter in die Tat umsetzten, *»damit endlich einmal der Fluch des Mißtrauens von diesen Instituten genommen wird.«* [326] Der Charakter der Fürsorgeerziehung als schwerste Strafe verunsicherte die deutsche Reformbewegung wesentlich stärker als die englische, weil in Deutschland der rechtsdogmatischen Trennung von Erziehung und Strafe eine überragende Bedeutung zugemessen wurde, was schon im Vorfeld der gesetzlichen Reformen deutlich geworden war. Auf den Jugendgerichtstagen, auf denen ab 1909 vor allem Richter und Staatsanwälte ihre Erfahrungen austauschten, wurde das Dilemma von Strafe und Erziehung zum zentralen Diskussionsthema. So berichtete Paul Köhne 1910 vor dem zweiten Jugendgerichtstag:

»Man kann theoretisch sehr schön auseinandersetzen, daß die Fürsorgeerziehung eine pädagogische Wohltat, daß das Gefängnis eine Strafe sei; es ist völlig unmöglich, den Betroffenen dieses glaubhaft zu machen. Unzählige Male bin ich von Eltern gebeten worden, ihre Kinder mit Gefängnis zu bestrafen, nicht aber sie in Fürsorgeerziehung zu geben.«[327]

Viele andere Referenten bestätigten diese Erfahrungen.[328]

Woher diese massive Ablehnung der Fürsorgeerziehung rührte, und welchen Anteil an ihrem Strafcharakter die konkrete Gestaltung der Anstaltserziehung hatte, wurde in den Diskussionen der Richter und Strafrechtslehrer jedoch kaum thematisiert. Ebensowenig wie sie sich während der Reformkampagne der 1890er Jahre mit den Einzelheiten der Anstaltserziehung beschäftigt hatten, konnten die zunehmenden Disziplinprobleme der Anstalten nach 1900 die Reformjuristen dazu verleiten, sich in die pädagogischen Niederungen der Fürsorgeerziehung zu begeben – Ausnahmen bestätigen die Regel. Ihre Perspektive auf die Probleme der Fürsorgeerziehung blieb eher auf die Erfahrungsebene der gerichtlichen Sanktionsentscheidungen und auf die gesetzgeberische Ebene bezogen. Wenn sie den Strafcharakter der Fürsorgeerziehung konstatierten und beklagten, standen für sie nicht die Frage des pädagogischen Scheiterns der Anstaltserziehung und die möglichen schädlichen Aus-

326 Engelberg, S. 59.
327 Köhne, Stand, S. 7.
328 Gleispach, S. 64; Kohlrausch, Fortschritte, S. 135; Klumker, Jugendliche, S. 439; Holtgreven, Diskussionsbeitrag, in: Aschaffenburg u. Partenheimer (Hg.), S. 129; Ellger, Fürsorgeerziehung und Jugendgericht, Sp. 578.

wirkungen für die betroffenen Zöglinge im Vordergrund, sondern die Rückwirkungen des Strafcharakters auf ihre Reformkonzeptionen.

Eine Reaktionsform der Reformanhänger war die schlichte Negierung des Strafcharakters. Sie wollten sich ihren dogmatischen Glauben an den rein erzieherischen Charakter dieser Maßregel nicht durch abweichende Erfahrungen in der Praxis nehmen lassen. So reagierte ein Jurist auf die öffentliche Bewertung der Fürsorgeerziehung als Strafsanktion mit der Forderung:

»Wenn auch diese Meinung nicht nur im Volksempfinden weit verbreitet ist, so muß sie trotzdem als falsch und irreführend durchaus bekämpft werden. Es ist deshalb auch gefährlich, von der generalprävenierenden Wirkung zu sprechen, die die Fürsorgeerziehung nebenbei hat.«[329]

Symptomatisch für diese Perspektive waren auch die gedanklichen Verrenkungen eines Gefängnisgeistlichen, als er den Widerspruch der herrschenden Rechtsdogmen mit seinen praktischen Erfahrungen formulierte: *»Gewiß, die Fürsorgeerziehung soll keine Strafe sein und ist auch keine Strafe, aber für diese Burschen ist sie nun einmal die größte Strafe, die sie sich denken können."*[330] Die strikte Trennung von Strafe und Erziehungsmaßregel, im deutschen Recht durch die Aufspaltung in Straf- und Zivilrecht fest verankert, sollte nach Meinung eines anderen Juristen keinesfalls aufgehoben werden, damit nicht die »gesunde Moralauffassung« des Volkes untergraben werde.[331] In ihrem Glauben, Erziehung und Strafe konsequent voneinander trennen zu können, waren sich im übrigen viele Anhänger der ›klassischen‹ und der ›modernen‹ Schule einig. Wenn Friedrich Oetker, Anhänger des klassischen Vergeltungsstrafrechts, behauptete: *»Es gibt nicht Behandlungsweisen, die gleichmäßig Strafe und Erziehung wären«*[332], so stimmte das mit der Forderung Julius Landsbergs, Anhänger des Erziehungsgedankens, durchaus überein: *»Die Strafe und Abschreckung haben meines Erachtens als Mittel zur Behandlung verwahrloster Kinder abgewirtschaftet. Wir wollen nicht mehr vergelten, sondern heilen und helfen.«*[333]

329 Ellger, Fürsorgeerziehung und Jugendgericht, Sp. 578.
330 Matz, S. 134.
331 Feisenberger, S. 231.
332 Oetker, S. 6.
333 Landsberg, Diskussionsbeitrag, in: Deutsche Zentrale für Jugendfürsorge (Hg.), Verhandlungen des zweiten deutschen Jugendgerichtstages, S.171f.

Die Reformbewegung hatte es jedoch versäumt, sich intensiv mit dem ambivalenten Verhältnis von Erziehung und Strafe zu beschäftigen und dabei die Frage zu klären, ob ›Heilen und Helfen‹ tatsächlich eindeutig von Strafe und Vergeltung zu trennen war, und ob die Sanktionen, die als Erziehung intendiert waren, in der Praxis nicht trotzdem als Strafe wirkten. Als nach der Jahrhundertwende die Probleme der Zwangserziehung offenkundig wurden, wurde die Reformbewegung schließlich von den Konsequenzen ihres unreflektierten Erziehungsglaubens eingeholt. 1912 erreichte diese Diskussion ihren Höhepunkt, als auf dem dritten Jugendgerichtstag der Pädagoge Friedrich Wilhelm Foerster die Erziehungskonzeption der Reformbewegung grundsätzlich in Frage stellte.[334] Daß er Strafe und Sühne als unverzichtbare Bestandteile einer »Orthopädie der Sühne«, eines psychologischen »Heilprozesses« der delinquenten Jugendlichen verteidigte, sorgte unter den Zuhörern für Verwunderung und schien Foerster in die Nähe der konservativen Anhänger des Vergeltungsstrafrechts zu rücken. In der Tat forderte er, die Fürsorgeerziehung bei straffälligen Jugendlichen nicht an die Stelle der Strafe zu setzen, sondern sie der Strafe folgen zu lassen: *»Erziehung statt Strafe ist also schon deshalb eine irreführende Parole, weil die Strafe selber der unentbehrliche Träger des generierenden Erziehungsprozesses ist.«*[335] Foersters Koreferent Kriegsmann schlug in dieselbe Kerbe: Mit der Abschaffung der Gefängnisstrafe übernehme die Fürsorgeerziehung deren Funktionen; viele Erziehungsanstalten seien *»heute dem Jugendgefängnis recht ähnlich [...] Wenn diese Abschreckung in die Fürsorgeerziehung verlegt wird, werden auch die weiteren Wirkungen eintreten. Wir werden dann das populäre Vorurteil haben: die Erziehung ist Strafe!«*[336] Hier war das grundlegende Dilemma, das die Jugendkrimiminalpolitik bis heute beschäftigt, daß nämlich Erziehung ohne Strafe nicht zu haben war, offen ausgesprochen worden.[337]

Welche Auswege sahen die reformorientierten Juristen aus dem Dilemma von Erziehung und Strafe? Während einige eine neue jugendspezifische Gefängnisstrafe einführen wollten, die die Erziehungsanstalten von den beson-

334 Foerster, Strafe; vgl. ders., Schuld.
335 Ders., Strafe, S. 15.
336 Kriegsmann, S. 32.
337 Heinz, Abschied, S. 124; vgl. ders., Abschaffung; Frehsee, Imcompatibility.

ders schweren Fällen entlasten sollte[338], bemühten sich andere Reformanhänger um eine Entschärfung des Dilemmas, indem sie den abschreckenden Charakter der Fürsorgeerziehung akzeptierten und quasi aus der Not eine Tugend machten. Der Strafrechtswissenschafter Kohlrausch z.B. stellte den Abschreckungseffekt der Fürsorgeerziehung als eine durchaus erwünschte Nebenwirkung hin:

»Die staatliche Erziehung [...] ist eine derart gefürchtete Maßregel und spricht das allgemeine Unwerturteil derart nachdrücklich aus, daß sie auch hier die Dienste der Strafe durchaus leistet. Mit anderen Worten: die Zwangserziehung wirkt nebenbei genügend generalpräventierend.«[339]

Es grenzte jedoch an die Quadratur des Kreises, durch die Fürsorgeerziehung gleichzeitig erzieherische wie generalpräventive Wirkungen zu erzielen. Denn in dem Maße, wie sie abschreckend wirkte, gefährdete die Fürsorgeerziehung durch ihre stigmatisierende Wirkung die Resozialisierung der Zöglinge nach ihrer Entlassung. Kohlrausch selbst sprach offen davon, daß die Fürsorgeerziehung allgemein als eine »Schande« empfunden werde, *»die für das spätere Fortkommen fast so hinderlich ist wie das Vorbestraftsein. Daran hat auch die gutgemeinte Erfindung des Wortes ›Fürsorge‹-Erziehung nichts ändern können.«*[340] Bei vielen Reformanhängern wuchs auch nach dem langwierigen und zermürbenden Schulenstreit der Verdruß über rechtsdogmatische Unterscheidungen, wobei die pragmatische Verbindung von Erziehung und Strafe im englischen und amerikanischen Rechtssystem als Vorbild diente. Paul Köhne etwa stellte 1914 fest:

»Die Furcht vor der Grenzverwischung zwischen Strafe und Erziehung ist ein Produkt abstrahierender Theorie und dem wirklichen Leben völlig fremd. Gerade dadurch, daß die Grenzlinien zwischen beiden flüssig gehalten worden sind, hat man in den angelsächsischen Ländern Erfolge erzielt.«[341]

---

338 Gleispach, S. 63f.; Ellger, Fürsorgeerziehung und Jugendgericht, Sp. 578ff; Liepmann, Kriminalität, S. 25.

339 Kohlrausch, Fortschritte, S. 141.

340 Ebd., S. 146; Preuß. Min. des Innern, Statistik über die Fürsorgeerziehung für 1906, Vorbericht, S. XXXIII.

341 Köhne, Epilog, Sp. 301. Vgl. Weidlich, Diskussionsbeitrag, in: Mitteilungen der IKV 15/1908, S. 634. Auch Liszt formulierte 1918 versöhnlicher als früher: *»Der Unterschied zwischen Strafe und Erziehung sollte nicht so scharf hingestellt werden, wie es hier von verschiedener Seite geschehen ist. [...] Es wird bei der Erzie-*

Der Abschreckungscharakter der Fürsorgeerziehung erwies sich in der gerichtlichen Sanktionspraxis sogar als ein nützliches Instrument und ›Erziehungsmittel‹, auf das viele Vormundschaftsrichter – so wie es ihre englischen Kollegen ohne kontroverse Debatten praktizierten – nicht verzichten wollten.[342]

Jedenfalls zeigt der Diskurs der Juristen, daß sie die Probleme der Fürsorgeerziehung vor allem aus dem Blickwinkel der gerichtlichen Sanktionspraxis wahrnahmen; welche Behandlung die Jugendlichen die sie in die Erziehungsanstalten schickten, konkret zu erwarten hatten, interessierte sie dagegen kaum. Die Anstaltserziehung war für die meisten Richter eine *black box*, über deren Innenleben sie nur vage Vorstellungen hatten. Allgemeine Klagen über den ›gefängnisartigen‹ Charakter ersetzten eine intensivere Diskussion über die Erziehungsstandards und die konkreten Probleme in den Anstalten. Das distanzierte und merkwürdig abstrakte Verhältnis der Richter zu den konkreten Belangen des Sanktionsvollzugs wurde auch durch die bürokratisierte Organisation der Fürsorgeerziehung gefördert: Zwar lag die Entscheidung für die Anordnung der Fürsorgeerziehung bei den Vormundschaftsrichtern, aber alle weitere Entscheidungen wurden von den Kommunalverbänden (und zwar in aller Regel nach Aktenlage!) gefällt. Dazu gehörte nicht nur die Frage, in welche Erziehungsanstalt ein Delinquent aufgenommen wurde, sondern auch, ob überhaupt Anstalts- oder Familienerziehung vorzuziehen war.[343] Christian Klumker beklagte deswegen, *»daß das richterliche Verfahren für die Erziehungszwecke durchaus ungeeignet ist. [... Der Richter] hat von den verschiedenen Erziehungsmethoden gar kein Bild aus eigener Anschauung, er hat damit ja von Amts wegen nichts zu tun.«*[344] Erst recht galt das für die Staatsanwälte und diejenigen Richter an Amts- und Landgerichten, die ausschließlich mit der strafrechtlichen Seite der Behandlung delinquenter Jugendlicher befaßt waren und den zivilrechtlichen Maßregeln nur geringe Aufmerksamkeit schenkten.

---

*hung ernste Strenge und scharfe Zucht nicht fehlen dürfen; und es wird bei der Bestrafung der Jugendlichen der erziehliche Charakter nicht außer acht zu lassen sein. Insoweit gehen allerdings Strafe und Erziehung ineinander über.«* (Jugendgerichtsverfahren, S. 74).

342 Siehe Kap. 5.3.2.3.

343 Plaß, Vormundschaftsrichter und FE-Anstalten, in: ZB 6/1914-15, S. 6-7.

344 Klumker, Erfahrungen, S. 636.

Für die Modernisierung der Fürsorgeerziehung erwies sich diese Distanz der Juristen als eine schwere Hypothek. Die Juristen der modernen Schule, die in den 1890er Jahren die Reformkampagne in Deutschland angeführt und maßgeblichen Anteil an den gesetzlichen Reformen und der massiven Ausweitung der Fürsorgeerziehung hatte, zeigten nunmehr nur mäßiges Interesse an den praktischen Auswirkungen dieser Reformen. Sie hatten bei der Umsetzung ihrer Reformkonzeption auf die Kompetenz und die weit ins 19. Jahrhundert zurückreichende Erfahrung der privaten Rettungshäuser vertraut. Die Frage, ob diese privaten Erziehungsanstalten tatsächlich zufriedenstellende Arbeit leisteten, und ob die Behandlungskonzepte der christlich-konservativen Kinderretter überhaupt noch zeitgemäß waren, hatten sie dabei vernachlässigt. Liest man zum Beispiel Hugo Appelius' im Auftrag der IKV verfaßtes Reformkonzept von 1892 unter diesem Gesichtspunkt, so springt seine unkritische Haltung zur Anstaltserziehung ins Auge, auf die schon mehrfach, etwa bei der Frage der Erziehbarkeit der älteren Zöglinge, hingewiesen wurde. So schloß Appelius auch die Gefahr der gegenseitigen Ansteckung der Zöglinge mit einer naiven Vorstellung von der totalen Verhaltenskontrolle in den Anstalten aus: *»Eine ernste Ermahnung des Direktors, und damit versinkt die Vergangenheit, und ein neues Leben [...] liegt vor ihnen. [...] Die Mitschüler erfahren nicht, was der andere gethan, denn eine Unterhaltung darüber ist streng verboten.«*[345] Zweifel an dem Erfolg der ausgedehnten Zwangserziehung wischte er mit einer pauschalen Bemerkung vom Tisch: *»Die staatliche Erziehung bringt gute Früchte, wenn wir in Deutschland erst von Staatswegen erziehen gelernt haben!«*[346] So gerne sich Appelius und alle anderen Reformer auf das englische Vorbild beriefen, so konsequent ignorierten sie die negativen Erfahrungen der englischen Zwangserziehung, die z.B. in den Publikationen der *Howard Association* seit den 1880er Jahren regelmäßig thematisiert wurden.[347] Auch die vernichtende Kritik der zweiten Untersuchungskommission über die englische Zwangserziehung von 1896 fand in der deutschen Reformbewegung kein Echo. Die Praxis der deutschen Zwangserziehungsanstalten war der deutschen Reformbewegung wie gesagt keine besondere Aufmerksamkeit wert, obwohl es durchaus schon vor 1900 ausreichende Anlässe für

345 Appelius, Behandlung, S. 29.
346 Ebd., S. 164.
347 Siehe Kap. 4.3.2.1.

kritische Beurteilungen gegeben hätte. Es handelte sich um vereinzelte Stimmen, wenn zum Beispiel der Generalstaatsanwalt der Rheinprovinz schon 1862 eine *»allzu strenge Handbhabung der Disciplin und eine vielfach auf Aeußerlichkeiten Werth legende, rigoristisch religiöse Richtung«* der Zwangserziehung kritisierte,[348] wenn die Stadt Düsseldorf 1876 vor der Ausweitung der Zwangserziehung warnte, weil die bestehenden Erziehungsanstalten *»von den Zöglingen selbst, als auch von den Angehörigen derselben mehr als Straf- denn als Erziehungs- und Besserungsanstalten angesehen werden und in Wirklichkeit auch mehr auf strafende als erziehende Prinzipien zu beruhen scheinen.«*[349] Noch wesentlich früher, nämlich 1851, hatte der Pädagoge Adolf Diesterweg eine fundamentale Kritik der christlichen Rettungshauspädagogik formuliert, als er deren übertriebene Betonung der Religion und die Unterwerfung der Zöglinge unter eine »äußerliche Disziplinierung« kritisierte und die Rettungshäuser als »schädliche Anstalten« disqualifizierte.[350]

Eine Ausnahme unter den Reformjuristen stellte der Berliner Jugendrichter Paul Köhne dar, der sich stärker als seine Kollegen um die Durchführung der Anstaltserziehung sorgte und sie einem größeren Reformdruck aussetzen wollte. Auf einer Tagung der Berliner Zentrale für Jugendfürsorge zur ›Wirksamkeit des Fürsorgeerziehungsgesetzes‹ im Jahr 1906 bemängelte er in deutlichen Worten die Praxis der Anstaltserziehung: *»Die Ausführung dieser Fürsorgeerziehung ist meiner Meinung nach in sehr vielen Orten und im großen und ganzen in ihren Prinzipien nach sehr reformbedürftig, und die Ausführung ist die Hauptsache.«*[351] 1910 forderte Köhne, die Anstalten einer stärkeren Kontrolle durch neuzubildende Aufsichtsgremien zu unterstellen, um die »absolute Herrschergewalt der Anstaltsvorsteher und Provinzialverwaltungen«[352] zu brechen. Köhne kritisierte besonders, daß die Kommunalverbände als Träger der Fürsorgeerziehung im Falle von Beschwerden in eigener Sache entscheiden konnten und den Zöglingen dadurch eine unabhängige Kontroll-

348 General-Prokurator Nicolovius, Bericht an das Justizministerium, 13.5.1862, in: GStA PK, Rep. 84a Nr. 9763 (M), f. 89v.

349 Stadt Düsseldorf, Brief an Regierung Düsseldorf, 6.9.1876, in: StA Düsseldorf, Abt.II 1359, f. 37.

350 Zitiert bei Priem, S. 220.

351 Köhne, Diskussionsbeitrag, in: Deutsche Zentrale für Jugendfürsorge (Hg.), Verhandlungen über die Wirksamkeit, S. 25.

352 ZB 1/1909-10, S. 105, 275.

instanz vorenthalten wurde. Diese Rechtlosigkeit der Zöglinge entsprach übrigens exakt den Forderungen der IKV in ihrem Reformkonzept von 1892.[353] Köhnes Vorschlag stieß weder beim preußischen Innenministerium noch bei den Verbänden der Erziehungsanstalten, die sich gegen eine Einmischung in ihre Arbeit verwahrten, auf Gegenliebe.[354] Resigniert zog er aus dieser Erfahrung den Schluß, die Zukunftsaussichten der Fürsorgeerziehung seien »recht traurig.«[355]

Deutliche und detaillierte Kritik an den Erziehungsanstalten wurde innerhalb des bürgerlichen Lagers nur von wenigen Vertretern des progressiven Reformflügels geäußert. Dabei handelte es sich bezeichnenderweise nicht um Juristen, sondern um Pädagogen und Ärzte, die in unterschiedlichen Positionen in der Jugendwohlfahrt tätig waren. Für den Arzt und Leiter einer Kinderheilanstalt Johannes Trüper war es gerade die seines Erachtens unheilvolle Vorrangstellung der Juristen, die dazu führte, daß – wie schon bei der alten Zwangserziehung – die »Dressur der Kasernen und der Geist der Zuchthäuser«[356] die Fürsorgeerziehung dominierte, während dem pädagogischen und medizinischen Fachwissen kein Platz eingeräumt werde. Der Berliner Volksschullehrer und Kämpfer gegen Kinderarbeit, Konrad Agahd legte den Schwerpunkt seiner Kritik auf die Arbeitserziehung der Anstalten; dies diente ihm jedoch auch als Hebel, um eine »sehr gründliche Reform der Anstalten«[357] insgesamt zu verlangen, wobei ähnlich wie bei Trüper die Forderung nach einer Professionalisierung des Fürsorgeerziehung und damit auch die Schaffung neuen Arbeitsfelder für pädagogisch ausgebildetes Fachpersonal eine wichtige Rolle spielte. Seine Beurteilung der Erziehungspraxis der christlich-konservativen Anstalten faßte er kurz und bündig so zusammen: *»›Bete und arbeite!‹ Ein gutes Wort. Beides im Übermaß gibt - Revolten.«*[358]

353 Appelius, Behandlung, S. 149.

354 In ZB 1/1909-10, S. 105 wird über die ablehnende Haltung des preußischen Ministerialbeamten Krohne berichtet. Nach Frie (S. 35) bereitete das preußische Innenministerium jedoch 1909 die Einrichtung von Kontrollkommissionen auf der Ebene der Oberpräsidenten vor, um den Kritikern der Fürsorgeerziehung entgegenzukommen, was wiederum auf die massive Ablehnung der Kommunalverbände stieß.

355 ZB 1/1909-10, S. 275.

356 Trüper, Frage der Erziehung, S. 13.

357 Agahd, Kinderarbeit, S. 20.

358 Ebd., S. 27.

Innerhalb der Gruppe der Anstaltsleiter war Pastor Plaß von der Berliner Erziehungsanstalt ›Am Urban‹ einer der ganz wenigen, die die neuen sozialpädagogischen Reformkonzepte nicht als Bedrohung, sondern als eine Herausforderung betrachteten. Auf verschiedenen Tagungen der Anstaltsverbände kritisierte er mutig die Rückwärtsgewandtheit seiner Kollegen und die Zustände in ihren Anstalten.[359] »Zwang und Drill« seien die eigentlichen Ursachen der Anstaltsrevolten und führten dazu, daß der Zögling die Anstalt als ein »sozial-gefährlicher Mensch« verlasse.[360] Plaß kritisierte vor allem die kleineren Anstalten, die nur dem äußeren Schein nach das Wichern'sche Familiensystem realisierten und mangels ausreichender wirtschaftlicher Ressourcen für die notwendigen pädagogischen Reformen schlecht gerüstet seien.

Die radikalste Konsequenz, den Sinn der Anstaltserziehung grundsätzlich und öffentlich in Frage zu stellen, zogen in Deutschland – anders als in England – jedoch nur ganz wenige innerhalb der bürgerlichen Reformbewegung. Zu ihnen gehörte der Direktor der Hamburger Behörde für Jugendfürsorge Johann Petersen, der die Erziehungsanstalten als ein historisches Relikt des 18. und 19. Jahrhunderts bezeichnete.[361] Außer für eine kleine Gruppe von schwer zu disziplinierenden Jugendlichen hielt er die Anstaltserziehung für gänzlich ungeeignet und forderte statt dessen die massive Ausweitung der Familienunterbringung. Entgegen der Leichtfertigkeit, mit der die meisten Reformanhänger die Ausweitung der Fürsorgeerziehung forderten, bezeichnete Petersen es als einen »gewaltige[n] Irrtum«[362] zu glauben, daß die Anstaltserziehung den Betroffenen nicht schaden könne. Auch Friedrich Foerster vertrat die Auffassung, daß *»selbst ungeordnete und schmerzliche häusliche Verhältnisse in pädagogischer Beziehung oft dem abstrakten Anstaltsleben vorzuziehen sind.«*[363] Auf den drei Jugendgerichtstagen vor dem Ersten Weltkrieg widersprach nur ein einziger Amtsrichter dem Erziehungsoptimismus seiner Kollegen:

---

359 Plaß, Diskussionsbeitrag, in: Central-Ausschuß für Innere Mission (Hg.), Verhandlungen der 10. Konferenz, S. 69-71.
360 Plaß, Forderungen, S. 61ff.
361 Petersen, Methoden, S. 260.
362 Ebd., S. 260.
363 Foerster, Strafe, S. 22.

»Jeder Jugendrichter möge es sich doch tausendmal überlegen, ehe er einmal ein Kind in Fürsorgeerziehung schickt [...] wir wollen doch nie vergessen, daß ein Elternhaus mit Mängeln immer noch besser ist, als eine Fürsorgeerziehung, die das Kind aus dem Elternhaus herausnimmt [...] Es gibt nichts Besseres, als das Elternhaus und die Elternliebe.«[364]

Der prominente Frankfurter Jugendrichter Allmenröder konterte mit der gegenteiligen Feststellung: *»Wir [...] sind der Meinung, die Anstalt, der wir den Jugendlichen überantworten, ist, mag sie sein, wie sie will, immer noch besser, wie der Aufenthalt in einer verwahrlosten Familie.«*[365]

Die eher verhaltene Kritik bürgerlicher Reformer an der Praxis der Anstaltserziehung wurde von der radikalen Kritik der Arbeiterbewegung in den Schatten gestellt, die sich vor allem im Zusammenhang mit publikumswirksamen Anstaltsskandalen und -revolten artikulierte.[366] Inhaltlich unterschied sich die Kritik der Arbeiterbewegung an der repressiv-autoritären Behandlung und Arbeitsausbeutung der Fürsorgezöglinge kaum von der Kritik bürgerlicher Reformer, sieht man von der ausgeprägten Polemik und der aggressiven Gegnerschaft gegen alle christlichen Elemente der Anstaltserziehung ab. Der sozialdemokratische Autor Otto Rühle formulierte in seinem Buch ›Das proletarische Kind‹ 1911 die kraftvollste Anklage gegen

»die teuflischen Fürsorgeanstalten der deutschen Prügelpastoren«:[367] »Dieses eklige Gemisch von plärrender Gottseligkeit und kieselharter Herzensroheit, selbstgerechter Frömmelei und perverser Brutalität, Knute und Halleluja - diese widerliche Frucht eines Systems, das eine einzige große Versündigung am Recht des Kindes verkörpert, ist es, was sich – von wenigen rühmlichen Ausnahmen abgesehen – heute bei uns Fürsorgeerziehung nennt.«

Unbeschadet des polemischen Tonfalls faßte Rühle das Kardinalproblem der Fürsorgeerziehung völlig zutreffend zusammen:

»So trägt die Fürsorgeerziehung trotz aller schönen Worte und trotz allem guten Willen unverkennbar den Charakter der Strafe, der harten Sühne für einen begangenen Rechtsbruch. Der Zögling ist Sträfling. Was Erziehung sein sollte, ist Zwang, Vergeltung und Peinigung.«[368]

364 Fischer, Jugendgericht, S. 37.
365 Allmenröder, Jugendgericht, S. 39.
366 Vgl. Dickinson, S. 104f.; Harvey, S. 231f.
367 Rühle, S. 248.
368 Ebd., S. 209.

Was die sozialdemokratische Kritik vor allem von der bürgerlichen unterschied, war ihre Überzeugung, daß die Fürsorgezöglinge letztlich Opfer des kapitalistischen Wirtschaftssystems waren.[369]

### *4.3.2.2 Christlich-konservative Reformabwehr und die Entdeckung der ›Unerziehbarkeit‹*

Bei den Leitern der Erziehungsanstalten bewirkten die sozialdemokratischen Angriffe jedoch keinesfalls Einsicht, sondern nur eine weitere Abschottung gegen Kritik, die als ungebetene Einmischung empfunden wurde, und die Verhärtung ihres konservativen Weltbildes.[370] Auch die bürgerlichen Kritiker wie Paul Köhne oder Konrad Agahd mußten die Erfahrung machen, daß ihre Reformvorschläge bei den Anstaltsleitern auf schroffe Ablehnung stießen, ja daß sie wegen ihrer Vorschläge sogar der Nähe zur Sozialdemokratie verdächtigt wurden. Agahd beklagte aufgrund seiner eigenen Erfahrungen, daß die Anstaltsleiter in einer »gehässigen Weise auf jeden losschlagen«[371], der an den Zuständen in den Erziehungsanstalten Kritik übte. Mit den Reformen in seiner eigenen Anstalt stieß auch Paster Plaß bei seinen Kollegen auf wenig Verständnis. Pastor Backhausen gab zu bedenken, das Leben in einer Erziehungsanstalt dürfe nicht zu bunt und kurzweilig sein, weil sich die Zöglinge sonst zu wohl fühlten und in der Öffentlichkeit Vorwürfe unverdienter Bequemlichkeit aufkämen.[372] Plaß beschloß die kontroverse Diskussion mit seinen konservativen Kollegen mit der düsteren Warnung: *»Sollte sich die Innere Mission [...] diesen Grundsätzen widersetzen, so wird sie sich allerdings dann selbst das Grab graben.«*[373] Die ausgeprägte Reformunwilligkeit der Anstaltsleiter verband sich mit der Tendenz, das schlechte öffentliche Ansehen der Erziehungsanstalten in erster Linie für ein *public-relations*-Problem zu halten. Regelmä-

---

369 Ebd., S. 241f.

370 Für eine direkte Reaktion auf Rühle siehe Backhausen, Fürsorgeerziehung.

371 Agahd, Kinderarbeit, S. 3f.

372 Backhausen, Diskussionsbeitrag, in: Deutsche Zentrale für Jugendfürsorge (Hg.), Verhandlungen über die Wirksamkeit, S. 91.

373 Plaß, Diskussionsbeitrag, in: Central-Ausschuß für Innere Mission (Hg.), Verhandlungen der 10. Konferenz, S. 84.

ßig beklagten sie sich über die ihrer Meinung nach unfaire und verzerrende Berichterstattung in den Zeitungen.[374]

Die geringe Lernfähigkeit und Reformbereitschaft der Erziehungsanstalten zeigte sich nirgendwo deutlicher als in der Diskussion über die ›schwer-‹ oder ›unerziehbaren‹ Zöglinge. Die hilflosen Versuche der Anstalten, Disziplinprobleme mit Zwang und Gewalt in den Griff zu kriegen, wurden in Kap. 4.2.2 geschildert. Der Diskurs über die Fürsorgeerziehung wurde vor dem Ersten Weltkrieg ganz maßgeblich von den massiven Disziplinproblemen mit den älteren männlichen Zöglingen bestimmt, da diese mehr als alles andere für das schlechte öffentliche Image der Erziehungsanstalten verantwortlich waren. Kritiker wie Plaß und Agahd formulierten die auch in der Öffentlichkeit verbreitete Einsicht, daß letztlich veraltete pädagogische Anschauungen, überzogene Strenge und die inhumane Behandlung für die Aufsässigkeit der Zöglinge und die Anstaltsrevolten verantwortlich waren.

Die Reaktion der christlich-konservativen Anstaltsleiter war von einer defensiven Grundhaltung bestimmt. Im Grundsatz realisierten auch sie, daß die Disziplinprobleme durch eine negative Dynamik von Druck und Gegendruck verschärft wurden. Deshalb forderte der katholische Geistliche Rhiel, Leiter der staatlichen Erziehungsanstalt Steinfeld, daß *»wir die strenge Behandlung möglichst vermeiden müssen, weil wir ja dadurch die Sache nur noch schlimmer machen«*[375], und deshalb warnte Pastor Knaut vor der »Niederdrückung der Individualität« der Zöglinge.[376] Wenn Anstaltsleiter wie Pastor Backhausen sich in dieser Situation wie schon so oft auf die alten Wichern'schen Ideale besannen und die »freie Selbstbestimmung«[377] der Zöglinge forderten – in ihren eigenen Anstalten aber kaum realisierten – , dann zeugt dies von ihrer rein instrumentellen und halbherzigen Einstellung zu den immer wieder beschworenen Erziehungszielen Freiheit und Selbständigkeit. Nur um die offene Revolte ihrer Zöglinge zu verhindern, waren die christlichen Kinderretter bereit, die Zügel ihres autoritär-repressiven Regimes geringfügig zu lockern. Daß

---

374 Z.B. Backhausen, Fürsorgeerziehung.

375 Rhiel, Diskussionsbeitrag, in: Allgemeiner Fürsorge-Erziehungs-Tag (Hg.), Bericht (1912), S. 161.

376 Knaut, Erziehungsarbeit, S. 28.

377 Backhausen, Diskussionsbeitrag, in: Central-Ausschuß für Innere Mission (Hg.), Verhandlungen der 12. Konferenz, S. 19; vgl. Knaut, Diskussionsbeitrag, in: Allgemeiner Fürsorgeerziehungs-Tag (Hg.), Bericht (1912), S. 163.

sie damit oft das Gegenteil des Erhofften erreichten und die Zöglinge auf ein Nachlassen der Repression häufig mit gesteigerter Aufsässigkeit reagierten, trug nicht dazu bei, ihren Reformwillen zu erhöhen. Letztlich dominierte bei den christlichen Kinderrettern immer noch die Auffassung, daß jeglicher Widerstand gegen die Anstaltsdisziplin eine Versündigung gegen die gottgewollte Autorität und Ausdruck des ›bösen Willens‹ der Zöglinge war. So wies der evangelische ›Rettungshausbote‹ 1913 anläßlich einer Anstaltsrevolte, bei der siebzig Zöglinge die Einrichtung ihrer Anstalt verwüsteten und anschließend flüchteten, die in der Öffentlichkeit verbreitete Meinung zurück, solche Ereignisse seien mit der schlechten Behandlung und der Unterdrückung des Freiheitsdranges der Jugendlichen zu erklären.

»Nein, hier ist bösartiger Haß tätig gewesen, ein Auflehnen gegen die Erziehung, die man als Knechtung verachtet. Der Mensch will sein wie Gott, d.h. er will niemanden Untertan sein, keine Pflicht anerkennen und ausüben, sondern nur das Recht haben, jedem bösen Willen zu folgen, jede böse Lust auszuüben, jede Macht und Freiheit an sich zu reißen.«[378]

Der Vorsitzende des Allgemeinen Fürsorgeerziehungs-Tages, Pastor Seiffert, faßte die pädagogische Grundhaltung der Zwangserziehungs-Lobby in deutliche Worte:

»Zum Gehorsam müssen wir diese 17 - 21jährigen Zöglinge bringen, bei dieser Art Burschen und Mädchen können wir mit ›konstitutioneller Verfassung‹ nicht vorwärts kommen, sonst würden sie uns Vorgesetzte einfach zur Anstalt hinauswählen! Wir müssen stramme Erziehung halten, bis sie sich freiwillig beugen lernen.«[379]

Hier wurde der pädagogische Geist des 19. Jahrhunderts noch einmal in konzentrierter Form gegen ungeliebte Neuerungen verteidigt. Es machte die Tragik der preußischen Fürsorgeerziehung aus, daß die Anstaltserziehung zum überwiegenden Teil von dieser autoritär-konservativen Strömung der Jugendfürsorge geprägt wurde – und das weit über den Ersten Weltkrieg hinaus. Diese Strömung stand den gesellschaftlichen und kulturellen Umbrüchen des Industriezeitalters verständnislos gegenüber und konnte die Erziehung der delinquenten Jugendlichen nur als einen Abwehrkampf gegen Gottlosigkeit und

378 Anonym, Der Strom the Verderbens braust weiter, in: Rettungshausbote, 33/1913, S. 241-243.

379 Seiffert, Diskussionsbeitrag, in: Deutsche Zentrale für Jugendfürsorge (Hg.), Verhandlungen über die Wirksamkeit, S. 86.

Kulturverfall begreifen. Wo sich in England zur gleichen Zeit eine entspanntere und verständnisvollere Interpretation des jugendlichen Fehlverhaltens und damit auch liberalere Erziehungskonzeptionen durchsetzten, bewegte sich die preußische Fürsorgeerziehung durch die Wechselwirkung von jugendlicher Verweigerung und gesteigerter Repression gerade in die entgegengesetzte Richtung. Je mehr Jugendliche im Alter von sechzehn oder siebzehn Jahren in die Fürsorgeerziehung eingewiesen wurden, und je mehr dadurch die Disziplinprobleme in den Erziehungsanstalten wuchsen, desto dramatischer wurde in der Wahrnehmung der Anstaltsleiter und vieler Reformanhänger das soziale und pädagogische Problem der jugendlichen Delinquenz, und desto mehr verhärteten sich die pädagogischen Behandlungskonzepte in den Anstalten.

Letztlich setzte sich unter den Anstaltsleitern als Konsequenz aus den Erfahrungen mit den ›schwererziehbaren‹ älteren Zöglingen die Auffassung durch, daß diese von den übrigen Zöglingen getrennt und in besonderen Anstalten untergebracht werden müßten, wo es, so der katholische Geistliche Rhiel, nicht mehr um ihre Erziehung, sondern um ihre *»Verwahrung oder Unschädlichmachung«*[380] ginge. Auch der Landeshauptmann des westfälischen Kommunalverbandes äußerte sich 1908 resigniert über die ›Schwererziehbaren‹: *»Bei ihnen bleibt also nichts anderes übrig, als sie bis zur Volljährigkeit [...] in Anstalten mit gefängnisartigem Charakter unterzubringen, in denen ihnen das Entweichen unmöglich gemacht wird.«*[381] Mit der Absonderung der ›Unerziehbaren‹ wollten die Anstaltsleiter den »fröhliche[n] Geist«[382] ihrer Anstalten retten: Die *»schwierigen Elemente müssen fort, um nicht die Erziehung der anderen zu stören«*[383], lautete die überwiegende Meinung der ›psychiatrisch-pädagogischen Kommission‹ des Allgemeinen Fürsorgeerziehungs-Tages, an der neben Anstaltsleitern auch Christian Klumker und Agnes Neuhaus, katholische Wohlfahrtsexpertin in Dortmund, teilnahmen. Nur wenige wie Pastor Knaut setzten weiterhin auf die mäßigende Wirkung der gemeinsamen Unterbringung von jüngeren und älteren Zöglingen

380 Rhiel, S. 17; vgl. Backhausen, Diskussionsbeitrag, in: Central-Ausschuß für Innere Mission (Hg.), Verhandlungen der 11. Konferenz, S. 26.

381 Preuß. Min. des Innern, Statistik über die Fürsorgeerziehung für 1906, S. 38.

382 ZB 4/1912-13, S.47.

383 Allgemeiner Fürsorgeerziehungs-Tag (Hg.), Bericht (1912), S. 25f.; vgl. den Ausruf Backhausens: *»Wie viele schöne Friedenszeiten hat uns die Aussonderung ungeeigneter Elemente schon eingebracht!«* (Entweichen, S. 246).

und warnten vor der Steigerung der Disziplinprobleme in den Anstalten für die ›Unerziehbaren‹: *»Prinzipiell falsch ist, die schlimmen Zöglinge abzusondern und aufzuhäufen. Das Anhäufen ist eine Steigerung der Energie des Bösen, gegen die wir machtlos sind.«*[384] Zwar bestätigten die vorhandenen Erfahrungen mit der gesonderten Unterbringung diese Befürchtungen voll und ganz, dennoch setzten sich in den Anstaltsverbänden diejenigen durch, die eine stärkere Differenzierung der Erziehungsanstalten befürworteten.

Der Diskurs über die ›Unerziehbaren‹ nahm die krisenhafte Entwicklung, die die Fürsorgeerziehung am Ende der Weimarer Republik prägte, bereits in vielem vorweg. Die Probleme, die fünfundzwanzig Jahre später zur Ausschließung der älteren Zöglinge aus der Fürsorgeerziehung und zur anschließenden Hinwendung zu totalitären Konzepten führten, wurden auch in den Jahren vor dem Ersten Weltkrieg bereits wahrgenommen und unter sehr ähnlichen Vorzeichen diskutiert. Man kann sich Detlev Peukerts These, daß die »Aussonderung der Nichterziehungsfähigen« eine immanente Folge der »Allgemeingültigkeit sozialpädagogischer Ansprüche« war,[385] kaum verschließen, wenn man beobachtet, mit welcher Schnelligkeit sich das Etikett der ›Unerziehbarkeit‹ und auch der ›geistigen Abnormität‹ nur wenige Jahre nach Einführung der Fürsorgeerziehung als eine weithin akzeptierte Erklärung für die Disziplinprobleme der Erziehungsanstalten etablierte. Wenn auch zu diesem Zeitpunkt noch kaum jemand den Ausschluß der älteren Problemzöglinge aus der Fürsorgeerziehung forderte – anders als es am Ende der Weimarer Republik unter dem Druck leerer staatlicher Kassen der Fall war – so ist doch bereits vor 1914 eine Abkehr von dem zunächst grenzenlosen Erziehungsoptimismus zu verzeichnen. Die Verbreitung psychiatrischer Erklärungsmuster für jugendliches Fehlverhalten spielte dabei die Schlüsselrolle. Es kann nur auf den ersten Blick erstaunen, wie bereitwillig die Anstaltsleiter diese ihrer christlichen Weltanschauung scheinbar konträren Erklärungsansätze aufgriffen. Doch die psychiatrischen Theorien von ›Minderwertigkeit‹ und ›Degeneration‹ waren nichts anderes als eine Fortführung der traditionellen moralischen Verurteilung der jugendlichen Delinquenten und ihrer Eltern im pseudo-wissenschaftlichen Gewande. Bei beiden stand die Fokussierung der ›Schuld‹ auf das de-

---

384 Ebd., S. 45f.
385 Peukert, Grenzen, S. 295.

linquente Individuum – ob als ›böser Wille‹ oder als schlechte Erbanlage – und die Negierung der gesellschaftlichen Mitverantwortung für die Kriminalität im Mittelpunkt des kriminologischen Denkens. Das Trennende zwischen christlich-moralischem und kriminalanthropologischem Denken, die Betonung bzw. Verneinung des ›freien Willens‹ und der prinzipiellen Besserungsfähigkeit der menschlichen Seele, verlor in dem Maße an Bedeutung, wie die christlichen Anstaltsleiter selbst an der Besserungsfähigkeit zu zweifeln begannen. Als sich die massiven Disziplinprobleme in den Anstalten verstärkten, griffen sie das Angebot der psychiatrischen Krankheitsdiagnosen rasch auf und umgingen damit, die Ursachen für das Scheitern ihrer Behandlungskonzepte bei sich selbst oder bei der überzogenen Ausweitung der Fürsorgeerziehung auf die höheren Altersstufen suchen zu müssen. Pastor Backhausen stellte in der Diskussion über die Erziehbarkeit der älteren Zöglinge fest, *»daß die Gründe der Unerziehbarkeit im wesentlichen ganz wo anders zu suchen sind, als in dem zu hohen Alter«*, nämlich in den *»mannigfaltigen Schwachsinnszuständen, in der Unbeeinflußbarkeit des Gefühlslebens, [...] chronischem Widerstreben, im Überwiegen niederer und unsozialer Triebe usw.«*[386]. Als eigentliche Ursache der hohen Zahl von Entweichungen sah Backhausen an, daß mehr als die Hälfte der Zöglinge »geistig abnorm« sei, eine Einschätzung, die sich auch im Bericht der staatlichen Erziehungsanstalten fand und im übrigen auch von anderen Reformern wie Christian Klumker vertreten wurde.[387] Insgesamt war die Akzeptanz psychiatrischer Erklärungsmuster bei den Anstaltsleitern groß genug, damit der Allgemeine Fürsorgeerziehungs-Tag 1912 folgende Resolution verabschiedete: *»Für die defekten oder abnormen Fürsorgezöglinge sind alsbald besondere Anstalten, Zwischenanstalten zu gründen [...], um eine dauernde psychiatrische Beobachtung und Behandlung zu gewährleisten.«*[388] Es ist wichtig darauf hinzuweisen, daß die christlichen Anstaltsleiter hier eine Forderung aufgriffen, die zuerst von den ›progressiven‹ Reformanhängern und Kritikern der traditionellen Rettungshäuser erhoben worden war, die schon länger für eine stärkere Differenzierung und Professionalisierung der Erziehungsanstalten plädierten. So forderte Klumker ebenso wie Trüper

386 Backhausen, Lebensalter, S. 16.

387 Backhausen, Entweichen, S. 246; Preuß. Min. des Innern, Statistik über die Fürsorgeerziehung für 1909, Abschnitt A, S. 118; Klumker, in: ZB 5/1913-14, S. 94.

388 Allgemeiner Fürsorgeerziehungs-Tag (Hg.), Bericht (1912), S. 15.

die Einrichtung sog. Beobachtungsstationen, in denen die neu eingewiesenen Zöglinge zunächst psychiatrisch untersucht und die ›abnormalen und minderwertigen‹ Zöglinge anschließend in besonderen Anstalten untergebracht werden sollten.[389] Auch Konrad Agahd forderte, die ›unverbesserlichen‹ von den übrigen Zöglingen abzusondern.[390]

Noch war die Entdeckung der psychischen ›Abnormalität‹ nicht zwangsläufig mit pessimistischer Resignation oder gar mit eugenischen Forderungen verknüpft (die von einigen Ärzten freilich auch schon offen diskutiert wurden). Klumker zum Beispiel betonte ausdrücklich, daß eine fachlich kompetente Behandlung bei den meisten der ›abnormen‹ Zöglinge durchaus erfolgreich sein könne.[391] ›Unerziehbarkeit‹ und ›Abnormität‹ wurden von den meisten Reformanhängern noch nicht mit Behandlungsunfähigkeit gleichgesetzt, sondern galten im Gegenteil als Zustand erhöhter Behandlungsbedürftigkeit, die in besonderen Anstalten unter psychiatrischer Leitung erfolgen sollte. Der Erziehungsoptimismus der 1890er Jahre machte also nach der Jahrhundertwende, nachdem er in der Praxis an die Grenzen gestoßen war, einem ›Behandlungsoptimismus‹ Platz, der allerdings auf nicht weniger unsicherem Fundament ruhte. Denn wie eine »Heilerziehung«[392] der ›geistig abnormen‹ oder ›minderwertigen‹ Zöglinge aussehen konnte, darüber herrschten unter den Psychiatern ebenso wenig klare Vorstellungen, wie sie überhaupt über exakte Definitionen ihrer Krankheitsdiagnosen verfügten. Je mehr sich im fachwissenschaftlichen Diskurs die Theorie von der angeborenen ›Minderwertigkeit‹ der jugendlichen Delinquenten durchsetzte, desto mehr mußte sich langfristig die Zielrichtung ihrer ›Behandlung‹ von ›Heilung‹ auf ›Unschädlichmachung‹ verlagern. Die extreme Schlußfolgerung dieses Denkens, die Forderung nach einer Sterilisation von Fürsorgezöglingen, blieb vor 1914 wenigen Außenseitern vorbehalten;[393] aber schon 1906 erhielt ein Psychiater auf der Tagung der Deutschen Zentrale für Jugendfürsorge für seine Forderung viel Beifall, *»daß epileptische, hysterische, trunksüchtige und psychisch-belastete Leute nicht*

389 Klumker, Diskussionsbeitrag zu: Basler, S. S. 68; Trüper, Minderwertigkeiten.
390 Agahd, Kinderarbeit, S. 47f.
391 ZB 5/1913-14, S. 94; vgl. Raecke, Psychiatrisches, S: 207.
392 Trüper, Minderwertigkeiten, S. 11.
393 Siehe eine skeptische Besprechung des Aufsatzes von August Hegar (Beitrag zur Frage der Sterilisierung aus rassehygienischen Gründen, in: Münchner Medizinische Wochenschrift, 4.2.1914, S. 243) in: MschrKrimPsych 11/1914-18, S. 253f.

*heiraten sollten, weil ihre Nachkommenschaft so leicht entartet und damit so schlimme Folgen für die Allgemeinheit entstehen.«*[394]

Auch wenn die Hypothesen und Schlußfolgerungen der Psychiater der tatsächlichen Behandlungspraxis der Problemzöglinge weit vorauseilten, so hatte der Diskurs über die ›Unerziehbarkeit‹ für die Entwicklung der Fürsorgeerziehung in Preußen doch eine konkrete Bedeutung: Die christlich-konservative und die progressive Reformströmung erreichten in einer wichtigen Frage eine Meinungsübereinstimmung.[395] Die Entdeckung der ›Unerziehbarkeit‹ im Zusammenhang mit unzufriedenen und aufsässigen Zöglingen lenkte von den antiquierten Behandlungskonzepten und unbefriedigenden Zuständen in den Erziehungsanstalten ab. Dadurch blieb der Reformdruck auf die Erziehungsanstalten von seiten der progressiven Reformanhänger gering – im Gegensatz zur gleichzeitigen Entwicklung in England. Es ist auffällig, wie bereitwillig die christlichen Anstaltsleiter der Forderung nach der Einrichtung besonderer psychiatrischer Anstalten zustimmten, aber dafür jeden Reformvorschlag, der sich auf ihre eigenen Erziehungsanstalten bezog, entrüstet als unziemliche Einmischung ablehnten. So erfüllte der Diskurs über die ›Unerziehbarkeit‹ für die Erziehungsanstalten eindeutig eine Entlastungsfunktion. Er legitimierte auch konkret die gesonderte Unterbringung der Problemzöglinge in speziellen Abteilungen oder Anstalten mit verstärktem Gefängnischarakter, was in Preußen bereits vielfach praktiziert wurde. Forderungen, die obere Altersgrenze der Zöglinge wie in anderen Ländern des Deutschen Reiches auf 16 Jahre abzusenken und damit das Konfliktpotential der Fürsorgeerziehung zu verringern, wurden dagegen von den Anstaltsverbänden zurückgewiesen.[396] Auch wenn in erster Linie die älteren Zöglinge für die Disziplinprobleme der Anstalten verantwortlich waren, so wiesen die Anstaltsleiter dennoch die Gleichsetzung von Lebensalter und ›Unerziehbarkeit‹ mit dem Hinweis zurück, *»daß all diese bösen, erblich belasteten, psychopathisch minderwertigen Elemente [...] sich doch in allen Altersstufen«*[397] finden ließen.

394 Kluge, Diskussionsbeitrag, in: Deutsche Zentrale für Jugendfürsorge (Hg.), Verhandlungen über die Wirksamkeit, S. 97.

395 Die Interpretation Dickinsons (S. 107f.), daß der progressive Reformflügel in Deutschland eine deutliche Gegenposition zu den christlich-konservativen Anstaltsleitern eingenommen habe, vernachlässigt diese Übereinstimmungen.

396 So z.B. Liepmann, Kriminalität, S. 29.

397 Wurm, Lebensalter, S. 4; Backhausen, Lebensalter, S. 16.

*Ausgebliebene Modernisierung*

Am Ende bleibt die Frage zu stellen, ob dem kontroversen Diskurs praktische Konsequenzen folgten. Wir haben gesehen, daß die aus dem englischen Reformdiskurs bekannten Kritikpunkte an der Zwangserziehung auch in Preußen, wenn auch verhaltener, artikuliert wurden. Gibt es in der preußischen Entwicklung bis zum Ende des Kaiserreichs Anhaltspunkte für eine Modernisierung der Fürsorgeerziehung und für eine nachlassende Anwendung dieser Sanktionsform? Angesichts der soeben geschilderten Entwicklung des Diskurs über die Probleme und Erfolge der Fürsorgeerziehung überrascht es nicht, daß diese Frage eindeutig negativ zu beantworten ist. Von einer durchgreifenden Reform der Anstaltserziehung oder gar von einem meßbaren Trend gegen die Anstaltserziehung kann vor 1918 keine Rede sein. Am deutlichsten wird das an der Entwicklung der zahlenmäßigen Anwendung der Fürsorgeerziehung. Anders als in England wies die Statistik der Fürsorgeerziehung nicht nur bis zum Ersten Weltkrieg, sondern auch darüber hinaus stetig nach oben; die Einweisungsrate kletterte noch bis zur Mitte der 1920er Jahre auf immer neue Rekorde. Ein mit England vergleichbarer quantitativer Rückgang der Zwangserziehung vollzog sich in Preußen bzw. seinen westdeutschen Nachfolgeländern erst nach dem Zweiten Weltkrieg.[398] Im Vergleich mit der englischen Entwicklung ist dabei natürlich zu bedenken, daß der Aufstieg der Zwangserziehung in Preußen erst sehr viel später begonnen hatte, und sich daher auch der nachfolgende Abfall zwangsläufig später ereignen mußte. Dennoch kann die kontinuierlich zunehmende Anwendung der Fürsorgeerziehung in Preußen als ein deutliches Votum der Vormundschaftsrichter für diese Sanktionsform trotz eines schlechten öffentlichen Images gewertet werden. Der kontroverse öffentliche Diskurs und insbesondere die Kritik progressiver Reformanhänger an der Praxis der Anstaltserziehung haben offensichtlich nicht dazu geführt, daß sich die preußischen Richter von der Fürsorgeerziehung abwandten und sie zugunsten ambulanter Sanktionsformen auf die Funktion einer ›ultima ratio‹ beschränkten.

Die innere Modernisierung der Fürsorgeerziehung scheiterte an der ausführlich geschilderten ablehnenden Haltung der christlich-konservativen An-

398 Schrapper u. Sengling (Hg.).

staltsleiter gegenüber neuen sozialpädagogischen Erziehungskonzepten. Soweit die Anstalten aus eigener Überzeugung zu einer Verbesserung etwa der beruflichen Ausbildung bereit waren,[399] reichte die kurze Zeitspanne zwischen der Jahrhundertwende und Erstem Weltkrieg nicht aus, um eine spürbare Veränderung der Situation in den Erziehungsanstalten zu erreichen. Einzelne Reformprojekte progressiv gesonnener Anstaltsleiter konnten sich in Preußen ebenso wie in England einer großen öffentlichen Aufmerksamkeit erfreuen, blieben für die Gesamtentwicklung der Anstaltserziehung jedoch praktisch bedeutungslos. So wie in England das *Little Commonwealth*, verkörperte fast gleichzeitig die Berliner Erziehungsanstalt ›Lindenhof‹ unter der Leitung des jugendbewegten Karl Wilker die Hoffnungen auf eine reformpädagogisch geläuterte Anstaltserziehung. Zwischen 1917 und 1921 experimentierte Wilker mit Selbstverwaltung und freizügigen Erziehungskonzepten, bevor er das Projekt im Streit mit dem Berliner Magistrat wieder aufgab.[400] Die weitgehend ausgebliebene Modernisierung war jedoch auch eine Folge des mangelnden Interesses der mit der Jugendfürsorge befaßten Juristen an der konkreten Konsequenzen ihrer Sanktionsentscheidungen und der mangelnden Entschlossenheit der progressiven Reformanhänger, aus ihrer Kritik an den Erziehungsanstalten eine energische Gegenposition zu den christlich-konservativen Kinderrettern zu formen. Zudem erwies sich – und hier liegt ein weiterer entscheidender Unterschied zu England – die Haltung der politisch-administrativen Ebene in Preußen als eine wichtige Ursache für weit über 1918 hinaus verschleppten Reformen. Gelang es der progressiven Reformströmung in England, mit der Ernennung von Charles Russell und Arthur Norris zu Inspektoren des Zwangserziehungswesens quasi die Kommandobrücke der staatlichen Jugendfürsorge zu erobern, so war die preußische Ministerialbürokratie weit weniger bereit, sich vor den Karren einer entschiedenen Reformpolitik spannen zu lassen. Dadurch, daß die staatliche Aufsicht über die Fürsorgeerziehung in die Hände der Kommunalverbände gelegt worden war, hatte das preußische Innenministerium sogar wesentlich weniger Einflußmöglichkeiten auf die konkrete Gestaltung der Anstaltserziehung als das englische Innenministerium. Die Kommunalverbände erwiesen sich überwiegend als treue Verbünde-

399 Siehe z.B. Seiffert, Arbeitserziehung.
400 Gräser, S. 59f.

te der privaten und kirchlichen Erziehungsanstalten und wehrten Kontroll- und Eingriffsversuche des preußischen Innenministeriums ab.[401] In der Weimarer Republik erfuhr diese reformfeindliche Koalition von christlichen Anstaltsverbänden, Kommunalverbänden und preußischem Volkswohlfahrtsministerium unter dem Zentrumspolitiker Hirtsiefer eine unheilvolle Fortsetzung, als sich die christliche Rettungshauspädagogik des 19. Jahrhunderts vollends zu einem Anachronismus entwickelte.[402]

Beides, die anhaltend häufige Anwendung der Fürsorgeerziehung durch die Gerichte und die Reformunfähigkeit der Erziehungsanstalten entwickelte sich in der Weimarer Republik zu einer schweren Belastung für die gesamte staatliche Jugendwohlfahrt, weil sie deren Akzeptanz in der Bevölkerung zunehmend minderte. Die Geschichte der Fürsorgeerziehung in der Weimarer Republik war von der tiefgreifenden Kontroverse zwischen den in kulturpessimistischer und reformfeindlicher Wagenburg-Mentalität erstarrten christlichen Anstaltsverbänden einerseits und einer weitgehend erfolglosen Minderheit progressiver Reformer und der zu politischer Verantwortung gelangten Sozialdemokratie andererseits geprägt. Die ›Krise der Fürsorgeerziehung‹ am Ende der Weimarer Republik, die wiederholt Gegenstand sozialhistorischer Studien geworden ist, erweist sich als die schmerzhafte Konsequenz einer partiellen Reformunfähigkeit der preußischen Jugendkriminalpolitik, die sich bereits vor dem Ersten Weltkrieg abzeichnete.

401 Frie, S. 34f.
402 Vgl. besonders ausführlich Dickinson, S. 169ff.

# 5 Vom Einsperren zum ›Helfen‹? Die Entwicklung der gerichtlichen Sanktionspraxis

Mit der Etablierung der Zwangserziehung war die Reform der Jugendkriminalpolitik in England und Deutschland keinesfalls abgeschlossen. Die Frage, wie jugendliche Straftäter am sinnvollsten zu behandeln seien, blieb für die Anhänger der Reformbewegungen in beiden Ländern im Gegenteil höchst aktuell, denn sie hielten es weder für wünschenswert noch für durchführbar, die einschneidende und kostspielige Zwangserziehung auf alle jugendlichen Delinquenten anzuwenden. Vielmehr war von Beginn an die flexible Anpassung der Sanktionen an die jeweilige Persönlichkeit und die Lebensumstände der Delinquenten – mithin die Täterorientierung – das Ziel der Reformbewegungen gewesen. Wir haben im vorangegangenen Kapitel gesehen, daß die Zwangserziehung im Spektrum der Sanktionen die Rolle der schwersten Strafe übernommen hatte. Die englische Kriminalstatistik zeigt, daß in den 1870er Jahren ca. 18% und vor dem Ersten Weltkrieg ca. 12,5% der wegen Diebstahl angeklagten Jugendlichen in *reformatory* oder *industrial schools* eingewiesen wurden. In Preußen läßt sich der Anteil der Fürsorgeerziehung an den Sanktionen bei straffälligen Jugendlichen wegen der Zweigleisigkeit von Straf- und Zivilverfahren nicht genau bemessen. Hält man die Zahl der in Preußen strafrechtlich verurteilten Jugendlichen neben die Zahl der im strafmündigen Alter in Fürsorgeerziehung eingewiesenen Jugendlichen – von denen aber nur die Hälfte vorbestraft waren –, so ergäbe sich ein Anteil von ca. 15%, der mit der Ausdehnung der Fürsorgeerziehung vor dem Ersten Weltkrieg auf 20% anstieg.

Für die übrigen 80% bis 90% der straffälligen Jugendlichen mußten die Richter andere Behandlungsformen finden. Dabei war der Ersatz der Gefängnisstrafe durch verschiedene ambulante Sanktionen in beiden Ländern das zentrale Thema der Jugendkriminalpolitik. Der Verzicht auf diese klassische

Strafe hinterließ eine nicht einfach zu füllende Sanktionslücke. Insbesondere in England blieb der Wunsch nach der Aufrechterhaltung der Abschreckung stets auf der Tagesordnung der Reformdiskussion. Die Hinwendung zur Prügelstrafe war das sichtbarste Ergebnis dieser Suche nach einem wirksamen Abschreckungsinstrument, für das sich der einprägsame Ausdruck *›short sharp shock‹* einbürgerte.

Neben der Suche nach dem *short sharp shock* war der Verzicht auf Strafe, verknüpft mit Erwartungen an das Wohlverhalten der jugendlichen Delinquenten, ein anderes prägendes Element der Reformentwicklung sowohl in England als auch in Deutschland. Hier setzte sich das neue Paradigma der Jugendkriminalpolitik durch, welches die dauerhafte Verhaltenskontrolle und -beeinflussung der Jugendlichen nicht mehr in der künstlichen Welt der Erziehungsanstalten, sondern in einer kontrollierten Freiheit erreichen wollte. Die in Amerika zuerst entwickelte Bewährungsstrafe verkörperte den neuen ›sozialarbeiterischen‹ Behandlungsansatz. Die Realisierung dieser neuen kriminalpolitischen Strategie soll in diesem Kapitel verfolgt werden.

In England bildete sich bis zum Ersten Weltkrieg ein fein abgestuftes Instrumentarium von Behandlungsformen heraus, über das die Richter dank der Informalität des summarischen Strafverfahrens mit nur wenigen Einschränkungen frei verfügen konnten. Der *Children Act* von 1908, der den vorläufigen Endpunkt der Reformen markierte, zählte nicht weniger als dreizehn verschiedene Behandlungsformen auf, die den Richtern zur Verfügung standen.[1] Das Ziel der Strafrechtsreformer, die Behandlung straffälliger Jugendlicher von den rigiden Bestimmungen des liberalen Strafrechts zu befreien, war in England, wo die klassischen liberalen Strafrechtsdogmen niemals die prägende Kraft gewonnen hatten, also erreicht worden. In Deutschland behinderten die Traditionen des liberalen Strafrechts eine vergleichbare Flexibilisierung der richterlichen Sanktionsentscheidungen. Weder kannte das Strafgesetzbuch eine solche Vielfalt verschiedener Sanktionsformen, noch stellte die Strafprozeßordnung mit ihrem Legalitätsprinzip den Strafverzicht in das Ermessen des Richters. Die Realisierung der Reformvorstellungen konnte in Deutschland angesichts des Scheiterns gesetzlicher Reformen nur auf Umwegen gelingen. Dennoch wurde die Behandlung der jugendlichen Delinquenten auch in

---

1 8 Edw. 7 c. 67, section 107.

Deutschland durch eine langsame Änderung des richterlichen Sanktionsverhaltens und durch die Hinwendung zum Vormundschaftsrecht bis zum Ersten Weltkrieg einem grundlegendem Wandel unterworfen. Unter welchen Bedingungen und mit welchen Folgen sich dieser Wandel der Sanktionspraxis vollzog, ist Gegenstand dieses Kapitels. Dabei soll nicht nur der ›Erfolg‹ der Reformbewegungen beider Länder bei der Realisierung ihrer Konzepte verglichen werden, sondern auch gefragt werden, ob der Anspruch der Reformbewegungen erfüllt wurde, die Jugendlichen von inhumaner und schädlicher Strafe zu befreien. Wie veränderten sich, wenn man die alte und neue Strafpraxis vergleicht, Sanktionshärte und die Intensität der sozialen Kontrolle?

## 5.1. Der Rückgang der Gefängnisstrafe

### 5.1.1 England

Die Anwendung der Gefängnisstrafe gegen jugendliche Straftäter hatte in England schon in den 1830er Jahren einen Höhepunkt erreicht. Durch die seit dieser Zeit durchgängig veröffentlichten Gefängnisstatistiken, die alle eingewiesenen Häftlinge auch nach ihrem Alter verzeichneten, kann man die quantitative Anwendung dieser Sanktionsform bis ins 20. Jahrhundert gut verfolgen.[2] Der Anteil der bis einschließlich 16 Jahre alten Jugendlichen an allen Gefängniseinweisungen betrug schon 1836 13%; 37% aller ins Gefängnis Eingewiesenen waren unter 21 Jahre alt.[3] Bis zum Jahr 1856 schwankte der Jugendlichenanteil zwischen 11% und 12%, die absolute Zahl der eingewiesenen Jugendlichen nahm dabei aber ebenso zu wie die der Erwachsenen. Nur ein kleiner Teil davon waren Kinder unter 12 Jahren; deren Anteil an allen Einweisungen lag 1836 bei 1,3%, stieg jedoch bis 1856 auf einen Höchstwert von 1,75% an, als 1.990 Kinder in englische Gefängnisse eingewiesen wurden. Die

2 Parl. Papers, Report [...] Prisons, 1836ff.
3 Parl. Papers, Criminal Statistics for 1896, Einleitung, S. 24.

Einweisungsrate der unter 12jährigen Kinder erlebte zwischen 1847 und 1856 mit 41% einen wesentlich höheren Anstieg als die der Jugendlichen mit nur 10% (Abb 5.1). 1856, als der Aufstieg der *reformatory schools* begann, machten fast 14.000 Kinder und Jugendliche bis einschließlich 16 Jahre mit dem Gefängnis Bekanntschaft. Obwohl das Niveau der Gefängniseinweisungen durch die Einführung der Zwangserziehung in den späten 1850er Jahren schnell absank, zählte die Gefängnisstatistik in den 1860er und frühen 1870er Jahren immer noch jährlich mehr als 1.500 Kinder und 7.000 bis 8.000 Jugendliche. Bei den Kindern und Jugendlichen, die sich wegen Diebstahls in Polizeigerichten verantworten mußten, blieb das Gefängnis bis 1879 – danach wurden sie in der Kriminalstatistik nicht mehr gesondert geführt – noch vor der Zwangserziehung die am häufigsten gewählte Strafform, wenn man die straffreie Entlassung außer acht läßt. Allerdings sank der Anteil der Gefängnisstrafe an allen gerichtlichen Entscheidungen von 45% im Jahr 1857 auf 20,5% im Jahr 1879; die Zwangserziehung erreichte in den 1870er Jahren einen Anteil von maximal 20%. Dieser Rückgang betraf vor allem die längeren Gefängnisstrafen von mehr als zwei Wochen Dauer, während der Anteil der kurzen Gefängnisstrafen an den Sanktionen gegen jugendliche Diebe bis 1879 fast stabil blieb. Dauerten um 1860 mehr als zwei Drittel der Gefängnisstrafen wegen Diebstahls länger als zwei Wochen, so waren es zwanzig Jahre später nur noch 40%. Diese Entwicklung war eine Folgewirkung der Zwangserziehung, welche die Funktion des langen Freiheitsentzuges vom Gefängnis übernahm. Übrig blieb die kurzfristige Gefängnisstrafe für die weniger schweren Fälle. Hier schlugen allerdings auch die Einweisungen in *reformatory schools* zu Buche, die bis in die 1890er Jahre mit einer vorangehenden zweiwöchigen Haftstrafe verbunden waren.

Diebstahl, das maßgebliche Delikt der Jugendlichen, war jedoch nur für den kleineren Teil der Gefängnisstrafen verantwortlich. 1879 gingen nur 28% der Gefängniseinweisungen auf das Konto von Diebstahlsdelikten.[4] Die große Mehrzahl der jugendlichen Delinquenten saßen wegen anderer, größtenteils trivialer Vergehen im Gefängnis. Einen großen Anteil an diesen Delikten hatten bloße Ordnungswidrigkeiten wie Behinderung des Gehwegs, Fußballspie-

4 Errechnet aus der Differenz der gesamten Gefängniseinweisungen minus der Gefängnisstrafen für Diebstahl.

len oder Glückspiel; diese Delikte wurden zwar ganz überwiegend nur mit Geldstrafen geahndet, aber weil die Jugendlichen diese nicht bezahlen konnten oder wollten, mußten sie statt dessen eine kurze Haftstrafe absolvieren. Über die zahlenmäßige Bedeutung dieser subsidiären Haftstrafen (*prison in default*) existieren nur einzelne Informationen vom Ende des 19. und Anfang des 20. Jahrhunderts, da in der englischen Gefängnisstatistik nicht nach juristischen Einweisungsgründen unterschieden wurde. Demnach erfolgten mehr als die Hälfte der Gefängniseinweisungen Jugendlicher wegen Nichtbezahlens der Geldstrafe.[5] In Newcastle absolvierten noch 1906 48 von 120 Jugendlichen ihre Gefängnisstrafe wegen verbotenen Glückspiels.[6] Diese wurde in Newcastle ebenso wie in anderen Städten in der Praxis jedoch ziemlich nachlässig vollzogen. Wenn ein Jugendlicher für drei Tage ins Gefängnis mußte – das waren in Newcastle über 70% der Gefängnisstrafen von Jugendlichen – dann bedeutete das lediglich einen eintägigen Aufenthalt von Freitag abend bis Samstag abend.[7] Eine nominell zweitägige Gefängnisstrafe dauerte in Liverpool zwölf Stunden – von Freitag abend bis Samstag morgen.[8] Das ändert nichts an dem Befund, daß die Gefängniserfahrung jugendlicher Delinquenten maßgeblich aus dem Problem nichtbezahlter Geldstrafen resultierte. Im Jahresbericht der Gefängnisleiter wurde der extreme Fall eines Jugendlichen dokumentiert, der zwischen Oktober 1898 und Februar 1903 in 41 Fällen wegen Glücks- und Fußballspielens zu Geldstrafen verurteilt und 30mal wegen Nichtbezahlens ins Gefängnis geschickt wurde.[9]

Der Kampf gegen das Gefängnis blieb auch nach der Einführung der Zwangserziehung eine vordringliche Aufgabe der Reformanhänger. Ihre Argumente gegen das Gefängnis haben wir bei der Darstellung der grundlegenden Reformansätze bereits kennengelernt. Die Kritiker waren davon überzeugt, daß die Jugendlichen durch den Gefängnisaufenthalt ihre Scham und ihre

---

5 Für Jugendliche: Parl. Papers, Report [...] Prisons for 1902, S. 25; ebd. for 1903, S. 19; für alle Altersgruppen: ebd. for 1899, S.12f .; Parl. Papers, Criminal Statistics for 1919, Einleitung, S. 8.

6 Parl. Papers, Report [...] Prisons for 1907, S.9.

7 Ebd.; vgl. auch Parl. Debates, House of Commons, vol. CLXXIII, 25.4.1907, Sp.237ff.

8 W. J. Stewart, Zeitungsausschnitt, 1906, in: PRO HO 45/10342/140503/3 (Probation of Offenders (No.2) Bill, 1906-07).

9 Parl. Papers, Report [...] Prisons for 1902, S. 22f.

Furcht vor dieser Strafe verlören und durch den Kontakt zu älteren Gefangenen zu weiteren Missetaten ›angesteckt‹ würden. Nachdem die Jugendlichen mit den stärkeren delinquenten Neigungen von den Zwangserziehungsanstalten aufgenommen wurden, konzentrierte sich die Kritik seit den 1870er Jahren besonders auf die Anwendung der Gefängnisstrafe auf die jüngeren Kinder. Einer der ersten, die diese Strafpraxis kritisierten, war der Journalist und Sozialforscher Henry Mayhew:

»One prolific cause, too, of the increase of juvenile offenders is the fact, that children are sent to prison for the most trivial offences. [...] Justices have still to learn the great penal lesson, viz., to keep a person out of prison as long as possible – to use the jail as the very last resource of all.«[10]

1873 veröffentliche der spätere Gründer der NSPCC Benjamin Waugh in der Schrift *»The Goal Cradle - Who Rocks It?«* eine radikale Kritik der strafrechtlichen Behandlung von Kindern, bei der er die soziale Ungleichbehandlung der Unterschichtskinder in den Mittelpunkt rückte.[11] Ein Gefängnisaufenthalt, so Waugh, könne eine »Verwüstung des Charakter und der Lebenschancen« der betroffenen Kinder bewirken.[12] Kurze Zeit später startete die *Howard Association* eine Kampagne gegen die Inhaftierung von Kindern. Sie kritisierte ebenso wie Benjamin Waugh mit Verweis auf den Klassencharakter des Strafrechts, daß Kinder schon im »zarten Alter« wegen unbedeutender Verfehlungen ins Gefängnis kämen und forderte 1875 ein Verbot dieser Strafform zunächst nur für die 7- und 8jährigen Kinder;[13] später weitete sie diese Forderung auf alle Kinder unter 12 Jahren aus.[14] 1880 forderte in Manchester ein *›Juvenile Offenders Executive Committee‹* unter der Leitung des Bürgermeisters das Verbot des Gefängnisses für Kinder unter 14 Jahren.[15] In diesem Jahr erreichte diese Diskussion in der englischen Öffentlichkeit einen Höhepunkt und veranlaßte auch die Regierung zum Handeln. Die *Times* kritisierte anläßlich des Falles eines elfjährigen Jungen, der wegen Sachbeschädigung mit

10 Mayhew u. Binny, S. 388, 409.
11 Waugh, Goal Cradle, S. 12; vgl. Kap. 2.2.2.
12 Ebd., S. 22.
13 Howard Association, Annual Report for 1875, S. 5; Ebd. for 1876, S. 10f.; dies., Imprisonment of Children; dies., Imprisonment of Young Children.
14 Howard Association, Annual Report for 1881, S. 11.
15 Gedruckter Bericht einer Versammlung am 5.10.1880, in: PRO HO 45/9593/93897.

zwei Wochen Gefängnis bestraft worden und daraufhin vom empörten Innenminister Harcourt aus der Haft entlassen worden war, die Strafpraxis der englischen Richter: »*It is unintelligible what end magistrates hope to compass by locking up a boy of eleven for a fortnight. At the end of this term he emerges with less shame than ever.*«[16] Der Inspektor für das Zwangserziehungswesen schloß sich dieser Kritik mit deutlichen Worten an:

»A very large number of such children were sent to prison on very trivial pretexts, for very petty, insignificant, and childish offences. [...] There is no reason why a child's whole career in after life should be damaged or embittered for the commission of offences such as these. [...] It is well, I think, to refrain from turning a naughty or unruly boy into a criminal, if it can be otherwise avoided.«[17]

Der Innenminister Sir William Harcourt forderte im selben Jahr in einem Rundschreiben alle Polizeirichter auf, die Inhaftierung von Kindern so weit wie möglich zu vermeiden.[18]

Zwar ließ ein gesetzliches Verbot auf sich warten, aber die fast einhellige Ablehnung des Gefängnisses als Strafform für Kinder in der öffentlichen Meinung und der Druck des Innenministeriums reichten aus, um tatsächlich eine spürbare Veränderung der Sanktionspraxis vor allem bei Kindern zu bewirken. Blieben nach dem ersten Abfall in der Mitte der 1850er Jahre die Einweisungsraten bis zum Beginn der 1870er Jahre relativ stabil, so begannen diese Raten seit 1875 zum zweitenmal und nunmehr unaufhaltsam zu fallen (Abb. 5.1). Zwei besonders drastische Rückgänge fallen in der Statistik ins Auge: Von 1874 auf 1875 fiel die Rate der unter 12jährigen Kinder um 27,5% und die der 12- bis 15jährigen Jugendlichen um 19%, und von 1880 auf 1881 fielen diese Raten erneut um 26% bzw. 24%. Bis 1885 war die Einweisungsrate der Kinder auf nur noch 16% des Niveaus von 1874 gesunken, bei den Jugendlichen betrug der Rückgang lediglich rund 50%. Bis zum Ende des 19. Jahrhunderts verschwand das Gefängnis vollständig aus dem Sanktionskatalog für die Altersgruppe der unter 12jährigen. Es gilt jedoch zu bedenken, daß im selben Zeitraum die *industrial schools* ihre größte Expansion erlebten. 1870 wurden erstmals mehr Kinder in *industrial schools* eingewiesen als ins Ge-

16 The Times, 14.9.1880, S. 7b.

17 Inspector of Reformatory and Industrial Schools, Memo, 24.9.1880, in: PRO HO 45/9593/93897 /24.

18 Howard Association, Annual Report for 1881, S. 11.

fängnis; in den 1890er Jahren kletterte die Zahl der jährlichen Einweisungen auf über 5.000 und lag damit um ein mehrfaches über der Zahl der Kinder, die in der Jahrhundertmitte in Gefängnisse eingesperrt worden waren. Der drastische Rückgang der Gefängnisstrafe bei den Kindern war daher nur teilweise das Ergebnis eines humanen Sanktionsverzichts, sondern auch das Ergebnis einer Verlagerung des Freiheitsentzuges vom Gefängnis hin zu Erziehungsanstalten. Viele delinquente Kinder, die bis dahin als Diebe für kurze Zeit ins Gefängnis geschickt worden waren, kamen nun für mehrere Jahre in *industrial schools.* Die Zwangserziehung als Alternative zum Gefängnis kam allerdings nur dann in Frage, wenn sich zur Straftat zusätzliche Anzeichen einer Verwahrlosung gesellten. Für die Mehrheit der ›normalen‹ Unterschichtskinder und -jugendlichen, die früher wegen trivialer Vergehen für einige Tage ins Gefängnis gekommen waren, galt es nunmehr andere Sanktionsformen zu finden.

*Abb. 5.1: England & Wales, 1856 - 1921. Jährliche Einweisungen in Gefängnisse nach Altersgruppen (Index [1856=100] der Raten pro 100.000 altersgleicher Bevölkerung)*

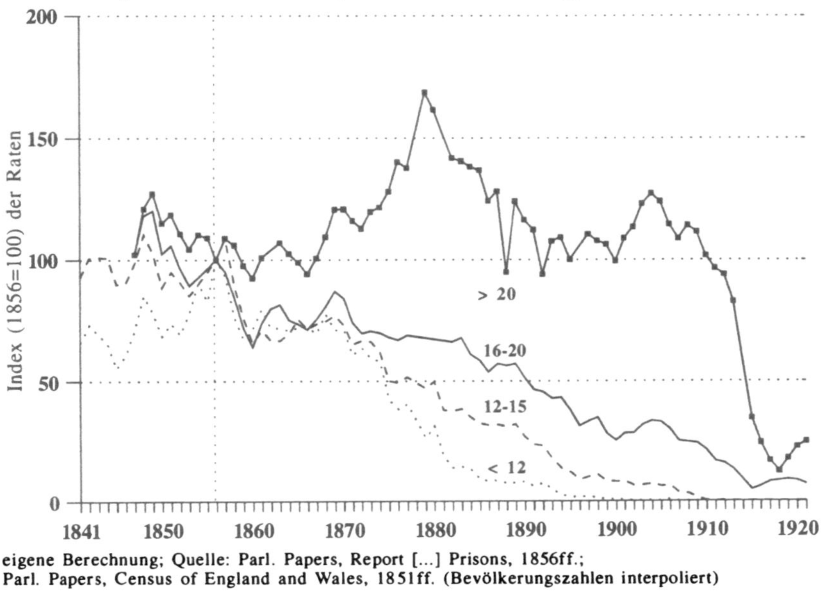


eigene Berechnung; Quelle: Parl. Papers, Report [...] Prisons, 1856ff.;
Parl. Papers, Census of England and Wales, 1851ff. (Bevölkerungszahlen interpoliert)

Die Suche nach Alternativen zur Gefängnisstrafe wurde von der Absicht dominiert, ihre Abschreckungsintention möglichst aufrechtzuerhalten, ohne ihre schädlichen Nebenwirkungen zu übernehmen. So sehr die Reformbewegung seit den 1850er Jahren den Vorrang der Erziehung vor der Strafe als Grundsatz der Bekämpfung der Jugendkriminalität betont hatte, so sehr blieb doch das Verlangen auch unter den Reformern lebendig, für die Ahndung der alltäglichen Bagatelldelinquenz über abschreckende Sanktionen, über einen *›short sharp shock‹* zu verfügen. Gegenüber diesem Verlangen nach Abschreckung spielte der Ruf nach einem völligen Strafverzicht oder nach der Bewährungsstrafe um 1880 noch eine untergeordnete Rolle. Das heißt nicht, daß der Strafverzicht nicht bereits vielfach praktiziert worden wäre; aber die Richter suchten dennoch nach einer Abschreckungs-Alternative zur Gefängnisstrafe für diejenigen Straftäter, bei denen ein Strafverzicht nicht in Frage kam. Die *Law Times* faßte diese Zielsetzung so zusammen, daß die Bestrafung die Jugendlichen weder stigmatisieren noch zu weiteren Straftaten anstecken dürfe, aber dennoch »wirksam genug sein müsse, um zur Abschreckung zu taugen.«[19] In den Diskussionen favorisierten viele Reformer neben der Prügelstrafe auch einen Freiheitsentzug außerhalb des Gefängnisses. Mit der räumlichen Trennung von den älteren Gefangenen und mit der Vermeidung des Wortes ›Gefängnis‹ meinten diese Reformer die Nachteile der Gefängnisstrafe ausschalten zu können. William Tallack, der Geschäftsführer der *Howard Association*, umschrieb diesen Jugendarrest 1880 als eine *»temporary seclusion or separate confinement in a special building other than a goal«.*[20] Auf einer Versammlung in Manchester plädierte der Earl of Derby als Ersatz für die Gefängnisstrafe für *»two or three months detention in a school where the work is hard, where there is little or no play, and where the life generally is rough and unattractive.«*[21] Diese Variante einer auf Abschreckung zielenden Erziehungsanstalt stimmte mit dem in den späten 1870er gegründeten *truant schools* für hartnäckige Schulschwänzer überein.[22] Die Polizeirichter in Bolton

19 Law Times, 23.10.1880, S. 423.

20 Howard Association, Annual Report for 1880, S. 14.

21 Manchester Guardian, 6.10.1880; vgl. The Spectator, 18.9.1880; Law Times, 23.10.1880, S. 422f.; Safford; PRO HO 45/9593/93897/33 (Observations of Magistrates and Others on the Treatment of Juvenile Offenders, 1880-1887).

22 Vgl. Kap. 4.1.1.

schlugen vor, kurzfristige Haftstrafen von Jugendlichen ins Armenhaus (*workhouse*) zu verlegen.[23] Kritik an der Idee eines Jugendarrests übte nur Thomas Barwick Baker, der schon in den 1850er Jahren zu den Pionieren der Zwangserziehung gehört hatte. Baker war skeptisch genug um zu bezweifeln, daß die stigmatisierende Wirkung der Freiheitsstrafe durch einen anderen Ort und ein anderen Namen zu verhindern seien. Die Schande dieser Strafe läge nicht in einem Gebäude, sondern in der Tatsache der Bestrafung selbst begründet: *»The public are not so easily deceived. [...] You may call it an elysium, but if it contains only boy thieves it will not be bettered in the public estimation by an euphonious name.«*[24]

Die Idee eines besonderen Jugendarrests außerhalb des normalen Gefängnisses konnte sich in den gesetzlichen Reformen des späten 19. und frühen 20. Jahrhunderts nicht durchsetzen, auch wenn sie immer wieder einmal erwogen wurde, so auch von Charles Russell und 1910 vom damaligen Innenminister Churchill.[25] Die Zahl nicht nur der Kinder, sondern auch der Jugendlichen zwischen 12 und 15 Jahren, die mit dem Gefängnis Bekanntschaft machten, nahm unterdessen immer weiter ab. Zwischen 1890, als sie ohnehin nur noch ein Viertel der Höhe von 1856 betrug, und 1900 sank die Einweisungsrate der Jugendlichen um zwei Drittel von 165 auf 50 pro 100.000. Bis 1906 kamen nur noch etwas über 1.000 Jugendliche im Jahr ins Gefängnis. Dazu trug die endgültige Abschaffung der der Aufnahme in die *reformatory schools* vorangehenden Gefängnisstrafe im Jahr 1899 bei. Auch wurden die Richter bei der Bemessung der Geldstrafen vorsichtiger und dämmten die subsidiäre Anwendung der Gefängnisstrafe ein. Die Polizeichefs von Leeds und Liverpool berichteten in einer Umfrage der *Howard Association*, bei Kindern unter 14 Jahren würden in ihren Städten keine subsidiären Haftstrafen mehr vollzo-

---

23 Bolton Journal, 20.11.1880, S. 3f.

24 Baker, Leserbrief an The Times, 17. 2. 1880 (in: Howard Association, Annual Report for 1880, S. 16); ders., Diskussionsbeitrag zu: Meredith, S. 382f. Mit seiner Schlußfolgerung, Ersttäter auch weiterhin mit Gefängnis zu bestrafen, richtete sich Baker jedoch vor allem gegen eine in seiner Auffassung zu voreilige Anwendung der Zwangserziehung.

25 Howard Association, Annual Report for 1893, S. 11; Russell u. Rigby, S. 105; In einem Brief vom Oktober 1910 erläuterte ein Mitarbeiter Churchills dessen Idee: *»He hopes to devise some new form of punishment, in the nature of a drill, to be substituted for imprisonment as an alternative to payment of fine.«* (in: PRO HO 144/1023/163781/93 (General File for Working of the Probation Act, 1908-1910)

gen.[26] Aus einer vom Innenministerium zusammengestellten Übersicht über alle zu Geldstrafen verurteilten Jugendlichen des letzten Quartals 1906 geht hervor, daß nur in London 20% von ihnen eine Haftstrafe verbüßen mußten; in Sheffield und Leeds gab es nur einen bzw. zwei solcher Fälle, während in Liverpool, Birmingham, Newcastle und Bristol keine einziger Jugendlicher eine subsidiäre Haftstrafe absitzen mußte.[27]

Dadurch entstand eine Situation, in der die delinquenten Jugendlichen nach Auffassung vieler Richter nicht mehr wirksam zu disziplinieren waren. *»The parents know the magistrates will not send children to prison and so they refuse to pay the fines and the children escape all punishment. The magistrates are simply powerless.«*[28] Auch der Liverpooler Polizeichef konstatierte, daß die Geldstrafe zu einer zahnlosen Sanktion geworden sei: *»It undoubtedly tends to produce a sense of impunity amongst young persons.«*[29] Ein Londoner Polizeirichter brachte sein Unbehagen über den Verzicht auf die Gefängnisstrafe mit der Bemerkung zum Ausdruck: *»In nine cases out of ten, children are entirely masters of the position.«*[30] Dennoch spielte die Geldstrafe in der weiteren Entwicklung der Kriminalpolitik – nicht nur bei den Jugendlichen, sondern auch bei den Erwachsenen – eine zunehmende Rolle als Alternative zu stationären Sanktionen. Dies wurde vor allem durch die Einführung der Ratenzahlungen ermöglicht, die die sofortige Inhaftierung wegen Zahlungsunfähigkeit beendete. Die Ratenzahlung, die z.B. William Tallack bereits 1867 gefordert hatte,[31] setzte sich erst 1914 mit dem *Criminal Justice Administration Act* richtig durch. Dieses Gesetz hatte die fast komplette Abschaffung der jährlich 75.000 bis 100.000 subsidiären Haftstrafen zur Folge, die überwiegend Trunkenheitsdelikte von Erwachsenen betrafen[32] Mit der Abschaffung der Gefängnisstrafe als massenhaftem Disziplinierungsmittel der ›rau-

---

26 Howard Association, Offenders (1898), S. 4; vgl. schon Law Times, 23. 10. 1880, S. 422f.

27 Parl. Debates, House of Commons, vol. CLXXIII, 25.4.1907, Sp.237ff.

28 H. Brandreth JP, Brief an Innenministerium, 15.12.1899, in: PRO HO 45/10157/B23010C/21 (Youthfull Offenders Bill, 1899-1901).

29 Howard Association, Offenders (1898), S. 11, S. 25.

30 Ebd., S. 5.

31 Tallack, Treatment, S. 15; vgl. Morrison, Offender, S. 201.

32 Parl. Papers, Report [...] Prisons for 1918, S. 4f.

hen‹, noch nicht an bürgerliche Verhaltensnormen angepaßten Unterschichten ging ein Kapitel der englischen Geschichte von *law and order* zu Ende.[33]

Nachdem der *Children Act* 1908 jegliche Form der Gefängnisstrafe für Jugendliche unter 16 Jahren ausgeschlossen hatte, spielte diese Sanktion offiziell keine Rolle mehr in der englischen Jugendkriminalpolitik. Dennoch blieb der kurzfristige Freiheitsentzug in Form von Untersuchungshaft oder vor der Einweisung in eine Erziehungsanstalt ein Bestandteil der Erfahrungswelt vieler jugendlicher Delinquenten. In den 1890er Jahren wuchs die Kritik an der traditionellen Praxis, Jugendliche in solchen Fällen in Polizeizellen einzusperren.[34] In einigen Städten brachte die Polizei jugendliche Verdächtige in Einrichtungen privater Vereine und Organisationen wie der NSPCC unter.[35] Das *Children's Shelter* der LSPCC, der Liverpooler Schwesterorganisation der NSPCC, war nach der Jahrhundertwende praktisch ein Untersuchungsgefängnis für Jugendliche, so die Beobachtung einer Besucherin.[36] In Oldham eröffnete die Heilsarmee 1911 ein Haus für straffällige Mädchen.[37] Vielerorts fungierten die Armenhäuser als Verwahrungsort.[38] 1895 berichtete Henrietta Barnett, Mitarbeiterin der *Toynbee Hall* und Mitbegründerin der *State Children's Association,* über Mißstände, die sie bei einenm Besuch in einem Londoner Armenhaus festgestellt hatte.[39] Die Mädchen wurden in einem besonderen Raum untergebracht, der ansonsten den kranken und »besonders schmutzigen« Frauen vorbehalten war. Die Jungen wurden in einem kleinen Raum festgehalten und von einem Insassen des Armenhauses beaufsichtigt. Außer Klappbet-

33 Vgl. Roberts, Slum, S. 217f.

34 Das Innenministerium reagierte zunächst verständnislos auf diese Kritik. Siehe PRO HO 45/9749/A58218 (Practice of Sending Children Charged with Criminal Offences to the Workhouse).

35 PRO HO 45/10050/A62846/342.

36 Gesprächsnotiz A. Henry, 1905, in: Modern Records Centre, Howard League, MSS.16A/7/6 (Notebook of Edward Grubb).

37 Watch Committee Minutes, 6.12.1911, in: Oldham RO, Oldham Borough CBO 3/1/1/21, S. 405.

38 Der Londoner Polizeirichter John Bridge berichtete z.B. 1890, daß jugendliche Delinquenten während der Prüfung ihrer Lebensumstände im Armenhaus untergebracht wurden (Brief an Home Office, 12.8.1890, in: PRO HO 45/9825/B8706/2).

39 Bericht von H. Barnett und J. Gorst MP, 23.10.1895, in: PRO HO 45/9825/B8706 (Committal to Reformatory and Industrial Schools; Children Remanded in Workhouses from Police Courts).

ten gab es in dem Raum keine Möbel, so daß die Jungen ihre Mahlzeiten auf dem Boden einnehmen mußten. Hier sammelten sich bis zu 15 Jungen, die sich zu dritt ein Bett teilen mußten. Es gab weder Bücher noch irgendeine Beschäftigung. Es gab aber auch Kritik an der Unterbringung im Armenhaus, weil die dort lebenden Armenkinder unter dem schlechten Einfluß der Untersuchungshäftlinge zu leiden hätten.[40] Der Leserbrief, den Oscar Wilde 1898 aufgrund seiner eigenen Gefängniserfahrung an eine Zeitung schickte, um die Behandlung von Kindern im Gefängnis anzuprangern, erreichte eine ungleich größere Publizität.[41] Wilde faßte seine Beobachtungen in dem Urteil zusammen: *»The terror of a child in prison is quite limitless.«*[42] Entgegen den üblichen Warnungen vor einer Ansteckungsgefahr behauptete er sogar: *»The only really humanising influence in prison is the influence of the prisoners.«*

Diese Kritik führte nach der Jahrhundertwende zur Einrichtung besonderer *›remand homes‹*, die ausschließlich dem Zweck der Unterbringung von jugendlichen Untersuchungsgefangenen dienten. In Leeds wurde z.B. ein Polizeibeamter für diese Aufgabe abgestellt; seine Frau kümmerte sich um die eingewiesenen Mädchen.[43] Unterbringung und Verpflegung in diesen in Wohnvierteln gelegenen Häusern waren offenbar so gut, daß sich einige Richter bereits um ihre unerwünschte Attraktivität zu sorgen begannen. So beklagte ein Richter:

»Detention in the new Remand Home [...] is regarded by the children more as a luxury than a punishment, they being better fed and lodged there than in their own homes, relieved of any obligation to attend school, and generally sent home with a completely new outfit of nearly so.«[44]

---

40 Greenwood, Prisoner, S. 52-54; State Children's Association, Annual Report, 1907-09, S. 17f.

41 Dieser Leserbrief wurde auch unter dem Titel *»Children in Prison and Other Cruelties of Prison Life«* veröffentlicht.

42 Ebd., S. 6f.

43 Report of the Chief Constable to the Watch Committee, 1910, in: Wakefield RO, West Yorkshire Police, Leeds City A137/32.

44 R.A. Gillespie, Brief an Innenministerium, 3.11.1909, in: PRO HO 144/998/124607; vgl. auch Gamon, S. 222: *»The remand home is so pleasant a place to the majority of children who come there, with ist cleanliness, good food, and amusements, that they really enjoy a holiday there; there is even a danger that parents may encourage their children to petty mischief, that the child may be sent there.«* Vgl. Struve, S. 103.

Ein anderer Bericht kritisierte dagegen die Eignung des Personals und die mangelnde Versorgung mit Büchern und Spielsachen.[45]

Wenn die Gefängnisstrafe aus dem Sanktionskatalog des englischen Jugendstrafrechts verschwand, so galt dies keineswegs für die 16- bis 20jährigen Jugendlichen, die in England bereits als Erwachsene behandelt wurden. Diese niedrige Altersgrenze machte es der englischen Reformbewegung erheblich einfacher, einen Verzicht auf das Gefängnis durchzusetzen als in Deutschland, wo das Strafrecht auch die 16- und 17jährigen zu den Jugendlichen zählte. Dies gilt es beim Vergleich des Reformprozesses in England und Deutschland zu bedenken. Die Rate der Gefängniseinweisungen der 16- bis 20jährigen lag in der Mitte des 19. Jahrhunderts dreimal so hoch wie die der 12- bis 15jährigen und doppelt so hoch wie die der Erwachsenen. Von dem starken Abfall der Gefängniseinweisungen in den 1850er Jahren profitierten die 16- bis 20jährigen ebenso wie die Jugendlichen, aber in den nachfolgenden Jahrzehnten sank ihre Einweisungsrate wesentlich langsamer. In den 1860er Jahren stieg sie zunächst wieder an, und 1890 betrug die Rate noch 80% des Niveaus von 1860, während sie bei der Altersgruppe der 12- bis 15jährigen schon auf 40% gesunken war. Im Vergleich zur Rate der Erwachsenen sank die Einweisungsrate der 16- bis 20jährigen jedoch stetig ab; lag sie in den 1850er Jahren noch doppelt so hoch, so traf sie in den späten 1870er Jahren mit der Rate der Erwachsenen, die bis 1880 noch deutlich anstieg, zusammen und sank bis 1910 auf die Hälfte und bis 1913 sogar auf ein Drittel der Erwachsenenrate. Von der Zurückdrängung der Gefängnisstrafe profitierten also auch die 16- bis 20jährigen, wenn auch in geringerem Maße als die unter 16jährigen. Dennoch kamen 1910 noch über 12.000 Jugendliche zwischen 16 und 20 Jahren, aber nur 51 12- bis 15jährige ins Gefängnis.

Anders als in Deutschland erhob die englische Reformbewegung vor dem Ersten Weltkrieg keine Forderung nach einer Anhebung der sehr niedrigen Strafmündigkeitsgrenze. Erst Ende der 1930er Jahre wurde die obere Grenze um ein Jahr angehoben. Nur wenige Reformer wie Charles Russell und Cecil Chapman bedauerten, daß die Gesetze es nicht zuließen, auch Jugendliche

45 H. Spencer, Memo, 27.1.1908, in: PRO HO 45/10340/139389.

über 15 Jahre in Zwangserziehungsanstalten einzuweisen.[46] Das Bemühen, den Freiheitsentzug auch für die älteren Jugendlichen altersgemäß und möglichst getrennt von den erwachsenen Häftlingen zu gestalten, führte in England jedoch zu einer besonderen Form der Gefängnisstrafe, die nach ihrem Ursprungsort, einem Gefängnis in Kent, den Namen *Borstal* erhielt.[47] Diese Borstal-Strafe richtete sich an zu mindestens halbjährigen Freiheitsstrafen verurteilte junge Straftäter und verband eine ›erzieherische‹ Gestaltung der Haft mit einer intensiven Entlassenenfürsorge, die von der für diesen Zweck gegründeten *Borstal Association* getragen wurde. 1908, gleichzeitig mit dem *Children Act*, wurde diese jugendspezifische Gefängnisstrafe im *Prevention of Crime Act* gesetzlich verankert.[48] Tatsächlich wurde die Borstal-Strafe nur bei einer kleinen Minderheit der 16- bis 20jährigen Straftäter, in der Regel Rückfällige, praktiziert. Vor dem Ersten Weltkrieg wurden jährlich knapp 300 Jugendliche nach dem *Prevention of Crime Act* bestraft, während des Krieges stieg diese Zahl auf fast 700, nach dem Krieg lag sie bei ca. 500.[49]

### 5.1.2 Deutschland

Wenn man die Bedeutung des Gefängnisses bei der Behandlung jugendlicher Straffälliger in England und Deutschland vergleicht, so müssen wiederum die unterschiedlichen Altersdefinitionen berücksichtigt werden. Daß die Sechzehn- und Siebzehnjährigen in Deutschland noch zu den Jugendlichen zählten, ließ den Verzicht auf das Gefängnis bei dieser Altersgruppe als gewagter erscheinen als dies in England der Fall war. Wenn auch die Zahl der jugendlichen Gefängnisinsassen bis zum Ersten Weltkrieg durch die verschiedenen Reformen stark zurückging, so kam es in Deutschland doch nie zu einer vollständigen Aufgabe dieser Sanktionsform in der strafrechtlichen Behandlung der Jugendlichen. Die Rekonstruktion der Anwendungspraxis der Ge-

46 Russell u. Rigby, S. 4, 12; Chapman, Man, S. 300; entsprechende Vorschläge Russells an Innenministerium in: PRO HO 45/10340/139444 (Reformatory and Industrial Schools: Detention of Children up to 18 or 19 years of Age, 1906).

47 Borstal Association, Borstal; Russell, Borstal System; vgl. Hart; Radzinowicz u. Hood, S. 384ff.

48 8 Edw. 7 c. 59.

49 Parl. Papers, Report [...] Prisons, 1910ff.

fängnisstrafe fällt jedoch für Deutschland mangels verfügbarer Statistiken schwerer.

Noch stärker als die englische konzentrierte die deutsche Reformbewegung ihre Kritik von Anfang an auf die kurze Dauer der Gefängnisstrafen. Für Franz von Liszt war die Dominanz der kurzzeitigen Freiheitsstrafe der Ansatzpunkt seiner Kritik am gesamten Strafrechtssystem.[50] In der Tat waren in den 1890er Jahren rund 40% der gegen jugendliche Straftäter verhängten Gefängnisstrafen auf maximal eine Woche bemessen; länger als drei Monate dauerten nur 21% der Gefängnisstrafen.[51] Die Strafdauer unterschied sich im übrigen für jugendliche und erwachsene Delinquenten kaum. Diese Statistik der gerichtlichen Verurteilungen darf jedoch nicht mit der Zahl der tatsächlich verbüßten Gefängnisstrafen verwechselt werden, die zusätzlich von den Straffaussetzungen zur Bewährung und von den subsidiären Freiheitsstrafen wegen Nichtbezahlens einer Geldstrafe abhängig war. Dennoch ist klar, daß bis zu der Durchsetzung der Bewährungsstrafe kurz vor der Jahrhundertwende die Gefängniserfahrungen durch die kurzzeitige Strafe geprägt waren. An der mangelnden Abschreckungswirkung dieser Sanktionspraxis bestand unter den Juristen – mit Ausnahme der dogmatischen Anhänger des Vergeltungsstrafrechts – kein ernsthafter Zweifel. Die Behauptung Liszts und seiner Anhänger jedoch, daß diese Strafe für die Jugendlichen sogar schädlich war, und ihre Forderung, deshalb vollständig auf sie zu verzichten, fand zumindest zu Beginn der Reformkampagne keineswegs allgemeine Zustimmung. Bei einer Umfrage des preußischen Justizministeriums zur Einführung der Bewährungsstrafe bestritten einige kommunale Polizeibehörden, denen man eine praxisnahe Perspektive unterstellen kann, schädliche Folgen für jugendliche Delinquenten. Sie begründeten ihre Meinung mit Argumenten, die – eher unfreiwillig – die Wirkungslosigkeit des Gefängnisses unterstrichen. Die Polizei des Landkreises Essen berichtete zum Beispiel:

»Bei einer großen Zahl der herangewachsenen Personen der gewöhnlichen Arbeiterklasse dagegen kann in diesseitigem Kreise von einer derartigen [sittlichen, DO.] Verschlechterung wohl nicht mehr die Rede sein, da bei diesen das Ehrgefühl so zurückgegangen ist,

---

50 Liszt, Aufgaben, S. 346; vgl. Bachem, Verurteilung (1894), S. 1; vgl. Kap. 3.4.2.

51 Preußisches Ministerium des Innern, Tabellen, Tabelle 4a.

daß sie sich durch Verbüßung einiger Tage Haft bei der jetzigen guten Verpflegung in den Gefängnissen kaum berührt fühlen.«[52]

Die Barmener Polizei wies die These von der Ansteckungsgefahr durch ältere Gefängnisinsassen mit ganz ähnlichen Argumenten zurück:

»Die Vollstreckung dieser Strafen birgt kaum eine Gefahr der sittlichen Verschlechterung durch Mitgefangene in sich, da letztere größtenteils ebenfalls dem Arbeiterstande angehören und deshalb ein gegenseitiger Verkehr auch außerhalb des Gefängnisses stattfindet.«[53]

Ungewollt legte diese zynische Bewertung Zeugnis von der Normalität der Gefängnisstrafe für größere Teile der großstädtischen Unterschichten ab; wirklich kriminelle Charaktere, so die Implikation dieser Aussage, waren im Gefängnis kaum anzutreffen.[54] Als Konsequenz aus der unbefriedigenden Realität der kurzzeitigen Gefängnisstrafe plädierten diese Polizeibehörden jedoch nicht für deren Abschaffung, sondern eher für eine Verschärfung der Haftbedingungen und blieben damit dem Abschreckungsparadigma verhaftet. Die Duisburger Polizei schlug *»die Anordnung der Einzelhaft in Verbindung mit theilweiser Entziehung der Kost, und Einrichtung eines harten Lagers«* vor.[55]

Zu der mangelnden Abschreckungswirkung des kurzzeitigen Freiheitsentzuges kam in den Augen der Kritiker erschwerend hinzu, daß eine getrennte Unterbringung der jugendlichen Straftäter bei einer Strafdauer von wenigen Tagen organisatorisch nicht zu bewerkstelligen war. Getrennte Abteilungen für jugendliche Straftäter bestanden nur in einigen größeren Gefängnissen wie zum Beispiel in Berlin-Plötzensee und Bochum; in den kleinen Gefängnissen waren die Jugendlichen nach Auffassung der Reformer schutzlos der Ansteckungsgefahr durch erwachsene Insassen ausgesetzt. *»Die große Masse der bestraften Jugendlichen verbüßen ihre Strafe in den Gerichtsgefängnissen, wo sie in ständige Berührung mit den Erwachsenen kommen und zu Verbrechern vollständig ›angelernt‹ werden«*, beklagte Paul Aschrott 1888 diese Situation.[56] Die mangelnde Disziplin und den Schlendrian in den kleinen Gerichts-

---

52 Landkreis Essen, 14.9.1890, in: HStA Düsseldorf, Regierung Düsseldorf Nr. 8880 (Einführung der sogenannten bedingten Begnadigung).

53 Stadt Barmen, 25.9.1890, in: Ebd.

54 Vgl. Spencer, Police, S. 64, die die kurzzeitigen Gefängnisstrafe als *»a common experience for the poorest urban residents«* bezeichnet.

55 Stadt Duisburg, 24.5.1890, in: HStA Düsseldorf, Regierung Düsseldorf Nr. 8880.

56 Aschrott, Reform des Strafen- und Gefängniswesens, S. 38.

gefängnissen, wo der Gerichtsdiener oft der einzige Aufseher war, hatte die Rheinisch-Westfälische Gefängnisgesellschaft schon in den 1850er Jahren abgeprangert.[57] Für den Richter Aschrott war die Konsequenz aus diesen Mängeln, in einigen Fällen – entgegen dem Abmilderungsgebot des § 57 RstGB – eine längere Freiheitsstrafe zu verhängen als eigentlich angemessen, um die Jugendlichen in die Jugendabteilung des Gefängnisses Plötzensee einweisen zu können.[58] Die Forderung nach längeren, erzieherisch wirksamen Freiheitsstrafen fand Eingang in den Katalog der deutschen Reformbewegung und wurde auch von der preußischen Regierung aufgegriffen. In einem Erlaß forderte das Justizministerium die Staatsanwaltschaften 1887 auf, bei Jugendlichen auf längere Freiheitsstrafen hinzuwirken.[59] Die IKV forderte eine Mindestlänge des Freiheitsentzuges von einem Monat.[60] Die Anhänger der klassischen Schule fanden eine solche pädagogisch begründete Ausweitung des Freiheitsentzuges bei Jugendlichen »schreiend ungerecht«[61].

Tatsächlich entwickelte sich die Anwendung der Gefängnisstrafe bei Jugendlichen jedoch in eine andere Richtung. Zum einen nahm die Bedeutung der Freiheitsstrafe in der gerichtlichen Strafzumessung seit den 1880er Jahren kontinuierlich zugunsten der Geldstrafe und des Verweises ab (Tab. 5.1). Dabei handelte es sich um einen generellen Trend zur Strafmilderung, von dem auch die erwachsenen Straftäter, wenn auch in etwas geringerem Ausmaße als die jugendlichen, profitierten.[62] 1889 erhielten 66% aller erwachsenen Verurteilten im Deutschen Reich eine Zuchthaus- oder Gefängnisstrafe, in den Jahren 1902 bis 1906 waren es nur noch 52%; bei den Jugendlichen sank dieser Anteil im gleichen Zeitraum von 74% auf 52%. Zum anderen ging der Anteil der längeren Gefängnisstrafen bis zum Ersten Weltkrieg deutlich zurück, während der Anteil der kurzzeitigen Strafen bis zu einer Woche noch weiter zunahm. Dies war eine Folgewirkung der Ausweitung der Fürsorgeerziehung nach der Jahrhundertwende, die zu einer spürbaren Verlagerung des langfristigen Freiheitsentzuges von den Gefängnissen in die Erziehungsanstal

57 Just, Pionierarbeit; ders., Tätigkeit; vgl. Krohne, Organisation.
58 Ebd.
59 Zitiert bei Aschrott, Behandlung, S. 30.
60 Appelius, Behandlung, S. 40f.; vgl. Liszt, Kriminalität, S. 351; Hartmann, S. 56, der drei Monate Mindestdauer forderte.
61 Birkmeyer, S. 80.
62 Vgl. die grundlegende Studie von Exner, Krieg, S. 17ff.

*Tab. 5.1: Deutsches Reich, 1889 - 1912. Strafformen bei jugendlichen Verurteilten nach Delikten (Anteile der Strafformen an allen Verurteilungen in Promille)*

| | Gef. Körperverl. | | | Einf. Diebstahl | | | alle Delikte | | |
|---|---|---|---|---|---|---|---|---|---|
| | GEF | GLD | VRW | GEF | GLD | VRW | GEF | GLD | VRW |
| 1889 | 705 | 247 | 48 | 771 | 0 | 229 | 740 | 107 | 151 |
| 1890 | 682 | 263 | 55 | 749 | 0 | 251 | 716 | 115 | 167 |
| 1891 | 664 | 273 | 63 | 749 | 0 | 251 | 716 | 118 | 165 |
| 1892 | 645 | 293 | 62 | 737 | 0 | 263 | 705 | 121 | 172 |
| 1893 | 619 | 318 | 63 | 723 | 0 | 277 | 679 | 146 | 173 |
| 1894 | 587 | 349 | 64 | 715 | 0 | 285 | 667 | 153 | 178 |
| 1895 | 561 | 361 | 78 | 691 | 0 | 309 | 645 | 162 | 192 |
| 1896 | 536 | 379 | 85 | 669 | 0 | 331 | 631 | 162 | 206 |
| 1897 | 523 | 383 | 94 | 665 | 0 | 335 | 624 | 162 | 213 |
| 1898 | 510 | 393 | 97 | 659 | 0 | 341 | 529 | 204 | 267 |
| 1899 | 481 | 416 | 103 | 646 | 0 | 354 | 598 | 179 | 223 |
| 1900 | 428 | 411 | 98 | 625 | 0 | 375 | 582 | 184 | 234 |
| 1901 | 436 | 449 | 115 | 621 | 0 | 379 | 575 | 187 | 238 |
| 1902 | 403 | 468 | 129 | 603 | 0 | 397 | 556 | 190 | 254 |
| 1903 | 387 | 458 | 156 | 569 | 0 | 431 | 531 | 185 | 283 |
| 1904 | 342 | 485 | 172 | 568 | 0 | 432 | 518 | 192 | 289 |
| 1905 | 325 | 493 | 182 | 541 | 0 | 459 | 510 | 191 | 299 |
| 1906 | 304 | 504 | 192 | 540 | 0 | 460 | 501 | 191 | 309 |
| 1907 | 298 | 514 | 187 | 540 | 0 | 459 | 495 | 196 | 309 |
| 1908 | 267 | 535 | 198 | 529 | 0 | 471 | 495 | 184 | 321 |
| 1909 | 264 | 548 | 188 | 565 | 0 | 435 | 512 | 190 | 298 |
| 1910 | 238 | 583 | 179 | 577 | 0 | 423 | 516 | 194 | 289 |
| 1911 | 204 | 642 | 154 | 595 | 0 | 405 | 524 | 200 | 277 |
| 1912 | 220 | 602 | 177 | 614 | 0 | 386 | 528 | 204 | 268 |

GEF: Gefängnis; GLD: Geldstrafe; VRW: Verweis

Quelle: Kriminalstatistik für 1889ff.

ten führte. Jugendliche, die wegen wiederholter oder schwerer Straffälligkeit vor Gericht kamen, wurden verstärkt in Fürsorgeerziehung eingewiesen, wodurch sich die Dauer ihres Freiheitsentzuges in der Regel verlängerte. Die Kriminalstatistik berücksichtigte diesen zivilrechtlichen Freiheitsentzug jedoch nicht.

Ebensowenig gibt die auf den gerichtlichen Verurteilungen basierende Kriminalstatistik Auskunft über die Zahl der tatsächlich von Jugendlichen verbüßten Gefängnisstrafen, da sie – wie bereits erwähnt – weder die Strafaussetzungen zur Bewährung noch die subsidiären Freiheitsstrafen berücksichtigte. Eine ungefähre Vorstellung von der quantitativen Entwicklung der Gefängnisstrafen von Jugendlichen können die Vollzugsstatistiken des preußischen Justizministeriums geben.[63] Der Strafvollzug war im Deutschen Reich nicht nur Ländersache, sondern in Preußen zusätzlich zwischen dem Justiz- und dem Innenministerium aufgeteilt. Während dem Justizministerium über 1000 überwiegend kleine Gefängnisse unterstanden, verwaltete das Innenministerium die Zuchthäuser, einige größere Gefängnisse und die kleinen Kantonsgefängnisse der Rheinprovinz.[64] Dieser ›Dualismus‹ des preußischen Gefängniswesens war nicht nur ein Dauerthema der Gefängnisreform,[65] sondern hatte auch eine zweigeteilte und unvollständige Statistik zur Folge. Die Zahl der jugendlichen Gefängnisinsassen wurde in den Statistiken des Justizministeriums überhaupt erst seit der Jahrhundertwende, in denen des Innenministeriums erst ab 1910 extra ausgewiesen.

Für die Gefängnisse des Justizministeriums wurde 1899 eine durchschnittliche Tagesbelegung von 1.562 Gefangenen unter 18 Jahren errechnet. Diese statistische Größe, die wegen der kurzen Dauer der meisten Strafen weit unterhalb der Zahl der binnen eines Jahres insgesamt eingewiesenen Jugendlichen lag, gewinnt ihren Wert erst durch den Zeitreihenvergleich. In den folgenden Jahren ging die Tagesbelegung der jugendlichen Gefangenen in großen Schritten zurück: Bis 1905 fiel sie um die Hälfte, bis 1911 auf ein Viertel des Ausgangswertes. 1912 und 1913 blieb der Wert konstant, fiel aber 1914, dem letzten verfügbaren Jahr der Zeitreihe, weiter auf 300 oder ein Fünftel des Niveaus von 1899 ab. Der Anteil der jugendlichen im Vergleich zu den erwachsenen Gefangenen fiel von knapp 5% (1902) auf 1,6% (1914). Die statistische Entwicklung zeigt, daß die Bedeutung des Gefängnisses für die Sanktionierung jugendlicher Straftäter seit der Jahrhundertwende tatsächlich stark zurückging. Die statistische Größe der durchschnittlichen Tagesbelegung rea-

63 Preuß. Justizministerium, Statistik.

64 Starke, Verbrechen, S. 16f.

65 Valentini; Aschrott, Reform des Strafen- und Gefängniswesens, S. 33; vgl. Berger, Repression.

gierte besonders stark auf den überproportionalen Abfall der langfristigen Gefängnisstrafen, die durch die Fürsorgeerziehung ersetzt wurden.[66]

Ein erheblicher Teil der kurzzeitigen Freiheitsstrafen resultierte auch in Deutschland aus dem Nichtbezahlen einer Geldstrafe. Dabei ging es nicht nur um gerichtlich verhängte Geldstrafen, sondern ebenso um die polizeilich bestraften Ordnungswidrigkeiten.[67] Diese Ordnungswidrigkeiten überstiegen die Zahl der in der Kriminalstatistik registrierten Vergehen und Verbrechen um ein Vielfaches; so verzeichnete die Kriminalstatistik z.B. für die Stadt Dortmund um die Jahrhundertwende jährlich knapp 1.500 gerichtliche Verurteilungen und rund 12.000 Polizeistrafen.[68] Dabei handelte es sich um Verstöße gegen Gewerbe- oder Verkehrsordnungen, aber auch um Verstöße gegen die öffentliche Ordnung, die vor allem mithilfe des weitgefaßten § 361 RStGB (›grober Unfug‹) verfolgt wurden. Männliche Jugendliche und junge Männer waren durch ihr Verhalten und durch ihre Präsenz auf den Straßen das primäre Ziel der polizeilichen Strafverfolgung und mußten wahrscheinlich auch entsprechend häufig Freiheitsstrafen wegen Nichtbezahlens der Geldstrafen absitzen.[69] Auch die Verletzung der Schulpflicht war eine häufige Ursache für Gefängnisstrafen. Während für schuleschwänzende Kinder deren Eltern zur Rechenschaft gezogen wurden, mußten die Jugendlichen, die den Fortbildungsunterricht versäumten, selbst die Konsequenzen tragen.[70] Da weder Polizei- noch Justizbehörden entsprechende Statistiken führten, gibt es jedoch über die allgemeine Verbreitung der subsidiären Freiheitsstrafen ebensowenig genaue Informationen wie über die Altersstruktur der davon betroffenen Delinquenten.

Das preußische Innenministerium, das für die polizeiliche Strafpraxis zuständig war, bemühte sich nach der Jahrhundertwende, die Anwendung der subsidiären Haftstrafen wegen Ordnungswidrigkeiten bei Jugendlichen und vor allem bei Kindern zwischen 12 und 14 Jahren vollständig abzustellen. In einem Rundschreiben forderte das Ministerium die örtlichen Polizeiverwaltungen 1906 auf, Geldstrafen möglichst niedrig zu bemessen, Ratenzahlungen zu

---

66 Vgl. Preuß. Min. des Innern, Statistik über die Fürsorgeerziehung für 1902, S. XV.
67 Vgl. dazu v.a. Jessen, Polizei im Industrierevier, S. 213ff; Rosenberg.
68 Kriminalstatistik für 1904, Übersicht 23; Jessen, Polizei im Industrierevier, S. 371f.
69 Jessen, Polizei im Industrierevier, S. 248.
70 Spencer, Police, S. 112.

gestatten und besonders sorgfältig zu prüfen, ob überhaupt das nötige Einsichtsvermögen vorhanden war.[71] Im Zweifelsfall, so die Linie des Innenministeriums, solle auf eine Bestrafung ganz verzichtet werden.[72] Auf dem Ersten Jugendgerichtstag im Jahr 1909 beklagte Wilhelm Polligkeit jedoch, daß noch immer viele Jugendliche wegen des Versäumnisses der Fortbildungsschule Bekanntschaft mit dem Gefängnis machten.[73] 1914 nahm sich das Justizministerium dieser Problematik an und mußte bei einer Umfrage in den Gerichtsbezirken feststellen, daß die Praxis der subsidiären Haftstrafen lokal sehr unterschiedlich gehandhabt wurde, daß die Justizbehörden jedoch darüber gar keine oder nur zufällige Informationen hatten.[74]

## 5.2 Auf der Suche nach dem ›*short sharp shock*‹: Die englische Prügelstrafe

Wie keine andere Strafart verkörperte die Prügelstrafe das ungebrochene Vertrauen der englischen Richter und Reformanhänger in die heilsamen Wirkungen des *short sharp shocks*. Dabei war die Prügelstrafe keineswegs ein Relikt aus den Zeiten des vorliberalen Strafrechts, sondern wurde in England als besondere Sanktionsform für Jugendliche erst um die Mitte des 19. Jahrhunderts eingeführt. Während man die Prügelstrafe in Deutschland in der Revolution von 1848 für Erwachsene und Jugendliche gleichermaßen abgeschafft und in der Konsequenz durch das Gefängnis ersetzt hatte, wurde sie in England 1847 erstmals als Sanktion für Jugendliche gesetzlich verankert, um die kritisierte Gefängnisstrafe abzulösen.[75] Vereinzelte Vorschläge am Ende des 19. Jahrhunderts, diese Strafe auch in Deutschland aus dem gleichen Grund wieder

71 Preuß. Minister des Innern, Rundschreiben, 9.7.1906, in: GStA PK, Rep. 77, Tit. 349a, Nr. 206, f. 5; vgl. GStA PK, Rep.84a Nr.8129, f. 269, sowie für Einzelfälle GStA PK, Rep. 77, Tit. 349a Nr. 1 Bd. 15 (13. 1. 1902).

72 Vgl. auch Staatsanwaltschaft Berlin, 2.12.1915, in: GStA PK, Rep. 84a Nr.1030.

73 Polligkeit, Schutzaufsicht, S. 109.

74 OLGe Düsseldorf, Köln, Hamm, Kammergericht Berlin, Briefe an Justizministerium, 1914, in: GStA PK, Rep. 84a Nr. 8136, f. 97-122.

75 Deutschland: Berger, Material, S. 211; Temme, S. 171; England: Parl. Papers, Criminal Statistics for 1896, Einleitung, S. 25ff.; Radzinowicz u. Hood, S. 711ff.

einzuführen, hatten aufgrund ihrer historischen Belastung als Symbol des Feudalzeitalters keine Chance.[76] International stand England bei der Anwendung der Prügelstrafe mit Ausnahme von Norwegen und Dänemark alleine; in Dänemark war diese Strafe sogar bei Mädchen unter 12 Jahren zulässig.[77]

Der *Juvenile Offenders Act* 1847 beschränkte die Prügelstrafe auf die Altersgruppe bis einschließlich 14 Jahren und außerdem auf ›schwere‹ Delikte (*indictable offences*). 1879 wurde die Altersgrenze im *Summary Jurisdiction Act* auf die unter 14jährigen Kinder festgesetzt und die Höchstzahl der Schläge bei den unter 12jährigen auf 6 Schläge und auf die doppelte Zahl bei den 12- und 13jährigen beschränkt. Die Strafe wurde in der Polizeistation mit einer hölzernen Rute (*birch rod*) vollzogen; die Jungen – bei Mädchen durfte die Prügelstrafe nicht verhängt werden – mußten Rücken und Hintern entblößen und wurden nach vorne gebeugt auf einem *whipping block* festgebunden[78] Länge, Schwere und Durchmesser der Rute waren in den Bestimmungen der Londoner Polizei für unterschiedliche Altersstufen exakt festgelegt.[79]

Die Anwendung der Prügelstrafe nahm in der zweiten Hälfte des 19. Jahrhunderts bis zur Jahrhundertwende kontinuierlich zu (Tab. 5.2 im Anhang). Bis zum Ende der 1860er Jahre verzeichnete die Kriminalstatistik jährlich ca. 300 bis 600 Fälle, in den 1870er Jahren stieg die Zahl auf 1.000, und zeitgleich mit der gesetzlichen Reform verdoppelte sich die Zahl von 1.200 (1879) auf 2.300 (1880). 1882 übersprang sie bereits die Marke von 3.000, und den Höchststand vor dem Ersten Weltkrieg erreichte die Anwendung der Prügelstrafe im Jahr 1900 mit ca. 3.200 Fällen. Danach sank die jährliche Zahl bis 1911 um die Hälfte auf ca. 1.600. Im Ersten Weltkrieg sprang sie vorübergehend auf eine Rekordhöhe von fast 5.000, um anschließend auf nur noch 500 zu Beginn der 1920er Jahre abzusinken. Es ist kein Zufall, daß der Anstieg der Prügelstrafe mit dem Abfall der Gefängniseinweisungen in der jüngsten Altersgruppe der unter 12jährigen Kinder zusammenfiel. Wir haben gesehen, daß die Zahl der Gefängniseinweisungen von Kindern von 1.692 im Jahr 1870 auf

76 Aschrott, Reform des Strafen- und Gefängniswesens, S. 39; Lanz. Beide begründeten ihr Plädoyer explizit mit dem Ziel, die kurzzeitigen Gefängnisstrafen abzuschaffen.

77 Morrison, Offenders, S. 21.

78 Im Polizeimuseum in Manchester kann das letzte erhaltene Exemplar besichtigt werden.

79 PRO MEPO 2/478 (Birch Rods, Approved Patterns , 1899-1905).

387 im Jahr 1884 sank; im gleichen Zeitraum stieg die Zahl der wegen Diebstahls zu Prügelstrafen verurteilten Kinder von 567 auf 2.803. Einem Rückgang von 1.305 Fällen beim Gefängnis stand also ein Anstieg von 2.236 bei der Prügelstrafe gegenüber, von dem sowohl die unter 12jährigen als auch die 12- und 13jährigen betroffen waren. Der relative Anteil der Prügelstrafe an den Sanktionsentscheidungen bei Diebstahl von Jugendlichen in den englischen Polizeigerichten verdreifachte sich in den 1860er und 1870er Jahren von unter 5% auf fast 14%.

Da diese Statistik nicht zwischen den verschiedenen Altersstufen differenziert, wird die tatsächliche Bedeutung der Prügelstrafe bei der Sanktionierung der straffälligen Kinder nicht deutlich. Hier kann die Auswertung von erhaltenen Gerichtsregistern weiterhelfen. In der Kleinstadt Batley in Yorkshire verurteilten die Richter in den Jahren 1879 bis 1889 60% der wegen Eigentumsdelikten angeklagten Kinder unter 12 Jahren und 50% der 12- und 13jährigen Kinder zu Prügelstrafen; später wurde die Prügelstrafe zugunsten der Bewährungsstrafe zurückgedrängt.[80] Die unter 12jährigen Jungen erhielten in der Regel entweder 3 oder 6, die 12- und 13jährigen 6 oder 12 Rutenstreiche. Die Gefängnisstrafe spielte in Batley bereits in den 1880er Jahren mit lediglich 4% bzw. 6% keine wesentliche Rolle mehr bei der Sanktionierung der straffälligen Kinder; von den 14- und 15jährigen Jugendlichen wurden immerhin noch 18% ins Gefängnis geschickt. Nach 1885 verhängte das Gericht in Batley mit einer Ausnahme gar keine Gefängnisstrafen mehr gegen Jugendliche; allerdings ist es wahrscheinlich, daß Jugendliche durch Nichtbezahlen einer Geldstrafe mit dem Gefängnis Bekanntschaft machten.

Eine ähnliche Strafpraxis wie in Batley zeigt sich in Leeds, wo die Polizei für 1879 und 1880 nach Altersstufen differenzierte Verurteilungsstatistikten veröffentlichte (Tab. 5.3).[81] Auch hier war die Prügelstrafe mit 43% die häufigste Sanktionsform bei den unter 14jährigen Kindern, während die Jugendlichen in 75% der Fälle zu Gefängnisstrafen verurteilt wurden. In Stockport setzten die Richter die Prügelstrafe offenbar auch als eine Alternative zur Zwangserziehung ein. Am Ende der 1870er Jahre ging hier die Zahl der Ein-

80 Wakefield RO, P11/1 (Batley Court Register).
81 Leeds, Annual Police Report for 1880, S. 6.

weisungen in *industrial schools* wegen Diebstahlsdelikten stark zurück, und gleichzeitig stieg die Zahl der verhängten Prügelstrafen deutlich an.[82]

*Tab. 5.3: Leeds, 1879-1880: Sanktionsentscheidungen bei Eigentumsdelikten Jugendlicher (ohne straffreie Entlassung) nach Altersgruppen (in % der Verurteilungen der jeweiligen Altersgruppe)*

| Alter | Geldstr. | Prügelstr. | Gefäng. | Industr.S. | Reform.S. | (Anzahl) |
|---|---|---|---|---|---|---|
| unter 10 J. | 12,8 | 43,6 | 5,1 | 20,5 | 17,9 | (39) |
| 10-13 J. | 6,8 | 43,2 | 32,4 | 2,0 | 15,5 | (148) |
| 14-15 J. | 3,8 | 1,3 | 75,9 | - | 19,0 | (79) |

Quelle: Leeds, Annual Police Report for 1880, S. 6.

Insgesamt erfreute sich die Prügelstrafe bis nach der Jahrhundertwende einer großen Zustimmung bei Richtern und Reformanhängern. In den kriminalpolitischen Diskussionen des späten 19. Jahrhunderts rangierte die Prügelstrafe stets an erster Stelle der möglichen Ersatzsanktionen für die Gefängnisstrafe. *»It is short, sharp, cheap, and deterrent«*, urteilte die Times 1880 und hob vor allem auf den Vorteil gegenüber der Zwangserziehung ab, daß die Prügelstrafe nicht als unverdiente Sozialleistung mißverstanden werden könne.[83] Die meisten Richter, die 1880 vom Innenministerium um ihre Vorschläge zur Reform des Jugendstrafrechts gebeten wurden, plädierten für eine Ausdehnung der Prügelstrafe auf alle Delikte und vor allem auf die 14- und 15jährigen Jugendlichen.[84] Auch noch 1898 sprachen sich viele Richter und Polizeichefs in einer Umfrage der Howard Association für die Ausdehnung der Prügelstrafe aus.[85]

---

82 Stockport, Annual Police Report, 1878ff. Ein Teil der straffälligen Kinder wurden nach den 1870er Jahren nach Abschnitt 16 des *Industrial Schools Act* als ›unkontrollierbar‹ in die Stockport Industrial School eingewiesen.

83 *The Times*, 18.9.1880, S. 9b.

84 PRO HO 45/9593/93897A (Suggestions as to Treatment and Punishment of Juvenile Offenders, 1880), PRO HO 45/10053/A63223 (Whipping or Birching of Juvenile Offenders, 1895-1903); vgl. *Law Times*, 23.10.1880, S. 423.

85 Howard Association, Annual Report for 1898, S. 8; vgl. auch C.E. Barker, Aussageprotokoll, in: Parl. Papers, Reformatory and Industrial Schools (1913), minutes, S.209-212.

Weder konnte diese Strafe bei Obst- und Gemüsediebstahl noch bei Roheitsdelikten wie Sachbeschädigung oder Körperverletzung angeordnet werden. Besonders unverständlich erschien es vielen Richtern, daß die Jugendlichen über 13 Jahren von dieser Strafe verschont blieben, da dadurch im Sanktionskatalog eine Lücke zwischen der weniger abschreckenden Geldstrafe und der einschneidenden Zwangserziehung klaffte. Wenn Kinder und Jugendliche gemeinsam vor Gericht standen, konnten sie nicht die gleiche Sanktion erhalten. Daher waren informelle Prügelstrafen, die vom Richter angeordnet, aber von den Eltern vollzogen wurden, ein durchaus üblicher Weg, um die gesetzlichen Beschränkungen zu umgehen. Die Richter nutzten die Möglichkeit, ein Verfahren zunächst zu vertagen und eine straffreie Entlassung in Aussicht zu stellen, um die Eltern zu diesem Vorgehen zu bewegen. Über einen solchen Fall aus der Praxis des Londoner Jugendrichters d'Eyncourt wurde 1908 berichtet. Zwei Jungen im Alter von 15 und 16 Jahren waren wegen Raubs an einem anderen Jungen angeklagt. Gegenüber dem Innenministerium erläuterte d'Eyncourt seine Entscheidung, die beiden Straftäter nicht formell wegen Raubs zu verurteilen:

»At the same time they clearly wanted some correction, but were above the age at which they could be whipped by order of the court and therefore I considered the best thing to do was to ask the nearest relatives to give such domestic castigation as they thought proper, and which they were willing to do. The punishment was given by their relatives at their own homes, and no policemen was sent, or could have been sent for the purpose suggested. On their appearance next day with their relatives I discharged them. There was no irregularity in asking their relatives to chastise them if they thought proper. [...] The problem of dealing with youths of this age is becoming increasingly difficult.«[86]

Die andere, in Deutschland genutzte Möglichkeit, die Bestrafung auf dem Wege der Schulzucht zu erledigen, wurde in England anscheinend nicht häu-

86 d'Eyncourt JP, Brief an Innenministerium, 29.7.1908, in: PRO HO/144/998/124607/29 (Birching of Juveniles, 1904-1917); weitere Beispiele in: PRO HO 144/1257/235594 (Power of Courts to Order Birching for Offenders under 14 years of Age Charged with an Indictable Offence).

fig praktiziert.[87] Allerdings war die Altersgruppe, um die es hier ging, größtenteils schon aus der Schule entlassen.

Die breite Akzeptanz für die Prügelstrafe in der Reformbewegung und in der englischen Öffentlichkeit mag überraschen und blieb auch manchem deutschen Beobachter unverständlich. So betonte der Strafrechtsreformer P. Aschrott, der in den 1880er Jahren die englische Kriminalpolitik studierte, um Anregungen für mögliche Reformen in Deutschland zu gewinnen: *»Bemerkenswert bleibt allerdings unter allen Umständen die Thatsache, daß gegen die Prügelstrafe in ihrer heutigen Anwendung Bedenken in England nicht bestehen.«*[88] Chauvinistisch überhöht disqualifizierte der Kriminalpsychologe Erich Wulffen kurz vor dem Ersten Weltkrieg die englische Besonderheit:

> »Wenn man berücksichtigt, wie im ganzen englischen Erziehungswesen die Rute eine so auffallende Rolle spielt, wird man nicht verkennen können, daß die Prügelstrafe mit dem masochistisch und sadistisch gefärbten Wesen der Engländer, als mit einer Entartungserscheinung, im geheimen Zusammenhange steht.«[89]

Im Gegenzug befand ein englischer Autor, daß das Fehlen der körperlichen Züchtigung an den deutschen Gymnasien die Schüler mit einem übertriebenen Selbstwertgefühl, ja mit einer »morbiden Empfindsamkeit« erfülle.[90] Allerdings hatten die Gymnasien keine Bedeutung für die Schulerfahrungen der deutschen Unterschichtskinder. Tatsächlich herrschte vor dem Ersten Weltkrieg sowohl in England als auch in Deutschland eine pädagogische Grundeinstellung vor, die die körperliche Züchtigung als einen natürlichen Bestandteil des Erziehungsprozesses in der Familie genauso wie in der Schule ansah. Der englische Hang zum exzessiven Prügeln dürfte zu den gängigen Stereotypen der Nationalcharaktere gehören.[91] Worin sich England und Deutschland tatsächlich unterschieden, war die Anwendung der Prügelstrafe in den höheren

---

87 Ein Reformer wandte sich 1885 gegen einen entsprechenden Vorschlag des deutschen Gefängnisexperten von Holtzendorff, weil die Übertragung solcher Disziplinaraufgaben auf die Lehrer nicht mit dem *»public feeling«* vereinbar sei (Safford, S. 256). Siehe aber Hurt, Schooling, S. 163, und Rose, Erosion, S. 180, für Einzelbeispiele.

88 Aschrott, Reform des Strafen- und Gefängniswesens, S. 36.

89 Wulffen, Kind, S. 527.

90 Smith, Soul, S. 26.

91 Vgl. Rose, Erosion, S. 179.

Schulen, was für das Verständnis der zeitgenössischen Diskussionen nicht unwichtig ist.

Fragen der Erziehungsprinzipien, aber ebenso Fragen der Klassenbeziehungen kamen ins Spiel, als die Kritik an der Prügelstrafe in England ab der Jahrhundertwende dann doch zunahm. Zunächst verließen nur einige Außenseiter den bürgerlichen Konsens und griffen die Prügelstrafe als ein Element der Klassenherrschaft an. Nicht – wie in Deutschland – an der Zwangserziehung, sondern an der Prügelstrafe entzündete sich in England eine anti-bürgerliche, klassenorientierte Kritik an der Behandlung jugendlicher Delinquenten. Ein Gesetzentwurf von 1901, der eine Ausweitung der Prügelstrafe vorsah, scheiterte im Parlament auch an dem Protest einiger Abgeordneter, die das Gesetz als »Klassenjustiz in ihrer schlimmsten Form« kritisierten.[92] Vor allem die *Humanitarian League*, eine der Arbeiterbewegung nahestehende Organisation, deren Anhänger im Innenministerium als die »verrücktesten Leute der Welt«[93] galten, entfachte ab 1900 eine Kampagne gegen die Prügelstrafe.[94] In den folgenden Jahren wurde diese Kampagne auch von der schottischen *Society for the Reform of School Discipline* und von verschiedenen Gewerkschaftsverbänden unterstützt, während die NSPCC die Prügelstrafe wegen ihrer Funktion als Gefängnis-Ersatz begrüßte.[95] Die Gegner kritisierten auch explizit die informelle Anwendung der Prügelstrafen bei 14- und 15jährigen Jungen als rechtswidrig.[96] Die *Humanitarian League* wies die häufig geäußerte Rechtfertigung zurück, daß die Prügelstrafe bei jugendlichen Straftätern angesichts der in den Privatschulen der Oberschicht üblichen Erziehungsmethoden keine ungerechte Schlechterstellung der Unterschichtsjugendlichen darstelle.

»Flogging is undoubtedly a class punishment. It is inflicted on the poor by the representatives of a law in the making an administration of which they have no share. [...] If the rich people like to have their boys birched, it is not [...] for other people to interfere. At any rate there is all the difference in the world between flogging by a parent or an Eton headmaster and flogging by a burling policeman. [...] If the young Etonian offender were orde-

92 The Times, 22.5.1900, Ausschnitt in: PRO HO 45/10158/B23010C/51-76 (Youthfull Offenders Bill , 1899-1901).

93 Zitiert bei Radzinowicz u. Hood, S. 714.

94 Siehe allg. Weinbren.

95 PRO HO 144/998/124607; Radzinowicz u. Hood, S. 713.

96 Society for the Reformation of School Discipline, Flogging Juvenile Offenders (Flugblatt, 1908), in: PRO HO 144/998/124607/35.

red to be trashed by a prison-warder or a policeman, it is likely enough that his parent would object to it on the ground that it is degrading.«[97]

Gerade diesen umgekehrten Klassenaspekt – die Unterwerfung eines Angehörigen der oberen Schichten unter die körperliche Strafgewalt eines niederen Staatsbeamten – führte Franz von Liszt als ein entscheidendes Argument gegen die Einführung der Prügelstrafe ins deutsche Jugendstrafrecht an.[98] Wenn Jugendliche, wie es die Rheinisch-Westfälische Gefängnisgesellschaft vorgeschlagen hatte, wegen Roheitsdelikten körperlich bestraft werden sollten, dann müßten auch die Gymnasiasten und Studenten, die »nur zu häufig« solche Delikte begingen, ebenso behandelt werden. Das sei jedoch unvorstellbar, da damit die »ganze Zukunft des jungen Mannes« vernichtet würde und ihm nur noch die Auswanderung nach Amerika übrig bliebe. Die öffentliche Publizität entsprechender Fälle insbesondere in der sozialdemokratischen Presse führe, so Liszt, überdies zu einer *»Vergiftung des Rechtsbewußtseins unseres Volkes, wie wir sie uns schlimmer gar nicht denken könnten.«*[99] Hier machte sich die tiefe Verunsicherung der bürgerlichen und staatstreuen Träger der Strafjustiz angesichts der Tatsache bemerkbar, daß sie von weiten Teilen der Arbeiterschaft als Agenten einer Klassenherrschaft abgelehnt wurden. Die politische Spaltung der deutschen Gesellschaft führte hier wie auch auch bei der Frage der Verfahrenseinstellungen durch die Staatsanwaltschaft zu einem ängstlichen Rückzug auf die Position einer rein formalen Rechtsgleichheit, durch die der Vorwurf der Klassenjustiz entkräftet werden sollte.

In England wuchs mit dem Wandel der pädagogischen Auffassungen seit der Jahrhundertwende aber auch innerhalb der bürgerlichen Reformbewegung die Skepsis über die Wirkungen der Prügelstrafe. Als sich ein Polizeirichter 1880 mit dem Argument gegen die Prügelstrafe aussprach, *»flogging tends to demoralize and brutalize society«*,[100] so stand er noch gegen den Tenor der veröffentlichten Meinung. Ein deutlicher Umschwung vollzog sich erst während des Ersten Weltkrieges, als der plötzliche Anstieg der Verurteilungszif-

97 Humanitarian League (Hg.), The Prison Record (Supplement zur Zeitschrift Humanity, Nr.4/1900), in: PRO HO 45/10158/B23010C/70.

98 Liszt, Kriminalität, S. 351.

99 Ebd.

100 Charles Markham (Chesterfield), Brief an Innenministerium, 1.10.1880, in: PRO HO 45/9593/93897/33 (Observations of Magistrates and Others on the Treatment of Juvenile Offenders, 1880-1887).

fern die gesellschaftlichen Ursachen der Jugendkriminalität in den Vordergrund rückte, und die massenhafte Anwendung der Prügelstrafe die öffentliche Kritik des progressiven Flügels der Reformbewegung herausforderte.[101] Nach dem Ersten Weltkrieg setzte sich die Ablehnung der Prügelstrafe auf breiterer Front durch.[102] Es dauerte jedoch noch bis 1948, bis diese Strafe endgültig aus dem Sanktionskatalog des englischen Jugendstrafrechts gestrichen wurde.

## 5.3 Strafe in der Schwebe: Sanktionsverzicht und Bewährungsstrafe

Der Verzicht auf Sanktionen war eine andere mögliche Konsequenz aus der Ablehnung der traditionellen Strafen. Wenn nicht nur die kurzzeitige Gefängnisstrafe, deren Schädlichkeit für Kinder und Jugendliche nie ernsthaft in Frage stand, sondern auch die anderen Strafformen und schließlich auch die Zwangserziehung wegen ihrer befürchteten kontraproduktiven Wirkungen mehr und mehr in Verruf kamen, dann mußte der Sanktionsverzicht in den kriminalpolitischen Überlegungen an Bedeutung gewinnen. Vor allem bei den jüngeren Altersstufen und bei geringfügigen Delikten lag es nahe, das Vergeltungsbedürfnis des Strafrechts zugunsten von Nachsicht und Milde zurückzustellen. Selbst einige Anhänger der ›klassischen Schule‹ der deutschen Strafrechtswissenschaft gaben zu, daß *»der Staat gegenüber unerzogenen Halbwüchsigen dringlichere Aufgaben hat, als zu vergelten und abzuschrecken.«*[103] In England war dieses Vergeltungsbedürfnis grundsätzlich – auch

101 Penal Reform League, Quarterly Record 7/1918, Nr.1-2, S.6f.; ebd, 8/1919, Nr.1-2, S. 58f.; State Children's Association, Annual Report for 1916; State Children's Association, Brief an Erziehungsministerium, 30.3.1917, in: PRO ED 11/114; State Children's Association, Memorandum Re Juvenile Delinquency, 1917, in: PRO HO 144/1116/203154/82; Society for the Reformation of School Discipline, Flogging Juvenile Offenders (Flugblatt, 1908), in: PRO HO 144/998/124607/35.

102 Siehe z.B. Hall, Child, S. 316ff; Howard Association, Magistrate; Während des Krieges hatte sich Cecil Leeson, der Sekretär der *Howard Association*, noch für eine Ausführung der Prügelstrafen durch die Schulleiter ausgesprochen (Leeson, Child, S. 59)

103 Kohlrausch, Fortschritte, S. 140; vgl. Oetker, S. 18f.

gegenüber erwachsenen Straftätern – und schon vor Beginn der Strafrechtsreformen geringer als in Deutschland. Während es den englischen Polizeirichtern traditionell freistand, einen Angeklagten zu verurteilen oder freizusprechen, waren die Möglichkeiten des deutschen Strafrechts, einen jugendlichen Straftäter trotz erwiesener Schuld nicht zu bestrafen, sehr viel strenger gefaßt.

Mit dem Sanktionsverzicht eröffnete sich ein weites Feld zusätzlicher, fein zu dosierender Reaktionsmöglichkeiten auf jugendliches Fehlverhalten, die selbst neue Sanktionsformen bildeten. Ungefähr ab dem Ende des 19. Jahrhunderts entwickelten sich in England und Deutschland in verschiedenen juristischen Varianten Behandlungsformen der Jugendkriminalität, die auf dem Grundgedanken des pädagogisch ausgestalteten und an die Bedingung des Wohlverhaltens geknüpften Sanktionsverzichts aufbauten. Die Androhung einer Strafe für einige Zeit aufrechtzuerhalten, und die Delinquenten dadurch zu dauerhaften Verhaltensänderungen zu bewegen, erwies sich als eine effektive Strategie, denn, so z.B. Paul Aschrott, der *»während des Schwebezustandes auf den Verurteilten ausgeübte psychische Zwang zum Wohlverhalten [wirkt] erzieherisch auf ihn.«*[104] Der Frankfurter Jugendrichter Allmenröder behauptete sogar: *»Mit der Furcht vor der Gefängnisstrafe erreiche ich viel mehr als mit dem Vollzuge selbst.«*[105] Aus dieser Anwendung der Strafe als ›Damoklesschwert‹[106] und unter dem Einfluß des amerikanischen Vorbildes entwickelte sich in beiden Ländern das System der Bewährungsstrafe mit begleitender Aufsicht und Hilfe durch Bewährungshelfer. In England waren dafür nicht nur die rechtlichen Voraussetzungen wesentlich günstiger als in Deutschland, sondern auch die Bereitschaft und der Wille der beteiligten Reformanhänger und Praktiker stärker, eine neue kriminalpolitische Strategie zu verwirklichen, der zwar die gleiche Grundüberzeugung wie der Zwangserziehung zugrundelag – Erziehung statt Strafe –, die dabei jedoch ganz andere Wege beschritt. Denn mit der Bewährungsstrafe wurde erstmals versucht, das Ziel der erzieherischen Beeinflussung und dauerhaften Verhaltensverände-

---

104 Aschrott, Strafen, sichernde Maßnahmen, S. 131.

105 Allmenröder, Straf- und Erziehungsmittel, S. 74; vgl. gleichlautend Morrison, Offenders, S. 193: *»A sentence of imprisonment hanging over the head of an offender, but yet remaines unexecuted during good behaviour, is of a more deterrent character than a sentence of imprisonment which is actually carried into effect.«*

106 Ebd., S. 76; Gamon, zitiert bei Page, S. 47.

rung der Jugendlichen zu erreichen, ohne diese in die künstliche Ordnung der Erziehungsanstalten zu zwingen. Das traditionelle Paradigma des Einsperrens wurde hier durch das neue Paradigma der Sozialarbeit ersetzt. An die Stelle der Entfernung der delinquenten Jugendlichen aus Familie und sozialer Umgebung trat der Versuch der gleichzeitigen Reform von Delinquent und sozialer Umgebung. Diesen hohen Anspruch formulierte die *Penal Reform League,* wenn sie die Bewährungshilfe *»a work of regeneration in a social group«* beschrieb.[107]

Grundvoraussetzung dieser sozialarbeiterischen Strategie war eine positivere Einstellung zu den Familien der Delinquenten. Hier griffen die Entwicklung des kriminologischen Denkens und die Entwicklung der kriminalpolitischen Ansätze ineinander. Die moralische Entrüstung vieler bürgerliche Sozialreformer des 19. Jahrhunderts über die Lebensgewohnheiten der Unterschichtsfamilien machte bei den ›progressiven‹ Reformanhängern einer verständnisvolleren Perspektive und einer optimistischen Einschätzung der Erziehungskompetenz der Unterschichtseltern Platz. Fällte das Gericht mit der Anordnung der Zwangserziehung stets auch ein radikales Urteil gegen die Eltern, so baute es bei der Bewährungsstrafe auf ihr Verantwortungsbewußtsein gegenüber ihren Kindern und ihre Kooperationsbereitschaft mit dem Bewährungshelfer.[108]

Die sozialarbeiterische Strategie der Bewährungsstrafe wurde daher in England wie auch in Deutschland besonders von den progressiven Teilen der Reformbewegungen propagiert, die der Zwangserziehung kritisch gegenüberstanden und sie auf die Rolle einer ultima ratio zurückdrängen wollten. Die Anzahl und der Einfluß dieser progressiven Kräfte war in England bedeutend größer als in Deutschland. In England bildete sich zu Beginn des 20. Jahrhunderts eine breite Reformlobby, die mit der Durchsetzung der Bewährungsstrafe die Hoffnung auf eine radikale Änderung der gesamten Jugendkriminalpolitik verband. Ähnlich wie die Pioniere der Zwangserziehung ein halbes Jahrhundert zuvor forderten sie ein vollständiges Ende der repressiven und strafenden Behandlung jugendlicher Delinquenten, nur daß die Zwangserziehung inzwischen selbst zu einem zentralen Zielpunkt der Kritik geworden war.

---

107 Penal Reform League, Report, S. 16; vgl. Morrison, Offenders, S. 220.
108 Board of Education, Delinquency, S. 34.

Anders als ihre englischen Kollegen verbanden die meisten deutschen Reformanhänger ihren Einsatz für die Bewährungsstrafe keineswegs mit einer Ablehnung der Zwangserziehung. Wenn Julius Landsberg betonte, *»wie wenig ich für die Besserung der Jugend überhaupt von der strafrechtlichen und sonstigen Repression halte und wie sehr viel mehr auf sozialem und sittlichen Gebiete zu erreichen ist«*[109], betrachtete er wie die meisten seiner Kollegen die Zwangserziehung durchaus als dem »sozialen Gebiete« zugehörig. Diejenigen, die wie der Pädagoge Friedrich Förster die Bewährungsstrafe explizit als bessere Alternative zur Zwangserziehung bezeichneten und deren Anwendung auf ›Notfälle‹ beschränken wollte, bezogen in der deutschen kriminalpolitischen Diskussion eine klare Minderheitenposition.[110] Zwangserziehung und Bewährungsstrafe bildeten in den Konzepten der Reformbewegungen – lange Zeit auch der englischen – keineswegs konkurrierende, sondern komplementäre Elemente. Ursprünglich war die Bewährungsstrafe eher als ein Ersatz der kurzzeitigen Gefängnisstrafen denn als Alternative zur Zwangserziehung gedacht. Ebenso wie Liszt und die IKV in Deutschland hatten auch englische Reformpioniere wie Matthew Davenport Hill sowohl für die Bewährungsstrafe als auch für die Zwangserziehung plädiert. Die breite Auffächerung der Reaktionsformen auf jugendliche Delinquenz entsprach dem Ziel der Täterorientierung und der Flexibilisierung der richterlichen Entscheidungen.[111] Damit ging eine stärkere soziale Selektivität der Sanktionspraxis einher, da die soziale Lebenssituation der Jugendlichen und ihrer Familien zum maßgeblichen Kriterium der Sanktionsentscheidung erhoben wurde. *»Good or bad home«* – von dieser kurzen Frage hing die Entscheidung für oder gegen die Bewährungsstrafe, für oder gegen die Zwangserziehung, häufig ab.[112] Auch die deutschen Reformer wie der Frankfurter Jugendrichter Allmenröder akzeptierten diese soziale Selektivität als Konsequenz der Flexibilisierung der Strafzumessung: *»Es ist eben so, daß gerade die Kinder aus den guten und besseren Familien, d.h. den Familien, die in geordneten und wirtschaftlich gesicherten*

109 Landsberg, Fürsorgeausschuß, S. 60.
110 Foerster, Erziehung, S. 340.
111 Morrison, Offenders, S. 180.
112 J. Bennet, Aussageprotokoll, in: Parl. Papers, Probation of Offenders Act, minutes, S. 4; vgl. N. Adler, Aussageprotokoll, in: ebd., S. 22.

*Verhältnissen leben [...] leichter freigegeben werden können als die anderen, die aus ärmlichen und verwahrlosten Familien kommen.«*[113]

Wie sich die Anwendung der Bewährungsstrafe auf die Behandlung der straffälligen Jugendlichen auswirkte, und ob sie tatsächlich zu einer nachlassenden Anwendung der Zwangserziehung führte, soll die Analyse der Sanktionspraxis in beiden Ländern zeigen.

## 5.3.1 England

### *5.3.1.1 Die traditionelle Bedeutung des Strafverzichts*

In den englischen Polizeigerichten stellte der Strafverzicht seit jeher eine der bevorzugten Behandlungsformen dar. Die englischen Polizeirichter konnten einen Angeklagten unabhängig von der Schuldfrage ohne Strafurteil laufen lassen. Dies war eine Ermessensfreiheit, um die sie von vielen deutschen Reformern beneidet wurden, die das rigide Legalitätsprinzip des deutschen Strafrechts ablehnten.[114] Die englische Kriminalstatistik zeigt, daß von dieser Möglichkeit schon in der Mitte des 19. Jahrhunderts und nicht nur bei jugendlichen Delinquenten reichlich Gebrauch gemacht wurde. Von den wegen Diebstahls angeklagten Jugendlichen profitierten über 40% von einer straffreien Entlassung (*discharge*) (Abb. 5.2, Tab. 5.2 im Anhang); bei den Erwachsenen war der Anteil kaum geringer. Der Strafverzicht war damit vor allen Sanktionen die bevorzugte Behandlungsform der englischen Polizeirichter. Bis 1879 fiel der Anteil der straffreien Entlassungen auf ca. 35%, in den Jahren 1910 bis 1913 lag er nur noch bei ca. 26%, da die einfache Entlassung inzwischen durch die Bewährungsstrafe Konkurrenz bekommen hatte. Bei Bagatelldelikten lag ihr Anteil mit ca. 46% sogar noch wesentlich höher. Eine 1847 auf dem Höhepunkt des Kriminalitätsanstieges erstellte Statistik der Grafschaftspolizei in Lancashire über alle knapp 9.000 verhafteten Personen zeigt, daß der Verzicht auf formelle Strafsanktionen schon in der Mitte des Jahrhunderts

113 Allmenröder, Straf- und Erziehungsmittel, S. 69.
114 Liepmann u. Mannhardt, S. 45; Landsberg, Jugendpflege und Jugendgericht, S. 464

die vorrangige Behandlungsart jugendlicher Delinquenz war. Von den insgesamt 415 verhafteten und vor Polizei- oder höhere Strafgerichte gestellten Jugendlichen bis einschließlich 14 Jahre wurden 54% straffrei entlassen; im Durchschnitt aller Altersgruppen lag dieser Anteil nur bei 33%.[115]

*Abb. 5.2: England & Wales, 1861 - 1923. Diebstahlsdelikte von Jugendlichen in Polizeigerichten (ab 1910: Jugendgerichten) nach Behandlungsformen (in %)*

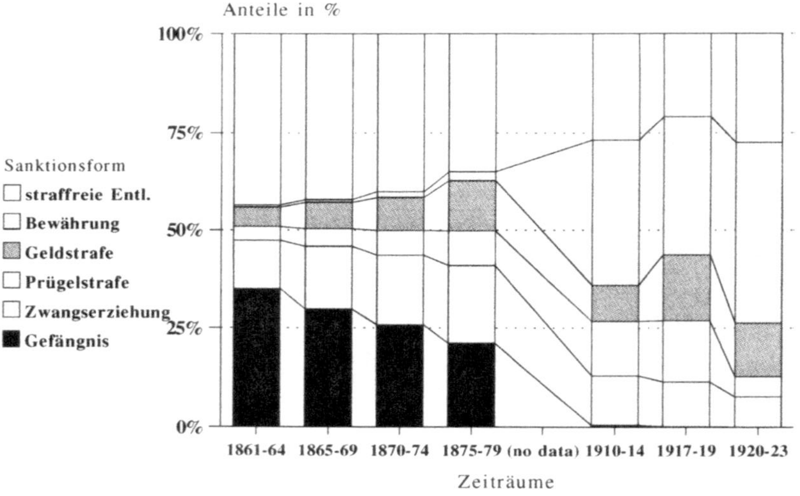


andere Sanktionsformen unter 2,5%
Quelle: Parl. Papers, Criminal Statistics, 1857ff. (Tabellen 'Offences Determined Summarily', 'Juvenile Courts')

Hinter diesen statistischen Erkenntnissen verbarg sich eine Rechtsprechungspraxis, in der vor allem Ersttäter sehr häufig mit Strafverschonung rechnen konnten, wie ein Polizeirichter schon 1862 berichtete.[116] Die Praxis wurde auch von den Zwangserziehungsanstalten bestätigt, deren Zöglinge – obwohl formal noch nicht vorbestraft – in der Regel schon polizei- und gerichtsbe-

115 Lancashire Constabulary, 1847, in: Manchester City Archive, M136/2/3/2963 (National Public School Association).

116 McAllum, Diskussionsbeitrag zu: Carpenter, Principles, S. 517-521.

kannt waren.[117] In Oldham erwähnte der Polizeibericht 1871, daß die straffreie Entlassung von 21 der 44 angeklagten jugendlichen Diebe erfolgte, weil es sich um ihr erstes Vergehen handelte.[118] 1879 erhielt dieses Verfahren eine gesetzliche Bestätigung in Abschnitt 16 (1) des *Summary Jurisdiction Act*, der durch eine Milderung der Strafzumessung die Zahl der Gefängniseinweisungen vermindern sollte.[119] Inwieweit diese gesetzliche Reform zur Verstärkung einer schon gängigen Praxis geführt hat, läßt sich statistisch leider nicht verfolgen, da seit 1879 bis zur Einrichtung der Jugendgerichte vor dem Ersten Weltkrieg die Diebstahlsdelikte der Jugendlichen in der Kriminalstatistik nicht mehr getrennt von denen der Erwachsenen ausgewiesen wurden. Der Rückgang der Gefängniseinweisungen war, wie wir gesehen haben, jedenfalls schon vor Inkrafttreten des Gesetzes weit vorangeschritten, möglicherweise war jedoch der starke Abfall der Gefängniseinweisungen um ein Viertel im Jahre 1881 durch das Gesetz mitbeeinflußt.

Die straffreie Entlassung bedeutete jedoch für die Delinquenten nicht unbedingt ein folgenloses Verzeihen. Auch wenn sie für die begangene Straftat nicht mehr belangt werden konnten – anders als bei einem bedingten Strafverzicht, bei dem die Strafdrohung weiter über ihnen schwebte – so war der erste Kontakt mit dem Gericht doch eine ernste Warnung; im Wiederholungsfalle war die Wahrscheinlichkeit, in eine Erziehungsanstalt eingewiesen zu werden, wesentlich höher. Allerdings verfuhren viele Richter nicht konsequent nach diesem Grundsatz, sondern verzichteten auch beim zweiten oder dritten mal auf eine Bestrafung. *»There are certain courts and magistrates who always discharge«*, klagte eine Londoner Bewährungshelferin 1910.[120] Insbesondere in Liverpool war es nicht unüblich, jugendliche Straftäter wegen des gleichen Vergehens zwei-, dreimal oder noch öfter hintereinander straffrei zu entlassen, wie in der Studie des Innenministeriums festgestellt wurde.[121]

Der Übergang von der straffreien Entlassung zur informellen Strafaussetzung war in der Praxis fließend. Es war nicht unüblich, eine straffreie Entlas-

---

117 Vgl. Kap. 4.3.

118 Oldham, Annual Police Report for 1871, S. 11.

119 Radzinowicz u. Hood, S. 634f.

120 N. Adler, Aussageprotokoll, in: Parl. Papers, Probation of Offenders Act, minutes, S. 22.

121 Lewis, Report, S. 21.

sung mit Bedingungen zu verknüpfen, wie wir bei der informellen Anwendung der Prügelstrafe bereits gesehen haben. Der Hebel, mit dem die Richter diesen Einfluß auf die Delinquenten ausüben konnten, war die Vertagung des Strafverfahrens (*adjournment*). Vertagte der Richter das Verfahren für einige Zeit, so eröffneten sich Einflußmöglichkeiten, die zu einer Art informellen Bewährungsauflage, zum Beispiel der Aufnahme einer Arbeit oder dem Eintritt in einen Jugendverein, ausgebaut werden konnten.[122] Besonders effektiv war eine Vertagung, wenn die Richter sie mit der Androhung der abschreckenden Zwangserziehung verknüpften. *»The threat of that proceeding is commonly used by the magistrates to induce an erring child to amend his ways, or to cause his parents to take more care of him«*, berichtete ein Reformanhänger 1885 auf einer Tagung der NAPSS über diese Praxis.[123]

Die Strategie der informellen Bewährung durch Vertagung wurde von vielen Polizeigerichten systematisch verfolgt, so etwa in Birmingham, in Leeds und in den meisten Londoner Bezirken.[124] 1905 vertagte der Birminghamer Polizeirichter Courtenay Lord 64% der ca. 830 Verfahren gegen jugendliche Straftäter.[125] Das Polizeigericht in Newcastle zog diese informelle Art der bedingten Strafaussetzung noch 1910 vor, obwohl inzwischen die Bewährungsstrafe gesetzlich eingeführt worden war. Die Strafverfahren wurden hier für einen Monat oder länger ausgesetzt, und die straffälligen Jugendlichen inzwischen unter die Beobachtung der Polizei gestellt.[126] Die Richter hielten dieses Verfahren für so effektiv, daß sie es 70 bis 100 mal im Jahr anwandten, während sie die neu eingeführte Bewährungsstrafe 1908 nur in 19 Fällen verhängten.[127]

---

122 Vgl. Struve, S. 114f.

123 Hill, Schools, S. 247.

124 Parl. Papers, Treatment of Youthful Offenders; Gamon, S. 207f..

125 Courtenay Lord, Paper, S. 9f.

126 J.R. Roberts, Aussageprotokoll, in: Parl. Papers, Probation of Offenders Act, minutes, S. 77ff.; E.C. Sanders, Aussageprotokoll, in: ebd., S. 54. Vgl. für Leeds: Parl. Papers, Treatment of Youthful Offenders, S. 39.

127 Parl. Papers, Probation of Offenders Act, Anhang, Tabelle II.

### *5.3.1.2 Bewährungsstrafe*

Die Verbreitung des Bewährungssystems wurde in ganz Europa sehr stark vom amerikanischen Vorbild beeinflußt. In Massachusetts wurde ab 1869 ein System der bedingten Strafaussetzung mit begleitender Aufsicht durch besondere Bewährungshelfer praktiziert. 1881 griff die *Howard Association* diesen Reformansatz auf und forderte seitdem immer wieder, die Zwangserziehung zugunsten eines ambulanten Systems der Beaufsichtigung jugendlicher Straftäter zurückzudrängen.[128] Jedoch reichten die Erfahrungen mit der Bewährungsstrafe in England noch weiter zurück. In den 1840er Jahren entwickelte der Reformpionier Matthew Davenport Hill, zusammen mit Mary Carpenter auch einer der Begründer der Zwangserziehung, als Strafrichter in Birmingham ein Bewährungssystem für jugendliche Angeklagte.[129] Er entließ diejenigen, die in einem festen Arbeitsverhältnis standen, ohne Strafe und ließ sie ungefähr vierteljährlich von Polizisten aufsuchen. Davenport Hill blieb jedoch ohne Nachahmer und beeinflußte die Entwicklung im späten 19. Jahrhundert weniger als das amerikanische Vorbild.

Der Grundgedanke, einen Delinquenten durch eine konkrete Strafandrohung und die Aussicht auf deren Aufhebung von weiteren Vergehen abzuhalten, hatte starke Wurzeln im englischen Rechtssystem. Ein deutscher Jurist wies 1901 nicht ganz zu Unrecht darauf hin, daß der eigentliche Ursprung der Bewährungsstrafe in England liege.[130] Die ›Friedensbürgschaft‹ (*recognizance*) war ein altes Rechtsinstrument des *common law*, mit dem Straffällige vor allem bei Gewaltdelikten neben oder anstatt einer Strafe zu zukünftigem Wohlverhalten verpflichtet werden sollten. Das Gericht konnte in der Friedensbürgschaft eine Geldsumme festlegen, die nur bei einem Verstoß gegen dieses Gebot fällig wurde. Schon im 18. Jahrhundert hatte dieses als *binding over* bezeichnete Verfahren eine wichtige Rolle in der englischen Strafpraxis gespielt.[131] In den 1860er Jahren wandten die englischen Polizeigerichte die Friedensbürgschaft vor allem bei einfachen Gewaltdelikten an; bei jugendlichen Dieben spielte sie dagegen mit unter 1% in den 1860er Jahren und 2%

---

128 Howard Association, Offenders (1881), S. 11.

129 Siehe Law Times, 24.1.1846, S. 335f.; Ignatius; Radzinowicz u. Hood, S. 641.

130 Ignatius.

131 Vgl zur historischen Bedeutung v.a. Shoemaker, Prosecution.

bis 3% in den 1870er Jahren eine nur untergeordnete Rolle. Der *Summary Jurisdiction Act* 1879 erkannte die Friedensbürgschaft in Abschnitt 16 (2) neben der straffreien Entlassung als weitere Alternative zur Gefängnis- oder Geldstrafe an. In Leeds wurde dieses Instrument ab 1883 in rasch wachsendem Maß angewandt, wobei hier die Eltern für ihre Kinder verantwortlich gemacht wurden, indem sie die Friedensbürgschaften eingehen mußten.[132] Nach der Jahrhundertwende machte diese Behandlungsform im Polizeigericht von Leeds über 40% der Sanktionen (ohne straffreie Entlassung) bei ›schweren‹ Vergehen von Jugendlichen aus. Auch in Oldham verzeichnete die Kriminalstatistik am Ende der 1880er Jahre eine häufige Anwendung der Friedensbürgschaften, während die Polizeigerichte in Manchester und Stockport nur sehr selten zu diesem Mittel griffen.

1887 kam mit dem *Probation of First Offenders Act* ein weiteres Gesetz hinzu, das die Gerichte zur Anwendung der Friedensbürgschaft bei Ersttätern ermuntern sollte. Die vom Innenministerium geplante polizeiliche Überwachung der Straftäter wurde vom Parlament jedoch wegen rechtsstaatlicher Bedenken aus dem Gesetz gestrichen, so daß sich die rechtlichen Möglichkeiten gegenüber dem älteren und weiter gültigen *Summary Jurisdiction Act* praktisch nicht veränderten.[133] Die Polizeireichter wendeten bis zur gesetzlichen Neuordnung im Jahr 1907 weiterhin häufiger die älteren Bestimmungen des *Summary Jurisdiction Act* an als die neuen des *Probation of First Offenders Act.* Von dem neueren Gesetz profitierten aber in größerem Umfang Eigentumsdelinquenten, unter ihnen wahrscheinlich auch viele Jugendliche, während das ältere Gesetz eher bei einfachen Gewaltvergehen (*common assault*) und Bagatelldelikten angewandt wurde, wo der Anteil der Jugendlichen geringer war.

In den 1890er und 1900er Jahren erlangte die Bewährungsstrafe in ihren verschiedenen Formen eine erhebliche Bedeutung in der Sanktionspraxis der

---

132 Leeds, Annual Police Report, 1883ff, Return M.

133 d'Eyncourt JP, Brief an Innenministerium, 19.4.1907, in: PRO HO 45/10340/139389/29 (Separate Courts for Juveniles, 1906-1908); H. Bennet, Aussageprotokoll, in: Parl. Papers, Probation of Offenders Act, minutes, S. 3. Eine offenbar der Arbeiterbewegung nahestehende Zeitung unternahm 1890 eine Kampagne gegen die geringe Anwendung der Bewährungsstrafe in den Polizeigerichten in Manchester und Salford. PRO HO 45/9970/X30078 (First Offenders Act. Disregard by Manchester and Salford Justices, 1890-91); vgl. Radzinowicz u. Hood, S. 637.

englischen Polizeigerichte. Da die Kriminalstatistik zwischen 1880 und 1910 keine altersspezifische Tabellen über die Strafzumessung enthielt, sind auch die folgenden Zahlen auf alle Altersgruppen bezogen. In England insgesamt erreichten die Bewährungsstrafen im Zeitraum 1900 bis 1907 einen Anteil von 15% an allen Verfahren wegen ›schwerer‹ Delikte in Polizeigerichten. In den meisten der untersuchten Städte lag der Anteil noch höher: In Bolton und Liverpool hatte die Bewährungsstrafe einen Anteil von ca. 20%, in Leeds und Oldham stieg dieser Anteil nach der Jahrhundertwende auf 30% bzw. 40%. Manchester blieb mit nur 12% unterhalb dieser Marke, und in Stockport blieb die Bewährungsstrafe mit weniger als 1% der Sanktionsentscheidungen fast ungenutzt.

1907 wurden die alten Gesetze durch den *Probation of Offenders Act* abgelöst, und die Bewährungsstrafe damit auf eine neue und einheitliche Grundlage gestellt.[134] Die Bedingung des Gesetzes von 1887, daß die Delinquenten noch nicht vorbestraft sein durften, wurde abgeschafft, und die Bewährungsstrafe und die damit verbundene Friedensbürgschaft wurden selbst nicht mehr als Verurteilung gewertet, um eine Stigmatisierung der Delinquenten zu verringern. Die eigentliche Neuerung lag jedoch in der gesetzlichen Einführung der Bewährungsaufsicht durch offizielle Bewährungshelfer (*probation officers*), die vom Gericht ernannt und auch bezahlt werden konnten.

Bevor wir uns der praktischen Anwendung dieser Bewährungsaufsicht zuwenden, soll zunächst die Frage nach der quantitativen Veränderung der Rechtsprechungspraxis gestellt werden. Die gesetzliche Änderung führte prompt zu einer zunehmenden Anwendung der Bewährungsstrafe in den Polizeigerichten. In England insgesamt, sowie in Leeds, Manchester und Stockport lag der Anteil der Bewährungsstrafen an allen Fällen ›schwerer‹ Vergehen in den Polizeigerichten in den Jahren 1908 bis 1913 um 10 bis 15 Prozentpunkte höher als in den Jahren vor 1908. In Bolton verdoppelte sich der Anteil sogar von unter 20% auf 40%, während er in Liverpool nur geringfügig anstieg. Ab 1910 geben die Statistiken der Jugendgerichte die Anwendung der Bewährungsstrafe bei jugendlichen Straftätern wieder (Abb. 5.2). Hier lag der prozentuale Anteil der Bewährungsstrafe an den Sanktionsentscheidungen bei ›schweren‹ Delikten deutlich höher als im Duchschnitt aller Altersgruppen. In

134 7 Edw. 7 c. 17.

Bolton und Leeds erhielten sogar mehr als die Hälfte der angeklagten Jugendlichen Bewährungsstrafen. Auf ganz England berechnet erreichte die Bewährungsstrafe bei jugendlichen Angeklagten in den Jahren 1910 bis 1913 einen Anteil von ca. 37%. Sie war damit vor allen anderen Sanktionsformen und auch vor der straffreien Entlassung die am häufigsten angewandte Behandlungsform der jugendlichen Eigentumsdelinquenz geworden.

Welche Auswirkungen hatte diese schnelle Verbreitung der Bewährungsstrafe auf die Sanktionspraxis der Jugendgerichte insgesamt? Erfüllten sich die Erwartungen der progressiven Reformanhänger, daß die Zahl der Einweisungen in Zwangserziehungsanstalten durch die ambulante Behandlung zurückgedrängt wurde? Verschiedene zeitgenössische Aussagen legen diesen Schluß nahe. Vor dem dritten Untersuchungsausschuß zur Zwangserziehung 1913 berichtete zum Beispiel ein Richter aus Birmingham, der Rückgang der Einweisungen in *industrial schools* sei »zweifelsohne« durch den neuen *Probation of Offenders Act* bedingt: *»If there is a chance of proper parental control the justices almost invariably try the expedient of a period of probation with, in the main, excellent results.«*[135] Bei derselben Gelegenheit beklagte ein Verbandsvertreter der Erziehungsanstalten, durch die Bewährungsstrafe würde nur noch eine Negativauslese von *»hardened boys«* in die *industrial schools* gelangen und so die Erziehungsarbeit erschwert.[136] Bei der Beantwortung dieser Frage muß zwischen den letzten Vorkriegsjahren und den ersten Jahren nach dem Ersten Weltkrieg unterschieden werden; die Kriegsjahre selbst stellten eine Ausnahmesituation dar, in der die Gerichte auf den Anstieg der Jugendkriminalität mit einem verstärkten Rückgriff auf Strafsanktionen reagierten.

Vor dem Ersten Weltkrieg hat eine Verlagerung der Sanktionspraxis von der Zwangserziehung zur Bewährungsstrafe entgegen der eben zitierten zeitgenössischen Einschätzungen nicht stattgefunden. Diese Verlagerung hätte sich auf die Behandlung der jugendlichen Eigentumsdelinquenten auswirken müssen, bei denen die Bewährungsstrafe ganz überwiegend angewandt wurde. Der Rückgang der Einweisungen in *industrial schools* ab 1896 betraf jedoch ausschließlich schuleschwänzende und ›verwahrloste‹ Kinder. Demgegenüber

---

135 C.E. Barker, Aussageprotokoll, in: Parl. Papers, Reformatory and Industrial Schools (1913), minutes, S. 209f. Barker war *clerk to the justices* am Polizeigericht.

136 I. Ellis, Aussageprotokoll, in: ebd., S. 86.

stieg die Zahl der Einweisungen in *industrial schools* wegen Eigentumsdelikten zwischen 1906 und 1912 sogar um 250% an, z.T. wegen der Legalisierung der Einweisung älterer oder wiederholt straffälliger Kinder. Auch die Einweisungen in *reformatory schools* gingen nach 1908 nicht zurück, sondern blieben auf gleicher Höhe. Die zunehmende Anwendung der Bewährungsstrafe scheint vielmehr andere Formen des Strafverzichts ersetzt und vor allem zu einer Ausweitung der insgesamt gerichtlich geahndeten Jugenddelinquenz geführt zu haben. Die Reform der Bewährungsstrafe hätte damit kurzfristig weniger einen Rückgang der Strafsanktionen, sondern eher eine Systematisierung und Formalisierung von traditionellen Arten des Strafverzichts auf der gerichtlichen wie vor allem auf der vorgerichtlichen Ebene bewirkt. Diese Entwicklung ist im Zusammenhang mit dem Reformprozeß des englischen Jugendstrafrechts insgesamt zu sehen, der um 1908 mit der gleichzeitigen Einführung der Jugendgerichte, der Verabschiedung des *Children Acts* und der Reform der Bewährungsstrafe einen Höhepunkt erlebte. Eine ›jugendgemäße‹ Gestaltung des Strafverfahrens und die Entschärfung des Sanktionskataloges durch das absolute Verbot der Gefängnisstrafe und die Schaffung zusätzlicher legaler Möglichkeiten des Strafverzichts könnten zu einem *net widening* durch die größere Bereitschaft von Deliktopfern und Polizei beigetragen haben, jugendliche Delinquenten vor Gericht zu bringen. Der Liverpooler Polizeirichter Stewart äußerte diese Vermutung 1906:

»Now that imprisonment of children is practically abolished, and the means of dealing with them suitably are so varied, it is quite possible that some of the increase is due to the greater readiness of individuals and public bodies to take action, which they shrank from in the days when the law exacted a severer penalty.«[137]

Diese These ist nur schwer zu belegen, da Statistiken über die Gesamtzahl der gerichtlich geahndeten Jugenddelinquenz erst ab 1910, also zwei Jahre nach der Neuordnung der Bewährungsstrafe, veröffentlicht wurden, und zudem kaum zu entscheiden ist, ob eine Zunahme der gerichtlich registrierten Kriminalität auf eine ›reale‹ Zunahme des delinquenten Verhaltens oder auf veränderte Intensitäten der Strafverfolgung zurückzuführen ist. Für die Beantwortung dieser Frage sind wir wiederum auf die altersunspezifischen Statistiken der Polizeigerichte angewiesen. Hier ist auffällig, daß sich die Zahl der

137 J. Stewart, Zeitungsausschnitt, 1906, in: PRO HO 45/10342/140503/3.

wegen ›schwerer‹ Vergehen Angeklagten aller Altersstufen gerade im Jahr des Inkrafttretens des neuen Bewährungsgesetzes um 11% erhöhte. Die Kriminalstatistik zeigt in den einzelnen Städten einen zum Teil noch wesentlich stärkeren Anstieg der Zahl der wegen ›schwerer‹ Vergehen Angeklagten von 20% bis knapp 40% im Vergleich des Zeitraums 1900 bis 1907 mit den Jahren von 1908 bis 1913; nur in Stockport und Bolton fiel der Anstieg geringer aus. Das heißt, die wachsende Anwendung der Bewährungsstrafe ging weniger auf eine Verlagerung von anderen Sanktionsformen zurück, sondern mehr auf das Konto zusätzlicher Fälle.

Erst direkt nach dem Ersten Weltkrieg setzte tatsächlich ein deutlicher Rückgang in der Anwendung der Zwangserziehung bei straffälligen Jugendlichen ein, nachdem die Krisensituation des Ersten Weltkrieges einen kurzfristigen heftigen Anstieg gebracht hatte. Gegenüber 1913 fielen die Einweisungen sowohl in *reformatory schools* als auch die in *industrial schools* wegen Straffälligkeit bis zum Beginn der 1920er Jahre um ca. 45%; der prozentuale Anteil der Zwangserziehung an den Sanktionsentscheidungen bei ›schweren‹ Delikten sank im selben Zeitraum von ca. 13% auf knapp unter 9%, wo er bis zu den 1930er Jahren blieb. Langfristig wurde also die Erwartung der progressiven Reformer, daß die Zwangserziehung durch ambulante Sanktionen zurückgedrängt würde, zumindest teilweise erfüllt.

### *Die Bewährungsaufsicht*

Mit dem System der vom Gericht bestellten und bezahlten Bewährungshelfer (*probation officers*) nach amerikanischem Vorbild wurde das neue Paradigma der Sozialarbeit erstmals in das englische Strafrecht eingeführt. Diese *»new official machinery«* sollte, so die Hoffnung des Innenministeriums, ein »machtvolles Instrument für die Besserung der Straftäter und für die Verbrechensprävention« bilden.[138] Die Einführung der Bewährungshilfe bedeutete jedoch keinen vollständigen Neuanfang, da sich schon vor der Jahrhundertwende in den Polizeigerichten einiger Großstädte eine informelle Praxis der ehrenamtlichen Bewährungsaufsicht durch ›Gerichtsmissionare‹ (*Police Court Missionaries*)

138 Parl. Papers, Probation of Offenders Act, S. 1.

der *Church of England Temperance Society* (CETS) etabliert hatte.[139] Diese kirchliche Organisation, deren Hauptaufgabe der Kampf gegen den Alkoholmißbrauch war, kümmerte sich ab den 1890er Jahren zunehmend auch um jugendliche Straftäter, die, anstatt eine Strafe zu verbüßen, eine Friedensbürgschaft eingehen mußten. Zu dieser traditionellen, kirchlich-philanthropischen Variante des Bewährungshelfers trat der moderne Typus des professionellen ›Sozialarbeiters‹ nach der Jahrhundertwende in Konkurrenz, ohne die traditionelle Form sofort zu verdrängen. An der Entwicklung dieser modernen Sozialarbeit hatte die akademische *Settlement*-Bewegung Anteil, deren Anhänger sich während des Studiums in den Arbeitervierteln niederließen und dort durch persönliche Kontakte zum gesellschaftlichen Ausgleich zwischen den Klassen beitragen wollten, ohne die moralische Überheblichkeit der viktorianischen Philanthropen fortzuführen.[140] Einige bekannte Vertreter der *Settlement*-Bewegung wie Alexander Paterson waren selbst als Bewährungshelfer aktiv oder setzten sich für die Verbreitung des Bewährungssystems ein, wie Henrietta Barnett, die mit ihrem Mann die Londoner *Toynbee Hall* mitbegründet hatte. Es dauerte Jahrzehnte, bis ein flächendeckendes Netz von professionellen, in den Methoden der Sozialarbeit ausgebildeten Bewährungshelfern entstand. Bis in die 1920er Jahre blieb die Anwendung der Bewährungshilfe sehr lückenhaft und lokal uneinheitlich. Viele Gerichte gingen nur zögerlich dazu über, überhaupt eine Überwachung der auf Bewährung entlassenen Delinquenten anzuordnen. 1908 hatten 763 der etwas über 1.000 englischen Polizeigerichte ehrenamtliche oder professionelle Bewährungshelfer ernannt; bis 1919 stieg diese Zahl auf 819. Damit blieb ein Fünftel der Gerichtsbezirke ganz ohne Bewährungshelfer.[141] Im selben Jahr zeigte ein Vergleich der Sanktionspraxis von 16 Jugendgerichten, daß der Anteil der Anordnungen von Bewährungsaufsicht an allen Sanktionen zwischen 1,5% und 43,6% schwankte.[142] Bei einer Umfrage des Innenministeriums hatten kurz vor Inkrafttreten des neuen Gesetzes viele Polizeigerichte – nicht nur in kleineren Orten, sondern auch in London – die Meinung vertreten, daß eine Bewährungsaufsicht angesichts der Geringfügigkeit der Delikte der Jugendlichen in der Regel

139 Vgl. Jarvis; Page.
140 Vgl. Himmelfarb, Poverty, S. 235ff.
141 Parl. Papers, Training, Tabelle 1.
142 Ebd., Tabelle 7.

überflüssig sei.[143] Die englischen Jugendgerichte ordneten vor dem Ersten Weltkrieg ca. ein Drittel der Bewährungsstrafen nur als Friedensbürgschaft ohne formale Bewährungsaufsicht (*probation order*) an. In diesen Friedensbürgschaften waren aber auch die Fälle enthalten, in denen die Richter die alte Form der informellen Bewährungsaufsicht der neuen offiziellen Form vorzogen.

Die Zahlen verdeutlichen, daß sich der neue kriminalpolitische Ansatz der Sozialarbeit in der Praxis erst langsam durchsetzen mußte. Wie enthusiastisch die Richter von der Bewährungsstrafe Gebrauch machten und welche Hoffnungen sie in die Bewährungshilfe setzten, war in erster Linie eine Frage von Tradition und Erfahrungen, aber auch Ausdruck unterschiedlicher Auffassungen über die Methoden einer effektiven Bewährungsaufsicht. Vor allem zwei Aspekte standen dabei im Mittelpunkt der zeitgenössischen Diskussionen: Der eine betraf die gerichtlichen Befugnisse, mit der Bewährungsstrafe bestimmte Verhaltensauflagen zu verbinden; der andere betraf die umstrittenere Frage, welche Personen für die Aufgabe der Bewährungsaufsicht am geeignetsten waren.

Auch wenn die Bewährungsstrafe der Versuch war, eine Inhaftierung der jugendlichen Delinquenten zu vermeiden und ihre Besserung in Freiheit zu erreichen, so hielten viele Richter doch ihre Entfernung aus der sozialen Umwelt, in der sie delinquent geworden waren, für unverzichtbar.[144] Dies galt vor allem für die älteren Jungen ab 14 Jahren, von denen viele bereits ihre Familien verlassen hatten und zum Teil in billigen Herbergen (*common lodging houses*) wohnten, wo sie nach allgemeiner Auffassung besonders ungünstigen Einflüssen ausgesetzt waren. Seit den 1890er Jahren wurden von kirchlichen Wohlfahrtsorganisationen wie der CETS, der *Church Army* und der Heilsarmee Heime eröffnet, in denen straffällige Jugendliche und Jugendliche ohne festen Wohnsitz wohnen, arbeiten und auf einen Beruf oder auf die Emigration vorbereitet werden sollten.[145] Einen großen Teil der Jugendlichen rekrutierten die Wohlfahrtsorganisationen unter den auf Bewährung entlassenen Straffälligen. Diese Heime hatten zwar nicht den gleichen gefängnisartigen Charak-

143 Parl. Papers, Treatment of Youthful Offenders.

144 Home Office, [First] Report, S. 527 (über Birmingham).

145 Fairbank, S. 67ff.; Page, S. 27ff. Siehe auch Church Army, Annual Report, 1891ff.; Salvation Army Archive, London, Sachgruppe ›Work among Boys‹.

ter wie die Zwangserziehungsanstalten, teilten mit diesen aber doch einige Charakteristika wie die Vorliebe für stupide handwerkliche Tätigkeiten. In einem Heim der CETS wurde die Disziplin auch mit Prügelstrafen aufrechterhalten, und in einem anderen Heim erhielten die Jungen nur begrenzten Ausgang, wurden aber nicht zum Bleiben gezwungen.[146]

Viele Richter machten den Aufenthalt in diesen Heimen zur Bedingung für den Strafverzicht, auch wenn die rechtliche Zulässigkeit solcher Bestimmungen in Friedensbürgschaften umstritten war.[147] Das Innenministerium sorgte sich um eine ungesetzliche und mißbräuchliche Anwendung freiheitsentziehender Sanktionen, die zudem in privaten Heimen vollzogen wurden, welche im Gegensatz zu den Zwangserziehungsanstalten keiner staatlichen Kontrolle unterlagen. Ein Londoner Polizeirichter, der jugendliche Straftäter in solche Heime schickte – allerdings ohne schriftliche Verpflichtung –, schätzte sie selbst als »eine andere Form des Gefängnisses« ein.[148] *»Many of these ›Homes‹ do more harm than good«*, hieß es in einer kritischen Beurteilung des Innenministeriums.[149] Die durch die gesetzliche Neufassung der Bewährungsstrafe eingeführten *probation orders* durften – sehr zum Bedauern vieler Richter – keine Aufenthaltsbestimmungen mehr enthalten.[150] Aufgrund der Forderungen sowohl von Richtern als auch Bewährungshelfern wurde diese Möglichkeit 1914 gesetzlich wieder eingeführt.[151] Über die praktische Anwendung nach 1914 ist jedoch nicht viel bekannt. Ein Gericht nutzte das Recht zur Aufenthaltsbestimmung, um jugendliche Straftäter für drei bis sechs Monate zur Farmarbeit aufs Land zu schicken.[152]

---

146 Page, S. 31; F. Brown, Aussageprotokoll, in: Parl. Papers, Probation of Offenders Act, minutes, S. 26.

147 Parl. Papers, Probation of Offenders Act, S, 11; H. C. Bennet, Aussageprotokoll, in: ebd., minutes, S. 4.

148 J. Rose, Aussageprotokoll, in: ebd., minutes, S. 11.

149 Innenministerium, Memo, 1908, in: PRO HO 144/1023/163781/14; vgl. Parl. Papers, Probation of Offenders Act, S. 12; Home Office, [First] Report, S. 60; Hall, State, S. 104.

150 Home Office, Memo, 1909, in: PRO HO 144/1023/163781/41 (General File for Working of the Probation Act, 1908-1910); Parl. Papers, Probation of Offenders Act, S. 11; F. Brown, Aussageprotokoll, in: ebd., minutes, S. 26.

151 *Criminal Justice Administration Act* 1914 (4 & 5 Geo 5 c. 58).

152 PRO HO 144/1116/203154/62 (Probation of Offenders Act 1907); vgl. *Times Educational Supplement*, 17.1.1918, S. 31.

In der großen Mehrheit der Fälle zielte die Bewährungsstrafe jedoch auf die Verhaltensbeeinflussung der Jugendlichen in ihrer gewohnten sozialen Umwelt und insbesondere auf die Stärkung der elterlichen Kontrolle über ihre Kinder. *»To improve the bad homes which are the breeding ground of child offenders«*[153], war nach Ansicht des ministeriellen Untersuchungsausschusses eine zentrale Aufgabe der Bewährungshilfe. Nach dem Verständnis der Jugendrichter waren die Adressaten der Bewährungshilfe nicht nur die Jugendlichen selbst, sondern ebenso deren Eltern. Die Bewährungshelfer sollten an die Eltern appellieren, ihre Verantwortung für ihre Kinder ernster zu nehmen und bei ihrer Besserung mitzuwirken.[154] Der Londoner Jugendrichter Cecil Chapman berichtete 1910 über seine Erfahrungen: *»Nothing is more satisfactory than to get the parents to join with the probation officer [...] it is the best thing in the world, and I have never had a case of failure.«*[155]

Deshalb spielte die Kooperationsbereitschaft der Familien in den Diskussionen über die Gestaltung der Bewährungsaufsicht eine zentrale Rolle. Die Notwendigkeit zur aktiven Kooperation der Betroffenen bestand hier in ganz anderem Maße als bei der Dressur der Zwangserziehungsanstalten. Der Erfolg der Bewährungshilfe hing entscheidend von der – durch das Damoklesschwert der Sanktionsandrohung geförderten – Bereitschaft der Familien ab, die Intervention des Staates in ihre Privatsphäre zu akzeptieren. Daher wurde die Rolle der Bewährungshelfer immer wieder als ›Freund‹ der Jugendlichen und ihrer Familien beschrieben. *»The secret of good probation is friendship«*, [156] erklärte Chapman, und sein Kollege Courtenay Lord forderte sogar: *»They shall become their friends for life.«*[157] Ein freundschaftliches Verhältnis schwebte den Reformern vor, in dem der Jugendliche dem Bewährungshelfer »wie einem großen Bruder« Respekt entgegenbrachte und von diesem vor

153 Parl. Papers, Probation of Offenders Act, S. 2.

154 Board of Education, Delinquency, S. 34.

155 C. Chapman, Aussageprotokoll, in: Parl. Papers, Probation of Offenders Act, minutes, S. 32; vgl. J. Dickinson, Aussageprotokoll, in: Parl. Papers, Reformatory and Industrial Schools (1913), minutes, S. 418; L. Dunning, Aussageprotokoll, in: ebd., S. 217f.; Hall, State, S. 122ff.

156 Chapman, Man, S. 274.

157 Courtenay Lord, Paper, S. 8.

Versuchungen bewahrt und auf ein »höheres Ideal« hingeführt wurde.[158] *»Personality is everything«*[159], faßte der Untersuchungsausschuß das Anforderungsprofil der Bewährungshelfer zusammen.

In der Praxis wurde die Bewährungshilfe in den meisten Orten von den kirchlichen Gerichtsmissionaren getragen. Deren Eignung für die Arbeit mit jugendlichen Straffälligen zweifelten jedoch progressive Reformer wie Charles Russell und Lord Henry Bentinck von der *Penal Reform League* an und forderten den Einsatz professioneller Sozialarbeiter.[160] Auch das Innenministerium bemängelte 1917, viele Gerichtsmissionare seien zu alt und zu wenig vertraut mit »modernen Besserungsmethoden«, um als Bewährungshelfer mit jugendlichen Straffälligen zu arbeiten.[161] Aber nur in wenigen Orten, vor allem in London, ernannten die Gerichte schon vor dem Ersten Weltkrieg jüngere Männer wie Alexander Paterson, die durch ihr Engagement in der Jugendpflege Kontakt mit Arbeiterjugendlichen hatten, und auch Frauen zu Bewährungshelfern und -helferinnen. Ein Untersuchungsausschuß sprach sich aber noch 1922 gegen die Anstellung hauptamtlicher Bewährungshelfer aus, weil die Jugendlichen diese nicht als ›Freunde‹, sondern als ›Beamte‹ ansehen würden.[162] Dabei übersah der Ausschuß, daß die Arbeit mit Straffälligen für die Gerichtsmissionare schon immer ein Beruf gewesen war. Das traditionelle Ideal der kirchlichen und privaten Wohltätigkeit blieb im 20. Jahrhundert lebendig.

Sehr umstritten war die in Newcastle und Liverpool übliche Praxis der Gerichte, Polizisten als Bewährungshelfer gerade der jugendlichen Straftäter einzusetzen. Während die Polizei selbst die Bewährungshilfe als konsequenten Einsatz für die Verbrechensverhütung und als eine willkommene Gelegenheit sah, ihr Selbstverständnis als »Freund der Armen«[163] zu pflegen, hielten die

---

158 Lewis, Report, S. 33; vgl. Chapman, Man, S. 274; Landsberg, Schutzaufsicht, S. 602.

159 Parl. Papers, Probation of Offenders Act, S. 5.

160 C. Russell u. Lord Henry Bentinck, Brief an Innenministerium, März 1913, in: PRO HO 144/1116/203154/21 (Probation of Offenders Act 1907. Relieving Officers as Probation Officers, 1911-1918); vgl. Howard Assocation, Annual Report for 1916, S. 15ff.

161 *The Times*, 29.8.1917, S. 3.

162 Parl. Papers, Training, S. 7.

163 J.R. Roberts, Aussageprotokoll, in: Parl. Papers, Probation of Offenders Act, minutes, S. 78.

meisten Reformer die Vermischung von repressiven und helfenden Funktionen für unvereinbar mit den Zielen der Bewährungshilfe. Auch in dieser lebhaft geführten Diskussion zeigte sich, welchen Stellenwert in den Augen der Reformanhänger die Frage der Akzeptanz durch die Betroffenen für das Gelingen einer kooperativ ausgerichteten Jugendkriminalpolitik hatte. Der Liverpooler Polizeichef Leonard Dunning bezeichnete die Bewährungshilfe als *»police work in its best sense«*, da Prävention und nicht Strafverfolgung die vorrangige Aufgabe der Polizei sei.[164] Unter seiner Leitung erledigte das sog. *›reformatory department‹*, in dem vor dem Ersten Weltkrieg 22 Polizisten in Zivilkleidung tätig waren, alle auf Kinder und Jugendliche bezogenen Aufgaben von der Strafverfolgung über die Bewährungshilfe bis zur Regulierung des Straßenhandels von Jugendlichen und der Verteilung von Kleidung an bedürftige Kinder aus den Beständen der *Police Aided Clothing Society*.[165] An der Ausweitung der auf die Unterschichtsjugend gerichteten Sozialpolitik nahm die Polizei in Liverpool ganz bewußt teil, um die traditionelle Ablehnung der Polizei durch die Bevölkerung abzubauen und sich als *»friends of the family«* darzustellen.[166]

Inwieweit die Betroffenen sich von dieser polizeilichen Selbsteinschätzung überzeugen ließen, ist zweifelhaft. Die Berichte von Bewährungshelfern aus Birmingham vor dem ministeriellen Untersuchungsausschuß zeigen, daß die Jugendlichen und ihre Eltern dort mit großem Mißtrauen auf die Verbindung der Bewährungshilfe mit polizeilichen Aufgaben reagierten. In Birmingham wurde ein junger Mann aus dem Umkreis der studentischen *settlement*-Bewegung von der Polizei als Bewährungshelfer angestellt und mußte neben dieser Tätigkeit zusätzlich an der Kontrolle der jugendlichen Straßenhändler mitwirken, die nur mit städtischer Lizenz und zu bestimmten Uhrzeiten arbeiten durften. Diese Überwachung der jugendlichen Straßenhändler, unter denen der Anteil der Straffälligen besonders hoch war, war nach den Erfahrungen des Bewährungshelfers

»absolutely contrary to the whole good of the probation work. [...] It is a kind of spy work. You loaf around the town till you find a boy doing mischief, and you pounce upon him. It may be a boy you have under probation, or may have on probation a week or two later. If

164 Liverpool, Annual Police Report for 1907, S. 50.
165 Vgl. Fosdick, S. 226f.; Samuelson, S. 58ff.
166 Liverpool, Annual Police Report for 1907, S. 49; vgl. Oberwittler, Friends.

you have got him a wigging and taken his badge [die Lizenz, DO.] away, he will be rather sceptical about looking on you as a friend.«[167]

Die Einstellung der Bevölkerung zur Polizei widersprach nach seinen Erfahrungen deren Selbsteinschätzung: *»People do not look upon the police too much as their friends.«*[168] Noch deutlicher kritisierte ein anderer in der Jugendarbeit in Birmingham engagierter Zeuge die Vermischung von Bewährungsarbeit mit anderen polizeilichen Aufgaben: *»If a policeman has any police duties I think he is hopeless as a probation officer.«*[169] Unter anderem aufgrund dieser Aussagen sprach sich der Untersuchungsausschuß 1909 gegen die Betätigung von Polizisten als Bewährungshelfer aus;[170] ein weiterer Untersuchungsausschuß wiederholte 1922 diesen Standpunkt.[171]

Sehr genau diskutierte der erste Untersuchungsausschuß auch die Frage, ob Hausbesuche von Bewährungshelfern einen positiven oder eher nachteiligen Effekt hätten. Die Meinungen der Richter und Bewährungshelfer dazu waren geteilt. Einige Bewährungshelfer machten die Erfahrung, daß die Eltern Hausbesuche als eine Verletzung ihrer Privatsphäre ablehnten. Dabei spielte auch die enge soziale Kontrolle in den Mietshäusern und Wohnvierteln der Unterschichten eine Rolle, die bereits den Besuch einer ›offiziellen‹ Person zu einem potentiellen Stigma werden ließ. *»It is fatal for that class of persons for a person in a decent coat to be going up and down their stairs. [...] There is such inquisitiveness among this class«*[172], stellte ein Londoner Polizeirichter fest. Die Bevorzugung der informellen Bewährungsaufsicht durch Geistliche begründeten die Polizeirichter in Manchester ebenfalls mit der empfindlichen

167 C. B. W. Buck, Aussageprotokoll, in: Parl. Papers, Probation of Offenders Act, minutes, S. 65.

168 Ebd., S. 66.

169 N. Chamberlain, Aussageprotokoll, in: ebd., minutes, S. 72. Vgl. die Haltung der Howard Association (Advantages, S. 2f.): *»Never for a moment must the idea that he is a sort of detective be permitted. The idea that he was acting as a spy would be disastrous to his work. [...] It follows then, that policemen are not, in most cases, well fitted to act as Probation Officer. There previous training has been against them; even the very instinct that led them originally to enter the ›Force‹ is in itself a disability«.*

170 Parl. Papers, Probation of Offenders Act, S. 6f.

171 Parl. Papers, Training, S. 8.

172 J. Bennet, Aussageprotokoll, in: Parl. Papers, Probation of Offenders Act, minutes, S. 3.

Haltung ihrer Bevölkerung gegenüber staatlichen Interventionen.[173] Andere Bewährungshelfer machten die Erfahrung, daß die Betroffenen nach anfänglicher Zurückhaltung positiv auf ihre Besuche reagierten, und sie sogar von Nachbarn gebeten wurden, sich auch um ihre Söhne zu kümmern.[174]

Die erzieherischen Bemühungen der Bewährungshelfer zielten grundsätzlich darauf ab, den Lebens- und Erziehungsstil der betroffenen Familien stärker an den bürgerlichen Tugenden auszurichten. Ebenso wie die verschiedenen Initiativen der kommunalen und privaten Jugendpflege war die Bewährungshilfe ein Feld, auf dem die Bemühungen um Verbreitung der bürgerlichen Kultur in den unteren Schichten ausgetragen wurden.[175] Daß dabei Kontrolle und Disziplin als Erziehungsmaxime besonders betont wurden, reflektierte die Wahrnehmung der größeren Unabhängigkeit der Unterschichtsjugendlichen als verfrüht und gefährlich. Neben der Sorge für einen regelmäßigen Schulbesuch oder eine feste Arbeit bzw. Ausbildung galten die Bemühungen der Bewährungshelfer daher auch der wenig reglementierten und kontrollierten Freizeitgestaltung der jugendlichen Delinquenten, die eine häufige Ursache von Gesetzeskonflikten bildete. Alexander Paterson, der in den südlichen Arbeiterbezirken von London als Bewährungshelfer fungierte, nahm seine Schützlinge in seinen Jugendklub auf, wo sie ihre Freizeit nicht mehr auf der Straße, sondern unter Aufsicht verbrachten: *»It is half the cure that you should find somewhere where he can spend his spare time.«*[176] Ein Bewährungshelfer in Bolton hob besonders seine Bemühungen hervor, die Eltern dazu zu bewegen, ihre Kinder in eine Sonntagsschule zu schicken, um sie von dem verbotenen, aber weit verbreiteten Glücksspiel abzuhalten.[177] Die Freizeitgestaltung konnte jedoch auch ein Mittel sein, familiäre Bindungen zu stärken. Die Londoner Bewährungshelferin Evelyn Lance bewertete es zum Beispiel als großen Erfolg, daß sie einen Vater dazu brachte, mit seinem Sohn zu spielen.[178]

---

173 J. M. Yates, Aussageprotokoll, in: ebd., minutes, S. 68.

174 F. Brown, Aussageprotokoll, in: ebd., minutes, S. 27; vgl. Chapman, Man, S. 268.

175 Vgl. die Interpretation bei Schneider, Web, S. 164ff.

176 A. Paterson, Aussageprotokoll, in: Parl. Papers, Probation of Offenders Act, minutes, S. 46.

177 *Bolton Journal*, 22.1.1909, S. 8c.

178 E. Lance, Aussageprotokoll, in: Parl. Papers, Probation of Offenders Act, minutes, S. 44.

Die Möglichkeiten der Bewährungshelfer, das Verhalten der Jugendlichen und die Erziehungsbemühungen ihrer Eltern zu beeinflussen, waren begrenzt. Die gerichtliche *probation order* enthielt eher allgemeine Verpflichtungen zu »ehrlichem und fleißigen Lebenswandel«[179], nicht aber konkrete Verbote etwa des Kinobesuchs oder des abendlichen Ausgangs.[180] Ein Widerruf der Bewährung blieb in der Regel auf rückfällige Delinquenten beschränkt, und selbst hier war eine erneute Bewährung nicht ausgeschlossen.[181] Bei einer Zahl von etwa 60 gleichzeitig zu betreuenden Straffälligen, die nach Ansicht des ministeriellen Untersuchungsausschusses angemessen war, waren die Bewährungshelfer zu einer strengen Überwachung von Verhaltensauflagen auch nicht imstande. Der Kontakt zwischen Bewährungshelfer und Delinquent blieb auf Besuche in Abständen von mehreren Wochen beschränkt. Ein Teil ihrer Autorität beruhte auf dem Bewußtsein der Betroffenen, daß die Bewährungshelfer »das Auge des Gerichts« waren, und daß im Hintergrund die Drohung der Strafe weiter Bestand hatte.[182] Diese Autorität wurde auch dadurch gesteigert, daß die Bewährungshelfer von den Richtern während des Verfahrens mit der Ermittlung der familiären Verhältnisse beauftragt wurden, und ihre Berichte bei der gerichtlichen Entscheidung von großem Gewicht waren. So folgte der Jugendrichter Chapman in Zweifelsfällen der Empfehlung seiner Bewährungshelferin Evelyn Lance.[183] Diese benutzte wiederum ihren Einfluß, um den Eltern schon vor dem gerichtlichen Beschluß Versprechen abzunehmen.[184]

179 7 Edw. 7, c. 17, section 2 c.

180 Hall, State, S. 124.

181 Home Office, Memo, 1912, in: PRO HO 45/10572/176696 (Probation of Offenders Act, 1909-1914); C. Russell u. Lord Henry Bentinck, Brief an Innenministerium, März 1913, in: PRO HO 144/1116/203154/21 (Probation of Offenders Act 1907. Relieving Officers as Probation Officers, 1911-1918).

182 Parl. Papers, Probation of Offenders Act, S. 2.

183 Chapman, Man, S. 264.

184 E. Lance, Aussageprotokoll, in: Parl. Papers, Probation of Offenders Act, minutes, S. 43.

### 5.3.2 Deutschland

Den Forderungen der deutschen Reformbewegung nach einem unbedingten oder pädagogisch ausgestalteten Strafverzicht stand die uneingeschränkte Herrschaft des klassischen Vergeltungsstrafrechts mit dem Legalitätsprinzip, dem unbedingten Strafverfolgungszwang, entgegen. Da die Versuche, dieses Legalitätsprinzip durch gesetzliche Reformen aufzulockern, bis zum Ersten Weltkrieg scheiterten, kam den Veränderungen auf der Ebene der Strafpraxis eine umso größere Bedeutung zu. Die Entwicklung in den beiden Jahrzehnten vor dem Ersten Weltkrieg zeigt, daß diese Reformbemühungen durchaus erfolgreich waren, zumal sie auch von der deutschen bzw. preußischen Regierung aufgenommen und vorangetrieben wurden. Für die Realisierung des bedingten oder unbedingten Strafverzichts gab es im deutschen Strafrecht im Wesentlichen drei Ansatzpunkte: Erstens sah das Strafgesetzbuch für Jugendliche die nominale Strafe des Verweises vor, zweitens ermöglichte das monarchische Gnadenrecht eine Aussetzung von Gefängnisstrafen durch die Justizverwaltung, und drittens eröffnete der ›Einsichtsparagraph‹ (§ 56 RStGB) die Möglichkeit, eine Verurteilung ganz zu vermeiden. Im folgenden sollen diese verschiedenen Formen des Strafverzichts in ihrer praktischen Bedeutung für die Jugendkriminalpolitik untersucht werden.

#### *5.3.2.1 Vorbestraft ohne Strafe: Der Verweis*

Die Einführung des ›Verweises‹ in das Reichsstrafgesetzbuch war eines der wenigen Zugeständnisse des liberalen Vergeltungsstrafrechts an jugendliche Straftäter. Bei ›leichten‹ Straftaten Jugendlicher konnten die Richter diese nominale Strafe anstelle einer Geld- oder Gefängnisstrafe verhängen. Zwar waren mit dem Verweis keinerlei konkrete Sanktionen verbunden, jedoch bedeutete auch auch diese ›Strafe‹ eine Verurteilung und belastete daher die Zukunft der Jugendlichen mit dem Stigma des Vorbestraftseins. Insofern unterschied sich der Verweis grundsätzlich von der straffreien Entlassung der englischen Gerichte. In der Strafpraxis des späten 19. und frühen 20. Jahrhunderts spielte der Verweis eine stetig zunehmende Rolle. Von 15% im Jahr 1889 stieg der Anteil des Verweises an allen Verurteilungen Jugendlicher in Deutschland bis 1908 auf 32% an (Tab. 5.1). Bei den Verurteilungen wegen einfachen Diebstahls spielte der Verweis eine noch größere Rolle: Hier stieg der Anteil von 23% (1889) auf 47% (1908). Es waren in erster Linie die Kinder im Alter von 12 und 13 Jahren, die von dieser Form des Strafverzichts profitierten: 52% der Verurteilten in dieser Altersgruppe erhielten einen Verweis, bei einfachem Diebstahl und bei Sachbeschädigung waren es sogar über 60%. Der Verweis war damit die wichtigste Sanktionsalternative zur Gefängnisstrafe, insbesondere bevor die Möglichkeit der Strafaussetzung zur Bewährung bestand. Daß der Anteil des Verweises in den letzten Jahren vor dem Ersten Weltkrieg plötzlich rückläufig war, hing mit der vermehrten Umleitung gerade von straffälligen Kindern vom Straf- zum Vormundschaftsgericht zusammen, die uns noch näher beschäftigen wird.

Obwohl die Richter in wachsendem Maße vom Verweis Gebrauch machten und dadurch viele Jugendliche und vor allem Kinder vor dem Gefängnis bewahrten, erfreute sich diese Sanktionsform bei den Reformanhängern keiner großen Beliebtheit. Die ermahnende Intention des Verweis galt als zu wenig spürbar und daher erzieherisch wertlos.[185] Dies galt um so mehr, als zwischen der Tat und ihrer gerichtlicher Ahndung in der Regel Monate lagen. Paul Köhne hielt den Verweis für ein *»völlig unwirksames Strafmittel. Mündlich erteilt wird er vielfach nicht verstanden, schriftlich erteilt, wird er zerrissen.«*[186] Daß er trotz seiner offenbaren Wirkungslosigkeit eine Verurteilung im Rechtssinne war und sich damit auf dem weiteren Lebensweg der Betroffenen als schädlich erweisen konnte, wurde ebenfalls kritisiert.[187] Am meisten störte die Reformer jedoch, daß mit dem Verweis kein Ansatzpunkt für eine dauerhafte Beeinflussung und Kontrolle der delinquenten Jugendlichen verbunden war wie bei der Bewährungsstrafe. So kritisierte Aschrott den Verweis, weil er keine »nachhaltige Wirkung« auf die Jugendlichen habe.[188] Dennoch führte auch die Einführung der Strafaussetzung zur Bewährung offensichtlich nicht zu einem nachlassenden Gebrauch des Verweises. Nach Ansicht eines Reformanhängers war dafür die Bequemlichkeit der Richter verantwortlich, die den bürokratischen Aufwand der Bewährungsstrafe scheuten und den einfachen Weg des Ver-

185 Vgl. Hellwig, Psychologie.

186 Köhne, Strafverfahren, S. 627; vgl. Gleichspach, S. 60;

187 Hartmann, S. 55; Badstübner, Diskussionsbeitrag, in: Allgemeiner Fürsorgeerziehungs-Tag (Hg.), Bericht (1910) S.65f.

188 Aschrott, Reform des Strafen- und Gefängniswesens, S. 37.

weises vorzogen.[189] Ebenso wie der bedingungslose Strafverzicht in den englischen Polizeigerichten stand der Verweis dem Ziel der Reformbewegung entgegen, einen dauerhaften Einfluß auf die Jugendlichen zu gewinnen.

### *5.3.2.2 Bewährungsstrafe als landesherrliche Gnade*

So sehr sich die bedingte Strafaussetzung in England und Amerika organisch aus den Traditionen des angelsächsischen Strafrechts entwickeln konnte, so wenig harmonierte er mit den Prinzipien des liberalen Vergeltungsstrafrechts, die das deutsche Strafrechtssystem prägten. Daß sich die Bewährungsstrafe in Deutschland dennoch innerhalb von knapp zwei Jahrzehnten zu einem Standardinstrument der gerichtlichen Sanktionspraxis entwickelte und ganz wesentlich zum Rückgang der Gefängnisstrafe bei Jugendlichen beitrug, beweist die Reformfähigkeit des deutschen Strafrechtssystems trotz der Unbeweglichkeit auf der legislativen Ebene. Die Durchsetzung der Bewährungsstrafe gegen die Beharrungskräfte des traditionellen Vergeltungsstrafrechts war das gemeinsame Verdienst der ›modernen Schule‹, der reformorientierten Richter und Staatsanwälte und einer aufgeschlossenen Ministerialbürokratie. Dabei könnte es als eine Ironie der Geschichte erscheinen, daß dieser kriminalpolitische Fortschritt in Deutschland ausgerechnet mit Hilfe des anachronistischen monarchischen Gnadenrechts erreicht wurde, welches die bürgerlich-liberalen Reformen des 19. Jahrhunderts überstanden hatte. Aber auch in England knüpfte die moderne Bewährungsstrafe letztlich an dem aus dem Mittelalter stammenden Rechtsinstrument der Friedensbürgschaft an. Beides kann als Indiz dafür gewertet werden, daß ›Fortschritt‹ im Strafrecht nicht immer linear verläuft.

Für die Einführung der Bewährungsstrafe in Deutschland waren ausländische Vorbilder zentral. Jedoch war es nicht nur das angelsächsische *probation*-System, sondern ebenso die in Belgien und Frankreich 1888 gesetzlich eingeführte bedingte Verurteilung, welche die deutsche Entwicklung beeinflußte. Dieser kontinentale Einfluß entfaltete sich vor allem im Rahmen der Internationalen Kriminalistischen Vereinigung (IKV), in deren Vorstand Franz von Liszt und der belgische Strafrechtsreformer A. Prins zusammenarbeite-

189 Hellwig, Psychologie, S. 161.

ten.[190] Das preußische Justizministerium führte 1890 eine Umfrage unter den Präsidenten der Oberlandesgerichte und den Oberstaatsanwälten durch, um die Auffassung der Strafrechtspraktiker zur bedingten Verurteilung zu erkunden.[191] Diese Gutachten fielen ganz überwiegend ablehnend aus; nur eines von vierzehn Gutachten befürwortete die Aussetzung von Gefängnisstrafen zur Bewährung.[192] Eine konsequentere Trennung von jugendlichen Häftlingen im Strafvollzug und eine Ausweitung der Zwangserziehung erschien den meisten Gutachtern als eine geeignetere Antwort auf die Gefahren der kurzzeitigen Gefängnisstrafe. Die Spitzen des preußischen Justizapparates konnten mit den erzieherischen Intentionen der Reformbewegung wenig anfangen und erwiesen sich als unbeirrte Anhänger des Vergeltungsstrafrechts.

Die Haltung zur bedingten Begnadigung scheint in den unteren Hierarchieebenen der preußischen Justiz weniger ablehnend gewesen zu sein. Die Amtsrichter im OLG-Bezirk Hamm sprachen sich bei der Umfrage mehrheitlich für dieses Instrument aus, die Richter der Landgerichte eher dagegen.[193] Nach den ersten praktischen Erfahungen äußerten sich die meisten Gerichte im LG-Bezirk Köln sehr positiv über die bedingte Begnadigung, jedoch gab es auch negative Stimmen wie die folgende: *»Die größere Zahl der Richter hat wenig Sympathie für diese Einrichtung des Strafvollzugs. Jeder Akt der Gnade bedeutet ein Eingreifen in die Rechtspflege [...] Gnade darf nicht zur allgemeinen Regel werden.«*[194] Am klarsten kam die strenge Begrenzung des Strafrechts auf die Funktion der reinen Vergeltung in der bereits an anderer Stelle zitierten Formulierung des Potsdamer Landgerichts zum Ausdruck: *»Der Strafrichter soll strafen, er soll verurtheilen oder freisprechen, aber nicht bedingte Gnade üben, nicht erziehen!«*[195] Auch die um ihre Meinung gefragten kommunalen Polizeibehörden zeigten zumindest im Regierungsbezirk Düsseldorf eine mehrheitlich ablehnende Haltung zur Bewährungsstrafe. Von den

190 Vgl. Radzinowicz, Roots, S. 78; Mitteilungen der IKV 1/1889, S. 1ff; Appelius, Verurteilung..

191 GStA PK, Rep. 84a Nr. 8483-8485; Die Ergebnisse wurden zusammengefaßt veröffentlicht in: PrJMinBl 52/1890, Nr. 24; vgl. Liszt, Gutachten, S. 493.

192 Bachem, Verurteilung (1894), S. 11.

193 GStA PK, Rep. 84a Nr. 8485, f. 262ff.

194 Landgericht Köln, Generalberichte 1898-1901, in: HStA Düsseldorf, OLG Köln Nr. 11/622, f. 137ff.

195 LG Potsdam, Gutachten, 20.11.1902, in: GStA PK, Rep. 84a Nr. 8510, f. 67f.

befragten Polizeibehörden sprachen sich 1890 siebzehn gegen und nur elf für die bedingte Aussetzung der kurzzeitigen Gefängnisstrafen bei Jugendlichen aus.[196]

Trotz der eher ablehnenden Haltung, die sich auch bei parlamentarischen Beratungen zeigte, führte die preußische Regierung ebenso wie viele andere Bundesstaaten die bedingte Strafaussetzung auf dem Verwaltungswege ein. Der »Allerhöchste Erlaß vom 23.10.1895« regelte die nunmehr ›bedingte Begnadigung‹ genannte Strafaussetzung, die in der Regel, aber nicht ausschließlich, bei erstmals straffälligen Jugendlichen angewendet werden sollte, die zu einer maximal sechsmonatigen Gefängnisstrafe verurteilt wurden.[197] Als Entscheidungskriterium wurde festgelegt, daß die Straftat *»nicht durch Verdorbenheit und verbrecherische Neigung, sondern durch Leichtsinn, Unbesonnenheit, Unerfahrenheit, Verführung oder Not«* verursacht worden war.[198] Das landesherrliche Gnadenrecht bot die Möglichkeit zum Eingriff der Exekutive in den Strafvollzug. War die belgische und französische bedingte Verurteilung eine durch Gesetzesreform geschaffene Erweiterung der richterlichen Strafzumessung, so wurde durch die bedingte Begnadigung das richterliche Strafurteil formal nicht tangiert – unter anderem mit der Folge, daß auch ein bedingt begnadigter Jugendlicher als vorbestraft galt. Die Begnadigung erfolgte nach dem Ende des Strafprozesses durch die Staatsanwaltschaft als weisungsgebundenes Vollzugsorgan des Landesherrn. Kam es den konservativen Richtern entgegen, daß sie mit der ihres Erachtens sachfremden Strafaussetzung nicht befaßt waren, so kritisierten die Reformanhänger, daß ein wichtiges Element der Strafzumessung und damit eine richterliche Kernaufgabe von der Staatsanwaltschaft usurpiert wurde.[199] Für sie stellte die Entscheidung über die Strafaussetzung einen *»Akt der Rechtspflege dar, der dem Richter nicht entzogen werden sollte.«*[200] Es entsprach dem bürokratischen Charakter der deut-

196 HStA Düsseldorf, Regierung Düsseldorf Nr. 8880.

197 Damian (S. 75) irrt, wenn er die Anwendung der bedingten Begnadigung in Preußen ausschließlich auf Jugendliche beschränkt sieht.

198 In einer späteren Fassung des Erlasses: PrJMinBl 1912, Nr.93, S. 369.

199 Liszt, Verurteilung in Preußen, S. 161f.; Bachem, Verurteilung oder Begnadigung, S. 36. Kritik daran wurde auch von Richtern artikuliert, siehe Generalberichte der Landgerichte und Amtsgerichte im OLG-Bezirk Köln, 1898-1901 (Amtsgericht Mülheim/Rh.), in: HStA Düsseldorf, OLG Köln Nr. 11/622, f. 92f.

200 Liepmann u. Mannhardt, S. 96.

schen Justiz, daß die Entscheidung über die bedingte Begnadigung in einem an den Strafprozeß angehängten Verfahren ausschließlich nach Aktenlage getroffen wurde. Allerdings waren die Strafrichter insofern doch am Entscheidungsprozeß beteiligt, als sie ein Vorschlagsrecht, später sogar eine Vorschlagspflicht, innehatten. Um die Anwendung der bedingten Begnadigung auszuweiten, mußten die Richter ab 1900 sogar in jedem einzelnen Fall begründen, warum sie die Begnadigung eines zu Gefängnis verurteilten Jugendlichen *nicht* vorschlugen.[201] Von einer Ausnahme sollte aus der bedingten Begnadigung mehr und mehr eine Regel werden.

Die Anwendungszahlen der bedingten Begnadigung in Preußen und im Deutschen Reich insgesamt zeigen, daß dieses Ziel bis zum Ersten Weltkrieg in der Tat erreicht wurde (Tab. 5.4). Schon 1896, dem ersten Jahr der vollen Gültigkeit des Erlasses, wurden in Preußen insgesamt 3.652 Verurteilte begnadigt; nach einem leichten Rückgang in den folgenden Jahren stieg diese Zahl 1901 auf über 5.000; bis 1912 vervierfachten sich die Begnadigungen auf knapp 20.000. Ab 1899 unterschied die Statistik zwischen jugendlichen und erwachsenen Verurteilten; hier zeigt sich, daß zunächst von ca. jeder sechsten bis fünften, vor dem Ersten Weltkrieg von jeder dritten Begnadigung erwachsene Straftäter profitierten. In Bayern, Württemberg und Baden blieb die bedingte Begnadigung ganz oder weitgehend auf Jugendliche beschränkt, in Hamburg kam sie dagegen mehrheitlich Erwachsenen zugute.[202] Setzt man die Zahl der Begnadigungen mit der Zahl der zu Gefängnisstrafen verurteilten Jugendlichen in Beziehung, dann zeigt sich die große Bedeutung dieses Instruments: 1899 wurden in Preußen ca. 20% der Gefängnisstrafen von Jugendlichen zur Bewährung ausgesetzt, 1905 überstieg der Anteil die 50%-Grenze, und 1912 erreichten die Begnadigungen einen Anteil von 78%.[203] Die bedingte Begnadigung hatte damit den entscheidenden Anteil an der zwar nicht vollständigen, aber doch weitgehenden Verdrängung der Gefängnisstrafe aus der Sanktionspraxis der Jugendkriminalität, und zwar speziell der kurzzeitigen

201 Eine entsprechende Verfügung des OLG Köln vom 17.3.1900 wird erwähnt in: HStA Düsseldorf, OLG Köln Nr. 11/622, f. 137.

202 Reichstagsdrucksachen, 10. Legislaturperiode 1900-1903, Nr. 859, S. 16.

203 Da für Preußen keine entsprechenden Daten über die Art der verhängten Strafen vorliegen, wurde die Zahl der Gefängnisstrafen von Jugendlichen proportional zur Anwendung im Deutschen Reich insgesamt geschätzt.

*Tab. 5.4: Preußen, 1895 - 1914. Bedingte Begnadigungen nach Altersgruppen und %-Anteil der bedingten Begnadigungen von Jugendlichen an den Gefängnisstrafen Jugendlicher*

| | Bedingte Begnadigungen (abs.) Erw. | Jug. | % Anteil von Gefängnisstrafen* |
|---|---|---|---|
| 1895 | 64 | | |
| 1896 | 3652 | | |
| 1897 | 3354 | | |
| 1898 | 3015 | | |
| 1899 | 794 | 3374 | 20,3 |
| 1900 | 604 | 3782 | 22,5 |
| 1901 | 685 | 4630 | 26,8 |
| 1902 | 1153 | 6308 | 36,6 |
| 1903 | 1152 | 7618 | 47,7 |
| 1904 | 1311 | 7630 | 48,5 |
| 1905 | 1504 | 8675 | 54,9 |
| 1906 | 1882 | 9284 | 55,3 |
| 1907 | 2862 | 9123 | 55,6 |
| 1908 | 4174 | 10359 | 62,0 |
| 1909 | 4932 | 11119 | 69,2 |
| 1910 | 4984 | 12029 | 72,4 |
| 1911 | 5737 | 12931 | 78,8 |
| 1912 | 5976 | 13823 | 78,0 |
| 1913 | 5238 | 12330 | |
| 1914 | 4575 | 10013 | |

* Zahl der Gefängnisstrafen Jugendlicher in Preußen geschätzt anhand der relativen Häufigkeit im Deutsche Reich

Quellen: GstA PK, Rep. 84a Nr. 8499, f. 65; Preuß. Justizmin., Statistik über die Gefängnisse für 1914, S. XII.

Gefängnisstrafe. Aus einem überlieferten Verzeichnis der Duisburger Polizei geht hervor, daß 1907 und 1908 70% der Begnadigungen Gefängnisstrafen von einer Woche oder weniger betrafen.[204] Wo Richter und Staatsanwälte die Ziele der Reformbewegung besonders energisch verfolgten, wurde die Gefängnisstrafe bei Jugendlichen vor dem Ersten Weltkrieg überhaupt nicht mehr

204 StA Duisburg, 306/96.

vollzogen. Der Frankfurter Jugendrichter Allmenröder berichtete 1909 auf dem ersten Jugendgerichtstag, die Gefängnisstrafe werde »grundsätzlich nicht vollstreckt.«[205] Sein Lenneper Kollege Landsberg stellte 1912 mit Befriedigung fest, daß dank der guten Zusammenarbeit mit der Staatsanwaltschaft in den vergangenen vier Jahren kein einziger Jugendlicher mehr ins Gefängnis geschickt worden sei.[206]

Welche Konsequenzen waren für die betroffenen Jugendlichen mit der bedingten Begnadigung verbunden? Der wesentliche Unterschied zur englischen Bewährungsstrafe nach dem neuen Gesetz von 1907 lag in der fehlenden rechtlichen Verankerung der Bewährungsaufsicht, die in Deutschland als ›Schutzaufsicht‹ bezeichnet wurde. Der preußische Erlaß über die bedingte Begnadigung erwähnte die Schutzaufsicht nur als einen freiwilligen Zusatz. Bei einer Neuregelung des Erlasses wurde 1912 noch einmal bestimmt: *»Eine besondere amtliche Überwachung des Verurteilten während der Bewährungsfrist findet nicht statt.«*[207] Nur vor der Begnadigung und am Ende der Bewährungsfrist sollten »in schonender Weise« Erkundigungen über die Familienverhältnisse und den Lebenswandel der verurteilten Jugendlichen angestellt werden. Diese Aufgabe übernahm in der Regel die Polizei. Der Erlaß legte Wert darauf, daß nicht das Ausbleiben weiterer Straftaten, sondern ein »positives, zufriedenstellendes Gesamtverhalten« ausschlaggebend für die endgültige Begnadigung sein sollte; sogar ein erneuter Gesetzesverstoß schloß eine Begnadigung nicht aus. Dennoch kritisierten Reformanhänger, die von der Polizei praktizierte Kontrolle sei faktisch nicht mehr als die Überprüfung der Legalbewährung der Begnadigten.[208] Die Art der polizeilichen Überwachung läßt sich zumindest fragmentarisch am Beispiel Duisburgs rekonstruieren, wo die Polizei in allen Fällen durch Hausbesuche Erkundigungen über das allgemeine Verhalten der begnadigten Jugendlichen einholte. So lautete etwa die polizeiliche Beurteilung eines 15jährigen Jungen, der 1913 wegen Einbruchdiebstahls verurteilt worden war: *»Er arbeitet regelmäßig, seinen Verdienst liefert er willig an seine Eltern ab, und führt auch sonst einen ordentlichen soliden Le-*

205 Allmenröder, Jugendgericht, S. 42.
206 Landsberg, Diskussionsbeitrag, in: Deutsche Zentrale für Jugendfürsorge (Hg.), Verhandlungen des dritten deutschen Jugendgerichtstages, S. 42.
207 PrJMinBl 1912, Nr.93, S. 363.
208 Aschrott, Schutzaufsicht, S. 9.

*benswandel.*"[209] Ein anderer Jugendlicher hingegen erschien den Polizisten als »frech und faul«, weshalb sie von seiner Begnadigung abrieten.

Nach amerikanischem und englischem Vorbild sollte die Schutzaufsicht nach dem Willen der Reformanhänger jedoch nicht nur überwachende, sondern helfende Funktionen haben und möglichst nicht mit polizeilicher Tätigkeit verbunden werden. In welchem Umfang bedingte Begnadigungen von freiwilligen Schutzaufsichten begleitet wurden, hing vom Engagement der Richter, Staatsanwälte und der privaten Vereine ab, die sich als Jugendgerichtshilfen organisierten. In Berlin übernahm eine gut organisierte Jugendgerichtshilfe 1914 bereits über 700 Schutzaufsichten über straffällige Jugendliche; das waren 61% aller gerichtlich verhandelten Fälle.[210] Tätigkeitsberichte, wie sie von der Berliner Jugendgerichtshilfe veröffentlicht wurden, gibt es für andere Städte kaum, und in vielen Städten fehlten überhaupt die organisatorischen Grundlagen für eine systematische Durchführung von Schutzaufsichten.[211] Zudem litt die Effektivität dieser Schutzaufsichten unter der fehlenden Verpflichtung der betroffenen Jugendlichen, sich dieser Kontrolle und Hilfe zu unterwerfen. Im Rahmen der bedingten Begnadigung hatten die Schutzaufsichten einen vollständig freiwilligen Charakter. *»Fehlt aber die Verpflichtung, so hat die Macht der Helfer über die Jugendlichen und seine Familie gar keinen Boden«*[212], konstatierte Landsberg. Die gleiche Erfahrung machte die Berliner Jugendgerichtshilfe.[213] Auch konnten die Richter keine konkreten Verhaltensauflagen an die Begnadigung knüpfen, denn es lag nicht in ihrem Ermessen, bei einem Verstoß einen Widerruf der Begnadigung und eine Strafvollstreckung zu erreichen.[214] Hier erwies sich die Konstruktion der Bewährungsstrafe als ein Gnadenakt der staatlichen Exekutive als Hemmschuh für die Entfaltung eines erzieherischen Einflusses der Richter über die Jugendlichen. Ohne den »psychischen Zwang«[215] der Strafandrohung selbst kontrollieren und ausüben zu können, reichte die Macht der Richter nicht aus, um die neuen Strategien des bedingten Strafverzichts zu einer effektiven Sanktions-

209 StA Duisburg, 306/142 (20.6.1914).
210 Leyen, Jugendgerichtshilfe, S. 39; Liszt u. Leyen, S. 121.
211 Mende, Umfrage.
212 Landsberg, Strafaufschub, S. 14.
213 Leyen, Ausgestaltung der Jugendgerichtsarbeit, S. 20.
214 Köhne, Notwendigkeit, S. 113.
215 Aschrott, Schutzaufsicht, S. 12.

form zu gestalten. Es zeigte sich, daß auch der weniger repressiv als kooperativ angelegte Behandlungsansatz der Schutzaufsicht nicht auf einer gänzlich freiwilligen Basis funktionieren konnte.

Wenn die Schutzaufsicht trotzdem keine zahnlose Sanktion blieb, dann deswegen, weil viele Jugendrichter sie nicht bei bedingten Begnadigungen, sonden als eine Sanktion des Vormundschaftsrechts anordneten, und damit eine viel größere Wirkung auf die Jugendlichen und ihre Familien erzielten. Wie die Richter den bedingten Sanktionsverzicht im Rahmen des vormundschaftlichen Verfahrens praktizierten, soll im folgenden Abschnitt untersucht werden.

### *5.3.2.3 Das vormundschaftliche Verfahren als Alternative zum Strafprozeß*

Das vormundschaftliche Verfahren gewann in der gerichtlichen Sanktionspraxis der Jugenddelinquenz in den letzten Jahren vor dem Ersten Weltkrieg eine immer größere Bedeutung, da es den Richtern genau jene Flexibilität und Entscheidungsfreiheit erlaubte, die sie für eine erzieherische Behandlung jugendlicher Delinquenten forderten. Vor allem die Anwendung neuer, ambulanter Behandlungsformen vollzog sich in Deutschland angesichts ausbleibender Strafrechtsreformen unter dem Dach des Vormundschaftsrechts. Mit der Ausweitung der Fürsorgeerziehung seit der Jahrhundertwende spielte dieses ›zweite Gleis‹ der justizförmigen Sozialkontrolle eine zunehmend wichtigere Rolle in der deutschen Jugendkriminalpolitik. Das vormundschaftliche Verfahren ermöglichte nicht nur die Anordnung der Fürsorgeerziehung, sondern auch die Anwendung der Schutzaufsicht, die im Vormundschaftsrecht als ›Erziehungspflegschaft‹ bezeichnet wurde. Der entscheidende Vorteil des zivilrechtlichen Vorgehens lag jedoch weniger in den verfügbaren Sanktionen, sondern vor allem in der verfahrensrechtlichen Freiheit, Sanktionen *nicht* anwenden zu müssen, sondern mit ihrer Anwendung zu drohen, die Entscheidung darüber für längere Zeit zu vertagen und so einen Schwebezustand herzustellen, durch den die Jugendlichen ohne Strafen und Freiheitsentzug zu Wohlverhalten zu bewegen waren. Das Vormundschaftsrecht ermöglichte damit jene flexible Behandlungsstrategie, die die deutschen Reformer im ihrem Strafrecht vermißten und im englischen und amerikanischen beobachteten. *»Es ist ein Nachtheil unseres Strafverfahrens gegenüber dem eng-*

*lisch-amerikanischen, daß wir […] nicht das Urteil aussetzen können«*[216], konstatierte z.B. Landsberg. Die Fürsorgeerziehung mit ihrer immensen generalpräventiven Wirkung eignete sich für diese Drohstrategie der Verfahrensaussetzung besonders gut und erlangte in der Praxis einiger Jugendrichter geradezu eine zweite Bedeutung in der ›Möglichkeitsform‹, als ein Drohmittel, das mit dem Ziel eingesetzt wurde, die erzieherische Wirkung durch ambulante Sanktionen und gerade nicht durch die Anstaltserziehung zu erreichen.

Den organisatorischen Rahmen dafür bildeten die Jugendgerichte mit ihrer Personalunion von Straf- und Vormundschaftrichter. Die Jugendrichter konnten das gerichtliche Vorgehen gegen jugendliche Straftäter zwar besser koordinieren, aber Straf- und vormundschaftliches Verfahren mußten nach wie vor nach unterschiedlichen Regeln und in getrennten Sitzungen durchgeführt werden. Dem eigentlichen Ziel vieler Jugendrichter, bei jugendlichen Straffälligen ganz auf das Strafverfahren zu verzichten und ausschließlich die Regeln und Sanktionen des Vormundschaftsrechts anzuwenden, stand der gesetzliche Strafverfolgungszwang im Wege. Die Aufhebung dieses Strafverfolgungszwangs bei jugendlichen Straftätern war daher eine der zentralen Forderungen der Reformbewegung.

»Die Aufgabe der Reform ist die, daß möglichst wenig Kinder vor den Richter kommen, und je mehr wir auch den Jugendrichter mit seiner Tätigkeit ausschalten, um so besser ist es. Dabei ist der Jugendrichter natürlich als erkennender Richter [= Strafrichter, DO.] gemeint«,[217]

erläuterte Liszt die Zielrichtung dieser Forderung.[218]

Auch ohne gesetzliche Reform setzte sich in der Praxis die Vermeidung des Strafverfahrens und die alleinige Durchführung des vormundschaftlichen Verfahrens seit 1908 mehr und mehr durch. Die Schlüsselrolle bei dieser Umleitung vom Straf- zum Zivilrecht hatten die Staatsanwälte inne, die – meistens in Absprache mit den Jugendrichtern und unterstützt durch die Empfehlungen der Jugendgerichtshilfen – auf die Anklageerhebung verzichteten und so den direkten Weg zum vormundschaftlichen Verfahren freimachten. Als rechtlicher Ansatzpunkt dieses umstrittenen Vorgehens diente eine sehr großzügige

---

216 Landsberg, Jugendpflege und Jugendgericht, S. 464; vgl. Köhne, Epilog, Sp. 301.

217 F. Liszt, Diskussionsbeitrag, in: Mitteilungen der IKV 15/1908, S. 649.

218 Köhne, Strafverfahren, S. 630; Lindenau, S. 63; Wellenkamp, S. 12f.; Wulffen, Verfahren, S. 162ff.; Siehe Kap. 4.3.

Auslegung des Einsichtsparagraphen (§ 56 RstGB), nach der nicht erst der Richter, sondern schon der Staatsanwalt über das Einsichtsvermögen der jugendlichen Straftäter befinden konnte. Durch die Prüfung des Einsichtsvermögens durch die Staatsanwaltschaft könnten, so ein Reformanhänger, *»völlig unnütze und zwecklose Prozesse vermieden werden«*[219], und Landsberg stellte sich sogar auf dem Standpunkt, es könne *»von keinem Staatsanwalt verlangt werden, er solle eine Anklage erheben, obwohl er ganz genau weiß, sie ist unbegründet, weil das Verfahren mit Freispruch enden muß.«*[220] Dieser Interpretation stand jedoch der Wortlaut des Gesetzes entgegen, nach dem die Entscheidung über das Einsichtsvermögen der jugendlichen Straftäter ein Teil der Urteilsfindung und damit dem Strafrichter vorbehalten war.[221]

War die staatsanwaltschaftliche Praxis – nach den fragmentarischen Quellen zu urteilen – in den ersten Jahren des 20. Jahrhunderts regional und lokal recht uneinheitlich, so zeichnete sich ab 1908 ein eindeutiger Trend zu systematischen Verfahrenseinstellungen ab. Daran hatten entsprechende Erlasse der Oberstaatsanwälte in den OLG-Bezirken an ihre weisungsgebundenen Untergebenen einen großen Anteil.[222] Im Dezember 1907 berichtete Landsberg über den Erfolg seiner Bemühungen als Vormundschaftsrichter in Lennep: *»Die Zustimmung des Oberstaatsanwaltes in Düsseldorf zum Unterlassen der Anklagen gegen Jugendliche auf Gutachten des F.[ürsorge-]Ausschusses [ist] so gut wie gesichert.«*[223] Die für das Amtsgericht in Lennep zuständige Staatsanwaltschaft in Elberfeld, die sich noch 1907 ablehnend zu den Verfahrenseinstellungen geäußert hatte, schwenkte 1908 auf die Linie Landsbergs ein.[224] Mit besonderem Engagement setzte sich der Präsident des Hammer OLG Holtgreven für die Einschränkung der Strafverfahren gegen Jugendliche ein. Auf seine Initiative erließ der Oberstaatsanwalt eine entsprechende Weisung an die

219 Wellenkamp, S. 12.

220 Landsberg, Jugendpflege und Jugendgericht, S. 464.

221 Kloß, Fürsorgeausschüsse, S. 569; Wulffen, Verfahren; Erster Staatsanwalt am LG Duisburg, Brief, 11.2.1907, in: HStA Düsseldorf, Generalstaatsanwaltschaft Düsseldorf Nr. 126/92, f. 15; gleichlautend: Erster Staatsanwalt am LG Elberfeld, Brief, 13.2.1907, in: Ebd., f. 19.

222 Kloß, Fürsorgeausschüsse, S. 569.

223 Landsberg, Brief an Bürgermeister, 3.12.1907, in: StA Remscheid, B VI B 5 (Stadt Lennep, Ausschuß für Jugendfürsorge).

224 Erster Staatsanwalt in Elberfeld, 2.12.1908, in: Ebd.

Staatsanwaltschaften im OLG-Bezirk Hamm, und ebenfalls auf seine Initiative wurden ab 1906 in vielen Orten die Fürsorgeausschüsse gebildet, die unter anderem die Aufgabe hatten, die Staatsanwälte durch Gutachten bei der Entscheidung über die Verfahrenseinstellung zu beraten.[225]

Da weder über die staatsanwaltschaftliche Tätigkeit noch über die vormundschaftlichen Verfahren Statistiken geführt wurden, läßt sich das quantitative Ausmaß der Umleitungen von der straf- zur zivilrechtlichen Behandlung nur indirekt aus der Kriminalstatistik und aufgrund fragmentarischer Informationen schließen. Landsberg berichtete, daß sich in seinem Gericht in Lennep die Zahl der Strafverfahren gegen Jugendliche 1908 halbiert habe.[226] Nach den Aufzeichnungen des Lenneper Fürsorgeausschusses stieg die Zahl der Fälle, in denen der Ausschuß der Staatsanwaltschaft die Einstellung des Strafverfahrens gegen Jugendliche wegen mangelnden Einsichtsvermögens empfahl, zwischen 1908 und 1911 stark an.[227] Nach den Berichten Landsbergs kann angenommen werden, daß die Staatsanwaltschaft diesen Empfehlungen weitgehend folgte. Der Fürsorgeausschuß der Stadt Hagen zeigte sich dagegen enttäuscht, daß seine Empfehlungen an die Staatsanwaltschaft nur in fünf Fällen zu einer Verfahrenseinstellung geführt hätten.[228] Aus den von der Berliner Jugendgerichtshilfe veröffentlichten Statistiken geht hervor, daß in Berlin 1912 bei 12% und 1914 schon bei 32% der straffälligen Jugendlichen auf eine Hauptverhandlung verzichtet wurde.[229]

Die deutsche Jugendkriminalitätsrate weist für das Jahr 1909 einen plötzlichen Rückgang von ca. 10% auf. Verschiedene Indizien deuten darauf hin, daß es sich dabei nicht um einen Rückgang der ›echten‹ Kriminalitätshäufigkeit handelte, sondern um den Effekt der Umleitung vom Straf- zum vormundschaftlichen Verfahren. Für diese auch von einigen Zeitgenossen geäußerte These spricht, daß der Rückgang auf die Jugendlichen beschränkt blieb, und daß er in ganz besonderem Maße die Kinder bis 14 Jahre betraf.[230] In dieser

---

225 Landsberg, Fürsorgeausschuß, S. 54; Kloß, Fürsorgeausschüsse; ders., Jugendfürsorgeausschüsse.

226 Landsberg, Ausschüsse, S. 97f.; ders., Fürsorgeausschuß, S. 55.

227 StA Remscheid, B VI B 6 (Stadt Lennep, Verhandlungen des Ausschusses für Jugendfürsorge).

228 Stadt Hagen, Verwaltungsbericht, 1908-09, Abschnitt VIII, S. 12f.

229 Liszt u. Leyen, S. 129.

230 Aschrott, Kriminalität; vgl. Roth, Entstehung, S. 30.

Altersgruppe fiel die Verurteiltenrate von 1908 auf 1909 um knapp 20%, in der Altersgruppe der Jugendlichen zwischen 15 und 17 Jahren dagegen nur um ca. 9%. Es waren gerade die straffälligen Kinder, bei denen sich die Reformanhänger um die Vermeidung der Strafverfahren bemühten.[231] Einen zusätzlichen indirekten Hinweis auf die Verfahrenseinstellungen bietet die Entwicklung der Freisprüche, deren Anteil an allen Strafverfahren gegen Jugendliche ab ca. 1910 deutlich rückläufig war. Bis 1909 lag der Anteil der freigesprochenen an den angeklagten Jugendlichen bei ca. 17%, danach fiel er auf 13,4% (1914) und 1915 sogar auf 11,5%. Das war ein Rückgang von über 30% (Tab. 5.5 im Anhang). Auch der Anteil der Freisprüche nach § 56 RstGB, der kontinuierlich von unter 3% in den 1890er Jahren auf 4% im Jahre 1909 angestiegen war, fiel bis 1914 auf 2,5% und 1915 auf nur noch 2,2%, angesichts des geringen Ausgangsniveaus ebenfalls ein deutlicher Rückgang. Diese Entwicklung der Freispruchsquoten läßt sich als Konsequenz der zunehmenden Verfahrenseinstellungen interpretieren: Je mehr straffällige Jugendliche schon von den Staatsanwälten ausgefiltert wurden, desto weniger konnten im Hauptverfahren freigesprochen werden.[232] Zwar ist ein Rückgang der Freispruchsquoten in den letzten Jahren vor dem Ersten Weltkrieg auch bei den erwachsenen Angeklagten zu beobachten, dieser fiel aber deutlich geringer aus. Auch war der Rückgang bei dem häufigsten Delikt der Kinder, beim einfachen Diebstahl, wesentlich ausgeprägter als bei der gefährlichen Körperverletzung, die eher bei den Jugendlichen über 14 Jahren eine Rolle spielte. Schließlich weist auch die zwischen 1908 und 1914 um fast ein Fünftel zurückgehende Anwendung des Verweises auf die Verschiebungen vom Straf- zum vormundschaftlichen Verfahren hin.

Zusammengefaßt kann festgestellt werden, daß die Umleitung straffälliger Jugendlicher und vor allem Kinder vom straf- zum vormundschaftlichen Verfahren die gerichtliche Kontrollpraxis der Jugenddelinquenz innerhalb weniger Jahre spürbar veränderte. Dies ist umso bemerkenswerter, als sich diese Veränderung ohne gesetzliche Reformen vollzog und diese schon vorwegnahm. Bei dem Rückgang der Verurteiltenrate der Kinder um ein Fünftel handelte es sich um einen nationalen Durchschnittswert. Es ist anzunehmen, aber mangels

231 Kloß, Fürsorgeausschüsse, S. 567f.; Landsberg, Fürsorgeausschuß, S. 54.

232 Aschrott, Kriminalität, S. 88f.; vgl. allg. zur Bedeutung der Freispruchsquoten: Bernau; Slone.

differenzierter Statistiken nicht zu belegen, daß das Ausmaß dieser Veränderung von dem jeweiligen Engagement der Staatsanwälte, Richter und Fürsorgeausschüsse abhängig war und daher örtlich stark schwankte. Vielerorts werden straffällige Jugendliche weiterhin überwiegend nach den Regeln des Strafrechts sanktioniert worden sein. Dennoch lassen die statistischen Veränderungen den Schluß zu, daß die Umleitung zum vormundschaftlichen Verfahren nicht auf die wenigen bekannten Reformpioniere wie Köhne in Berlin, Allmenröder in Frankfurt und Landsberg in Lennep beschränkt blieb, sondern eine breitere Basis fand.

Wie gestaltete sich konkret die Behandlung der großen Anzahl delinquenter Jugendlicher im vormundschaftlichen Verfahren? Bei der Beantwortung dieser Frage sind wir weitgehend auf die Berichte und Selbstdarstellungen der genannten Jugendrichter, ergänzt durch einzelne archivalische Quellen, beschränkt. Es ist aufgrund der Fürsorgeerziehungsstatistik klar, daß ein erheblicher Teil der vormundschaftlichen Verfahren geradewegs in die Einweisung der delinquenten Jugendlichen in Erziehungsanstalten mündete. Aufgrund der verfügbaren statistischen Informationen wissen wir aber auch, daß die Zahl der eingeleiteten Verfahren nach dem Fürsorgeerziehungsgesetz (FEG) die Zahl der tatsächlichen Einweisungen ungefähr um die Hälfte überstieg, daß die Vormundschaftsrichter bei delinquenten Jugendlichen außer den Verfahren nach dem FEG noch eine große Zahl von Verfahren nach §§ 1666 und 1838 BGB (Entzug des Sorgerechts) durchführten, und daß überdies die Fürsorgeausschüsse als informelle vorgerichtliche Instanz wesentlich mehr Fälle prüften als dann im Vormundschaftsgericht verhandelt wurden.[233]

Für Landsberg lag der kriminalpolitische Fortschritt des Jugendgerichts gerade in dem Ausbau dieser ambulanten Sanktionen. Durch die Umleitung jugendlicher Straftäter vom Straf- zum Vormundschaftsrecht, so die Prognose Landsbergs,

»vermehren sich mäßig die Überweisungen in Fürsorgeerziehung, und [...] es mehren sich stark die vormundschaftlichen Maßregeln rein vorbeugender Natur: Beistandschaften, Erziehungspflegschaften, Entziehung der Elternrechte, Unterbringung der Erziehungsvereine, Unterbringung in bestimmte Tätigkeit, aber auch freundschaftliche Vorhaltungen und Erziehungsstrafen, wie Stubenarrest, Ausschluß von Turnfahrten usw.«[234]

233 Siehe Kap. 4.1.2, Tab. 4.2, 4.3.
234 Landsberg, Fürsorgeausschuß, S. 56.

Den hier aufgezählten Sanktionsformen war ihr wenig präziser und teilweise informeller Charakter gemeinsam. Gerade diese flexiblen und durch Gesetze wenig reglementierten Interventionsmöglichkeiten in das Leben der Jugendlichen und in die elterlichen Erziehungsrechte schätzten die reformorientierten Richter am vormundschaftlichen Verfahren, bei dem sie »frei von den unberechtigten Schranken« des Strafrechts agieren konnten.[235] Der Verzicht auf freiheitsentziehende Sanktionen bedeutete keineswegs ein geringeres Ausmaß an Intervention, sondern eröffnete im Gegenteil neue Möglichkeiten zur Intervention in die Familien der delinquenten Jugendlichen. An die Adresse der konservativen Reformgegner gerichtet, die den Verzicht auf strafrechtliche Sanktionen als Nachgiebigkeit ablehnten, stellte Klumker fest, der Vormundschaftsrichter *»verfügt über eine Menge von Erziehungsmethoden, die doch gar nicht strenge zu sein brauchen, um dem Jugendlichen viel unbehaglicher zu erscheinen als das einfache Gefängnis.«*[236] Denn nicht nur die gefürchtete Fürsorgeerziehung, sondern auch die ambulanten Maßregeln des Vormundschaftsrechts ermöglichten eine zeitlich kaum beschränkte Intervention in das Leben der Jugendlichen, die bis zur Volljährigkeit andauern konnte.

Die Schutzaufsicht spielte bei dieser erzieherischen Behandlung der delinquenten Jugendlichen die entscheidende Rolle. Im Gegensatz zur Anwendung im Rahmen der bedingten Begnadigung konnte die vormundschaftliche Anordnung der Schutzaufsicht eine spürbare Einschränkung der Autonomie der Jugendlichen bzw. ihrer Eltern bedeuten. Denn durch die förmliche Anordnung der Erziehungspflegschaft nach § 1666 BGB verloren die Eltern das Sorgerecht teilweise oder vollständig an eine vom Gericht bestimmte Aufsichtsperson, die z.B. den Aufenthaltsort oder die Berufswahl der Jugendlichen bestimmen konnte. Für die Durchsetzung der Schutzaufsicht standen den Jugendrichtern verschiedene Wege offen. Der formale Weg, die Anwendung des § 1666, war an den häufig schwer zu führenden Nachweis des schuldhaften Versagens der Eltern gebunden und kam in vielen Fällen nicht in Frage. Die Jugendrichter zogen daher eine informelle Anwendung der Schutzaufsicht im Konsens mit den Eltern vor, deren Vertrauen sie ohnehin als Voraussetzung einer erfolgreichen Intervention betrachteten.[237] Die Kooperationsbereit-

235 Klumker, Jugendliche, S. 440.
236 Klumker, Jugendliche, S. 440; Aschaffenburg, Stellung, S. 335.
237 Landsberg, Strafaufschub, S. 14.

schaft der Betroffenen resultierte jedoch häufig aus dem bewußten Einsatz des Drohpotentials gerichtlicher Macht. Den Erfahrungen Aschrotts zufolge stimmten die Betroffenen auch da einer informellen Schutzaufsicht zu, *»wo die gesetzlichen Grundlagen dafür rechtlich zweifelhaft sind. Durch die ganze Jugendgerichtspflege geht ja ein gewisser patriarchalischer Zug.«*[238]

Am wirksamsten war die Schutzaufsicht, wenn sie von einem schwebenden Verfahren zur Einweisung in die Fürsorgeerziehung flankiert wurde. Die Einleitung eines Verfahrens nach dem FEG gehörte daher auch dann zur Strategie der Jugendrichter, wenn sie die Einweisung in eine Erziehungsanstalt nicht tatsächlich beabsichtigten. Nach den Erfahrungen des Frankfurter Jugendrichters Allmenröder war solches schwebendes Verfahren ein

»wertvolles Erziehungsmittel [...] Wir haben die Erfahrung gemacht [...] daß dieser Druck des Verfahrens uns das sehr wertvolle Mittel dargeboten hat, eine ganze Reihe von Dingen zu tun, [...] z.B. den Jugendlichen aus seiner Umgebung herauszunehmen, ihm die Lehrstelle vorzuschreiben, die wir für richtig halten, ihm den Beruf zu geben, den wir für geeignet halten, überhaupt geeignete Maßnahmen zu treffen, die ohne den Druck dieses Verfahrens bei den Eltern überhaupt nicht zu erreichen wären.«[239]

Auch Julius Landsberg setzte in seinem Jugendgericht in Lennep Verfahren nach dem FEG für die Dauer eines halben oder eines ganzen Jahres aus und ordnete für diese Zeit eine ›freiwillige‹ Schutzaufsicht an.[240] Einige Einzelfälle sind in den Akten des Lenneper Fürsorgeausschusses dokumentiert. So ordnete Landsberg 1909 bei zwei noch strafunmündigen Jungen wegen einer »Neigung zu Jungenstreichen« und dem Raub einer Kuchentüte die Fürsorgeerziehung an, setzte den Vollzug jedoch unter der Bedingung des »strengen Meidens des Verkehrs miteinander« für ein halbes Jahr aus und ernannte einen Lehrer zum Erziehungspfleger. Dieser berichtete über seine Schutzaufsicht: *»Anfangs jeden zweiten, dritten Tag, dann wöchentlich, jetzt alle vierzehn Tage bestelle ich die Knaben zur Aussprache oft einzeln, später zusammen [...] Das hat geholfen«*[241] Hier wie auch in anderen Fällen hob Landsberg den gerichtlichen Beschluß der Fürsorgeerziehung nach einiger Zeit wieder auf

---

238 Aschrott, Schutzaufsicht, S. 12.

239 Allmenröder, Straf- und Erziehungsmittel, S. 76; vgl. Klumker, Erfahrungen, S. 636; Leyen, Ausgestaltung der Jugendgerichtsarbeit, S. 20f.

240 Landsberg, Schutzaufsicht, S. 601.

241 StA Remscheid, B VI B 11 (Fall Martin H. und Paul S., 1909).

und verzichtete damit auf die Einweisung der Betroffenen in eine Erziehungsanstalt. Die Drohung mit dieser Sanktion und die Schutzaufsicht hatten ausgereicht, um eine effektive Kontrolle über die Kinder auszuüben.

Die größere Informalität und Flexibilität des zivilrechtlichen Verfahrens ermöglichte den Richtern nicht nur eine individuelle Anpassung von Sanktionen auf die jeweiligen Einzelfälle, sondern auch eine Anwendung von Sanktionen in Zweifelsfällen, die einer strengen juristischen Prüfung nicht stand hielten. Die Schutzaufsicht sollte nach dem Willen Landsbergs als »Vorbeugemaßregel« eingesetzt werden, »um der Gefährdung der Jugend schon im Entstehen entgegenzutreten.«[242] Die ambulante Behandlung erschien vielen Reformanhängern als ein geeignetes Instrument, um die Grenzen der staatlichen Intervention noch weiter in das Vorfeld der Jugenddelinquenz vorzuverlegen. So wie die Anwendung der Zwangserziehung bei verwahrlosten Jugendlichen eine Ausweitung der Interventionsanlässe über die Straffälligkeit hinaus bedeutet hatte, so bedeutete die informelle Anwendung der Schutzaufsichten bei Jugendlichen, die weder straffällig waren noch massive Verwahrlosungssymptome zeigten, eine erneute Ausweitung der Interventionsanlässe über bestehende juristische Grenzen hinaus. Auch diese Ausweitung wurde mit dem prophylaktischen Ziel der Reformen begründet, Kriminalität möglichst im Keim zu ersticken. Der Direktor der Hamburger Jugendbehörde Petersen forderte in diesem Sinne eine verstärkte Anwendung der Schutzaufsicht auf »Übergangsfälle«: *»Wir wollen die Staatsmacht nicht erst eintreten lassen, wenn es schon fast zu spät ist, sondern rechtzeitig, wenn die Gefahr der Verwahrlosung sich erst in ihren ersten Spuren zeigt«.*[243]

Das Instrument für diese Ausweitung der sozialen Kontrolle waren die Jugendgerichtshilfen, in den rheinischen und westfälischen Städten in der Organisationsform der Fürsorgeausschüsse. Sie nahmen sich als vorgelagerte Instanz des Jugendgerichts auch solcher Fälle an, die für eine gerichtliche Intervention nicht ›schwer‹ genug waren. Die Elberfelder Staatsanwaltschaft berichtete, daß sich die Fürsorgeausschüsse »ohne jeden amtlichen Charakter« um delinquente Jugendliche kümmerten, um ihnen *»noch früher als bisher*

---

242 Landsberg, Brief an Bürgermeister, 28.9.1907, in: StA Remscheid, B VI B 5.
243 Petersen, Recht, S. 202.

*eine wirksame Fürsorge zuteil werden zu lassen«.*[244] Die Düsseldorfer Jugendfürsorgevereine berichteten 1918 über ihre Praxis:

»Von den Schutzaufsichten wird hier schon seit langem und weitgehend Gebrauch gemacht. Sie wird nicht nur bei den Jugendlichen eingeleitet, die straffällig geworden sind, sondern auch bei Familien, wo den Kindern die nötige Aufsicht fehlt, sei es wegen Behinderung der Eltern, sei es wegen schuldhafter Vernachlässigung der Kinder durch die Eltern.«[245]

Nach einem Bericht des OLG-Präsidenten Holtgreven setzten die Fürsorgeausschüsse sogar die Herausnahme von Jugendlichen aus ihren Familien und ihre Unterbringung in Pflegefamilien ohne Gerichtsbeschluß und mit Einwilligung der Eltern durch, wenn die gesetzliche Basis für die Anordnung der Fürsorgeerziehung nicht ausreichend war.[246] Solche Fälle von ›freiwilligen‹ Heim- oder Familienunterbringungen finden sich auch in den Akten des Lenneper Fürsorgeausschusses und des Düsseldorfer Katholischen Fürsorgevereins.[247] Daß dabei die Drohung mit der Fürsorgeerziehung hilfreich sein konnte, um die Zustimmung der Eltern zu erreichen, ließ Holtgreven nicht unerwähnt. Der Duisburger Fürsorgeausschuß äußerte sich zufrieden über den Erfolg dieser Drohstrategie und lieferte damit einmal mehr einen Beleg für die generalpräventive Anwendung der Fürsorgeerziehung: *»Die Möglichkeit der Unterbringung [in Erziehungsanstalten, DO.] von Schulentlassenen bietet eine Handhabe gegen das müßige Umherlungern arbeitsscheuer Jungen und wird für manchen eine heilsame Warnung sein.«*[248]

Die Fürsorgeausschüsse entwickelten sich von einer nur beratenden und helfenden Einrichtung zu einer vor- und außergerichtlichen Instanz, die auch eine Selektionsfunktion für das Jugendgericht ausübte. Dies war überall dort der Fall, wo die Staatsanwälte den Empfehlungen der Fürsorgeausschüsse folgten und Strafverfahren gegen Jugendliche einstellten. Die Tendenz zur informellen Behandlung wurde noch weiter getrieben, wenn die Beratungen

---

244 Erster Staatsanwalt Elberfeld, Brief, 2.12.1908, in: StA Remscheid, B VI B 5.

245 Bericht an den OLG-Präsidenten, 21.2.1918, in: HStA Düsseldorf, Regierung Düsseldorf Nr. 33093.

246 Holtgreven, Diskussionsbeitrag, in: Aschaffenburg u. Partenheimer, S. 129.

247 StA Remscheid, B VI B 11 (Fall Auguste W. Oktober 1909); .

248 Protokollbuch des Vereins für Jugendfürsorge, Juli 1902, in: StA Duisburg, 501/342, S. 20.

der Fürsorgeausschüsse nicht nur das Strafverfahren, sondern auch das vormundschaftliche Verfahren ersetzten. Anhaltspunkte für solche außergerichtlichen Behandlungsformen finden sich wiederum in der Praxis des Lenneper Jugendgerichts. Nach der Vorstellung Landsbergs sollten sich zunächst die Fürsorgeausschüsse in der Funktion eines »die Vorfrage prüfenden Gerichtshofes«[249] mit allen Fällen jugendlicher Delinquenz befassen und entscheiden, ob die Einleitung eines offiziellen vormundschaftlichen Verfahrens überhaupt erforderlich war. Wenn formale Sanktionen nicht notwendig erschienen, sollte auf eine gerichtliche Behandlung des Falles vollständig verzichtet werden.[250] In welchem Umfange der Fürsorgeausschuß in Lennep tatsächlich die Sanktionierung straffälliger Jugendlicher übernahm, ist nicht bekannt. Als ein Beispiel für die außergerichtliche ›Diversion‹ jugendlicher Delinquenten, die im nächsten Abschnitt diskutiert wird, kann diese Funktion des Fürsorgeausschusses jedoch kaum gelten. De facto war der Lenneper Fürsorgeausschuß, dessen Beratungen der Jugendrichter leitete, eine Extension des Vormundschaftsgerichts, und konnte durch die glaubhafte Drohung mit dem gerichtlichen Verfahren auf informellem Wege kaum weniger wirksam agieren als das Vormundschaftsgericht selbst.

Die Umleitung vom Straf- zum vormundschaftlichen Verfahren und die dadurch ermöglichte Anwendung von ambulanten Behandlungsformen führte also in zweierlei Hinsicht zu einer Ausweitung der sozialen Kontrolle über delinquente Jugendliche. Diejenigen straffälligen Jugendliche, die anstelle einer traditionellen Strafe eine vormundschaftlich angeordnete oder ›freiwillige‹ Schutzaufsicht erhielten, entgingen zwar der stigmatisierenden Gefängnisstrafe, mußten sich aber auf eine zeitlich ausgedehnte und stärker in ihr Leben eindringende Kontrolle einstellen; diejenigen lediglich ›verwahrlosten‹ oder ›gefährdeten‹ Jugendlichen, die bislang durch die groben Maschen des Straf- und Vormundschaftsrechts gefallen waren, konnten nun durch die informelle und außergerichtliche Tätigkeit der Fürsorgeausschüsse ebenfalls erfaßt und behandelt werden. Dagegen gibt es keine Anhaltspunkte dafür, daß die verstärkte Anwendung ambulanter Sanktionen zu einem Rückgang der Fürsorgeerziehung geführt hätte. Zwar begrüßten diejenigen Reformanhänger, die

249 Landsberg, Fürsorgeausschuß, S. 54f.
250 Landsberg, Ausschüsse, S. 97ff.

der Fürsorgeerziehung kritisch gegenüberstanden, die Schutzaufsicht als eine ambulante Alternative zur Einweisung in Erziehungsanstalten, die sie in die Rolle einer ultima ratio zurückdrängen wollten.[251] In der Zeit bis 1918 überwogen jedoch klar die Stimmen, die die Schutzaufsicht als eine Abrundung der Sanktionsmöglichkeiten und als eine Ergänzung der Fürsorgeerziehung sahen. Die statistische Entwicklung der Sanktionspraxis zeigt, daß die Schutzaufsicht in der Tat keine Alternative zur Fürsorgeerziehung war. Die Strafgerichtsverfahren gegen Jugendliche und damit der Gebrauch von Gefängnis und Verweis nahmen nach 1908 ab, dagegen stiegen die Anordnungen von Fürsorgeerziehung bis in die Mitte der 1920er Jahre hinein weiter stark an.

### *5.3.2.4 Anspruch und Realität der Schutzaufsichten*

Es ist schwer, ein Bild von der alltäglichen Realität der Schutzaufsichten zu gewinnen. Noch mehr als in England handelte es sich um die ersten Experimente auf einem Gebiet, das sich erst nach dem Ersten Weltkrieg zu einem Anwendungsbereich moderner Sozialarbeit entwickelte. Die Übernahme von Schutzaufsichten war eine zentrale Aufgabe der Fürsorgeausschüsse und Jugendgerichtshilfen. Es hing von dem Engagement der Richter, Staatsanwälte und Vereine und dem Organisationsgrad der Jugendgerichtshilfen ab, in welchem Umfange und mit welcher Intensität Schutzaufsichten durchgeführt wurden. In Berlin übernahm eine gut organisierte Jugendgerichtshilfe 1914 bereits über 700 Schutzaufsichten über straffällige Jugendliche; das waren 61% aller gerichtlich verhandelten Fälle.[252] Tätigkeitsberichte, wie sie von der Berliner Jugendgerichtshilfe veröffentlicht wurden, gibt es für andere Städte kaum, und in vielen Städten fehlten überhaupt die organisatorischen Grundlagen für eine systematische Durchführung von Schutzaufsichten.[253] In den Jugendgerichtshilfen und Fürsorgeausschüssen wirkten neben den zuständigen städtischen Beamten, Lehrern und Pfarrern überwiegend ehrenamtliche Helfer konfessioneller und anderer Fürsorgevereine mit. In allen größeren Städten Westfalens und des Rheinlandes standen katholische und evangelische Jugendfürsorgevereine bereit, um ihre ›freiwillige Liebestätigkeit‹ auch im Auftrag des Gerichts

251 Drahten, Jugendgericht, S. 47; Liszt, Behandlung, S. 25f.
252 Leyen, Jugendgerichtshilfe, S. 39; Liszt u. Leyen, S. 121.
253 Mende, Umfrage.

auszuüben. In der Berliner Jugendgerichtshilfe übernahmen auch Studenten Schutzaufsichten.[254] Eine Professionalisierung der Jugendgerichtshelfer blieb vor 1918 eine bloße Forderung.[255] Die Praxis der Schutzaufsicht reichte keineswegs immer an die hochgesteckten Ziele der Reformbewegung heran. Zum Beispiel berichtete ein Vertreter der Jugendgerichtshilfe in Mönchengladbach, daß sie im Jahr 1916 zwar in 200 Fällen eine Schutzaufsicht übernommen hätten, fügte aber enttäuscht hinzu:

»Sie war eigentlich nur formeller Natur. [...] Wir haben auch in den letzten sieben Jahren keinen Bericht geben müssen, wie solch ein Junge sich geführt hat, die zwei Jahre der sogenannten Bewährungsfrist sind vorübergegangen, und wir haben von der Sache nichts mehr gehört. Eine solche Handhabung hat keinen Wert«.[256]

Daher dürfte vieles von dem, was die Reformpioniere als Aufgaben der Schutzaufsicht beschrieben, und was im folgenden dargestellt wird, eher Programm als Realität gewesen sein.

Nach dem amerikanischen Vorbild sollte die Schutzaufsicht keine »repressive Überwachung«, sondern »zielsetzende Hülfe«[257] sein. Ebenso wie in England waren sich die Reformanhänger einig, daß der Erfolg der Schutzaufsicht von dem Vertrauen und der Akzeptanz der betroffenen Familien abhängig war.[258] Die Schutzaufsicht, die die Rheinisch-Westfälische Gefängnisgesellschaft 1915 für alle straffälligen Jugendlichen forderte, *»soll und darf nichts von der Art polizeilicher Überwachung an sich haben. Die Jugendlichen sollen nicht kontrolliert sondern geschützt werden, mit Güte und Weisheit geleitet werden.«*[259] Auch die Ausrichtung auf die familiären Verhältnisse der Jugendlichen hatte die Schutzaufsicht mit ihren angelsächsischen Vorbildern gemein. Die »segensreiche« Arbeit der Bewährungshelfer war, so Landsberg, *»auf Herstellung, Wiederherstellung und Ersatz der sittlich normalen, zur Erzie-*

---

254 Amelunxen, Jugendgerichtshilfe.

255 Siehe z.B. Deutsche Zentrale für Jugendfürsorge (Hg.), Kriegstagung.

256 Drahten, Diskussionsbeitrag, in: Deutsche Zentrale für Jugendfürsorge (Hg.), Kriegstagung, S. 67.

257 Landsberg, Jugendpflege und Jugendgericht. S. 467.

258 Ebd.; ders., Strafaufschub; Polligkeit, Schutzaufsicht; Aschrott, Schutzaufsicht; Leyen, Ausgestaltung der Strafaussetzung; Deutsche Zentrale für Jugendfürsorge, Grundsätze.

259 Rheinisch-Westfälische Gefängnisgesellschaft, Brief an Justizministerium, 1915, in: GStA PK, Rep. 84a Nr. 8129, f. 22f.

*hungstätigkeit fähigen Familie«*[260] gerichtet. Dem Bild dieser ›normalen‹ Familie widersprach es bereits, wenn die Mütter einer außerhäusigen Erwerbstätigkeit nachgingen. Um ihre Kinder besser beaufsichtigen zu können und aus schlechter Gesellschaft fernzuhalten, sollten die Erziehungspfleger nach Landsbergs Vorstellung daher die Mütter zur Aufgabe ihrer Erwerbsarbeit bewegen. Die Kosten der dafür notwendigen Unterstützungen rechtfertigte Landsberg mit den eingesparten Kosten für die Fürsorgeerziehung.[261]

Nicht nur in diesem Punkt manifestierte sich die Zielrichtung der Schutzaufsicht auf die Verbreitung der bürgerlichen Lebens- und Verhaltensnormen in den Unterschichtsfamilien. Die kulturelle Dimension wird auch in den Versuchen offenbar, die Freizeitgestaltung der Jugendlichen zu beeinflussen. Hilfs- und Freizeitangebote wie Ausflüge oder Besuche in der Bibliothek sollten Vertrauen wecken, um den Boden für das höhere Ziel der Schutzaufsicht zu bereiten, das Landsberg als die *»Regulierung des Umgangs und Hinlenkung auf ein über den Alltag hinaushebendes Ziel«*[262] bezeichnete. Die kulturelle Kluft zwischen Unterschichten und Bürgertum erschwerte dieses hehre Ziel. Das Freizeitverhalten der Unterschichtsjugendlichen disqualifizierten die bürgerlichen Reformer wegen der Vorliebe für Groschenromane, Kino und Tanzveranstaltungen als dumpfen Materialismus, »Ideallosigkeit«[263] oder gar als »sittliche Entartung«[264]; den Jugendlichen wiederum entging der tiefere Wert bürgerlicher Kultur und Lebensart. Zwischen der Lebenssituation und dem Habitus der meistens schon erwerbstätigen Unterschichtsjugendlichen und ihren Altersgenossen der höheren Stände gab es wenig Gemeinsamkeiten. Daher konnte auch die Beteiligung von Studenten an der Schutzaufsicht die kulturelle Kluft zwischen den bürgerlichen Helfern und ihren Schützlingen nicht überbrücken, wenn sie so praktiziert wurde, wie sie eine Broschüre für interessierte Studenten entwarf:

---

260 Landsberg, Schutzaufsicht, S. 596.

261 Landsberg, Schutzaufsicht und Fürsorgeerziehung, S. 212; vgl. Kloß, Fürsorgeausschüsse, S. 582.

262 Landsberg, Schutzaufsicht, S. 602; ders., Pädagogik, S. 112; Polligkeit, Schutzaufsicht, S. 106ff.; Deutsche Zentrale für Jugendfürsorge, Grundsätze.

263 Landsberg, Schutzaufsicht, S. 594.

264 Dehn, Großstadtjugend, S. 6.

»Der Student wird [...] von Zeit zu Zeit einen Sonntagvormittag opfern, um in Gottes freier Natur einen Spaziergang zu unternehmen oder ein Museum zu besuchen. [... Er] erinnert ihn an seine religiösen Pflichten, veranlaßt ihn, einem Jünglings- oder Sportverein beizutreten. [...] Durch Verschaffung passender Lektüre [...] wird der Helfer die verheerenden und vergiftenden Wirkungen der Schund- und Räuberromane abwenden, die Liebe zu Idealen einpflanzen können.«[265]

Die unreflektierte Überheblichkeit oder zumindest Verständnislosigkeit, mit der die bürgerlichen Reformer an ihre Aufgaben herangingen, ließ für die Bereitschaft der betroffenen Jugendlichen, sich diesen Bemühungen freiwillig zu unterwerfen, wenig erwarten.

Diese Bereitschaft ist auf der vorhandenen Quellengrundlage nur schwer abzuschätzen.[266] Einen fragmentarischen Hinweis bietet das enttäuschende Fazit des Berliner Jugendpfarrers Günther Dehn über seine Versuche, straffällige Jugendliche im Rahmen der Schutzaufsicht in Jugendklubs aufnehmen: *»Überall fand ich das gleiche Ergebnis: Sie lassen sich nicht halten. [...] Ich habe es jetzt schon seit längerer Zeit aufgegeben, die Bestraften in meinen Jugendverein auch nur einzuladen, [...] man erreicht ja doch nichts.«*[267] Die Integration der straffälligen Jugendlichen scheiterte jedoch nicht nur an deren Unwillen, ihre Ungebundenheit und Zügellosigkeit zugunsten der Ordnung und sittsamen Langeweile der kirchlichen Jugendgruppen aufzugeben, sondern ebenso an der abwehrenden Einstellung der ›normalen‹ Jugendlichen in diesen Gruppen, die ihrerseits keinen Kontakt mit straffälligen Altersgenossen wünschten.[268]

Daß in vielen Städten Pfarrer und Lehrer eine tragende Rolle in den Fürsorgeausschüssen und bei der Durchführung der Schutzaufsicht hatten, dürfte eher ein Hindernis für die angestrebte Vertrauensbasis gewesen sein, denn die delinquenten Jugendlichen, so Dehn, *»gehörten ja schon auf der Schule zum Ausschuß, über den die Lehrer und Pastoren im Unterricht beständig die Hände gerungen haben.«*[269] Auch Landsberg hatte – obwohl er sie in seiner richterlichen Praxis selbst mit der Schutzaufsicht beauftragte – Zweifel an den sozialarbeiterischen Fähigkeiten der Lehrer, weil sie *»dem Volke*

265 Amelunxen, Jugendgerichtshilfe, S. 19f.
266 Vgl. für die Weimarer Republik: Crew, Elternschaft.
267 Dehn, Straffällige Jugend, S. 129; vgl. Weigle, S. 14f.
268 Vgl. auch Lindner, Bandenwesen, S. 368.
269 Dehn, Straffällige Jugend, S. 129.

*zum Teil mindestens ebenso fremd [sind] wie die Juristen.*«[270] Die Rolle der Lehrer und Pfarrer war auch deswegen heikel, weil sie als Gutachter des Vormundschaftsgerichts eine entscheidende Rolle bei der Anordnung der Fürsorgeerziehung spielten, durch die sie sich die Ablehnung und den Haß der betroffenen Familien zuzogen.[271] Gleichzeitig war diese Machtposition aber auch die Basis ihrer Autorität über die Familien, was von einem Lehrer auch klar ausgesprochen wurde: Die Mitwirkung im gerichtlichen Fürsorgeerziehungsverfahren

»giebt uns Lehrern als den berufenen erziehlichen Beratern der Familien diesen selbst gegenüber eine ganz andere Stellung als bisher. Wir werden [...] nicht mehr als unberufene Tadler abgewiesen, sondern als Ratgeber und Helfer in schweren Familiennöten willkommen geheißen werden. Die Eltern werden auf Vorhaltungen, die wir ihnen wegen bestimmter Versäumnisse oder Vergehungen ihrer Kinder machen, angesichts der drohenden Möglichkeit des neuen Gesetzes williger hören«.[272]

Lehrer und Pfarrer verkörperten genau jene patriarchale Gewalt, die in der Schutzaufsicht durchaus ihren Platz haben sollte. Wenn der Frankfurter Reformer Polligkeit den Erziehungspflegern ein »autoritäres Verhältnis gegenüber dem Schützling«[273] zubilligte und Landsberg davon sprach, daß die Schutzaufsicht »stark und energisch«[274] auszuüben sei, dann wird eine andere, eher repressive Seite dieser Behandlungsform sichtbar, die die Praxis vielleicht mehr dominierte als der Versuch, die Jugendlichen für ›höhere Ideale‹ zu begeistern. In Lennep gehörten zur Praxis der Schutzaufsicht zum Beispiel die Anordnung abendlicher Ausgangsverbote und sogar körperliche Züchtigungen. In seinem Bericht erwähnte ein Lehrer, der die Schutzaufsicht über die oben bereits erwähnten Jungen übernommen hatte, daß er sie anfangs »körperlich [...] bestraft« habe.[275] Auch ein anderer Lenneper Lehrer setzte körperliche Gewalt als ein Erziehungsmittel der Schutzaufsicht ein. Seine Berichte über den Fall eines 14jährigen Jungen zeigen, daß die Schutzaufsicht hier letztlich nur darauf abzielte, den gegenüber seiner Stiefmutter renitenten Jungen zum Gehor-

---

270 Landsberg, Fürsorgeausschuß, S. 58.
271 Landsberg, Fürsorgeausschuß. S. 56; vgl. Kap. 4.3.
272 Droste, S. 5.
273 Polligkeit, Schutzaufsicht, S. 106f.
274 Landsberg, Schutzaufsicht und Fürsorgeerziehung, S. 211.
275 Fall Martin H. und Paul S., 1909, in: StA Remscheid, B VI B 11.

sam zu zwingen.[276] Seine konkreten Verfehlungen bestanden darin, daß er »einige Stücke Wurst« bei den Nachbarn gestohlen und 15 Pfennig Wechselgeld für sich behalten hatte. Zwar beschrieb der Pfarrer den Jungen *»als besonders fleißig, aufmerksam und sittsam«*, und auch sein schulisches Betragen war gut, aber der Lehrer bewertete dies angesichts seiner häuslichen Widerspenstigkeit als »bloße Heuchelei« und hielt es für erforderlich, *»seinen Trotz durch körperliche Züchtigung zu brechen«*. Über einen Hausbesuch berichtete der Lehrer:

»Ich traf den E. auf dem Hausflur mit Schularbeiten beschäftigt vor. Auf meinen freundlichen Gruß erwiderte er unter Abwendung des Kopfes mit unverständlichen Lauten, die seinen höchsten Unwillen über meinen plötzlichen Besuch ausdrückten. Nachdem ich ihn mit einer kräftigen Ohrfeige zum Bewußtsein der Situation verholfen hatte, führte ich ihn der Mutter zu, die ihre Klagen laut über den renitenten Sohn ausschüttete.«

Nachdem sich die Schutzaufsicht über fast zwei Jahre hingezogen hatte, unternahm der Junge einen Selbstmordversuch durch Erhängen und kam daraufhin in eine Erziehungsanstalt. Dieser extreme Einzelfall zeigt, wie weit Anspruch und Wirklichkeit der Schutzaufsicht auseinanderliegen konnten, und welch geringen Stellenwert der Anspruch der Reformbewegung, das ›Recht des Kindes auf Erziehung‹ zu verwirklichen, nicht nur in der Praxis der Erziehungsanstalten, sondern auch in der Praxis dieser ›modernen‹ Behandlungsform hatte.

### 5.3.3 Trend zur Diversion? Informelle Behandlung durch die Polizei

Wie wir in den vorangehenden Abschnitten gesehen haben, spielte die Vermeidung strafrechtlicher Sanktionen sowohl in England als auch in Deutschland bereits vor dem Ersten Weltkrieg eine spürbare Rolle in der Kontrollpraxis straffälliger Jugendlicher. Die Reformbewegungen hatten bei ihrer Ablehnung der traditionellen Strafen stets mit deren Schädlichkeit für die Jugendlichen argumentiert. Liszts vernichtendes und vielzitiertes Urteil über die Gefängnisstrafe (*»Wenn ein Jugendlicher [...] ein Verbrechen begeht, und wir lassen ihn laufen, so ist die Wahrscheinlichkeit, daß er wieder ein Verbrechen*

276 Für das Folgende: Fall Ernst V., 1907-1909, in: StA Remscheid, B VI B 11.

*begeht, geringer, als wenn wir ihn bestrafen.«*[277]) brachte diese Überzeugung pointiert zum Ausdruck. Von der modernen Strafrechtswissenschaft wurde die Äußerung teilweise als ein frühes Bekenntnis zur Idee der Non-Intervention mißverstanden.[278] Ob die Wurzeln des seit den 1970er und 1980er Jahren weitverbreiteten Ansatzes, der im Grundsatz jede Form der staatlichen Sanktionierung von Jugenddelinquenz als überflüssig und schädlich ablehnt, tatsächlich in die Zeit der kriminalpolitischen Reformen vor dem Ersten Weltkrieg zurückreichen, ist jedoch sehr fraglich. Die der Non-Intervention zugrundeliegende Auffassung, daß die Jugenddelinquenz überwiegend ein normales und vorübergehendes Verhalten darstellt, spielte in dieser Zeit noch keine maßgebliche Rolle, auch wenn vor allem in England Tendenzen zu einer gelasseneren Wahrnehmung sichtbar wurden.[279] Die kriminalpolitischen Konzepte der Reformbewegungen wurden vielmehr von der Überzeugung geprägt, daß Jugenddelinquenz in sehr vielen Fällen ein Resultat schwerwiegender Sozialisationsdefizite war, die durch erzieherisch zu gestaltende Interventionen ausgeglichen werden mußten, um die befürchtete kriminelle Karriere zu verhindern. Wenn die Reformbewegungen dabei das geltende Strafrecht ablehnten, dann deswegen, weil es die erzieherische Beeinflussung der delinquenten Jugendlichen nicht zuließ. So war es den deutschen Reformanhängern, die die strafrechtliche Behandlung der jugendlichen Delinquenten ablehnten, selbstverständlich, daß an die Stelle des Strafrechts das vormundschaftliche Verfahren mit seinen ›Erziehungsmaßregeln‹ treten sollte. Auch die informelle Behandlung von Jugendlichen in den Fürsorgeausschüssen, wie sie z.B. in Lennep praktiziert wurde, kann noch als eine erweiterte Form dieses vormundschaftlichen Verfahrens interpretiert werden.

Der Verzicht auf Sanktionen entsprang nicht nur dem Wunsch, schädliche Strafen zu vermeiden, sondern ebenso der Intention, durch die zeitlich ausgedehnte Drohung mit Sanktionen einen Ansatzpunkt für die erzieherische Beeinflussung zu gewinnen. Allerdings war es auch ein Ergebnis des Wandels von der Tat- zur Täterorientierung, daß bei einem Teil der jugendlichen Delinquenten sowohl Strafen als auch erzieherische Interventionen als entbehrlich

---

277 Liszt, Kriminalität, S. 338f.

278 Siehe dazu Voß, Jugend, S. 94; Heinz u. Storz, S. 102; Albrecht, Notwendigkeit, S. 257.

279 Siehe Kap. 2.2.2.

galten, wenn sie über den Gesetzesverstoß hinaus keine Verwahrlosungssymptome aufwiesen.

Es ist daher berechtigt, auch in der Jugendkriminalpolitik vor dem Ersten Weltkrieg nach Elementen eines weitergehenden Sanktionsverzichts zu suchen und zu fragen, inwieweit sich aus der Bewegung gegen die traditionelle strafrechtliche Behandlung eine Ablehnung der gerichtlichen Behandlung überhaupt entwickelte, und inwieweit sich eine solche Tendenz in der Kontrollpraxis manifestierte. Hier sind also nicht die Ansätze gemeint, die Anwendung von Sanktionen zu vermeiden – das war vor allem in den englischen Polizeigerichten alltägliche Praxis –, sondern, jugendliche Delinquenten gar nicht erst vor Gericht zu bringen, weil bereits dies als eine übertriebene Reaktion auf kindliches und jugendliches Fehlverhalten bewertet wurde. Damit ist eine Strategie angesprochen, die in der modernen Strafrechtswissenschaft als ›Diversion‹ bezeichnet wird, definiert als die Einstellung oder informelle ›Umleitung‹ eines Verfahrens vor dem Erreichen der gerichtlichen Ebene.[280]

Tendenzen einer bewußten Diversions-Strategie sind vor allem in England zu erkennen, wo die Polizei eine wesentlich selbständigere Rolle im Gefüge der staatlichen Kontrollinstanzen innehatte und von dieser auch regen Gebrauch machte. In Deutschland sprachen die Strukturbedingungen des liberalen Strafrechtssystems mit dem unbedingten Strafverfolgungszwang gegen eine systematische Diversion jugendlicher Straftäter. In England war es auch nach traditionellem Verständnis keine Aufgabe der staatlichen Strafverfolgung, möglichst alle Gesetzesverstöße vor Gericht zu bringen und zu sühnen.[281] In Deutschland wurde umgekehrt – zumindest von den meisten Juristen – eine selektive Strafverfolgung als Verstoß gegen fundamentale Gerechtigkeits- und Gleichbehandlungsprinzipien empfunden.[282] Jugendliche Straftäter ohne Gerichtsverfahren laufenzulassen, war in England stets ein üblicher und unkontroverser Teil der polizeilichen Praxis gewesen. Angesichts der sehr niedrigen Strafmündigkeitsgrenze war es auch schwer vorstellbar, alle ›Straftaten‹ schon der achtjährigen Kinder gerichtlich zu ahnden. Im deutschen

280 Im weiteren Sinne wird als Diversion auch die Einstellung von Gerichtsverfahren ohne Urteil bezeichnet. Vgl allg. Albrecht u. Ludwig-Mayerhofer (Hg.); Heinz u. Storz; Kerner (Hg.), Diversion.

281 Liepmann u. Mannhardt, S. 43ff.

282 Kohlrausch, Fortschritte, S. 142ff.; Liszt, Entwurf der Strafprozeßordnung, S. 36.

Strafrecht entfiel ein guter Teil dieser Problematik – zu entscheiden, wann das Verhalten eines achtjährigen Kindes eine Straftat darstellte und wann nicht – durch die Festsetzung des Strafmündigkeitsalter auf 12 Jahre.

Da die Kompetenz der Strafverfolgung bei Vergehen und Verbrechen in Deutschland bei den Staatsanwaltschaften lag, konnte die Polizei hier keine eigenständige Rolle spielen.[283] Ganz anders sah es bei der Verfolgung der Ordnungswidrigkeiten aus, die in Deutschland selbständig von der Polizei bestraft wurden. Das Fehlen altersdifferenzierter Statistiken verhindert jegliche Aussage darüber, in welchem Umfang Jugendliche überhaupt wegen Ordnungswidrigkeiten polizeilich bestraft wurden. Es war vor allem die Problematik der subsidiären Haftstrafen wegen Nichtbezahlens der polizeilichen Geldstrafen, die die Aufmerksamkeit der Reformbewegung auf den Bereich der jugendlichen Bagatelldelinquenz lenkte. Einzelne Hinweise deuten darauf hin, daß die Polizei hier eine spezielle Form der ›Diversion‹ anwandte: Sie überließ die Bestrafung von Delinquenten im schulpflichtigen Alter der ›Schulzucht‹, also der disziplinarischen Gewalt der Lehrer. Konkrete Beispiele dafür finden sich z.B. in den Akten der Duisburger und Hagener Polizei, welche für diesen Zweck ein eigenes Formular verwandte, in dem die Mitteilung an die Schule und die Ausführung der schulischen Strafe vermerkt wurde.[284] Auf diese Weise wurden im Winter 1907 das Bewerfen von Passanten mit Schneebällen und Schlittenfahren sanktioniert. In Duisburg wurden Schülerinnen bestraft, die Blumen aus einer Gärtnerei gestohlen hatten.[285] Die Polizei in Kleve berichtete 1915 über ihren Kampf für die öffentliche Ordnung: *»Flegelhaftes Betragen auf der Straße wurde öfters mit Schulzuchtmitteln bestraft.«*[286] Die Schulen übernahmen auch die Bestrafung von Kindern unter 12 Jahren, die strafrechtlich noch nicht belangt werden konnten. Als 1902 der 9jährige Wilhelm S. 0,75 Mark aus der Kasse einer Gaststätte nahm, veranlaßte die Duisburger Polizei seine Bestrafung »im Wege der Schuldisziplin«.[287] 1916 wurden in Duisburg zwei strafunmündige Kinder »vor der Klasse durch Stockschläge

283 Die grundlegende Definitionsmacht der Polizei im Anfangsstadium der Strafverfolgung soll damit nicht bestritten werden.

284 StA Hagen, Stadt Hagen 3246 (Unruhestörung durch Kinder).

285 StA Duisburg, 501/155 (Fall Pauline K., 1903).

286 Polizeiverwaltung Kleve, 30.12.1915, in: HStA Düsseldorf, Regierung Düsseldorf Nr. 33120.

287 StA Duisburg, 501/155 (Fall Wilhelm S., 1902).

bestraft«, weil sie eine Fensterscheibe eingeworfen hatten.[288] In diesen Fällen bedeuteten die schulischen Strafen keine Diversion vom gerichtlichen Verfahren, sondern eine Ausweitung der staatlichen Sozialkontrolle auf Kinder, die formal noch nicht für ihre Handlungen verantwortlich gemacht werden konnten.

Daß die Lehrer als Träger der staatlichen Autorität berufen waren, ihre Schüler wegen außerhalb der Schule verübter Vergehen zu disziplinieren, wurde von ihnen selbst und von den Juristen offenbar allgemein akzeptiert. Der Frankfurter Jugendrichter Allmenröder bedauerte allerdings 1913 eine angeblich nachlassende Wirkung dieses Verfahrens, da die Lehrer »aus allen möglichen törichten humanitären Gründen« nicht mehr ausreichend von der Prügelstrafe Gebrauch machten.[289] Landsberg schlug sogar vor, daß bei Vergehen von Schulkindern nicht die Polizei, sondern die Lehrer das erste Verhör durchführen und dann einen Bericht an die Polizei schicken sollten.[290] In England war diese Ausübung quasi-staatlicher Strafgewalt durch Lehrer eher unüblich, auch wenn es einzelne Belege dafür gibt.[291] Ein englischer Reformer begründete dies 1885 mit der ablehnenden öffentlichen Meinung.[292] Wenn dies auch kaum an einer zurückhaltenderen Anwendung der Prügelstrafe gelegen haben dürfte, so wurden die Lehrer auch der öffentlichen Schulen in England doch weniger als Repräsentant einer staatlichen Obrigkeit gesehen als in Deutschland.[293] Anders sah es allerdings mit den kommunalen Schulausschüssen (*education committees*) aus (siehe unten).

In England entwickelten sich systematische Ansätze zur Diversion aus dem Ermessenspielraum der Polizei, Straftäter nicht vor Gericht zu bringen, sondern mit einer Verwarnung (*caution*) zu entlassen. Das System des *cautioning* stellt bis heute eines der besonderen Elemente der englischen Kriminalpolitik dar, von dem vor allem jugendliche Delinquenten profitieren.[294] Das im Ver-

288 StA Duisburg, 306/655 (17.4.1916).
289 Allmenröder, Straf- und Erziehungsmittel, S. 73.
290 J. Landsberg, Memo, 16.3.1910, in: StA Remscheid, B VI B 5.
291 Hurt, Schooling, S. 163.
292 Safford, S. 256; vgl. Struve, S. 72f.: »Kleinere Delikte auf dem Wege der Schulzucht zu erledigen, ist in England undenkbar.«
293 Vgl. zur körperlichen Bestrafung: Davin, S. 124ff.; Rose, Erosion, S. 179f.; abweichend, aber nicht überzeugend Budde, S. 363f.
294 Vgl. allg. Mannheim, Aspects, S. 85-89; Gelsthorpe u. Morris.

gleich wesentlich niedrigere Niveau der gerichtlich sanktionierten Kriminalität deutet darauf hin, daß der Verzicht auf Strafverfolgung in England erheblich größere Ausmaße erreichte als in Deutschland. Welchen Anteil daran die Opfer – soweit es sich nicht um opferlose Delikte handelte – und welchen Anteil die Polizei hatte, läßt sich ebensowenig klären wie die vielgestellte Frage, ob sich die polizeiliche Strafverfolgung der Jugenddelinquenz im 19. Jahrhundert langfristig intensiviert hat. Dagegen läßt sich zeigen, daß die Polizei nach der Jahrhundertwende in verschiedenen englischen Städten unter dem Einfluß der Reformbewegung eine systematische Form der Diversion jugendlicher Straftäter erprobte und dabei die Rolle eines informellen Jugendgerichts ausfüllte.

Besonders extensiv praktizierte die Liverpooler Polizei diese informelle Behandlung der Jugendlichen. Der Polizeichef Leonard Dunning, der eine sehr selbstbewußte und reformorientierte Kriminalpolitik verfolgte, baute die traditionellen Verwarnungen ab 1906 zu einer systematischen Strategie aus und veröffentlichte darüber Statistiken in den jährlichen Polizeiberichten.[295] Demnach verdoppelte sich die Zahl der Verwarnungen von 405 im Jahr 1906 auf 967 im folgenden Jahr, und 1910 und 1911 verwarnte die Polizei Jugendliche mehr als 1.100 mal. Die Ausweitung der polizeilichen Verwarnungen führte zu einem massiven Rückgang der gerichtlich verfolgten Jugendkriminalität in Liverpool. Vor 1910 ist keine Statistik aller, sondern nur der nach polizeilichen Verhaftungen vor Gericht gestellten Jugendlichen verfügbar, die alle Eigentumsdelikte und einen Teil der Bagatelldelikte umfaßt. Hier fiel die Zahl der gerichtlichen Fälle von 902 im Jahr 1905 auf 541 im Jahr 1907. Bei den 8- bis 11jährigen Kindern betrug der Rückgang 44%, bei den 12- bis 15jährigen Jugendlichen 38,5%. Auch die Altersgruppe der 16- bis 20jährigen profitierte von den Verwarnungen, wie ein Rückgang der Fälle um immerhin 21% zeigt. Die polizeiliche Diversion betraf ebenso Bagatelldelikte wie Eigentumsdelikte; selbst Einbruchsdiebstähle blieben ohne Anklage vor dem Jugendgericht.[296] 1911 erreichte die Zahl der polizeilich verwarnten Jugendlichen drei Viertel der gerichtlich behandelten Fälle.

Ein gleichartiges, von vorneherein auf sechs Monate beschränktes »Experiment« führte die Polizei in Hull ca. 1906 durch. Innerhalb dieses Zeitraumes

295 Liverpool, Annual Police Report for 1907, S. 43-51;
296 Liverpool, Annual Police Report for 1908, S. 36.

wurden angeblich 600 Jugendliche von der Polizei verwarnt, was jedoch anders als in Liverpool keinen erheblichen Rückgang der gerichtlich verfolgten Eigentumsdelikte von Jugendlichen zur Folge hatte; Zahlen über die Entwicklung der gerichtlich verfolgten Bagatelldelikte liegen hier nicht vor.[297] Die Polizei berichtete jedoch, daß über 50% der Verwarnungen opferlose Straßendelikte wie Fußballspielen, Behinderung des Gehweges sowie Verstöße gegen die Bestimmungen des Straßenhandels betrafen. In Oldham forderte das Polizeigericht – angeregt durch die Berichte aus Hull – den kommunalen Polizeiausschuß auf, ebenfalls über eine systematische Anwendung der informellen Verwarnungen nachzudenken. Die Polizei erklärte daraufhin, daß sie ein ähnliches Verfahren schon seit Jahren praktiziere, über das jedoch keine Einzelheiten bekannt sind.[298] Schließlich berichtete auch das Polizeigericht in Newcastle von über 1.300 informellen Verwarnungen Jugendlicher durch die Polizei im Jahr 1908, die sich ebenfalls vor allem auf Störungen der öffentlichen Ordnung bezogen.[299] Bemerkenswert ist in allen diesen dokumentierten Fällen, daß die Polizei ihre Diversions-Strategie mit Zustimmung der Polizeigerichte praktizierte, obwohl sie dadurch quasi-richterliche Kompetenzen ausübte.

Die Polizei in Liverpool ebenso wie in Hull begründete ihre Diversions-Strategie mit der Überlegung, daß eine Behandlung der größtenteils trivialen Delikte im Polizeigericht überflüssig und schädlich sei. Der Liverpooler Polizeichef Dunning faßte diese Überzeugung in klare Worte:

> »It is absurd and it is wrong to take a boy before a magistrate for an act of mischief or for something done at the instigation of another, if there is a good chance that a warning from the police and a little stiffening of parental influence by an occasional visit will protect the boy from a repetition of his folly.«[300]

Auch der Polizeichef in Hull hob als wesentlichen Erfolg seines Experiments hervor: *"They [die Jugendlichen, DO.] certainly have been saved from an*

---

297 Hull Police, gedruckter Bericht, 1907, in: PRO HO 45/10340/139389/23 (Seperate Courts for Juveniles, 1906-1908); Hull, Annual Police Report, 1902ff.

298 Watch Committee Minutes, 3.4.1907 und 29.5.1907, in: Oldham RO, Oldham Borough CBO 3/1/1/20, S. 197, 218 (freundlicher Hinweis von Mr. H. Godfrey, Manchester Police Museum).

299 J.R. Roberts, Aussageprotokoll, in: Parl. Papers, Probation of Offenders Act, minutes, S. 78.

300 Liverpool, Annual Police Report for 1908, S. 44.

*appearance in a Police Court.«*[301] Die polizeiliche Verwarnung bedeutete jedoch keinen absoluten und unbedingten Sanktionsverzicht; an die Stelle der formellen Gerichtsverhandlung trat vielmehr eine Art informelles Jugendgericht. Der Polizeichef in Hull bestellte die Jugendlichen zusammen mit ihren Eltern Freitag nachmittags ins Polizeipräsidium, um das Delikt, den Charakter des Jugendlichen und seine häuslichen Verhältnisse zu erörtern und »Ratschläge und Warnungen« zu erteilen. Auch der Liverpooler Polizeichef zitierte einen großen Teil der verwarnten Jugendlichen zu sich, um ihnen ins Gewissen zu reden.[302] Außerdem behielten die Polizisten des ›*Reformatory Department*‹ die verwarnten Jugendlichen im Auge und führten auch Hausbesuche durch.[303]

Die Entscheidung für oder gegen die Weiterleitung eines Falles zum Polizeigericht stellte eine erste Selektionsstufe der staatlichen Sozialkontrolle dar. Ebenso wie bei der gerichtlichen Entscheidung für oder gegen die Bewährungsstrafe bildeten die familiären Lebensumstände der delinquenten Jugendlichen das entscheidende Kriterium bei dieser Selektion. *»If home influence is good, let it have a chance, if it is weak try to supplement it by the supervision of the police, if it is bad the boy for his own sake and that of the community must be removed«*, beschrieb die Liverpooler Polizei dieses Kriterium.[304] Daß die polizeiliche Diversion damit eine soziale Ungleichbehandlung bedeuten konnte, wurde als unvermeidlich angesehen und auch ausgesprochen, wie z.B. vom *Clerk* des Polizeigerichts in Newcastle: *»The majority of those would be better class children, where a mere caution, such as a letter asking them or their parents to call and see the chief constable, and a talking to would have the effect of entirely stopping that sort of thing.«*[305]

Unbestreitbar bedeuteten die polizeilichen Verwarnungen für die betroffenen Jugendlichen einen recht glimpflichen Ausgang ihrer Verfehlungen. Die Kritik der Reformbewegung am traditionellen Strafrecht führte hier zu einem spürbaren Nachlassen der Sanktionshärte. Dennoch hatten auch die polizeilichen Verwarnungen durchaus ambivalente Auswirkungen. Ambivalent waren

---

301 Hull Police, gedruckter Bericht, 1907, in: PRO HO 45/10340/139389/23.
302 Liverpool, Annual Police Report for 1912, S. 11.
303 Ebd. for 1907, S. 48.
304 Ebd. for 1907, S. 47.
305 J.R. Roberts, Aussageprotokoll, in: Parl. Papers, Probation of Offendes Act, minutes, S. 78.

diese Wirkungen der polizeilichen Diversion nicht nur, weil sie unweigerlich zu einer stärkeren sozialen Ungleichbehandlung der Jugendlichen führten, sondern auch, weil die Polizei sie bewußt mit dem Ziel verband, ihre Kontrolle über delinquente Jugendliche auszubauen. Die Abmilderung von Sanktionen, insbesondere der Verzicht auf freiheitsentziehende Sanktionen, ging mit der Tendenz einher, die neuen, an das Jugendalter angepaßten Behandlungsstrategien auf einer breiteren Basis anzuwenden. Damit brachte die polizeiliche Diversion ebenso wie zuvor die Einführung der Bewährungsstrafe eine Ausweitung der sozialer Kontrolle mit sich.

Anhaltspunkte für diese Tendenz lassen sich in der polizeilichen Kontrollpraxis in Liverpool und Hull finden. In beiden Städten verfolgte die Polizei das Ziel, durch ihre nachsichtige Behandlung der Jugendlichen bestehende Widerstände in der Bevölkerung gegen staatliche Strafverfolgung abzubauen, ihr öffentliches Ansehen zu verbessern und dadurch die Reichweite ihrer Tätigkeit zu erhöhen. So berichtete der Polizeichef in Hull über eine größere Anzeigebereitschaft der Bevölkerung bei Vergehen von Jugendlichen als Folge seines Experiments: *»Many persons are prepared to give the police assistance to bring children before me in the manner adopted who would not, I believe, for one moment assist to prove a formal charge against a child in the police court.«*[306] Die in Hull nur wenig gesunkene Zahl der gerichtlichen Fälle spricht dafür, daß durch die Ausweitung der Verwarnungen vor allem zusätzliche Delikte von Jugendlichen in das Gesichtsfeld der Polizei gelangten, bzw. daß die Polizei systematischer mit den Jugendlichen verfuhr, die bislang *›on the spot‹*, an Ort und Stelle, verwarnt worden waren. Auch die Liverpooler Polizei betonte, daß der starke Anstieg der Verwarnungen vor allem auf ihre gründlicheren Nachforschungen zurückzuführen sei.[307] Dabei spielte das *Reformatory Department* mit seinen vielfältigen Funktionen eine besondere Rolle, da sie den engeren Rahmen der Verbrechensbekämpfung überschritten und auch dem Zweck dienten, eine positivere Einstellung der Bevölkerung zur Polizei zu fördern.[308] Dazu gehörte z.B., daß Polizisten angehalten waren, zer

306 Hull Police, gedruckter Bericht, 1907, in: PRO HO 45/10340/139389/23.
307 Liverpool, Annual Police Report for 1907, S. 46.
308 Ebd.; vgl. L. Dunnings Feststellung: *»I am glad to say that although we have an extraordinary population in Liverpool, a very cosmopolitan population, and a varying population, taking it all round the police are on very good terms with the*

lumpte Kinder auf den Straßen anzusprechen und ihnen Kleiderspenden der *Police Aided Clothing Society* zu vermitteln, dabei aber auch den Ursachen der Verwahrlosung nachzugehen.[309] Die Übernahme von Bewährungsfällen, die Lizensierung und Überwachung des Straßenhandels durch Jugendliche, die Einziehung der elterlichen Beiträge für die Unterhaltskosten ihrer in *industrial schools* eingewiesenen Kinder waren weitere Gelegenheiten für die Liverpooler Polizei, die soziale Kontrolle über die Familien der Unterschichten im Grenzraum zwischen Verbrechensbekämpfung und Sozialpolitik auszudehnen. Die knapp zwanzig Polizisten des *Reformatory Departments* führten 1907 knapp 37.000 und 1909 sogar über 42.000 Hausbesuche durch.[310]

Neben der Polizei spielten auch die kommunalen Schulausschüsse eine Rolle bei Überlegungen, eine außergerichtliche Instanz zur informellen Behandlung delinquenter Jugendlicher zu etablieren. Die Schulausschüsse waren unter anderem für die Verfolgung der Schulschwänzer verantwortlich, und die *industrial school sub-committees* kümmerten sich um die in städtischer Trägerschaft befindlichen *(day) industrial schools*. Ebenso wie die deutschen Fürsorgeausschüsse lieferten diese Ausschüsse den Polizeigerichten Gutachten über das schulische Betragen und den familiären Hintergrund von Kindern und Jugendlichen, wenn es um die Frage der Anordnung von Zwangserziehung ging. Die Liverpooler Polizei hoffte, durch eine Zusammenarbeit mit dem Schulausschuß eine informelle Sanktionsinstanz vor allem für jugendliche Bagetelldelinquenz einzurichten.[311] Der *clerk* des Liverpooler Polizeigerichts schlug 1914 sogar vor, die Schulausschüsse sollten die Kompetenz erhalten, *»to deal with and punish all children of school age for any offence.«*[312] Die *Penal Reform League* bezog jedoch eine radikale Minderheitenposition, als es die Jugendgerichte sogar auf die Funktion einer ultima ratio beschränken und durch Polizei und Bewährungshelfer als vorgerichtliche Instanzen

---

*public, and I ascribe that to a great extend to what I call the outside duties of the police, which bring them into contact with the poor, and especially with the children.«* (Aussageprotokoll, in: Parl. Papers, Duties of the Metropolitan Police, S.899).

309 Liverpool, Annual Police Report for 1910, S. 70; vgl. Samuelson, S. 58ff.; Fosdick, S. 226, für Manchester Hewitt, S. 118.

310 Liverpool, Annual Police Report for 1907, S. 49; ebd. for 1909, S. 44.

311 Ebd. for 1907, S. 49f.

312 E. Sanders, Leserbrief, in: The Times, 6.7.1914, S.3.

ergänzen wollte: *»By a series of sieves [...] with graded mashes the Juvenile Court can with advantage be made a last resort.«*[313]

Tatsächlich entwickelten sich die Jugendgerichte, die erst wenige Jahre zuvor eingerichtet worden waren, keineswegs zu einer ultima ratio der englischen Jugendkriminalpolitik. Die Kriminalstatistik zeigt, daß die Zahl der in den englischen Jugendgerichten geahndeten Delikte in den letzten Jahren vor dem Ersten Weltkrieg sogar deutlich anstieg. Die Liverpooler Polizei beendete ihre systematische Anwendung der Verwarnungen 1916 und leitete dadurch eine große Zahl von jugendlichen Delinquenten zurück ins Jugendgericht, die vorher auf der vorgerichtlichen Ebene ausgefiltert worden waren. Dafür war wahrscheinlich ein Wechsel in der Leitung der Liverpooler Polizei verantwortlich. Zwischen 1911 und 1914 nahm dadurch die Gesamtzahl der Fälle im Liverpooler Jugendgericht um 48% von etwa 1.550 auf 2.300 zu. Die Zahl der Kinder bis 10 Jahre, die wegen Eigentumsdelikten vor das Jugendgericht kamen, kletterte zwischen 1908 bis 1915 von 90 auf 468.[314] Auch wenn die polizeilichen Verwarnungen stets ein Bestandteil der englischen Jugendkriminalpolitik blieben, verdrängten sie doch nicht die Jugendgerichte als zentrale Kontrollinstanz der Jugenddelinquenz. Die überwiegende Mehrheit der englischen Reformer betrachtete das Jugendgericht keinesfalls als eine überflüssige oder gar schädliche Institution, sondern als die angemessenste Instanz für den Kampf gegen die Jugendkriminalität. Den Glauben in die positiven Wirkungen der reformierten Kriminalpolitik mit ihren flexiblen Sanktions- und Behandlungsformen brachte der Jugendrichter William Clark Hall zum Ausdruck, als er in den 1920er Jahren feststellte: *»These children who have <u>not</u> been charged are the real danger to the community. It is they who will in the future replenish the ranks of the criminal classes.«*[315] [Hervorhebung im Original]

---

313 Penal Reform League, Report, 1911, S. 16 .

314 Juvenile Organisations Committee, 1915, in: PRO HO 45/10962/349554/35.

315 Hall, Children's Courts, S. 188.

# 6 Zusammenfassung

Am Ende dieser Arbeit bleibt die Aufgabe, die Vielzahl der gewonnenen Erkenntnisse zu einem Gesamtbild zusammenzufügen, mit dem die Entwicklung der Jugendkriminalpolitik über einen langen Zeitraum und in zwei unterschiedlichen Gesellschaften beschrieben und interpretiert werden kann. Ich will diese Aufgabe mit zwei allgemeinen Ergebnissen einleiten. Zum einen ist deutlich geworden, daß das Ausmaß der Veränderungen der Jugendkriminalpolitik zwischen der Mitte des 19. Jahrhunderts und dem Ende des Ersten Weltkrieges sowohl in England als auch in Deutschland beträchtlich war. Die Reformbewegungen hatten viele ihrer Ziele erreicht, allen voran die vollständige (wie in England) oder doch weitgehende Verdrängung der Gefängnisstrafe aus dem Sanktionskatalog für jugendliche Straftäter und die Differenzierung ihrer Behandlung nach individuellen Lebensumständen. Die Behandlung jugendlicher Delinquenten entwickelte sich zu einem spezialisierten Zweig der Kriminalpolitik mit eigenen Normen, Institutionen und Experten. Zum anderen hat die detaillierte Untersuchung der Kontrollpraxis gezeigt, wie stark die alltägliche Wirklichkeit der Jugendkriminalpolitik in zentralen Aspekten von den Reformkonzeptionen abwich, wie sehr Anspruch und Realität der Behandlung der Jugendlichen oftmals auseinanderfielen. Der Aufwand der quantitativen und qualitativen Auswertung der teilweise fragmentarischen Quellen zur Sanktionspraxis wird durch diese Ergebnisse gerechtfertigt. Der Reformprozeß verlief in beiden Ländern uneben und unvollständig, und die lokalen Unterschiede in der Anwendung von Sanktionen und der Verwirklichung von Reformen waren immens. Letztlich wurde der Kampf um die Erneuerung der Jugendkriminalpolitik nicht auf der Ebene von Gesetzen und Erlassen gewonnen, sondern in der alltäglichen Praxis der Gerichte und der Vollzugsorgane. Das gilt nicht nur für lokale Abweichungen, sondern auch für die Reformentwicklung insgesamt: Entweder hinkte die gesetzliche Ebene – in Deutschland traf dies fast auf ganzer Linie zu – den Veränderungen in der Praxis weit hinterher, oder neue gesetzliche Instrumente mußten erst in einem langsamen Prozeß in praktische Kriminalpolitik umgesetzt werden, wie es z.B. bei der englischen Bewährungsstrafe der Fall war. Überhaupt ist für die Entwicklung der Jugendkriminalpolitik kennzeichnend, über welche langen Zeiträume – oft eine Generation – Reformansätze entwickelt und immer wieder propagiert wurden, bevor sie sich schließlich in der Praxis durchsetzten.

Daß der Anspruch der Reformbewegungen, bei der Behandlung delinquenter Jugendlicher Strafe durch Erziehung zu ersetzen, im Titel dieser Arbeit mit einem Fragezeichen versehen wurde, kann in der Zusammenschau der Ergebnisse als berechtigt gelten. Unter einer dünnen Schicht von Erziehungs-Rhetorik lebten die traditionellen Ziele Strafe und Abschreckung in den Konzepten, vor allem aber in der Praxis der Jugendkriminalpolitik weiter fort. In England, wo die Gestaltung der Jugendkriminalpolitik keinem dogmatischen Rigorismus unterworfen war, suchten Reformanhänger ganz offen nach einer Fortführung und Effizienzsteigerung abschreckender Strafmittel; die Prügelstrafe war das deutlichste Ergebnis dieses Bedürfnisses nach dem *»short sharp shock«*. Auch der Charakter der Zwangserziehung wurde vor allem anderen durch Strafe und Abschreckung geprägt, und die Analyse der gerichtlichen Sanktionspraxis hat gezeigt, daß die Zwangserziehung von vielen englischen und deutschen Richtern bewusst oder unbewußt als Abschreckungsinstrument eingesetzt wurde. Allerdings verhinderte vor allem in Deutschland der dogmatische, aber unrealistische Glaube der Juristen an eine strikte Trennung von strafrechtlicher Vergeltung und zivilrechtlicher Maßregel, die eine ›Wohltat‹ sein sollte, daß die abschreckende Wirkung der ›Fürsorge‹-Erziehung zur Kenntnis genommen wurde.

Eine vollständige oder nur weitgehende Verdrängung von Strafe durch Erziehung in der Behandlung jugendlicher Delinquenten fand im Laufe des späten 19. und frühen 20. Jahrhunderts also weder in England noch in Deutschland statt. Dieser Befund ist wenig überraschend, wenn man berücksichtigt, daß das Verhältnis von Strafe und Erziehung in den Fachwissenschaften bis heute umstritten ist. Letztlich ist nach wie ungeklärt, inwieweit erzieherische Sanktionen ohne Strafe überhaupt möglich sind, oder welche Rolle Strafen innerhalb einer erzieherischen Behandlung einnehmen.

*Der ›Spannungsbogen‹ der Jugendkriminalpolitik*

Wenn also das simplifizierende Motto ›Erziehung statt Strafe‹ kaum geeignet ist, die Veränderungen in der Kontrollpraxis der Jugenddelinquenz zu beschreiben, so stellt sich die Frage nach einer angemessenen Bewertungsdimension, mit der sich die historische Entwicklung der Jugendkriminalpolitik besser charakterisieren läßt. Aus der historischen Vogelperspektive erscheint der Übergang vom Paradigma des Freiheitsentzuges zum Paradigma der Sozialarbeit als prägend für die langfristige Entwicklung der Jugendkriminalpolitik seit dem 19. Jahrhundert. Dieser Paradigmenwechsel ist freilich weder vollendet noch unumkehrbar, wie aktuelle Tendenzen in der Kriminalpolitik und Rufe nach einer Rückkehr zu fühlbaren Strafen zeigen. Den historischen Verlauf dieser kriminalpolitischen Entwicklung habe ich in dieser Arbeit als einen ›Spannungsbogen‹ bezeichnet. Mit diesem Begriff soll deutlich gemacht werden, daß dieser Wandel nicht gradlinig verlief, sondern im Gegenteil in seiner ersten Phase zu einer deutlichen Zunahme der Repression, gemessen an der Anwendung und Dauer freiheitsentziehender Sanktionen, führte. Diese erste Phase wurde maßgeblich von der Zwangserziehung geprägt. Die Hochzeit der Zwangserziehung, in England im späten 19. Jahrhundert, in Deutschland erst später, erweist sich in der langfristigen Perspektive als Phase der maximalen Repression in der Jugendkriminalpolitik. Dieses Urteil ist nach der ausführlichen Untersuchung der Realitäten der Zwangserziehung in beiden Ländern erlaubt. Die Kluft zwischen Anspruch und Wirklichkeit war wohl bei keiner Sanktion so groß wie bei der Zwangserziehung. Als erzieherische ›Wohltat‹ geplant, stellte sich die Zwangserziehung als eine besonders repressive Strafform heraus, die von den betroffenen Jugendlichen als schwerste Strafe gefürchtet und von den Richtern folgerichtig häufig mit generalpräventiver Intention angewandt wurde. Diese Einschätzung schließt nicht aus, daß die Zwangserziehung einem Teil der Zöglinge – etwa Kindern aus gänzlich zerrütteten und verwahrlosten Familien – eine notwendige »Ersatz-Sozialisation«[1] bot. In der historischen Perspektive erscheint die Zwangserziehung als ein typisches Produkt des 19. Jahrhunderts, genauer gesagt des ›viktorianischen‹

1 Peukert, Grenzen, S. 150.

Zeitalters. Die Zwangserziehung verdankte ihre Existenz der privaten Initiative des christlich und philanthropisch gesonnenen Bürgertums, das der Gefährdung der gesellschaftlichen Stabilität durch kriminelle Unterschichten entgegentreten wollte. Sie fußte auf dem Glauben an die Erziehungsbedürftigkeit und Erziehungsfähigkeit der verwahrlosten Unterschichtsjugend und übersprang die engen Grenzen des klassischen Vergeltungsstrafrechts, indem sie das Verbrechen schon prophylaktisch bekämpfen wollte und dabei nicht mehr auf die Wirkung der abschreckenden Strafe, sondern auf die Kraft der Erziehung und moralischen Beeinflussung setzte. Insbesondere war die Zwangserziehung eine Konsequenz aus dem schwindenden Vertrauen in die Gefängnisstrafe und dem Bemühen nach einer altersgemäßen Behandlung der minderjährigen Delinquenten. Damit war die Zwangserziehung die erste und lange Zeit auch die maßgebliche Frucht einer Reformbewegung, deren grundlegende Überzeugungen die Jugendkriminalpolitik bis heute beeinflussen. Andererseits erscheint die Zwangserziehung aber auch als ein Übergangsprodukt, das in vielen Aspekten dem verhaftet blieb, von dem sich die Reformbewegung eigentlich abgrenzen wollte. Daß mit der Zwangserziehung das Instrument des Freiheitsentzugs in den Mittelpunkt der Jugendkriminalpolitik gerückt wurde, erscheint angesichts der vehementen Ablehnung der Gefängnisstrafe als besonders paradox. Als das Konzept der Zwangserziehung in der ersten Hälfte des 19. Jahrhunderts entwickelt wurde, beherrschte das Paradigma des Einsperrens jedoch noch unangefochten das kriminalpolitische Denken. Auch das Behandlungskonzept der Zwangserziehung glich mit der Betonung des strikten Gehorsams und dem gewaltsamen Brechen des kindlichen Eigenwillens sowie der monotonen Einübung von Arbeitsfleiß eher einer Dressur als einer Förderung von Selbständigkeit und Lebenschancen der benachteiligten Kinder und Jugendlichen. Andere Erziehungskonzepte standen im Zeitalter der ›schwarzen Pädagogik‹ jedoch noch kaum zur Verfügung.

In einer zweiten Phase des Spannungsbogens kam es zu einem Niedergang der Zwangserziehung und zu einer stärkeren Hinwendung zu ambulanten Sanktionsformen. In der langfristigen historischen Perspektive kann dieser Niedergang der Zwangserziehung sowohl als normal als auch als notwendig angesehen werden. Normal war er, weil auf Phasen hoffnungsvoller neuer Reformkonzepte stets und unvermeidlich Phasen der Enttäuschung und der Neuorientierung folgen, die dann den Beginn eines neuen Reformzyklus bilden. Der Niedergang der Zwangserziehung war zudem eine notwendige Voraussetzung für die Durchsetzung neuer, weniger repressiver und mehr kooperativer Behandlungsformen jugendlicher Delinquenz, welche jedoch in beiden Ländern eine teilweise schon länger zurückreichende Tradition hatten. Vor allem die Bewährungsstrafe in ihren verschiedenen Formen stieg am Beginn des 20. Jahrhunderts in England und Deutschland zum Hoffnungsträger der ›fortschrittlichen‹ Reformanhänger auf, die die Jugendkriminalität fortan vor allem mit wohlfahrtsstaatlicher Intervention *in* die Unterschichtsfamilien und nicht mehr mit der Entfernung der Jugendlichen *aus* ihren Familien bekämpfen wollten. Verbunden war diese Zurücknahme von Repression mit einer Entdramatisierung der Problemwahrnehmung jugendlicher Delinquenz.

In England schlug sich der Niedergang der Zwangserziehung seit Ende des 19. Jahrhunderts bis zu den 1920er Jahren in deutlich fallenden Einweisungszahlen nieder, während diese in Deutschland – hier am Beispiels Preußens dargestellt – bis zur Mitte der 1920er Jahre weiter anstiegen und dann unter dem Vorzeichen der ›Krise der Fürsorgeerziehung‹ plötzlich einbrachen. Aber schon kurz nach der Jahrhundertwende wurden auch in Deutschland die massiven Probleme mit dieser Sanktionsform für diejenigen, die sie wahrnehmen wollten, deutlich. Die Versuchung ist groß, das englische Beispiel zum idealtypischen Entwicklungsmodell einer erfolgreichen Modernisierung der Jugendkriminalpolitik zu erheben. Für die weitere Entwicklung der Jugendkriminalpolitik in beiden Ländern nach 1918 war es in der Tat von entscheidender Bedeutung, wie konsequent die Abkehr von der Zwangserziehung vollzogen wurde. Der Vergleich zeigt, das es einen Zusammenhang zwischen der frühzeitigen Abkehr von der Zwangserziehung und einer weitgehend krisenfreien und kontinuierlichen Fortentwicklung der kriminalpolitischen Reformen in England vor und nach 1918 gab. Die krisenhafte Entwicklung der preußischen bzw. nach 1918 deutschen Jugendkriminalpolitik wurde dagegen nicht unerheblich durch die ausgebliebene Abkehr von der Zwangserziehung bestimmt. Der Übergang von der ersten zur zweiten Phase des Spannungsbogens, also die zurückgehende Anwendung der Zwangserziehung und damit eine Entspannung der Sanktionshärte, fand in Deutschland bis zum Ende des Untersuchungszeitraums um 1920 nicht statt. Daß der deutsche Entwicklungspfad im 20. Jahrhundert nicht eindeutig auf das im heutigen Verständnis ›moderne‹ Modell der Jugendkriminalpolitik zulief, hatte seinen Ausgangspunkt also bereits in dem ausgebliebenen ›Abschwung‹ des Spannungsbogens.

Bevor näher nach den möglichen Ursachen dieser unterschiedlichen Entwicklungsverläufe gefragt wird, sollen zunächst die Folgen der in beiden Ländern verwirklichten Reformen für den Charakter der Jugendkriminalpolitik und die Entwicklung der sozialen Kontrolle angesprochen werden.

### *Reformergebnisse: Soziale Selektivität und die Verfeinerung der sozialen Kontrolle*

Trotz der idealtypischen Zuordnung der Zwangserziehung zur ersten und der ambulanten Sanktionen zur zweiten Phase des der Entwicklung der Jugendkriminalpolitik war die Kontrollpraxis der Jugenddelinquenz doch stets durch ein Nebeneinander der verschiedenen Sanktionsformen, wenn auch mit unterschiedlichen Schwerpunkten, geprägt. Die enorme Ausweitung der Spannweite des Sanktionskataloges war eines der wesentlichen Ergebnisse der Reformen. Vom völligen Verzicht auf Sanktionen bis zum mehrjährigen Freiheitsentzug in der Zwangserziehung reichten die Reaktionsmöglichkeiten, die nicht mehr zwingend an die konkreten Vergehen der Jugendlichen gebunden waren. Mit der Erweiterung der Ermessensspielräume der Richter wurde die Forderung der Reformbewegung nach einer konsequenten Täterorientierung erfüllt, die dort auf die Spitze getrieben wurde, wo die Einweisung in die mehrjährige Zwangserziehung nicht mehr an die Begehung einer Straftat gebunden war, während gleichzeitig viele straffällige Jugendliche ganz ohne Bestrafung blieben.

Damit war unweigerlich eine starke soziale Selektivität der Sanktionspraxis verbunden, denn die Täterorientierung bedeutete gerade bei jugendlichen Delinquenten in erster Linie die Orientierung an ihren familiären Lebensumständen. Die ›Respektabilität‹ der Familie, also der Grad der Übereinstimmung mit dem bürgerlichen Familienideal, wurde zum ausschlaggebenden Kriterium der Sanktionsentscheidung. Die Wohnsituation und die Frage der mütterlichen Erwerbstätigkeit, um nur zwei zentrale Kriterien zu nennen, waren ein direkter Ausdruck der materiellen Lage der Familien. Von dem völligen Verzicht auf Strafe – in England schon auf der polizeilichen Ebene der informellen Verwarnungen – und von den verschiedenen Formen der Bewährungsstrafe profitierten vor allem Jugendliche aus ›besseren‹ Familien, deren Stabilität und Respektabilität die beste Gewähr für eine wirksame Kontrolle über die Jugendlichen boten.

Mit der sozialen Ungleichbehandlung ist eine entscheidende Ambivalenz der reformierten Jugendkriminalpolitik in England und Deutschland angesprochen. Wenig Zweifel können daran bestehen, daß die Zwangserziehung wie gesagt entgegen ihrem Anspruch keine humanitäre Wohltat, sondern eine massive Form der Repression darstellte. Insofern gibt es den Bewertungen von Anthony Platt, Michel Foucault und Detlev Peukert wenig Neues hinzuzufügen. Wie aber sind die verschiedenen ambulanten Sanktionsformen, die in diesen drei Arbeiten keine Beachtung fanden, in Hinblick auf die Entwicklung der sozialen Kontrolle der Unterschichtsjugend zu bewerten? Was bedeutete für sie der Verzicht auf freiheitsentziehende Sanktionen und die Anwendung der neuen ›sozialarbeiterischen‹ Behandlungsformen? Welche Sanktion war ›härter‹, welche ›humaner‹, bei welcher nahm die soziale Kontrolle zu, bei welcher ab? Soweit hier die subjektive Perspektive der Jugendlichen angesprochen wird, die in den Quellen der staatlichen Kontrollorgane und in den Diskursen der Reformer nur indirekt durchscheint, ist man weitgehend auf Vermutungen angewiesen.

Zunächst hat die Untersuchung der Kontrollpraxis gezeigt, daß die tatsächliche Härte von Sanktionen auch innerhalb der einzelnen Sanktionsformen sehr unterschiedlich ausfallen konnte. Eine nominal dreitägige, tatsächlich aber nur zwölfstündige Gefängnisstrafe wurde von den betroffenen Jugendlichen gewiß nicht als eine sehr einschneidende Strafe empfunden. Ein bedingter Strafverzicht konnte demgegenüber mit einem erheblichen Druck auf das Verhalten der Jugendlichen und ihrer Familien verbunden sein. Inwieweit dies dann tatsächlich der Fall war, hing von der konkreten Gestaltung der Bewährungs- oder Schutzaufsicht ab, die wiederum von Fall zu Fall und von Ort zu Ort schwankte, wie die fragmentarischen Quellen gezeigt haben. Gegenüber der Zwangserziehung oder einer langen Gefängnisstrafe bedeuteten die ambulanten Sanktionen zweifelsohne eine deutliche Abmilderung der Sanktionshärte. Auf der anderen Seite hat sich gezeigt, daß durch den Schwebezustand der drohenden Strafe – insbesondere der drohenden Zwangserziehung – eine langandauernde und wirksame Verhaltensbeeinflussung der Jugendlichen in ihrer normalen Lebensumwelt ermöglicht wurde, und daß es gerade dieser Zuwachs an Interventionsmöglichkeiten war, den die Reformanhänger an der Bewährungsstrafe und an der Anwendung der vormundschaftlichen ›Maßregeln‹ schätzten. Der Verzicht auf das traditionelle Strafparadigma des Einsperrens und die Öffnung der Kriminalpolitik zu den Methoden der Sozialarbeit brachte neue Möglichkeiten einer wirksameren Intervention in das Leben der delinquenten Jugendlichen und ihrer Familien. Bei diesem sozialarbeiterischen Ansatz wurde offensichtliche Repression durch subtilere Formen der Intervention ersetzt. Die größere Kooperationsbereitschaft der betroffenen Familien war jedoch nicht nur die Frucht eines Verzichts auf Repressionen und eine ›positiven‹ Zielrichtung der Sanktionen, sondern die Folge der Unsicherheit angesichts der Drohung mit weiteren, massiveren Sanktionen. Die Zwangserziehung erhielt hier zunehmend eine zweite Bedeutung, die nicht in ihrer tatsächlichen Anwendung, sondern in ihrer ›Möglichkeitsform‹ lag.

Diese schwebende Drohung mit Sanktionen war ein entscheidender Grund, warum die ambulanten Behandlungsformen nicht eindeutig zu einem Nachlassen der Intensität sozialer Kontrolle führten. Mit der Entfernung vom liberalen Strafrecht verlor die gerichtliche Kontrollpraxis für die Delinquenten an Berechenbarkeit. Die traditionelle Kopplung von Schuld und Sühne und die zeitliche Begrenzung des klassischen Strafprozesses wurden zugunsten eines langgestreckten Schwebezustandes aufgehoben, in dem die Betroffenen jederzeit mit dem Vollzug der angedrohten Sanktion bis hin zur Zwangserziehung rechnen mußten. Die Flexibilisierung und Informalisierung des gerichtlichen Verfahrens führte in dieser Hinsicht zu einer eindeutigen rechtlichen Schlechterstellung der jugendlichen Delinquenten. Das betraf vor allem die Jugendlichen in Deutschland, die durch die Verlagerung der Rechtsprechung ins vormundschaftliche Verfahren wesentliche Verfahrensrechte verloren, und sei es nur das Recht auf eine zügige Sanktionsentscheidung. In England spielten prozessuale Rechte praktisch schon keine Rolle mehr, nachdem die Behandlung jugendlicher Delinquenten seit der Mitte des 19. Jahrhunderts weitgehend in die summarische Rechtsprechung der Polizeigerichte verlagert worden war.

Schließlich ging der zunehmende Verzicht auf repressive Sanktionen und die Abmilderung der Sanktionshärte mit einer Vergrößerung der Reichweite dieser neuen Sanktionen einher. Die ambulanten Behandlungsformen senkten die Schwelle für eine formale Strafverfolgung durch die Opfer und führten dazu, daß mehr straffällige Jugendliche als zuvor in das Aktionsfeld der staatlichen Kontrollinstanzen gerieten. Dieser Effekt des *net widening*, der statistisch schwer zu erhärten ist, zeichnete sich in England nach 1908 ab, als die Gesamtzahl der vor die Jugendgerichte gebrachten Jugendlichen deutlich anstieg. Eine andere Variante der Ausweitung der sozialen Kontrolle war in Deutschland dort zu beobachten, wo die informelle Anwendung der ambulanten Sanktionen mit Hilfe der quasi-gerichtlichen Fürsorgeausschüsse noch weiter in das Vorfeld der eigentlichen Delinquenz ausgeweitet wurde, als es die rechtlichen Verwahrlosungsdefinitionen ohnehin schon ermöglichten.

Diese Ergebnisse legen die Schlußfolgerung nahe, sich der kritischen Bewertung der modernen Jugendkriminalpolitik aus der Perspektive eines weitgehenden Non-Interventionismus anzuschließen, wie sie in Deutschland zum Beispiel von Michael Voß und – auf die Gegenwart bezogen – von Detlev Frehsee und Wolfgang Ludwig-Mayerhofer formuliert wurde. Der Erziehungsgedanke, so ihr Resümee, führt selbst dort zu einer Ausweitung der sozialen Kontrolle, wo anscheinend eine Abmilderung von Intervention oder gar eine Vermeidung von Sanktionen angestrebt wird.[2] Zudem wird auch heute die sozial selektive Anwendung von Diversionsmaßnahmen kritisiert.[3] Die historische Analyse zeigt also, daß die kontrovers diskutierten Aspekte der gegenwärtigen Sanktionspraxis bis in die Anfangsphase der Reformen der Jugendkriminalpolitik zurückverfolgt werden können.

Mir erscheint die Übertragung dieser kritischen Bewertung der Jugendkriminalpolitik auf die untersuchte Zeitperiode zwar als berechtigt, jedoch als partiell unbefriedigend, weil sie die Ambivalenzen dieser Entwicklungsphase unterbewertet. Vielmehr ist eine ›historisierende‹ Bewertung notwendig und möglich, die die verfügbaren Alternativen dessen mit bedenkt, was kritisiert wird. Angesichts des repressiven Charakters der Zwangserziehung ist es wohl unstrittig, daß dort, wo sich ambulante Sanktionen gegenüber der Zwangserziehung durchsetzten, durchaus von einer Milderung der Sanktionshärte, ja sogar von einer Entwicklung zu mehr Humanität gesprochen werden kann. Allerdings ist es richtig, und darin liegt die Ambivalenz der historischen Entwicklung, daß diese Abmilderung von Sanktionen gleichzeitig auch das Poten-

2 Frehsee, Imcompatibility; Ludwig, Diversion;Voß, Jugend.
3 Ludwig-Mayerhofer, Sentence, S. 112.

tial für eine Intensivierung der sozialen Kontrolle in dem Sinne in sich trug, daß subtilere Formen der Kontrolle auf weiter gefaßte Definitionen von Delinquenz und größere Kreise von Jugendlichen ausgedehnt werden konnten. Die langfristige Entwicklung der Jugendkriminalpolitik läßt sich letztlich – so die zusammenfassende Bewertung – weniger als eine Zu- oder Abnahme der sozialen Kontrolle beschreiben, sondern als eine Verfeinerung der Methoden, mit denen soziale Kontrolle praktiziert wurde. Diese Verfeinerung lag vor allem in der Entwicklung eher kooperativer Interventionsformen in Unterschichtsfamilien, wie sie in der Weimarer Republik in Form der Freiwilligen Erziehungshilfe und der Erziehungsberatung weiter ausgebaut und damit weiter aus dem Bereich der strafrechtlichen Kontrolle herausgenommen wurden.[4]

*Ergebnisse des Vergleiches I: Gemeinsamkeiten in der Reformentwicklung*

Die Übertragung der heutigen kritischen Perspektive auf die untersuchte Zeitperiode kann zudem nicht dazu beitragen, die Abweichungen und Besonderheiten der Reformentwicklung zu erklären, die sich im Vergleich von Deutschland und England gezeigt haben. Diese durch den internationalen Vergleich erzeugte Varianz ist jedoch besonders geeignet, um die Mechanismen und Einflußfaktoren der *Genese* der modernen Jugendkriminalpolitik aufzuhellen, welche sowohl im System der staatlichen Sozialkontrolle selbst als auch auf der gesellschaftlichen Makroebene zu vermuten sind.

Dazu ist zunächst zu bilanzieren, in welchen Bereichen und wie stark die Reformentwicklungen in beiden Ländern voneinander abwichen. Auch wenn England gegenüber dem Kontinent einen generellen Vorsprung in der Reformentwicklung hatte, so verliefen doch eine Reihe von Reformschritten in England und Deutschland synchron. Die bedingte Begnadigung als Vorläuferin der Bewährungsstrafe wurde in Deutschland 1895 eingeführt, nur wenige Jahre nach dem ersten englischen Gesetz über die Bewährungsstrafe. Jugendgerichte wurden in beiden Ländern, dem amerikanischen Vorbild folgend, fast zeitgleich in den letzten Jahren vor dem Ersten Weltkrieg eingerichtet. Kam der Gesetzgebungsprozeß des Jugendstrafrechts in England kurz vor dem Ersten Weltkrieg mit dem *Children's Act* zu einem vorläufigen Abschluss, so er-

4 Dickinson, Politics, S. 199f; Crew, Elternschaft.

folgte die Kodifizierung der jugendstrafrechtlichen Bestimmungen in Deutschland kurz nach dem Ersten Weltkrieg. Der Weg zum Jugendgerichtsgesetz war jedoch ungleich schwieriger gewesen als der englische Gesetzgebungsprozeß, der sich seit der Mitte des 19. Jahrhunderts kontinuierlich vollzog.

Daß im Deutschen Kaiserreich trotz der Dominanz des klassischen liberalen Strafrechts, die sich im ›Schulenstreit‹ und in der vollständigen Blockade der Strafrechtsreform niederschlug, überhaupt eine Reformentwicklung stattfand, lag zum einen an der Chance, für die Realisierung der Zwangserziehung ebenso wie ambulanter Behandlungsformen auf das Zivilrecht auszuweichen, zum anderen an der Bereitschaft der Exekutive und an dem Engagement von Richtern und Staatsanwälten, gesetzliche Reformen in der Praxis bereits vorwegzunehmen, auch wenn sie sich damit teilweise in rechtliche Grauzonen begaben. Zwei Elemente sind hier vor allem zu nennen: Die Entscheidung der Justizminister, das landesherrliche Begnadigungsrecht als Instrument für die regelmäßige Aussetzung der kurzzeitigen Gefängnisstrafe zur Bewährung nutzbar zu machen, ermöglichte die weitgehende Verdrängung dieser Sanktion aus der Kontrollpraxis der Jugendkriminalität. Aber bis die Richter und Staatsanwälte diese Möglichkeit in der überwiegenden Mehrheit der Fälle tatsächlich nutzten, vergingen fast zwanzig Jahre. Das andere Element war die Bereitschaft eines Teils der Staatsanwaltschaften, unter Umgehung des Legalitätsprinzips jugendliche Straftäter vom Straf- zum Vormundschaftsgericht umzuleiten, wodurch den Jugendrichtern die Möglichkeit einer flexiblen und differenzierten Behandlung eröffnet wurde, über die ihre englischen Kollegen schon traditionell verfügten. Erst die im zivilrechtlichen Rahmen agierenden Jugendrichter konnten die engen Fesseln des Vergeltungsstrafrechts abschütteln und das ›erzieherische‹ Behandlungskonzept der Reformbewegung realisieren. Wie anhand überlieferter Quellen aus der gerichtlichen Praxis gezeigt werden konnte, standen die deutschen Vormundschaftsrichter den englischen Polizeirichtern in puncto Ermessensfreiheit und Flexibilität in Nichts nach; was ihre Interventionsbefugnisse in das Leben der Jugendlichen und ihrer Familien anging, übertrafen sie diese sogar. Aber diese neue Strategie setzte sich nur dort durch, wo Staatsanwälte und Jugendrichter ihre neuen Gestaltungsspielräume bewusst nutzten. Insgesamt wurde nur eine Minderheit der jugendlichen Straftäter in Deutschland zivilrechtlich behandelt; das Strafverfahren mit seinem Verurteilungszwang blieb die Regel. Diese Verurteilungen blieben zwar überwiegend ohne fühlbare Strafe, erschwerten aber auch im Falle eines Verweises und der bedingten Begnadigung den Lebensweg der Betroffenen durch das Stigma des Vorbestraftseins.

Die englischen Reformen hatten dagegen den Anteil der formellen Verurteilungen an allen jugendgerichtlichen Verfahren bis zum Ersten Weltkrieg auf ca. ein Drittel reduziert. In Abwesenheit eines Legalitätsprinzips fiel es den englischen Richtern nicht schwer, sich bei der Anwendung der Rechtsnormen großzügig zu zeigen, so wie sich das englische Rechtssystem überhaupt durch ein hohes Maß von Flexibilität und Ermessensspielräumen auszeichnete. Übrigens sorgte gerade dieser Rechtsprechungsstil mit seinem Verzicht auf starre Regeln und der Bedeutung der Laienrichter, obwohl dieser dem rechtsstaatlichem Empfinden der meisten deutschen Juristen widersprach, für die vergleichsweise hohe Akzeptanz des englischen Strafrechtssystems in der Bevölkerung. Das rigide Konzept der Rechtstaatlichkeit und insbesondere das Legalitätsprinzip, an dem die Reform des deutschen Jugendstrafrechts so lange scheiterte, trug demgegenüber nicht unwesentlich zu der feindlichen Einstellung weiter Teile der deutschen Bevölkerung zur Strafjustiz bei, die von deutschen Juristen – teilweise verbunden mit einem neidischen Blick nach England – häufig beklagt wurde.[5] Das Strafrechtssystem war hier ein Spiegelbild der unterschiedlichen Herrschaftsstile, die man für Deutschland als eher autoritär-repressiv und bürokratisch, in England als eher konsensual-demokratisch und paternalistisch bezeichnen könnte.[6]

### *Ergebnisse des Vergleiches II: Modernisierungsdefizit der deutschen Jugendkriminalpolitik*

Die Gesamtentwicklung der Jugendkriminalpolitik wurde jedoch entscheidend von dem bereits skizzierten und in beiden Ländern sehr unterschiedlich verlaufenden Niedergang der Zwangserziehung geprägt. Während in England seit dem Ende des 19. Jahrhunderts eine Abwendung der Reformbewegung von der Zwangserziehung und eine deutlich nachlassende Anwendung in der Sanktionspraxis feststellbar ist, fand dieser Übergang zur zweiten Phase des

---

5 Liepmann u. Mannhardt, S. 86ff.

6 Vgl. dazu in vergleichender Perspektive Evans, Pursuit. Zu den historischen Wurzeln des englischen Herrschaftsstils überzeugend: Weisbrod, Sonderweg.

idealtypischen Spannungsbogens der Jugendkriminalpolitik in Deutschland bis zum Beginn der 1920er Jahre nicht statt. Die negativen Auswirkungen dieses Modernisierungsdefizits – eine Verschärfung der Behandlungsprobleme jugendlicher Delinquenten und eine weitere Zunahme des Akzeptanzverlusts der gesamten staatlichen Sozialkontrolle in der Bevölkerung – wurden in der Arbeit ausführlich dargestellt.

Welche Ursachen lassen sich zusammenfassend für diese unterschiedlichen Entwicklungspfade, die England und Deutschland bei der Zwangserziehung einschlugen, benennen? Zunächst ist offensichtlich, daß die englische Entwicklung einen deutlichen zeitlichen Vorsprung vor der deutschen hatte. Da die Zwangserziehung in England wesentlich früher, nämlich kurz nach der Mitte des 19. Jahrhunderts, etabliert wurde, konnte sie auch eher wieder von einem nächsten Reformzyklus abgelöst werden. Da die Zwangserziehung in Deutschland – abgesehen von einigen Vorreitern – erst nach dem Inkrafttreten des neuen BGB im Jahre 1900 voll eingeführt wurde, mußte es auch länger dauern, bis die Probleme und nachteiligen Wirkungen in der Praxis den anfänglichen Enthusiasmus der Reformanhänger übertönten und zu einem Bewußtseinswandel führten. Diese Überlegung erscheint zunächst banal, weist aber auf die große Bedeutung von Ungleichzeitigkeiten in historischen Entwicklungsprozessen hin. Gerade der späte Ausbau der Zwangserziehung in Deutschland war einer der zentralen Gründe für die massiven Probleme dieser Sanktionsform und für die krisenhafte weitere Entwicklung der Jugendkriminalpolitik. Der zeitliche Zusammenhang zwischen kriminalpolitischen Reformen und gesellschaftlicher Entwicklung war für die Wirkung der Reformen alles andere als gleichgültig. Die Zwangserziehung wurde in Deutschland zu einem Zeitpunkt ausgebaut, als sie bereits nicht mehr zeitgemäß war. Entwickelte sich die Zwangserziehung in England synchron zur gesellschaftlichen und kulturellen Entwicklung, so war die deutsche Fürsorgeerziehung ein Anachronismus. Das Konzept der christlich-philanthropischen Anstaltserziehung atmete zu sehr den Geist des 19. Jahrhunderts, um von den betroffenen Zöglingen so klaglos ertragen zu werden, wie es ihre englischen Leidensgenossen eine Generation zuvor getan hatten. Je weiter die Modernisierung der deutschen Industriegesellschaft – die Veränderungen in der Kindererziehung, die sinkende Akzeptanz hergebrachter Autoritäten und das wachsende proletarische Selbstbewußtsein der Arbeiterjugendlichen – voranschritt, desto weniger war die Anstaltserziehung durch christlich-konservative Kinderretter ein geeignetes Mittel, um delinquente Kinder und Jugendliche für ein sozial erfolgreiches Leben in dieser Gesellschaft zu gewinnen. Je länger an der Zwangserziehung festgehalten und ihre innere Modernisierung abgewehrt wurde, desto größer wurde die kulturelle Kluft zwischen Großstadtjugend und christlichen Kinderrettern, und desto geringer wurde das Ansehen der Zwangserziehung in der breiteren Öffentlichkeit. Die Politisierung des Zöglingswiderstandes in der Revolution von 1918 ist dafür ein Indiz. Es kann deshalb auch nicht verwundern, daß die deutschen Erziehungsanstalten gerade am Ende der 1920er Jahre, nach einem weiteren kulturellen Entwicklungsschub der modernen Industriegesellschaft, von einer bis dahin beispiellosen Kette von Revolten erschüttert wurden. Auch der kontroverse Diskurs innerhalb der Reformbewegung über den Straf- und Gefängnischarakter der Anstaltserziehung direkt nach der Einführung des Fürsorgeerziehungsgeseztzes zeigt, daß die Zwangserziehung nicht mehr auf dem breiten christlich-philanthropischen Konsens ruhte, der in der Mitte des 19. Jahrhunderts die englischen Erziehungsanstalten von größerer Kritik verschont hatte.

Dieser Befund läßt wiederum die Frage nach den Ursachen dieser eklatanten ›Verspätung‹ der deutschen Fürsorgeerziehung aufkommen, und dies um so mehr, als die deutsche Rettungshausbewegung mindestens bis zur Mitte des 19. Jahrhunderts wesentlich stärker entwickelt war als die englische. Das Bedürfnis, einer als bedrohlich empfundenen Zunahme von Verwahrlosung und Kriminalität entgegenzutreten, war in Deutschland offensichtlich nicht weniger stark entwickelt als in England. Der Unterschied lag in der Rolle, die der staatlichen Kriminalpolitik in diesem Kampf gegen die Jugendkriminalität zugemessen wurde. Während die englische Reformbewegung nach der Jahrhundertmitte eine entschiedene und nach kurzer Zeit erfolgreiche Kampagne für ein staatliches Engagement in der Anstaltserziehung und für entsprechende Strafrechtsreformen führte, lehnten die Initiatoren der deutschen Rettungshäuser eine staatliche Einmischung in ihre Arbeit explizit ab. Was wie eine Verkehrung des sonst üblichen Unterschiedes zwischen preußischer Staatsorientierung und englischer Privatinitiative erscheint, läßt mehrere wichtige Schlüsse zu: In England war man zu pragmatischen Reformen des Strafrechts bereit, weil das liberale Vergeltungsstrafrecht hier niemals volle Gültigkeit erlangt hatte. Selbst das finanzielle Engagement der staatlichen Zwangserziehung war der englische *laissez-faire*-Staat angesichts drängender sozialer Probleme bereit zu tragen. In Deutschland verhinderte dagegen die vollständige Hegemonie des liberalen Strafrechts und ein ausgeprägter Hang zu dogmatischem Rigorismus für lange Zeit durchgreifende Reformen, die den Prinzipien des Vergeltungsstrafrechts zuwiderliefen. Dieses Vergeltungsstrafrecht hatte sich erst mit der Revolution von 1848 und der nachfolgenden Kodifizierung im preußischen StGB endgültig gegen die letzten Überreste des absolutistischen Rechts durchgesetzt. In dieser auch politisch brisanten Reformphase eine Sonderbehandlung für minderjährige Straftäter oder gar Verwahrloste durchzusetzen, die diesen neuen liberalen Rechtsgrundsätzen diametral entgegenlief, wäre aussichtslos gewesen. So war die späte Einführung der Zwangserziehung in Preußen auch eine indirekte Folge des verspäteten Sieges des liberalen Rechts über das absolutistische Recht, daß es in England bekanntlich niemals gegeben hat.

Einen weiteren und trotz seiner scheinbaren Banalität wohl entscheidenden Grund für die im Vergleich zu England krisenhafte Entwicklung der deutschen Fürsorgererziehung habe ich bereits ausführlich beleuchtet: Die Fürsorgeerziehung wurde nicht nur zu spät eingeführt, sie wurde auch auf zu alte Jugendliche angewandt. Eigentlich handelte es sich in England und Deutschland um zwei völlig unterschiedliche Klientel: Dominierten in den englischen Anstalten die Kinder unter 14 Jahren, so waren es in Preußen die Jugendlichen ab 14 Jahren. Diese Altersgruppe der Jugendlichen und jungen Erwachsenen setzen den Behandlungskonzepten der Erziehungsanstalten einen Widerstand entgegen, der nur mit harter Repression und physischer Gewalt gebrochen werden konnte.

Hätten aber die unübersehbaren Probleme der Fürsorgeerziehung in Deutschland nicht den kritischen Reflexionsprozeß in der Reformbewegung verstärken und eine Abkehr von dieser Sanktionsform sowie die Modernisierung der Anstaltserziehung beschleunigen müssen? Im Gegensatz zu England formierte sich in Deutschland vor dem Ersten Weltkrieg keine breite Strömung innerhalb der bürgerlichen Reformbewegung, die die Probleme der Zwangserziehung ernstgenommen und in einen neuen Reformimpuls umgesetzt hätte. Dazu trugen die mentalen Strukturen der sehr stark akademisch geprägten und an dogmatischen Konzepten hängenden deutschen Reformer – überwiegend Juristen und Mediziner – bei, für die die konkreten Lebens- und Erfahrungswelten der jugendlichen Delinquenten und Zöglinge keine Wahrnehmungsebene darstellten. Anders als in England, wo unter den Reformern nach der Jahrhundertwende – teilweise unter dem Eindruck eigener sozialarbeiterischer Erfahrungen – ein Verständnis für die soziale Benachteiligung der Unterschichtsjugendlichen wuchs, entschieden sich die deutschen Reformer in ihrer Mehrheit für den kriminalpsychiatrischen Erklärungsansatz der Jugenddelinquenz und damit für eine abstrakte und pseudo-wissenschaftliche Variante der Konstruktion von Wirklichkeit. Für die Bewertung der Zwangserziehung war diese ›pessimistische Wende‹ in den Wahrnehmungs- und Erklärungsmustern der Jugenddelinquenz zentral, denn sie entlastete die Erziehungsanstalten und lastete die Schuld an ihrem Scheitern den ›unerziehbaren‹ Jugendlichen auf. Statt über eine Reform der Behandlungskonzepte und über eine verminderte Anwendung der Anstaltserziehung wurde vorrangig über die Einführung besonderer psychiatrischer Anstalten und gefängnisartiger Verwahranstalten diskutiert. Mit der Entdeckung der ›Unerziehbarkeit‹ im Zusammenhang mit den Disziplinproblemen der Erziehungsanstalten entwickelte sich in Deutschland eine negative Dynamik, die die Dramatisierung der Jugenddelinquenz und den Glauben an kriminalanthropologische und -psychiatrische Theorien noch verstärkte. Die Fundamentalkritik der sozialistischen Arbeiterbewegung an der Zwangserziehung erreichte die bürgerliche Reformbewegung angesichts der generell angespannten Sozialbeziehungen nicht und bewirkte eher noch Abwehrreaktionen.

Diese eher ausgrenzende und pessimistische Einstellung zum sozialen Problem Jugenddelinquenz läßt sich letztlich als Ausdruck großer gesellschaftlicher Bedrohungsgefühle der dominanten Schichten in Deutschland interpretieren. Anhand der jeweiligen Diskurse über die Jugenddelinquenz und ihre Ursachen ließ sich zeigen, daß in Deutschland die untergründige Angst vor gesellschaftlichen Instabilitäten größer war als in England. Die deutliche Entspannung der Problemwahrnehmungen seit dem Ende des 19. Jahrhunderts in England und besonders nach dem Ersten Weltkrieg läßt sich daher als Ausdruck einer positiven Entwicklung der Sozialbeziehungen interpretieren. Für Deutschland gilt umgekehrt, daß die gleichbleibende und nach dem Ersten Weltkrieg eher noch zunehmende Besorgnis über Jugendkriminalität die tiefgreifende Verunsicherung des Bürgerums angesichts einer gesellschaftlichen Entwicklung widerspiegelte, die durch ungleich größere soziale und politische

Spannungen geprägt war. Die delinquenten Jugendlichen wurden in Deutschland tendenziell als eine Gefährdung der gesellschaftlichen Ordnung wahrgenommen, während in England umgekehrt die Jugendlichen zunehmend als Opfer der gesellschaftlichen Ordnung betrachtet wurden.

Erschwerend hinzu kam die prägende Rolle, die in Deutschland die beiden Kirchen und ihre Wohlfahrtsverbände im Rahmen des sich entwickelnden korporatistischen Wohlfahrtsstaates innehatten; Edward Dickinson hat zurecht auf diese Bedeutung der konfessionellen Kräfte für die Entwicklung der deutschen Jugendwohlfahrt hingewiesen.[7] Im staatlichen Auftrag bestimmten die christlich-konservativen Kinderretter durch die praktische Ausgestaltung des Anstaltslebens entscheidend den repressiven Charakter der Zwangserziehung. Im Gegensatz zu England gab es in Deutschland keine entschiedenen Versuche der staatlichen Exekutive (geschweige denn des Parlaments), die überwiegend kirchlichen Erziehungsanstalten zur Modernisierung ihrer Behandlungskonzepte zu drängen. Auch wenn die politisch-strukturellen Rahmenbedingungen der Reformentwicklung außerhalb der Untersuchungsfelder dieser Arbeit lagen, läßt sich doch vermuten, daß der relativ starke Einfluß der konfessionellen Kräfte auf der Ebene der preußischen Provinzialverbände, die die staatliche Aufsicht über die Zwangserziehung wahrnahmen, eine Modernisierung der Zwangserziehung behindert hat; im Vergleich zu dieser föderalen Struktur war der zentralistische und direkte Zugriff des englischen *Home Office* auf die Erziehungsanstalten wesentlich eher geeignet, Reformen durchzusetzen. Wichtiger als diese politischen Strukturbedingungen erscheint jedoch der bereits konstatierte fehlende Rückhalt progressiver Reformkonzepte in den relevanten gesellschaftlichen Gruppierungen.

Die Reformunfähigkeit und die daraus resultierende negative Dynamik der deutschen Fürsorgererziehung setzte sich nach 1918 verschärft fort. Diese ›Krise der Fürsorgeerziehung‹ in der Weimarer Republik ist nicht Gegenstand dieser Arbeit. Nachdem sie schon im Zentrum der Studie von Detlev Peukert gestanden hatte, ist sie auch in den letzten Jahren wiederholt und ausführlich untersucht worden.[8] Dennoch kann die vorliegende Arbeit ebenfalls einen Beitrag zur Erklärung dieser Krise leisten, indem sie ihre Vorgeschichte und

7 Dickinson.
8 Dickinson; Gräser; Harvey.

ihre Ursachen in der Entwicklung der Jugendkriminalpolitik vor dem Ersten Weltkrieg aufzeigt. Die Probleme und Konflikte, die sich in den 1920er Jahren zu einer manifesten Krise zuspitzten, prägten, das ist ein Ergebnis dieser Arbeit, bereits vor dem Ersten Weltkrieg die Praxis der Zwangserziehung.

Der Vergleich zwischen England und Deutschland zeigt hier auch, daß der Gedanke der »Aussonderung der Nichterziehungsfähigen«[9] der Zwangserziehung durchaus nicht immanent war, wie Detlev Peukert aus der Entwicklung der deutschen Fürsorgeerziehung geschlossen hat. Peukert interpretierte diese Entwicklung als prototypisch für die Ambivalenz moderner Sozialpolitik überhaupt, der er einen »totalitären Geltungsanspruch«[10] und eine Anlage zur Ausgrenzung all derer unterstellte, die auf die Versuche der Normalisierung nicht ansprechen. Die Ergebnisse dieser Arbeit zeigen jedoch, daß eine solche totalitäre Tendenz der Zwangserziehung nicht allgemein feststellbar ist, sondern vielmehr aus einer Kombination von Faktoren resultierte, die nur auf die deutsche, nicht aber auf die englische Entwicklung zutrafen. Diese Faktoren waren vor allem die überzogene Anwendung der Zwangserziehung auf die älteren Jugendlichen und das starre Festhalten an dieser zunehmend unzeitgemäßen Sanktionsform sowie schließlich die Bevorzugung abstrakter kriminalpsychiatrischer Theorien als Erklärungsmuster der Probleme, die sich daraus ergaben. Diese Arbeit kommt daher ebenso wie die Studien Marcus Gräsers und Edward Dickinsons zu dem Ergebnis, daß es nicht die ›moderne‹ Konzeption einer wohlfahrtsstaatlich orientierten Jugendkriminalpolitik an sich war, die in Deutschland schließlich zu einer Realisierung totalitärer Lösungsansätze sozialer Probleme führte, sondern vielmehr ein spezifisches Modernisierungs*defizit* der deutschen Jugendkriminalpolitik.[11] Die Reformfeindlichkeit der christlich-konservativen Anstaltsverbände bildete zusammen mit der Schwäche progressiver Reformansätze und der Präferenz kriminalanthropologischer Theorien in der bürgerlichen Fachöffentlichkeit eine gefährliche Mischung, die schließlich die Tür für totalitäre Lösungsansätze in der Jugendkriminalpolitik öffnete.

---

9 Peukert, Grenzen, S. 293.
10 Ebd., S. 307.
11 Dickinson, S. 195ff; Gräser, S. 217.

*Tab. 5.2: England & Wales, 1857-1923. Diebstahlsdelikte von Jugendlichen unter 16 Jahren in Polizeigerichten (ab 1910: Jugendgerichten) nach Behandlungsformen (absolut und in %-Anteilen)*

ANG: Angeklagte; ENTL: straffreie Entlassung; GEF: Gefängnis; RS: Reformatory School; IS: Industrial School; RS+IS: Summe von RS und IS; PRÜG: Prügelstrafe; GELD: Geldstrafe; BEW: Friedensbürgschaft, Bewährung; AND: Andere, SUM: Summe

*A absolute Zahlen*

| | ANG | ENTL | GEF | RS | IS | RS+IS | PRÜG | GELD | BEW | AND |
|---|---|---|---|---|---|---|---|---|---|---|
| 1857 | 5669 | 2025 | 2550 | 492 | 0 | 492 | 413 | 114 | 0 | 75 |
| ... | | | | | | | | | | |
| 1861 | 6510 | 2672 | 2288 | 971 | 0 | 971 | 297 | 192 | 34 | 56 |
| 1862 | 7441 | 3419 | 2341 | 901 | 0 | 901 | 302 | 278 | 51 | 149 |
| 1863 | 7515 | 3495 | 2347 | 825 | 130 | 955 | 319 | 275 | 44 | 80 |
| 1864 | 8072 | 3599 | 2421 | 848 | 174 | 1022 | 389 | 375 | 78 | 188 |
| 1865 | 8113 | 3438 | 2468 | 941 | 212 | 1153 | 413 | 322 | 62 | 256 |
| 1866 | 7719 | 3161 | 2267 | 938 | 204 | 1142 | 539 | 280 | 53 | 277 |
| 1867 | 8285 | 3356 | 2269 | 1120 | 266 | 1386 | 650 | 403 | 111 | 110 |
| 1868 | 8816 | 3591 | 2620 | 1075 | 365 | 1440 | 602 | 375 | 31 | 157 |
| 1869 | 8778 | 3544 | 2503 | 959 | 469 | 1428 | 593 | 442 | 50 | 218 |
| 1870 | 8645 | 3382 | 2536 | 1104 | 398 | 1502 | 567 | 409 | 62 | 187 |
| 1871 | 8269 | 3146 | 2165 | 1177 | 375 | 1552 | 749 | 422 | 61 | 170 |
| 1872 | 10775 | 5007 | 2487 | 1116 | 460 | 1576 | 754 | 505 | 159 | 287 |
| 1873 | 10048 | 3659 | 2483 | 1135 | 648 | 1783 | 958 | 767 | 210 | 188 |
| 1874 | 9953 | 3533 | 2307 | 1220 | 600 | 1820 | 1004 | 821 | 244 | 224 |
| 1875 | 7930 | 2568 | 1732 | 1100 | 545 | 1645 | 814 | 711 | 224 | 236 |
| 1876 | 8700 | 2993 | 1783 | 958 | 628 | 1586 | 1078 | 740 | 223 | 297 |
| 1877 | 9348 | 3072 | 1946 | 1100 | 771 | 1871 | 1241 | 800 | 205 | 213 |
| 1878 | 10104 | 3528 | 2006 | 1155 | 832 | 1987 | 1434 | 855 | 138 | 156 |
| 1879 | 9299 | 3316 | 1910 | 965 | 701 | 1666 | 1240 | 791 | 192 | 184 |
| ... | | | | | | | | | | |
| 1910 | 10254 | 2693 | 78 | 740 | 559 | 1299 | 1282 | 772 | 3890 | 53 |
| 1911 | 9943 | 2693 | 51 | 687 | 574 | 1261 | 1294 | 796 | 3623 | 60 |
| 1912 | 12273 | 3279 | 105 | 831 | 689 | 1520 | 1584 | 1120 | 4439 | 76 |
| 1913 | 11719 | 2982 | 32 | 707 | 686 | 1393 | 1651 | 1140 | 4263 | 56 |
| 1914 | 11939 | 2977 | 10 | 766 | 659 | 1425 | 1715 | 1244 | 4274 | 111 |
| ... | | | | | | | | | | |
| 1917 | 19121 | 3517 | 25 | 1029 | 1162 | 2191 | 3745 | 2858 | 6451 | 130 |
| 1918 | 16057 | 3243 | 15 | 930 | 1025 | 1955 | 2514 | 2567 | 5398 | 142 |
| 1919 | 10545 | 2352 | 9 | 557 | 482 | 1039 | 1069 | 1997 | 3881 | 106 |
| 1920 | 10997 | 2721 | 8 | 507 | 464 | 971 | 881 | 1830 | 4501 | 64 |
| 1921 | 9200 | 2599 | 7 | 361 | 294 | 655 | 431 | 1504 | 3902 | 88 |
| 1922 | 9579 | 2770 | 3 | 378 | 321 | 699 | 364 | 1182 | 4521 | 23 |
| 1923 | 9710 | 2559 | 1 | 423 | 305 | 728 | 366 | 790 | 5198 | 37 |

*B Prozentanteile*

| | ENTL | GEF | RS | IS | RS+IS | PRÜG | GELD | BEW | AND | SUM |
|---|---|---|---|---|---|---|---|---|---|---|
| 1857 | 35,7 | 45,0 | 8,7 | 0,0 | 8,7 | 7,3 | 2,0 | 0,0 | 1,3 | 100 |
| ... | | | | | | | | | | |
| 1861 | 41,0 | 35,1 | 14,9 | 0,0 | 14,9 | 4,6 | 2,9 | 0,5 | 0,9 | 100 |
| 1862 | 45,9 | 31,5 | 12,1 | 0,0 | 12,1 | 4,1 | 3,7 | 0,7 | 2,0 | 100 |
| 1863 | 46,5 | 31,2 | 11,0 | 1,7 | 12,7 | 4,2 | 3,7 | 0,6 | 1,1 | 100 |
| 1864 | 44,6 | 30,0 | 10,5 | 2,2 | 12,7 | 4,8 | 4,6 | 1,0 | 2,3 | 100 |
| 1865 | 42,4 | 30,4 | 11,6 | 2,6 | 14,2 | 5,1 | 4,0 | 0,8 | 3,2 | 100 |
| 1866 | 41,0 | 29,4 | 12,2 | 2,6 | 14,8 | 7,0 | 3,6 | 0,7 | 3,6 | 100 |
| 1867 | 40,5 | 27,4 | 13,5 | 3,2 | 16,7 | 7,8 | 4,9 | 1,3 | 1,3 | 100 |
| 1868 | 40,7 | 29,7 | 12,2 | 4,1 | 16,3 | 6,8 | 4,3 | 0,4 | 1,8 | 100 |
| 1869 | 40,4 | 28,5 | 10,9 | 5,3 | 16,3 | 6,8 | 5,0 | 0,6 | 2,5 | 100 |
| 1870 | 39,1 | 29,3 | 12,8 | 4,6 | 17,4 | 6,6 | 4,7 | 0,7 | 2,2 | 100 |
| 1871 | 38,0 | 26,2 | 14,2 | 4,5 | 18,8 | 9,1 | 5,1 | 0,7 | 2,1 | 100 |
| 1872 | 46,5 | 23,1 | 10,4 | 4,3 | 14,6 | 7,0 | 4,7 | 1,5 | 2,7 | 100 |
| 1873 | 36,4 | 24,7 | 11,3 | 6,4 | 17,7 | 9,5 | 7,6 | 2,1 | 1,9 | 100 |
| 1874 | 35,5 | 23,2 | 12,3 | 6,0 | 18,3 | 10,1 | 8,2 | 2,5 | 2,3 | 100 |
| 1875 | 32,4 | 21,8 | 13,9 | 6,9 | 20,7 | 10,3 | 9,0 | 2,8 | 3,0 | 100 |
| 1876 | 34,4 | 20,5 | 11,0 | 7,2 | 18,2 | 12,4 | 8,5 | 2,6 | 3,4 | 100 |
| 1877 | 32,9 | 20,8 | 11,8 | 8,2 | 20,0 | 13,3 | 8,6 | 2,2 | 2,3 | 100 |
| 1878 | 34,9 | 19,9 | 11,4 | 8,2 | 19,7 | 14,2 | 8,5 | 1,4 | 1,5 | 100 |
| 1879 | 35,7 | 20,5 | 10,4 | 7,5 | 17,9 | 13,3 | 8,5 | 2,1 | 2,0 | 100 |
| ... | | | | | | | | | | |
| 1910 | 26,4 | 0,8 | 7,2 | 5,5 | 12,7 | 7,5 | 12,5 | 37,9 | 2,2 | 100 |
| 1911 | 27,2 | 0,5 | 6,9 | 5,8 | 12,7 | 8,0 | 13,0 | 36,4 | 2,2 | 100 |
| 1912 | 26,7 | 0,9 | 6,8 | 5,6 | 12,4 | 9,1 | 12,9 | 36,2 | 1,8 | 100 |
| 1913 | 25,5 | 0,3 | 6,0 | 5,9 | 11,9 | 9,7 | 14,1 | 36,4 | 2,2 | 100 |
| 1914 | 25,0 | 0,1 | 6,4 | 5,5 | 11,9 | 10,4 | 14,4 | 35,8 | 2,4 | 100 |
| ... | | | | | | | | | | |
| 1917 | 18,5 | 0,1 | 5,4 | 6,1 | 11,5 | 14,9 | 19,6 | 33,7 | 1,6 | 100 |
| 1918 | 20,4 | 0,1 | 5,8 | 6,4 | 12,2 | 16,0 | 15,7 | 33,6 | 2,1 | 100 |
| 1919 | 22,5 | 0,1 | 5,3 | 4,6 | 9,9 | 18,9 | 10,1 | 36,8 | 1,7 | 100 |
| 1920 | 24,9 | 0,1 | 4,6 | 4,2 | 8,8 | 16,6 | 8,0 | 40,9 | 0,6 | 100 |
| 1921 | 28,4 | 0,1 | 3,9 | 3,2 | 7,1 | 16,3 | 4,7 | 42,4 | 0,9 | 100 |
| 1922 | 29,1 | 0,0 | 3,9 | 3,4 | 7,3 | 12,3 | 3,8 | 47,2 | 0,2 | 100 |
| 1923 | 26,7 | 0,0 | 4,4 | 3,1 | 7,5 | 8,1 | 3,8 | 53,5 | 0,4 | 100 |
| *Durchschnitte:* | | | | | | | | | | |
| *1857, 1861-64* | *42,8* | *34,6* | *11,4* | *0,8* | *12,2* | *5,0* | *3,4* | *0,6* | *1,5* | *100* |
| *1865-69* | *41,0* | *29,1* | *12,1* | *3,6* | *15,7* | *6,7* | *4,3* | *0,7* | *2,5* | *100* |
| *1870-74* | *39,1* | *25,3* | *12,2* | *5,2* | *17,4* | *8,4* | *6,1* | *1,5* | *2,2* | *100* |
| *1875-79* | *34,0* | *20,7* | *11,7* | *7,6* | *19,3* | *12,7* | *8,6* | *2,2* | *2,4* | *100* |
| *1910-14* | *26,2* | *0,5* | *6,7* | *5,6* | *12,3* | *9,0* | *13,4* | *36,5* | *2,1* | *100* |
| *1917-19* | *20,5* | *0,1* | *5,5* | *5,7* | *11,2* | *16,6* | *15,1* | *34,7* | *1,8* | *100* |
| *1920-23* | *27,3* | *0,0* | *4,2* | *3,5* | *7,7* | *13,4* | *5,1* | *46,0* | *0,5* | *100* |

Quelle: Parl. Papers, Criminal Statistics, 1857ff., Tabelle *Offences Determined Summarily (›larceny by juveniles under 16 years‹)*; Tabelle *Juvenile Courts*

*Tab. 5.5: Deutsches Reich, 1894-1914. Jugendliche Angeklagte nach Sanktionsformen, alle Delikte (absolut und und in % aller Angeklagten)*

*A absolut*

| | Angekl. | Freispr. | § 56 | Gefängn. | Begnad.* | Geldstr. | Verweis |
|---|---|---|---|---|---|---|---|
| 1894 | 55921 | 8755 | 1615 | 30383 | 0 | 6969 | 8108 |
| 1895 | 54965 | 9008 | 1578 | 28524 | 100 | 7189 | 8521 |
| 1896 | 54978 | 9127 | 1581 | 23134 | 4800 | 7172 | 9120 |
| 1897 | 55986 | 9000 | 1665 | 23880 | 4400 | 7342 | 9653 |
| 1898 | 60056 | 10130 | 1942 | 21384 | 4000 | 9789 | 12812 |
| 1899 | 59529 | 10094 | 1926 | 22787 | 5623 | 8504 | 10595 |
| 1900 | 60499 | 9872 | 1970 | 22015 | 6303 | 8953 | 11386 |
| 1901 | 62147 | 10536 | 1944 | 20842 | 7717 | 9288 | 11821 |
| 1902 | 63718 | 10860 | 1814 | 17867 | 10513 | 9698 | 12965 |
| 1903 | 63478 | 11179 | 2082 | 13968 | 12697 | 9290 | 14211 |
| 1904 | 63637 | 11454 | 2156 | 13197 | 12717 | 9605 | 14458 |
| 1905 | 64907 | 11206 | 2203 | 11806 | 14458 | 9836 | 15398 |
| 1906 | 69130 | 11574 | 2286 | 12217 | 15473 | 10557 | 17078 |
| 1907 | 67964 | 11501 | 2353 | 11579 | 15205 | 10606 | 16720 |
| 1908 | 68681 | 11454 | 2535 | 9808 | 17265 | 10063 | 17556 |
| 1909 | 62866 | 10661 | 2516 | 6909 | 18532 | 9441 | 14807 |
| 1910 | 63289 | 9938 | 2036 | 6431 | 20048 | 9955 | 14830 |
| 1911 | 62903 | 9966 | 2063 | 5630 | 21552 | 10375 | 14369 |
| 1912 | 66657 | 9785 | 1923 | 5975 | 23038 | 11210 | 14726 |
| 1913 | 65147 | 9269 | 1723 | | | | 13953 |
| 1914 | 55813 | 7452 | 1417 | | | | 11790 |
| 1915 | 73139 | 8406 | 1607 | | | | 17720 |

*B in % der Angeklagten*

| | Freispr. | § 56 | Gefängn. | Begnad.* | Geldstr. | Verweis |
|---|---|---|---|---|---|---|
| 1894 | 15,7 | 2,9 | 54,3 | 0,0 | 12,5 | 14,5 |
| 1895 | 16,4 | 2,9 | 51,9 | 0,2 | 13,1 | 15,5 |
| 1896 | 16,6 | 2,9 | 42,1 | 8,7 | 13,0 | 16,6 |
| 1897 | 16,1 | 3,0 | 42,7 | 7,9 | 13,1 | 17,2 |
| 1898 | 16,9 | 3,2 | 35,6 | 6,7 | 16,3 | 21,3 |
| 1899 | 17,0 | 3,2 | 38,3 | 9,4 | 14,3 | 17,8 |
| 1900 | 16,3 | 3,3 | 36,4 | 10,4 | 14,8 | 18,8 |
| 1901 | 17,0 | 3,1 | 33,5 | 12,4 | 14,9 | 19,0 |
| 1902 | 17,0 | 2,8 | 28,0 | 16,5 | 15,2 | 20,3 |
| 1903 | 17,6 | 3,3 | 22,0 | 20,0 | 14,6 | 22,4 |
| 1904 | 18,0 | 3,4 | 20,7 | 20,0 | 15,1 | 22,7 |
| 1905 | 17,3 | 3,4 | 18,2 | 22,3 | 15,2 | 23,7 |
| 1906 | 16,7 | 3,3 | 17,7 | 22,4 | 15,3 | 24,7 |
| 1907 | 16,9 | 3,5 | 17,0 | 22,4 | 15,6 | 24,6 |
| 1908 | 16,7 | 3,7 | 14,3 | 25,1 | 14,7 | 25,6 |
| 1909 | 17,0 | 4,0 | 11,0 | 29,5 | 15,0 | 23,6 |
| 1910 | 15,7 | 3,2 | 10,2 | 31,7 | 15,7 | 23,4 |
| 1911 | 15,8 | 3,3 | 9,0 | 34,3 | 16,5 | 22,8 |
| 1912 | 14,7 | 2,9 | 9,0 | 34,6 | 16,8 | 22,1 |
| 1913 | 14,2 | 2,6 | | | | 21,4 |
| 1914 | 13,4 | 2,5 | | | | 21,1 |
| 1915 | 11,5 | 2,2 | | | | 24,4 |

*Begnadigungen: Anzahl geschätzt aufgrund der preußischen Statistiken (siehe Tab. 5.4)

Quellen: Kriminalstatistik, 1894ff; GStA PK, Rep. 84a Nr. 8499, f. 65; Preuß. Justizmin., Statistik über die Gefängnisse für 1914, S. XII.

# Quellen- und Literaturverzeichnis

## 1 Archivquellen

### 1.1 Deutschland

*Geheimes Staatsarchiv Preußischer Kulturbesitz (GStA PK)*

*Ministerium der geistlichen und Unterrichtsangelegenheiten (Rep. 76)*
Abt. VII (M) (Die Berichte und Anzeigen über die von jungen Personen und Kindern, welche durch vernachlässigte Erziehung und Versäumung des Schulunterrichts verwildert sind, verübten Verbrechen und die zu ergreifenden Vorkehrungen zur Rettung und zur Vorbeugung dieser im jugendlichen Alter begangenen Verbrechen, 1825 - 1848)
*Ministerium des Innern (Rep. 77)*
Tit. 349a Nr. 1 Bd. 15 (Vergehen in Polizei-Kontraventionen und Strafsachen, 1901 - 1906)
Tit. 349a Nr. 206 (Die polizeilichen Strafverfügungen gegen jugendliche Personen insb. gegen Schulkinder und die Maßregeln gegen die moralische Gefährdung dieser Personen durch evtl. Vollstreckung der an Stelle von nicht beizutreibenden Geldstrafen tretenden Haftstrafen, 1905 - 1923)
*Justizministerium (Rep. 84a)*
1030 (Jugendgerichte Bd. 3, 1912 - 1922)
8124 und 8129 (Bestrafung und Besserung jugendlicher Verbrecher und ungeratener Söhne, Bd. 6, 1862 und Bd. 12, 1915 - 1926)
8136 (Bestrafung und Besserung jugendlicher Verbrecher - gutachterliche Berichte, 1906 - 1930)
8483 und 8484 (Die Einführung der bedingten Verurtheilung, 1889 - 1920)
8485 (Einführung der sogenannten bedingten Begnadigung - gutachterliche Äußerungen, 1891)
8497 - 8499 (Die bedingte Strafaussetzung, 1895 - 1903)
8510 (Bedingte Strafaussetzung - gutachterliche Berichte, 1896 - 1903)
9763 (M) (Bestrafung der jugendlichen Verbrecher in der Rheinprovinz, 1837 - 1873)

*Hauptstaatsarchiv Düsseldorf*

*Generalstaatsanwaltschaft Düsseldorf*
Nr 126/92 (Strafverfahren gegen Jugendliche, 1907 - 1932)
*Landgericht Köln (LG)*

28/485 (Vormundschaftswesen, Entmündigungssachen und Zwangserziehung, 1906 - 1908)
*Oberlandesgericht Köln (OLG)*
11/622 (Generalberichte der Landgerichte und Amtsgerichte in den Landgerichtsbezirken Köln und Düsseldorf, 1898 - 1901)
*Regierung Düsseldorf*
95 (Verfahren der Polizei-Behörden in Polizei-Contraventionsfällen, 1817 - 1829)
8880 (Einführung der sog. bedingten Begnadigung, 1890)
10784 (Correctionsanstalten für jugendliche Verbrecher, 1817 - 1845)
10790 und 10797 (Fürsorgeerziehung Minderjähriger, Einzelfälle, 1901 - 1902, 1912 - 1914)
33093 (Anträge auf Staatshilfe aus dem Jugendpflegefond, 1918ff.)
33120 (Jugendpflege - Sammelberichte, 1915 - 1926)

*Staatsarchiv Münster*

*Oberpräsidium Münster (OP)*
2637 (Nachweisung der in Zwangserziehung untergebrachten Kinder in der Provinz Westfalen, 1882 - 1902)
2639 (Gesuche und Beschwerden betr. Fürsorgeerziehung Minderjähriger Bd. 1 - 19, 1901 - 1929)

*Stadtarchiv Duisburg*

*Polizeiamt*
306/96 (Vorläufige Entlassung von Strafgefangenen, Gewährung von Straffreiheit, 1908 - 1909)
306/142 (Mitteilungen über bewilligten Strafaufschub, 1916 - 1920)
306/655, 670 (Beschwerden wegen Unfug, Ruhestörung und Sachbeschädigung, 1912 - 1920)
*Jugendamt*
501/155 (Unterbringung von Minderjährigen, über welche die gesetzliche Fürsorge nicht ausgesprochen ist, 1903 - 1910)
501/342 (Protokollbuch des Vereins für Jugendfürsorge, 1900 - 1917)

*Stadtarchiv Düsseldorf*

Abt. II 1359 (Unterbringung in Zwangserziehung (Gesetz vom 13. März 1878), 1878 - 1922)

*Stadtarchiv Hagen*

Stadt Hagen 3246 (Unruhestörung durch Kinder, 1904 - 1917)

*Stadtarchiv Remscheid*

*Stadt Lennep*

B VI B 5 (Ausschuß für Jugendfürsorge, 1908 ff.)

B VI B 6 (Verhandlungen des Ausschusses für Jugendfürsorge, 1908)

B VI B 11, 12 (Jugendliche Verbrecher und verwahrloste Kinder. Fürsorge-Erziehung, 1910 - 1920)

## 1.2 England

*Public Record Office, Kew (PRO)*

*Board of Education (ED)*

11/114 (Juvenile Delinquency, 1914 - 1917)

*Home Office, Criminal Department (HO)*

45/9403/53522 (Formation of Liverpool Industrial School for Truant Children, 1876 - 1889)

45/9593/93897 (Observations of Magistrates and Others on the Treatment of Juvenile Offenders, 1880 - 1887)

45/9593/93897A (Suggestions as to Treatment and Punishment of Juvenile Offenders, 1880)

45/9617/A13312 (Report of Commission on Reformatory and Industrial Schools, Observations of Various Authorities on Recommendations, 1882 - 1887)

45/9749/A58218 (Practice of Sending Children Charged with Criminal Offences to the Workhouse, 1896 - 1897)

45/9825/B8706 (Committal to Reformatory and Industrial Schools; Children Remanded in Workhouses from Police Courts, 1890 - 1897)

45/9970/X30078 (First Offenders Act. Disregard by Manchester and Salford Justices, 1890 - 1891)

45/10050/A62846 (Youthful Offenders Act, 1901 - 1903)

45/10053/A63223 (Whipping or Birching of Juvenile Offenders, 1895 - 1903)

45/10157/B23010C und 45/10158/B23010C (Youthfull Offenders Bill, 1899 - 1901)

45/10199/B31906 (Industrial Schools Bill, 1900 - 1901)

45/10340/139389 (Seperate Courts for Juveniles, 1906 - 1908)

45/10340/139444 (Reformatory and Industrial Schools: Detention of Children up to 18 or 19 years of Age, 1906)

45/10342/140503 (Probation of Offenders (No.2) Bill, 1906 - 1907)

45/10362/154821 (Children's Bill, 1907 - 1908)

45/10572/176696 (Probation of Offenders Act, 1909 - 1914)

45/10962/349554 (Home Office Juvenile Organizations Committee, 1916 - 1918)

144/1023/163781 (General File for Working of the Probation Act, 1908 - 1910)

144/998/124607 (Birching of Juveniles, 1904 - 1917)

144/1116/203154 (Probation of Offenders Act 1907. Relieving Officers as Probation Officers, 1911 - 1918)
144/1257/235594 (Power of Courts to Order Birching for Offenders under 14 years of Age Charged with an Indictable Offence, 1913)
349/1 bis 349/3 (Stockport Industrial School Admission Book, 1874 - 1904)
*Metropolitan Police (MEPO)*
2/478 (Birch Rods, Approved Patterns, 1899 - 1905)

*Leeds Record Office*

Eastmoor Reformatory School, 11/1 (Punishment Register, 1907 - 1920)

*Manchester City Archive*

*National Public School Association*
M136/2/3/3698 (Statistics of Crime, 1847)

*Modern Records Centre, Coventry*

*Howard League*
MSS. 16A/7/6 (Notebook of Edward Grubb, 1903 - 1905)

*Oldham Record Office*

CBO 3/1/1 (Oldham Borough, Watch Committee Minutes, 1907 - 1911)

*Salvation Army Archive, London*

Sachgruppe ›Work among Boys‹

*Wakefield Record Office*

P11/1 (Batley Borough, Petty Sessions Register, 1876ff.; erhoben 1879 - 1886, 1889 - 90, 1893 - 94, 1897 - 98, 1901 - 02, 1905 - 06, 1909 - 10, 1913 - 19, N=704)
West Yorkshire Police, Leeds City A137/32 (Reports of the Chief Constable to the Watch Committee, 1902 - 1915)

# 2 Gedruckte Quellen

## 2.1 Deutschland


*Amtliche Veröffentlichungen*

*Deutsches Reich*

*Kriminalstatistik*

Kriminalstatistik für das Jahr 1882ff. (Statistik des Deutsches Reiches, NF Bd. 8ff.)

Reichstagsdrucksachen, 10. Legislaturperiode 1900-1903, Nr. 859

*Preußen*

Preußisches Ministerium des Innern, Kriminalstatistische Tabellen über Verbrechen, Strafe und Strafvollzug auf Grund der Reichs-Kriminalstatistik 1909 (Beilage zur Statistik der zum Ressort des Königlich Preußi schen Ministeriums des Innern gehörenden Strafanstalten und Gefängnisse und der Korrigenden für das Rechnungsjahr 1910), Berlin 1912

—, Statistik der zum Ressort des kg. Preußischen Ministeriums des Innern gehörenden Strafanstalten und Gefängnisse und der Korrigenden, Berlin 1871 - 1918

—, Statistik über die Erfolge der Fürsorgeerziehung bei den in der Zeit vom 1. April 1904 bis zum 31. März 1909 aus der Fürsorgeerziehung ausgeschiedenen Personen, Rawitsch 1911

—, Statistik über die Fürsorgeerziehung Minderjähriger und über die Zwangserziehung Jugendlicher, Berlin 1904 - 1918

Preußisches Justizministerium, Statistik über die Gefängnisse der Justizverwaltung in Preußen, Berlin 1903-1915

Preußisches Statistisches Bureau (Hg.), Der Schutz der jugendlichen Personen im preußischen Staate, Berlin 1883

*kommunale Verwaltungsberichte*

Stadt Bochum, Verwaltungsbericht für 1901 - 1906

Stadt Gelsenkirchen, Verwaltungsbericht für 1903 - 1913

Stadt Mönchengladbach, Verwaltungsbericht für 1902 - 1912

*Veröffentlichungen von Verbänden und Organisationen*

Allgemeiner Fürsorgeerziehungs-Tag (Hg.), Bericht über die Verhandlungen des Allgemeinen Deutschen Fürsorgeerziehungs-Tages in Rostock 23. - 27. Juni 1910, Berlin 1910

— (Hg.), Bericht über die Verhandlungen des Allgemeinen Deutschen Fürsorgeerziehungs-Tages in Dresden 24. - 27. Juni 1912, Berlin 1912

Central-Ausschuß für Innere Mission (Hg.), Verhandlungen der 10. Konferenz der deutschen evangelischen Rettungshausverbände und Erziehungsvereine zu Posen vom 3. - 6.

Juni 1907 (Veröffentlichungen des Central-Ausschusses für Innere Mission in Berlin), Hamburg 1907
— (Hg.), Verhandlungen der 11. Konferenz der deutschen evangelischen Rettungshausverbände und Erziehungsvereine zu Düsseldorf vom 14. - 16. Juni 1909 (Veröffentlichungen des Central-Ausschusses für Innere Mission in Berlin), Hamburg 1909
— (Hg.), Verhandlungen der 12. Konferenz der deutschen evangelischen Rettungshausverbände und Erziehungsvereine vom 24. - 26. Juni 1911 (Veröffentlichungen des Central-Ausschusses für Innere Mission in Berlin), Hamburg 1911
Deutsche Zentrale für Jugendfürsorge, Grundsätze und Winke für Helfer der Berliner Jugendgerichtshilfe, 7.A. Berlin 1918
—, Der Kampf der Parteien um die Jugend. Ein Erörterungsabend, Berlin 1912
— (Hg.), Kriegstagung der deutschen Jugendgerichtshilfen (vierter deutscher Jugendgerichtstag) am 12. - 14. 4. 1917 zu Berlin, Berlin 1918
— (Hg.), Verhandlungen des zweiten deutschen Jugendgerichtstages 29. 9. - 1. 10. 1910, Berlin 1911
— (Hg.), Verhandlungen des dritten deutschen Jugendgerichtstages 10. - 12. 10. 1912, Leipzig 1913
— (Hg.), Verhandlungen über die Wirksamkeit des Fürsorgeerziehungsgesetzes. Konferenz der Zentralstelle für Jugendfürsorge in Berlin am 15. - 16. Juni 1906, Berlin 1906

*Zeitschriften*

Die Jugendfürsorge 1/1900ff.
Mitteilungen der Internationalen Kriminalistischen Vereinigung 1/1890ff. (Mitteilungen IKV)
Monatsschrift für Kriminal-Psychologie und Strafrechtsreform 1/1904ff. (MschrKrimPsych)
Zeitschrift für die Gesamte Strafrechtswissenschaft 1/1881ff. (ZstW)
Zentralblatt für Vormundschaftswesen, Jugendgerichte und Fürsorgeerziehung 1/1909-10ff. (ZB)

## 2.2 England

*Amtliche Veröffentlichungen*

*Parliamentary Papers*
Parl. Debates, House of Commons, vol. CLXXIII
*Employment of School Children*
Employment of School Children. Inter-dep. Cttee. Rep.; 1902 Cd. 849, xxv, 261 / -mins. of ev., etc.; 1902 Cd. 895. xxv. 287
Census of England and Wales, 1851ff.
*Criminal Statistics*

Judicial Statistics for England and Wales, Part One: Criminal Statistics, 1857ff.
Duties of the Metropolitan Police. I. R. Com. Rep.; 1908 Cd. 4156. l. 1 / mins. of ev.; 1908 Cd.4260. l. 501 / -. mins. of ev., etc.; 1908 Cd. 4261. li. 1
Probation of Offenders Act, 1907. Dep. Cttee. Rep.; 1910 Cd. 5001, xlv. 819 / mins. of ev., etc.; 1910 Cd. 5002, xlv. 839
*Reformatory and Industrial Schools (1884)*
Reformatories and Industrial Schools Commission. Report of the Commissioners; 1884 Cd. 3876. xlv
*Reformatory and Industrial Schools (1896)*
Reformatory and Industrial Schools. Dpt. Cttee. Rep.; 1896. xlv. Cd.8204 / min. of ev., 1897. xlii. Cd. 8290
*Reformatory and Industrial Schools (1913)*
Reformatory and Industrial Schools. Dpt. Cttee. Rep.; 1913. Cmd. 6838. xxxix / min. of. ev., etc.; 1913 Cmd. 6839. xxxix
*Annual Report [...] Reformatory and Industrial Schools*
Report of the Commissioners of Prisons and the Director of Convict Prisons, 1857ff.
Training, Appointment and Payment of Probation Officers. Dept. Cttee.; 1922 Cmd. 1601. x. 419
[Treatment of Youthful Offenders] Return showing [...] the number and disposal of children and young persons under 16 who were charged with offenses [...]; 1907 (84) lxix. 665
*weitere Veröffentlichungen der Regierung*
Board of Education, Juvenile Delinquency. Report of the Juvenile Organisations Committee, London 1920
Home Office, [First] Report on the Work of the Children's Branch, London 1923
—, Second Report on the Work of the Children's Branch, London 1924
*Veröffentlichungen von kommunalen Behörden*
Annual Police Reports (*die Police Reports wurden unter verschiedenen und häufig wechselnden Titeln veröffentlicht. Einzelne fehlende Jahrgänge werden nicht ausgewiesen):* Bolton, 1869 - 1922; Bradford, 1862 - 1865, 1873 - 1920; Hull, 1902 - 1910; Leeds, 1868 - 1922; Liverpool, 1857 - 1885, 1891 - 1920; Manchester, 1857 - 1913; Oldham, 1862, 1867 - 1908; Stockport, 1877 - 1914
Leeds School Board, Report on the Home Secretary's Communication as to the Result of the Enquiry into the Management of the Shibden Industrial School for Roman Catholic Boys, Leeds 1884

*Veröffentlichungen von Verbänden und privaten Organisationen*

*Church Army, Annual Report for 1891*
Church Army, The Church Army's Blue Book [Annual Report] for 1891, London 1891
*Howard Association, Annual Report*
Howard Association, Annual Reports, 1876 - 1916, London 1876 - 1916

—, The Advantages and Possibilities of the Probation System, London 1907
—, Industrial Education versus Crime. Need for Cheap and Common Technical Schools, London 1877
—, Imprisonment of Children. Memorial of the Howard Association, London o.J.
—, The Imprisonment of Young Children, o.J. (ca. 1875)
—, The Magistrate and the Child Offender, London 1920
*Offenders (1881)*
—, Juvenile Offenders, London 1881
*Offenders (1898)*
—, Juvenile Offenders. A Report Based on an Inquiry Instituted by the Committe of the Howard Association, 1898
Manchester Certified Industrial Schools, Annual Report, Manchester 1887ff.
*NSPCC, Annual Report for 1902*
National Society for the Prevention of Cruelty to Children, Annual Reports, 1884 - 1921, London 1884 - 1921
Penal Reform League, Fourth Annual Report of the Penal Reform League, London 1911
State Children's Association, Annual Reports, 1897 - 1916, London 1897-1916

*Zeitschriften*

Bolton Journal 1872ff.
The Law Times
Penal Reform League Record, 1912 - 1919
The Times
Times Educational Supplement
Transactions of the National Association for the Promotion of the Social Sciences 1863ff. (Transactions NAPSS)

## 3 Literatur vor 1930

Adickes, F., Der englische Strafprozeß und die deutsche Strafprozeßreform, in: MSchrKrimPsych 3/1906-7, S. 65-78
Adler, Nettie, Separate Courts of Justice for Children. Probation and Probation Officers, London 1908
Adshead, Joseph, On Juvenile Criminals, Reformatories, and the means of rendering the perishing and dangerous classes servicable to the State, in: Transactions of the Manchester Statistical Society 1855-56, S. 67-122
Agahd, Konrad, Gewerbliche Kinderarbeit in Erziehungsanstalten - Eine Reform im Sinne des Reichsgesetzes betr. Kinderarbeit in gewerblichen Betrieben?, Leipzig 1905

Allmenröder, Das Jugendgericht in und nach der Hauptverhandlung, in: Deutsche Zentrale für Jugendfürsorge (Hg.), Verhandlungen des ersten Deutschen Jugendgerichtstages 15. bis 17. März 1909, Berlin/Leipzig 1909, S. 38-43

—, Straf- und Erziehungsmittel im Einzelnen, in: Deutsche Zentrale für Jugendfürsorge (Hg.), Verhandlungen des dritten Deutschen Jugendgerichtstages 10.-12. Oktober 1912, Leipzig 1913, S. 67-77

Amelunxen, Rudolf, Studentische Jugendgerichtshilfe, Mönchengladbach 1911

Anonym, The Closing of the Little Commonwealth, 1918

—, Report of a Committee appointed to Examine into the State of Juvenile Crime in Newcastle and Gateshead, Newcastle 1852

—, Report of the Proceedings of the Second Conference on the Subject of Juvenile Delinquency and Preventive and Reformatory Schools held at Birmingham, December 20, 1853, London 1854

Appelius, Hugo, Die Behandlung jugendlicher Verbrecher und verwahrloster Kinder. Bericht der von der Internationalen Criminalistischen Vereinigung (Gruppe Deutsches Reich) gewählten Commission, Berlin 1892

—, Die bedingte Verurteilung und die anderen Ersatzmittel für kurzzeitige Freiheitsstrafen, Kassel 1890

Aschaffenburg, Gustav, Die Stellung der Ärzte zu dem Entwurfe der Strafprozeßordnung, in: Mitteilungen der Internationalen Kriminalistischen Vereinigung 16/1909, S. 320-338

—, Das Verbrechen und seine Bekämpfung. Einleitung in die Kriminalpsychologie für Mediziner, Juristen und Soziologen; ein Beitrag zur Reform der Strafgestzgebung, Heidelberg (1906) 3.A. 1923

Aschaffenburg, Gustav und Partenheimer (Hg.), Bericht über den VII. Internationalen Kongreß für Kriminalanthropologie in Köln 9.-13. Oktober 1911, Heidelberg 1912

Aschrott, P.F., Die Behandlung der verwahrlosten und verbrecherischen Jugend und Vorschläge zu ihrer Reform, Berlin 1892

—, Die Kriminalität der Jugendlichen, in: Deutsche Strafrechtszeitung 1/1914, S. 83-89

—, Zur Reform des deutschen Strafen- und Gefängniswesens, in: ZStW 8/1888, S. 1-50

—, Die Reform des Strafverfahrens und die Vorschläge der Strafprozeßkommission, in: Mitteilungen IKV 14/1907, S. 212-240

—, Die Schutzaufsicht in einem neuen deutschen Strafrechte, Berlin 1912

—, Strafen und Gefängniswesen in England während des letzten Jahrzehnts, ZStW 17/1897, S. 1-52

—, Strafen, Sichernde Maßnahmen, Schadensersatz, in: Aschrott, P.F./Liszt, Franz v. (Hg.), Die Reform des Reichsstrafgesetzbuches. Kritische Besprechung des Vorentwurfs zu einem Strafgesetzbuche für das Deutsche, Reich [...], Bd. 1, Berlin 1910, S. 66-178

—, Strafensystem und Gefängniswesen in England, Berlin/Leipzig 1887

Aspland, Alfred, On Reformatories, and What We Know of Them, in: Transactions of the Manchester Statistical Society 1862-63, S. 39-64

Bachem, Julius, Die bedingte Verurteilung, Köln 1894

—, Bedingte Verurteilung oder bedingte Begnadigung?, Köln 1896
*Backhausen, Das Entweichen der Fürsorgezöglinge, in: ZB 2/1910-11, S. 241-247*
—, *Gegen die Fürsorgeerziehung, in: Rettungshausbote 33/1913, S. 155-158*
—, Welches Lebensalter soll die Altersgrenze bei der Überweisung in die Fürsorgeerziehung haben?, in: Central-Ausschuß für innere Mission (Hg.), Verhandlungen der 12. Konferenz der deutschen evangelischen, Rettungshausverbände und Erziehungsvereine vom 24. - 26. Juni 1911 (Veröffentlichungen des Central-Ausschusses für Innere Mission in Berlin), Hamburg 1911, S. 12-20
Baernreither, J.M., Über Jugendgerichte, in: Mitteilungen der Internationalen Kriminalistischen Vereinigung 15/1908, S. 517-536
Baker, Thomas Barwick L., Abstracts and Inferences Founded Upon the Official Criminal Returns of England and Wales for the Years 1854-1859, with Special Reference to the Results of Reformatories, in: Journal of the Statistical Society of London, 23/1860, S. 427-454
Barnett, Mary G., Young Delinquents. A Study of Reformatory and Industrial Schools, London 1913
Barth, Elfriede, Untersuchungen an weiblichen Fürsorgezöglingen, (Diss) Berlin 1915
Basler, Zur Zwangserziehungspraxis, in: Die Zwangs-Fürsorge-Erziehung. Vorträge gehalten in der Vereinigung für gerichtliche Psychiatrie und Psychologie im Großherzogtum Hessen (Juristisch-Psychiatrische Grenzfragen, Bd. 3.8), Halle 1906, S. 54-64
Becker, Organisation und Zuständigkeit der Jugendgerichte, in: Deutsche Zentrale für Jugendfürsorge (Hg.), Verhandlungen des zweiten Deutschen Jugendgerichtstages 29.9.-1.10.1910, Berlin/Leipzig 1911, S. 33-44
Berger, A., Material über Jugend-Schutz und Jugend-Besserung. Material und Abhandlungen vorwiegend strafrechtlichen Charakters unter weitgehender Berücksichtigung des Auslandes und der Geschichte, I. Teil, Leipzig 1897
Bernau, Die Häufigkeit der Freisprechungen und das staatsanwaltschaftliche Vorferfahren, in: Deutsche Strafrechtszeitung 1/1914, S. 302-306
Beßler, K., Die Kriminalität Westpreußens. Eine kriminalstatistische Studie über das Jahrfünft 1903-1907 (Strafrechtliche Abhandlungen H.188), Breslau 1915
Birkmeyer, Karl, Was läßt von Liszt vom Strafrecht übrig? Eine Warnung vor der modernen Richtung im Strafrecht, München 1907
Böttcher, Die Beziehungen der Fürsorgeerziehungsorgane zu den Familien unserer Fürsorgezöglinge, in: Allgemeiner Fürsorgeerziehungs-Tag (Hg.), Bericht über die Verhandlungen des Allgemeinen Deutschen Fürsorgeerziehungs-Tages, in Dresden 24.-27.Juni 1912 ,Berlin 1912, S. 93-101
Bonger, Willem A., Criminality and Economic Conditions,Reprint New York 1967 (Boston 1916)
Brookes, J., Should the Consent of Parents be Necessary in Dealing with Emigration or Other Destination of Incorrible Children?, in: Transactions NAPSS 1883 (1884), S. 224-230

Budding, Karl, Die Polizei in Stadt und Land in Großbritannien (Beiträge zur Reform des Strafprozesses Bd.2,1), Berlin 1908
Büchsel, H., Die Organisation der Familienpflege in Westfalen, in: Rettungshausbote 33/1913, S. 204-206
—, Psychiatrie und Pädagogik, in: ZB 5/1913-14, S. 277-281
Carpenter, Mary, Juvenile Delinquents, their Condition and Treatment, London 1853
—, How Far is it Desirable that the Industrial School Act Should be Extended to Day Industrial Feeding Schools, in: Transactions NAPSS 1874 (1875), S. 266-280
—, On the Essential Principles of the Reformatory Movement, in: Transactions NAPSS 1862 (1863), S. 443-450
—, Reformatory Schools for the Children of the Perishing and Dangerous Classes, and for Juvenile Offenders, London 1851
Chapman, Cecil M., The Poor Man's, Court of Justice: Twenty-Five Years as a Metropolitan Magistrate, London 1925
Courtenay Lord, J., Paper read at the International Congress at the Guildhall London on May 22nd, 1906, Birmingham 1906
Davies, Gwilym, The Industrial School-Boy on Welsh Farms. A Social Study in West Wales, Carmarthen 1913
Dehn, Günther, Großstadtjugend. Beobachtungen und Erfahrungen aus der Welt der großstädtischen Arbeiterjugend, Berlin 2.A. 1922
—, Proletarische Jugend, Berlin 1912
—, Straffällige Jugend und Jugendpflege, in: Deutsche Zentrale für Jugendfürsorge (Hg.), Kriegstagung der deutschen Jugendgerichtshilfen (4. Deutscher Jugendgerichtstag) am 12.-14.4.1917 zu Berlin, Berlin 1918, S. 128-130
Disselhoff, Die Schwierigkeiten und Erfolge der Fürsorgeerziehung, in: Central-Ausschuß für Innere Mission (Hg.), Verhandlungen der 12. Konferenz der deutschen evangelischen Rettungshausverbände und Erziehungsvereine vom 24. -, 26., Juni 1911 Veröffentlichungen des Central-Ausschusses für Innere Mission in Berlin), Hamburg 1911, S. 45-50
Drahten, Josef, Das moderne Jugendgericht und die Mitarbeit der Laien bei demselben, Freiburg 1917
Drew, Andrew A.W., Industrial Schools and Juvenile Crime, in: The Contemporary Review 63/1893, S. 732-743
Droste, Heinrich, Der Lehrer als Mitarbeiter bei Ausführung des Preuß. Fürsorgererziehungsgesetzes vom 2. Juli 1900, Arnsberg 1901
Ellger, Hans, Fürsorgeerziehung und Jugendgericht, in: MSchrKrimPsych 11/1914-18, S. 688-691
Ellis, Havelock, Verbrecher und Verbrechen (Bibliothek für Socialwissenschaft, Bd.4), Leipzig 1895
Engelberg, Das Zusammenwirken des Jugendgerichts mit Verwaltungsbehörden und freiwilligen Fürsorgeorgansisationen, in: Deutsche Zentrale für Jugendfürsorge (Hg.), Ver-

handlungen des ersten Deutschen, Jugendgerichtstages 15. bis 17. März 1909, Berlin/Leipzig 1909, S. 56-62
Exner, Fritz, Krieg und Kriminalität. Vortrag (Kriminalistische Abhandlungen H.1), Leipzig 1926
Feisenberger, Strafe und Erziehungsmaßregel, in: ZB 2/1910-11, S. 229-232
Felisch, Paul, Ein deutsches Jugendgesetz, Berlin 1917
Fischer, Das Jugendgericht in und nach der Hauptversammlung, in: Deutsche Zentrale für Jugendfürsorge (Hg.), Verhandlungen des ersten Deutschen Jugendgerichtstages 15. bis 17. März 1909, Berlin/Leipzig 1909, S. 30-37
Foerster, Friedrich Wilhelm, Erziehung und Selbsterziehung. Hauptgesichtspunkte für Eltern und Lehrer, Seelsorger und Jugendpfleger, Zürich 1917
—, Schuld und Sühne. Einige psychologische und pädagogische Grundfragen des Verbrecherproblems und der Jugendfürsorge, München 1912
—, Strafe und Erziehung - Sühne und Besserung, in: Deutsche Zentrale für Jugendfürsorge (Hg.), Verhandlungen des dritten Deutschen Jugendgerichtstages 10.-12. Oktober 1912, Leipzig 1913, S. 9-23
Fosdick, C.J., European Police Systems, New York 1915, Repr. Montelair/NJ 1969
Frikker, Die Behandlung jugendlicher Rechtsbrecher in England, München 1913
Fuld, Ludwig, Die Zwangserziehung in ihrer prophylaktischen Bedeutung, in: ZStW 11/1890, S. 114-125
Gamon, Hugh R.P., The London Police Court Today and Tomorrow, London 1907
Gaupp, Robert, Über moralisches Irresein und jugendliches Verbrechertum, in: Vorträge geh. auf d. Versammlung von Juristen und Ärzten in Stuttgart 1903, Halle 1904, S. 51-68
Gleispach, Graf v., Straf- und Erziehungsmittel im einzelnen, in: Deutsche Zentrale für Jugendfürsorge (Hg.), Verhandlungen des dritten Deutschen Jugendgerichtstages 10.-12. Oktober 1912, Leipzig 1913, S. 53-67
Goring, Charles, The English Convict. A Statistical Study,London 1913
Greenwood, James, The Prisoner in the Dock. My four Years' Daily Experiences in the London Police Courts, London 1902
Gregor, A. und Voigtländer, Else, Die Verwahrlosung, ihre klinisch-psychologische Bewertung und ihre Bekämpfung, Berlin 1918
Grosvenor, G., Statistics on the Abatement of Crime in England and Wales during the Twenty Years ended 1887-88, in: Journal of the Royal Statistical Society 53/1890, part III
Hall, William Clarke, The Aims and Work of the Children's Courts, in: Child 11/1920-21, S. 198-200
—, The Delinquent Child, in: Child 8/1917-18, S. 316-321
—, Children's Courts, London 1926
—, The State and the Child, London 1917
Hammerschmidt, Die Jugend und ihre Ideale, in: Central-Ausschuß für Innere Mission (Hg.), Verhandlungen der 10. Konferenz der deutschen evangelischen Rettungshaus-

verbände und Erziehungsvereine in Posen vom 3. - 6. Juni 1907, (Veröffentlichungen des Central-Ausschusses für Innere Mission in Berlin), Hamburg 1907, S. 23-28
Hartmann, Unsere Wünsche zum Entwurf der Strafprozeßordnung und Strafrechtsreform hinsichtlich der Fürsorgeerziehung, in: Bericht über die Verhandlungen des Allgemeinen Deutschen Fürsorge-Erziehungstages in Rostock 23.-27.6.1910, Berlin 1910, S. 42-62
Hellwig, Albert, Kritisches zur Kriegskriminalität der Jugendlichen, in: Die Grenzboten 11/1916, S. 338-344
—, Zur Psychologie des Verweises, in: MSchrKrimPsych 13/1922, S. 159-164
Hennig, Martin, Die Statistik der evangelischen Rettungshäuser Deutschlands, in: Rettungshausbote 17/1897, S. 145-155
Hey, Spurley, Parental Neglect and Juvenile Crime, Manchester 1919
Hill, Alfred, Should Schools of Discipline be Established for the Correction of Juvenile Offenders and Their Detention for Short Periods?, in: Transactions NAPSS 1884 (1885), S. 246-265
Hill, Micaiah, Price Essay on Juvenile Delinquency, London 1853
Hoegel, Hugo, Die Behandlung der Minderwertigen, in: MSchrKrimPsych 1/1904-05, S. 333-341
—, Die Straffälligkeit der Jugendlichen, in: Archiv für Kriminalanthropologie und Kriminalistik 10/1903, S. 1-69
Holmes, Haywood T., Reform of Reformatory and Industrial Schools (Fabian Tracts Bd.111), 1902
Holmes, Thomas, Known to the Police, London 1908
—, Youthful Offenders and Parental Responsibility, in: Contemporary Review 77/1900, S. 845-854
Homburger, August, Über das Interesse der Strafrechtswisenschaft an der Entwicklung der Lehre von Vererbung und Entartung, in: ZStW 35/1913, S. 1-20
Ignatius, Kaarlo, Die bedingte Verurteilung in England, in: ZStW 21/1901, S. 732-802
Jagemann, Eugen v., Empfiehlt es sich, die Zwangserziehung von der Begehung einer strafbaren Handlung abhängig zu machen?, in: Mitteilungen IKV 1/1889, S. 61-73
Julius, Nikolaus Heinrich, Vorlesungen über die Gefängniß-Kunde, oder über die Verbesserungen der Gefängnisse [...], Berlin 1828
Just, Die Pionierarbeit der Rheinisch-Westfälischen Gefängnis-Gesellschaft in der Frage der Behandlung jugendlicher Rechtsbrecher, in: ZB 6/1914-15, S. 201-204
—, Die Tätigkeit der Rheinisch-Westfälischen Gefängnis-Gesellschaft in der Frage der jugendlichen Rechtsbrecher von 1861-1870, in: ZB 6/1914-15, S. 238-240
Keil, Denkschrift des Zentralausschusses für innere Mission über landesgesetzliche Regelungen der Zwangserziehung, in: ZStW 18/1898, S. 704-732
Klein, Wilhelm, Beziehungen zwischen Armut und Strafrecht, (Diss) Gießen 1917
Kloß, A., Fürsorgeausschüsse des Oberlandesgerichtsbezirks Hamm, in: Mitteilungen IKV 15/1908, S. 567-582
—, Die Jugendfürsorgeausschüsse, in: MSchrKrimPsych 5/1908-09, S. 42-51

Klumker, Christian J., Die straffälligen Jugendlichen, in: Die Jugendfürsorge 16/1915, S. 433-449
—, Erfahrungen mit der Fürsorgeerziehung, in: MSchrKrimPsych 1/1904-05, S. 634-643
Knaut, Sittlich-religiöse Erziehungsarbeit an den männlichen schulentlassenen Anstaltszöglingen, in: Central-Ausschuß für Innere Mission (Hg.), Verhandlungen der 11. Konferenz der deutschen evangelischen, Rettungshausverbände und Erziehungsvereine zu Düsseldorf vom 14. - 16. Juni 1909 (Veröffentlichungen des Central-Ausschusses für Innere Mission in Berlin), Hamburg 1909, S. 8-31
—, Die Selbstverwaltung der älteren Fürsorgezöglinge, in: Allgemeiner Fürsorge-Erziehungs-Tag (Hg.), Bericht über die Verhandlungen des Allgemeinen Deutschen Fürsorge-Erziehungs-Tages in Dresden 24.-27.Juni 1912, Berlin 1912, S. 159-174
Köhne, Paul, Die jugendlichen Arbeiter in Deutschland. II. Kriminalität und sittliches Verhalten der Jugendlichen (Schriften der Gesellschaft für soziale Reform H.35), S. Jena 1910
—, Epilog zum Jugendgerichtsgesetz, in: Deutsche Strafrechtszeitung 1/1914, S. 298-302
—, Die Notwendigkeit eines besonderen Jugendgerichtsgesetzes und sein Inhalt, in: Deutsche Zentrale für Jugendfürsorge (Hg.), Verhandlungen des dritten Deutschen Jugendgerichtstages 10.-12. Oktober 1912, Leipzig 1913, S. 101-117
—, Stand der Jugendgerichtsbewegung in Deutschland, in: Deutsche Zentrale für Jugendfürsorge (Hg.), Verhandlungen des zweiten Deutschen Jugendgerichtstages 29.9. - 1.10.1910, Berlin/Leipzig 1911, S. 5-10
—, Das Strafverfahren gegen Jugendliche, in: Aschrott, P.F. (Hg.), Reform des Strafprozesses. Kritische Besprechung der von der Kommission für die Reform des Strafprozesses gemachten Vorschläge, Berlin 1906, S. 624-639
Kohlrausch, Fortschritte und Rückschritte im Jugendgesetz-Entwurf, in: ZStW 35/1913, S. 134-154
—, Vier Jahre Fürsorgeerziehung in Preußen, in: ZStW 26/1906, S. 702-705
—, Die Kriminalität der Jugendlichen, in: ZStW 28/1908, S. 679-684
Kriegsmann, Strafe und Erziehung - Sühne und Besserung, in: Deutsche Zentrale für Jugendfürsorge (Hg.), Verhandlungen des dritten Deutschen Jugendgerichtstages 10.-12. Oktober 1912, Leipzig 1913, S. 24-39
Krohne, K., Die Organisation des Gefängniswesens mit besonderer Beziehung der kleineren Gefängnisse für Untersuchungs- und kurzzeitige Strafgefangene, Oldenburg 1868
Landsberg, Julius, Schutzaufsicht und Fürsorgeerziehung, in: ZB 3/1911-12, S. 211-212
Landsberg, Julius F., Die Ausschüsse für Jugendfürsorge im Amtsgerichtsbezirke Lennep, in: Zentralblatt für Vormundschaftswesen 1/1909-10, S. 97-100
—, Der Fürsorgeausschuß und seine Beteiligung an der Strafrechtspflege. Beitrag aus der Geschichte eines neuen deutschen Jugendgerichts, in: Juristische Monatsschrift für Posen, West- und Ostpreußen und Pommern, 11/1908-09, S. 51-69
—, Jugendpflege und Jugendgericht, in: Die Jugendfürsorge 13/1912, S. 459-474
—, Die Pädagogik des Jugendgerichts, in: ZB 4/1912-13, S. 109-113

—, Die Psychologie der normalen Jugendlichen, in: ZB 5/1913-14, S. 217-221, 229-232, 243-245
—, Freiwillige Schutzaufsicht als soziale Reform, in: Die Jugendfürsorge 12/1911, S. 591-604
—, Der Strafaufschub mit formulierter Bedingung und die freiwillige Erziehungspflegschaft, in: Zentralblatt für Vormundschaftswesen 1/1909-10, S. 13-16
Lanz, Die Prügelstrafe, insbesondere ein Strafmittel für Jugendliche, Halle a.S. 1893
Leeson, Cecil, The Child and the War, 1917
—, The Probation System, 1913
Lenz, Adolf, Die Zwangserziehung in England. Eine kriminalpolitische Studie, Stuttgart 1894
Levi, L., A Survey of Indictable and Summary Jurisdiction Offences in England and Wales, from 1857 to 1876, in: Journal of the Royal Statistical Society 43/1880, part III, S. 423-456
Lewis, Barbara, Report on an Analysis of the Case Sheets of 7000 Juvenile Offenders brought before the Courts of Liverpool, Manchester, Sheffield, and West Ham, August 1917 to August 1919 (Juvenile Organisations Committee Paper No.54), unveröff.MS London 1919
Leyen, Ruth v.d., Ausgestaltung der Jugendgerichtsarbeit auf Grund der bestehenden Bestimmungen, in: Deutsche Zentrale für Jugendfürsorge (Hg.), Kriegstagung der deutschen Jugendgerichtshilfen (4. Deutscher Jugendgerichtstag) am, 12.-14.4.1917 zu Berlin, Berlin 1918, S. 13-24
—, Neuzeitliche Ausgestaltung der Strafaussetzung mit der Aussicht auf bedingte Begnadigung in Deutschland, in: ZStW 38/1916-17, S. 514-523
—, Die Berliner Jugendgerichtshilfe in den Kriegsjahren, in: MschrKrimPsych 14/1919, S. 38-42
Liepmann, Moritz, Die Kriminalität der Jugendlichen und ihre Bekämpfung, Tübingen 1909
—, Strafrechtsreform und Schulenstreit, in: ZStW 28/1908, S. 1-21
Liepmann, Paul und Mannhardt, Wolf, Summarisches Strafverfahren in England und Strafverfahren in Schottland (Beiträge zur Reform des Strafprozesses Bd. 2.2), Berlin 1908
Lilienthal, Karl v., Jugendliches Alter, in: Birkmeyer, Karl v. et al. (Hg.), Vergleichende Darstellung des deutschen und ausländischen Strafrechts. Vorarbeiten zur deutschen Strafrechtsreform, Allgemeiner Teil Band 5, Berlin 1908, S. 103-149
Lindenau, Die Jugendgerichte im Vorverfahren, in: Deutsche Zentrale für Jugendfürsorge (Hg.), Verhandlungen des zweiten Deutschen Jugendgerichtstages 29.9.-1.10.1910, Berlin/Leipzig 1911, S. 62-68
Liszt, Elsa v., Die Behandlung der künftig strafrechtlich nicht verfolgten und nicht bestraften straffälligen Jugendlichen, in: Mitteilungen der Deutschen Zentrale für Jugendfürsorge 15/1920, S. 25-27

Liszt, Elsa v. und Leyen, Ruth v.d., Berliner Jugendgerichtshilfe. Aus dem Jahresbericht 1913 und 1914 der Deutschen Zentrale für Jugendgerichtshilfe, in: ZStW 37/1916, S. 119-

Liszt, Franz v., Kriminalpolitische Aufgaben, in: Strafrechtliche Aufsätze und Vorträge Bd.1, Berlin 1905, S. 290-468

—, Über den Entwurf der Strafprozeßordnung, in: Mitteilungen IKV 16/1909, S. 29-44

—, Die gesellschaftlichen Faktoren der Kriminalität, in: Strafrechtliche Aufsätze und Vorträge Bd.2, Berlin 1905, S. 433-447

—, Die Gutachten der Präsidenten der Oberlandesgerichte und der Oberstaatsanwälte (Preußen) über die sogenannte 'bedingte Verurteilung', in: Strafrechtliche Aufsätze und Vorträge Bd.1, Berlin 1905, S. 468-510

—, Jugendgerichtsverfahren in Gegenwart und Zukunft, in: Deutsche Zentrale für Jugendfürsorge (Hg.), Kriegstagung der deutschen Jugendgerichtshilfen (4. Deutscher Jugendgerichtstag) am 12. - 14. April 1917 zu Berlin, Berlin 1918, S. 72-81

—, Die Kriminalität der Jugendlichen, in: Strafrechtliche Aufsätze und Vorträge Bd.2, Berlin 1905 (1900), S. 331-355

—, Die bedingte Verurteilung in Preußen, in: Strafrechtliche Aufsätze und Vorträge Bd.2, Berlin 1905, S. 160-169

—, Der Zweckgedanke im Strafrecht, in: Strafrechtliche Aufsätze und Vorträge Bd.1, Berlin 1905, S. 126-179

Lloyd-Baker, M.G., The Delinquent Child in the Reformatory, (MS) 1910

Longard, J., Über 'Moral Insanity', in: MSchrKrimPsych 2/1905-6, S. 677-691

Männel, Bruno, Das amerikanische Jugendgericht und sein Einfluß auf unsere Jugendrettung und Jugenderziehung (Beiträge zur Kinderforschung und Heilerziehung Bd.59), Langensalza 1909

Matz, Unsere Jugendlichen, in: MSchrKrimPsych 5/1908-09, S. 123-142

Mayhew, Henry und Binny, J., The Criminal Prisons of London and Scenes of Prison Life, 1862

Mende, Käthe, Umfrage über die Tätigkeit der Deutschen Jugendgerichtshilfen, in: Mitteilungen der Deutschen Zentrale für Jugendfürsorge 12/1917, S. 8-13

Meredith, Susannah, What Changes are Desirable in the Mode of Dealing with Juvenile Delinquency, in: Transactions NAPSS 1880 (1881), S. 367-377

Mittelstädt, Otto, Kulturgeschichte und Kriminalstatistik, in: ZStW 4/1884, S. 391-414

Mittermaier, C.J.A., Die Corrections- und Erziehungsanstalt zu Bräunsdorf und das Landeswaisenhaus in Großhennersdorf im Königreiche Sachsen, in: Jahrbücher der Gefängniskunde und Besserungsanstalten 2/1843, S. 289-302

Montague, George, The Little Commonwealth, 1914

Morrison, William D., Crime and Its Causes, London 1891

—, The Juvenile Offender and the Conditions which Produce them, in: International Journal of Ethics 5/1895, S. 162-181

—, Juvenile Offenders (Criminology Series Bd.3), London 1896

—, Jugendliche Übelthäter, Leipzig 1899

Munzinger, Elisabeth, Die Jugendfürsorge des englischen Armengesetzes. Die Behandlung krimineller Kinder in England (Kultur und Fortschritt H.401), Gantzsch 1911

Neal, Stephen, Special Report in the State of Juvenile Education and Delinquency in the Borough of Salford, Salford 1851

Niese, Otto, Mißerfolge der Fürsorgeerziehung, in: ZB 1/1909-10, S. 37-39

Norris, Arthur H., The Limitations of Institutional Training. Adress delivered at the Annual Meeting of the Reformatory and Refugee Union on the 8th of May, 1918, 1918

Oetker, Friedrich, Das Strafverfahren gegen Jugendliche. Eine kritische Studie, Stuttgart 1909

Oettingen, Alexander v., Über die methodische Erhebung und Beurteilung kriminalistischer Daten, in: ZStW 1/1881, S. 414-438

Osborne, W.C., On the Non-Imprisonment of Children, in: Transactions NAPSS 1862, S. 521-525

Paterson, Alexander, Across the Bridges or Life by the South-London River-Side, London 1911

Petersen, Johann, Methoden der Fürsorge-(Zwangs)erziehung, in: MSchrKrimPsych 10/1913-14, S. 257-280

—, Das Recht des Kindes auf Erziehung und dessen Verwirklichung, in: Allgemeiner Fürsorge-Erziehungs-Tag (Hg.), Bericht über die Verhandlungen des Allgemeinen Deutschen Fürsorgeerziehungs-Tages in Dresden, 24.-27. Juni 1912, Berlin 1912, S. 189-210

Plaß, Praktische Erziehungsarbeit im Fürsorgeheim 'Am Urban'. Ein Beitrag zur sozialen Erziehungsreform, Berlin 1913

—, Welche Forderungen sind an die Anstaltserziehung und welche an die Familienerziehung zu stellen?, in: Deutsche Zentrale für Jugendfürsorge (Hg.), Verhandlungen über die Wirksamkeit des Fürsorgeerziehungsgesetzes., Konferenz der Zentralstelle für Jugendfürsorge in Berlin am 15.-16. Juni 1906, Berlin 1906, S. 56-77

Polligkeit, Wilhelm, Das Recht des Kindes auf Erziehung, in: Jahrbuch für Jugendfürsorge 2/1908

—, Wie organisiert und übt man am zweckmäßigsten die Schutzaufsicht?, in: Deutsche Zentrale für Jugendfürsorge (Hg.), Verhandlungen des ersten Deutschen Jugendgerichtstages 15. bis 17. März 1909, Berlin/Leipzig 1909, S. 105-122

Raecke, Psychiatrisches zur Lehre von Ursache und Behandlung kindlicher Kriminalität, in: ZB 5/1913-14, S. 205-207

Rhiel, Die Arbeit als Bildungsmittel in den Erziehungsanstalten für Fürsorgezöglinge, Freiburg 1910

Rosenberg, W., Beiträge zur Bestrafung der Übertretungen, in: ZStW 22/1902, S. 31-57

Rosenfeld, Ernst, Neueste Englische Kriminalpolitik, Berlin 1909

Rühle, O., Das proletarische Kind, München 1911

Rupprecht, Straffällige Jugend und psychopathische Minderwertigkeit, in: Münchener medizinische Wochenschrift 1911

Russell, Charles E.B., The Borstal System, in: The Englishwoman 6/1910, S. 19-24

—, und Rigby, Lilian M., The Making of the Criminal, London 1906
Safford, Herbert, Should Schools of Discipline be Established for the Correction of Juvenile Offenders and Their Detention for Short Periods?, in: Transactions NAPSS 1884 (1885), S. 253-257
Samuelson, James, The Children of Our Slums: Their Sufferings, Protection, Rescue, Training and Afterlife, Liverpool 1911
Schmölder, v., Die verwahrlosten Kinder und die jugendlichen Verbrecher, in: Der Gerichtssaal 44/1892, S. 157-201
Schremmer, Wilhelm, Familienerziehung in der Gegenwart, in: Die Jugendfürsorge 13/1912, S. 336-346
Seiffert, Arbeitserziehung und Berufsausbildung der schulentlassenen Fürsorgezöglinge in Erziehungsanstalten, in: ZB 3/1911-12, S. 97-102
Siefert, Ernst, Psychiatrische Untersuchungen über Fürsorgezöglinge, Halle 1912
Siegmund-Schultze, F., Das Jugendgericht von Chicago, in: MSchrKrimPsych 9/1912-13, S. 223-233
Smith, Thomas F.A., The Soul of Germany. A Twelve Years Study of the People From Within 1902-1914, 3.A. London 1915
Starke, W., Verbrechen und Verbrecher in Preußen 1854-1878. Eine kulturgeschichtliche Studie,Berlin 1884
Stenglein, M., Die Internationale criminalistische Vereinigung und ihre Zielpuncte, in: Der Gerichtssaal 46/1894, S. 139-156
Struve, Karl, Die strafrechtliche Behandlung der Jugend in England unter Berücksichtigung der erziehlichen Maßnahmen, Berlin 1914
Stursberg, H., Die Zunahme der Vergehen und Verbrechen und ihre Ursachen. Auf Grund umfassenden statistischen Materials aus ganz Deutschland, Düsseldorf 1878
Tallack, William, Penological and Preventive Principles, London 1889 (Reprint New York/London 1984)
—, The Industrial and Reformatory Treatment of Prisoners, 1867
—, The Unemployed Poor, the 'Roughs' and the Criminal Classes, London 1868
Temme, Joducus D.H., Lehrbuch des Preußischen Strafrechts, 1853
Tönnies, Ferdinand, Jugendliche Kriminalität und Verwahrlosung in Großbritannien, in: ZStW 13/1893, S. 894-905
Torr, John Berry, Our Criminal Legislation in Recent Years, and its Relation to the Alleged Increase of Crimes in the Manufacturing Districts of Lancashire, in: Transactions of the Manchester Statistical Society 1862-63, S. 65-83
Trueper, Johannes, Zur Frage der Erziehung unserer sittlich gefährdeten Jugend. Bemerkungen zum Entwurf eines Gesetzes über die Zwangserziehung Minderjähriger (Beiträge zur Kinderforschung und Heilerziehung Bd.5), Langensalza 1900
—, Psychpathologische Minderwertigkeiten als Ursache von Gesetzesverletzungen Jugendlicher (Beiträge zur Kinderforschung und Heilerziehung Bd.8), Langensalza 1904

Valentini, Hermann v., Das Verbrechertum im Preussischen Staate nebst Vorschlägen zu seiner Bekämpfung durch die Gesellschaft und durch die Reform der Strafvollstreckung, Leipzig 1869
Vieregge, Die Zwangserziehung, in: Deutsche Zentrale für Jugendfürsorge (Hg.), Handbuch für Jugendpflege, Langensalza 1913, S. 97-114
Watson, John, Reformatory and Industrial Schools (Howard Medal Prize Essay), in: Journal of the Royal Statistical Society 59/1896, S. 255-312
Waugh, Benjamin, The Goal Cradle: Who Rocks It?, London 1873 (Reprint New York 1984)
Webb, Sidney, Eugenics and the Poor Law: The Minority Report, in: The Eugenics Review 2/1910, S. 233-241
Weidlich, Karl, Die Polizei als Grundlage und Organ der Strafrechtspflege in England, Schottland und Irland (Beiträge zur Reform des Strafprozesses Bd. 2.3), Berlin 1908
Weigle, Wilhelm, Der Einfluß der Jugendvereine auf die sittliche und religiöse Entwicklung der männlichen Jugend, Barmen 1902
Wellenkamp, Das Jugendgericht im Vorverfahren, in: Deutsche Zentrale für Jugendfürsorge (Hg.), Verhandlungen des ersten Deutschen Jugendgerichtstages 15. bis 17. März 1909, Berlin/Leipzig 1909, S. 4-14
Wichern, Johann, Die Einrichtung von Anstalten für sittlich gefährdete konfirmierte Knaben, Hamburg 1893
—, Rettungsanstalten als Erziehungshäuser in Deutschland, in: Schmid, K.A./Schrader, W. (Hg.), Encyklopaedie des gesamten Erziehungs- und Unterrichtswesens, Bd. 7, 2.A. 1886, S. 93-165
Wines, Enoch C., The State of Prisons and Child-Saving Institutions in the Civilized World, Cambridge 1880
Wulffen, Erich, Das Kind. Sein Wesen und Seine Entartung, Berlin 1913
—, Zur Kriminalpsychologie des Kindes, in: MSchrKrimPsych 2/1905-06, S. 172-178
—, Das Verfahren gegen jugendliche Beschuldigte, in: MSchrKrimPsych 5/1908-09, S. 162-165
Wurm, Welches Lebensalter soll die Altersgrenze bei der Überweisung in die Fürsorgeerziehung haben?, in: Central-Ausschuß für innere Mission (Hg.), Verhandlungen der 12. Konferenz der deutschen evangelischen, Rettungshausverbände und Erziehungsvereine vom 24. - 26. Juni 1911 (Veröffentlichungen des Central-Ausschusses für Innere Mission in Berlin), Hamburg 1911, S. 2-11

## 4 Literatur ab 1930

Ahlheim, Rose, et al., Gefesselte Jugend. Fürsorgeerziehung im Kapitalismus, Frankfurt a.M. 1973

Albrecht, Günter und Ludwig-Mayerhofer, Wolfgang (Hg.), Diversion and Informal Social Control, Berlin/New York 1996

Albrecht, Hans-Jörg, Präventive Notwendigkeit jugendkriminalrechtlicher Interventionen jenseits von Diversion und Täter-Opfer-Ausgleich, in: Bundesministerium der Justiz (Hg.), Grundfragen des Jugendkriminalrechts und seiner Neuregelung, Bonn, 1992, S. 254-267

Bailey, Victor, Delinquency and Citizenship: Reclaiming the Young Offender, 1914-1948, Oxford 1987

Bauerkämper, Arnd, Sozialdarwinismus in Großbritannien vor dem Ersten Weltkrieg, in: Hettling, Manfred/Huerkamp, Claudia et al. (Hg.), Was ist Gesellschaftsgeschichte? Positionen, Themen, Analysen (Festschrift für H.U. Wehler zum 60.Geb.), München 1991, S. 198-206

Bean, Philip und Melville, Joy, Lost Children of the Empire. The Untold Story of Britain's Child Migrants, London 1989

Behnken, Imbke und Zinnecker, Jürgen, Straßenkinder und ihre Wächter. Eine Fallstudie zur städtischen Kindheit um 1900, in: Alte Stadt 19/1992, S. 117-136

Bellamy, Richard und Schecter, Darron, Gramsci and the Italian State, Manchester 1993

Berger, Thomas, Die konstante Repression. Zur Geschichte des Strafvollzuges in Preußen nach 1850, Frankfurt/Main 1974

Bessel, Richard, State and Society in Germany in the Aftermath of the First World War, in: Rosenhaft, E./Lee, W.R. (Hg), The State and Social Change in Germany, 1880-1980, New York et al. 1990, S. 200-227

Blasius, Dirk, Bürgerliche Gesellschaft und Kriminalität. Zur Sozialgeschichte Preußens im Vormärz (Kritische Studien zur Geschichtswissenschaft Bd. 22), Göttingen 1976

Blauert, Andreas und Schwerhoff, Gerd (Hg.), Nit den Waffen der Justiz. Zur Kriminalitätsgeschichte des späten Mittelalters und der frühen Neuzeit, Frankfurt 1993

Bleek, Stephan, Mobilität und Seßhaftigkeit in deutschen Großstädten während der Urbanisierung, in: GG 15/1989, S. 5-33

Bloch, Marc, Für eine vergleichende Geschichtsbetrachtung der europäischen Gesellschaften, in: Middell, Matthias/Sammler, Steffen (Hg.), Alles Gewordene hat Geschichte. Die Schule der Annales in ihren Texten 1929-1992 , Leipzig 1994, S. 121-167

Blum-Geenen, Sabine, Fürsorgeerziehung in der Rheinprovinz von 1871-1933, Köln 1997

Boers, Klaus, Kriminalitätsfurcht. Über den Entstehungszusammenhang und die Folgen eines sozialen Problems (Heidelberger Studien zur Kriminologie Bd.12), Pfaffenweiler 1991

Boes, Maria R., The Treatment of Juvenile Delinquents in Early Modern Germany. A Case Study, in: Continuity and Change 11/1996, S. 43-60

Borries, Bodo v., Vom 'Gewaltexzess' zum 'Gewissensbiss'? Autobiographische Zeugnisse zu Formen und Wandlungen elterlicher Strafpraxis im 18. Jahrhundert (Formum Psychohistorie, Bd. 5), Tübingen 1996

Braembussche, A.A. van den, Historical Explanations and Comparative Method, in: History and Theory 1989, S. 11-24

Breuer, S., Sozialdisziplinierung. Probleme und Problemverlagerungen eines Konzeptes bei Max Weber, Gerhard Oestreich und Michel Foucault, in: Sachße, Chr./Tennstedt, F. (Hg), Soziale Sicherheit und soziale Disziplinierung., Beiträge zu einer Theorie der Sozialpolitik,Frankfurt 1986, S. 45-72
Bruch, Rüdiger vom, Bürgerliche Sozialreform im deutschen Kaiserreich, in: ders. (Hg.), "Weder Kommunismus noch Kapitalismus". Bürgerliche Sozialreform in Deutschland vom Vormärz bis zur Ära Adenauer, München 1985
Bruch, Rüdiger vom (Hg.), "Weder Kommunismus noch Kapitalismus". Bürgerliche Sozialreform vom Vormärz bis zur Ära Adenauer, München 1985
Budde, Gunula-Friederike, Auf dem Weg ins Bürgerleben (Bürgertum Bd.6), Göttingen 1994
Bundesministerium der Justiz (Hg.), Jugendstrafrechtsreform durch die Praxis. Informelle Reaktionen und neue ambulante Maßnahmen auf dem Prüfstand, Bad Godesberg 1989
Burt, Cecil, The Young Delinquent, 4.A. London 1944
Cale, Michelle, Girls and the Perception of Sexual Danger in the Victorian Reformatory System, in: History 78/1993, S. 201-217
Childs, Michael J., Labour's Apprentices: Working-Class Lads in Late Victorian and Edwardian England, London 1992
Clarke, John, Managing the Delinquent: The Children's Branch of the Home Office, 1913-1930, in: Langan, Mary/Schwarz, Bill (Hg.), Crises in the British State 1880-1930, 1985, S. 240-255
Cohen, Stanley, Folk Devils and Moral Panics: The Creation of the Mods and Rockers, London 1972
—, Social-Control Talk: Telling Stories about Correctional Change, in: Garland, David/Young, Peter (Hg.), The Power to Punish. Contemporary Penalty and Social Analysis, London 1983, S. 101-129
- und Scull, Andrew (Hg.), Social Control and the State, Oxford 1983
Cornel, Heinz, Ist Erziehung ohne Strafe möglich?, in: Maelicke, Bernd/Ortner, Helmut (Hg.), Alternative Kriminalpolitik. Zukunftsperspektiven eines anderen Umgangs mit Kriminalität, Weinheim 1988, S. 89-110
Crew, David F., "Alltagsgeschichte": A New Social History "from Below"?, in: Central European History 22/1989, S. 394-407
—, "Eine Elternschaft zu Dritt" - staatliche Eltern? Jugendwohlfahrt und Kontrolle der Familie in der Weimarer Republik 1919-1933, in: Lüdtke, Alf (Hg.), "Sicherheit" und "Wohlfahrt". Polizei, Gesellschaft und Herrschaft im 19. und 20. Jahrhundert, Frankfurt 1992, S. 267-294
—, The Pathologies of Modernity: Detlev Peukert on Germany's Twentieth Century, in: Social History 17/1992, S. 319-328
Cruikshank, Marjorie, Children and Industry. Child Health and Welfare in North-West Textile Towns During the Nineteenth Century, Manchester 1981
Cunningham, Hugh, The Children of the Poor in England: Representations of Childhood Since the Seventeenth Century, Oxford 1991

Damian, Hanspeter, Die (anfängliche) Strafaussetzung und die (nachträgliche) Aussetzung des Strafrestes. Grundzüge ihrer Entwicklung bis zum Dritten Strafrechtsänderungsgesetzes, in: Kerner, Hans-Jürgen (Hg.), Straffälligenhilfe in Geschichte und Gegenwart. Beiträge und Dokumente zur Entwicklung von Gerichtshilfe, Strafaussetzung, Beährungshilfe, Strafvollzug und Strafentlassenenhilfe (Schriftenreihe d. dt. Bewährungshilfe Bd. 20), Bonn 1990, S. 55-90

Davin, Anna, Growing Up Poor. Home, School and Street in London, 1870-1914, London 1996

Davis, Jennifer, A Poor Man's System of Justice: The London Police Courts in the Second Half of the Nineteenth Century, in: Historical Journal 27/1984, S. 309-335

Dickinson, Edward R., The Politics of German Child Welfare from the Empire to the Federal Republic (Harvard Historical Studies, Bd. 121), Cambridge/Mass. 1996

Dinges, M., Frühneuzeitliche Armenfürsorge als Sozialdisziplinierung? Probleme mit einem Konzept, in: GG 17/1991, S. 5-29

Dörner, Christine, Erziehung oder Strafe? Die Diskussion über das Strafmündigkeitsalter bis zum Jahr 1923, in: Recht der Jugend und des Bildungswesens 40/1992, S. 144-157

Dudek, Peter, Jugend als Objekt der Wissenschaft: Geschichte der Jugendforschung in Deutschland und Österreich 1890-1933, Opladen 1990

Dünkel, Frieder, Kalmthout, E. van und Schüler-Springorum, Horst (Hg.), Entwicklungstendenzen und Reformbestrebungen im Jugendstrafrecht im internationalen Vergleich, Mönchengladbach 1997

Durkheim, Emile, Kriminalität als normales Phänomen, in: R. König/F. Sack (Hg.), Kriminalsoziologie,Wiebaden 1979

Elias, Norbert, Studien über die Deutschen, (2.A.) Frankfurt 1994

Evans, Richard J., In Pursuit of the "Untertanengeist": Crime, Law and Social Order in German History, in: ders. (Hg.), Rethinking German History. Nineteenth-Century Germany and the Origins of the Third Reich, London 1987, S. 1-28

—, Rituals of Retribution. Capital Punishment in Germany, 1600-1987, Oxford 1996

—, Szenen aus der Unterwelt. Verbrechen und Strafen 1800-1914, Reinbeck 1997

— (Hg.), The German Underworld: Deviants and Outcasts in German History, New York/London 1988

Exner, Franz, Studien über die Strafzumessungspraxis der deutschen Gerichte, Leipzig 1931

Fairbank, Jenty, Booth's Boots. The Beginning of Salvation Army Social Work, London 1983

Fenner, Joachim, Durch Arbeit zur Arbeit erzogen. Berufsausbildung in der preußischen Zwangs- und Fürsorgeerziehung 1878-1932 (Historische Schriftenreihe des Landeswohlfahrtsverbandes Hessen Bd.1), Kassel 1991

Finzsch, Norbert und Jütte, Robert (Hg.), The Prerogative of Confinement: Social, Cultural, Political and Administrative Aspects of the History of Hospitals and Carceral and Penal Institutions in Western Europe and North America (1500-1900), Cambridge 1996

Forsythe, William J., The Reform of Prisoners, 1830-1900, London 1987

Foucault, Michel, Überwachen und Strafen. Die Geburt des Gefängnisses, Frankfurt/M. 1976

Frehsee, Detlev, The Imcompatibility of Treatment and Punishment, in: Albrecht, Günter/Ludwig-Mayerhofer, Wolfgang (Hg.), Diversion and Informal Social Control (Prevention and Intervention in Childhood and Adolescence, Bd. 17), Berlin/New York 1995, S. 369-385

Frie, Ewald, Wohlfahrtsstaat und Provinz. Fürsorgepolitik des Provinzialverbandes Westfalen und des Landes Sachsen 1880-1930, Paderborn 1993

Gailus, Manfred, Rauchen in den Straßen und anderer Unfug. Kleine Straßenkonflikte (Polizeivergehen) in Berlin (1830-1850), in: W.Ribbe (Hg.), Berlin-Forschungen Bd.3, Berlin 1988, S. 11-42

Garland, David, Of Crimes and Criminals: The Development of Criminology in Britain, in: Maguire, M./Morgan, R./Reiner, R. (Hg.), The Oxford Handbook of Criminology, Oxford 1994, S. 17-68

—, British Criminology before 1935, in: British Journal of Crimionology 28/1988

—, Durkheim's Theory of Punishment: A Critique, in: ders./Young, Peter (Hg.), The Power to Punish. Contemporary Penalty and Social Analysis, London 1983, S. 37-66

—, Punishment and Modern Society. A Study in Social Theory, Oxford 1990

—, Punishment and Welfare. A History of Penal Strategies, Aldershot/GB 2.A. 1987

—, und Young, Peter (Hg.), The Power to Punish. Contemporary Penalty and Social Analysis, London 1983

Geist, Johann Friedrich und Klüvers, Klaus, Das Berliner Mietshaus 1740-1862. Eine dokumentarische Geschichte der "von Wulcknitzschen Familienhäuser" vor dem Hamburger Tore, der Proletarisierung des Berliner Nordens und der Stadt im Übergang von der Residenz zur, Metropole, München 1980

Gelsthorpe, Loraine und Morris, Allison, Juvenile Justice 1945-1992, in: Maguire, M./Morgan, R./Reiner, Robert (Hg.), The Oxford Handbook of Criminology, Oxford 1994, S. 949-996

Gillis, John R., Geschichte der Jugend. Tradition und Wandel im Verhältnis der Altersgruppen und Generationen in Europa von der zweiten Hälfte des 18. Jahrhunderts bis zur Gegenwart, Weinheim/Basel 1980

Glaser, Georg, Schluckebier, Berlin 1916

Gräser, Marcus, Der blockierte Wohlfahrtsstaat. Unterschichtjugend und Jugendfürsorge in der Weimarer Republik (Kritische Studien zur Geschichtswissenschaft, Bd. 107), Göttingen 1995

Gramsci, Antonio, Gefängnishefte (Hrsg. von Klaus Bochmann und Wolfgang Fritz Haug), Hamburg 1995

Grünhut, Max, The Development of the German Penal System, 1920-1932, in: Canadian Bar Review 22/1944, S. 198-252

Hafeneger, Benno, Jugendarbeit als Beruf: Geschichte einer Profession in Deutschland, Opladen 1992

Hahn, Cornelia, Soziale Kontrolle als soziologischer Grundbegriff. Klassische und neuere Theorien revisited, in: Kriminologisches Journal 28/1996, S: 261-280.

Hart, G E, A History of HM Borstal Instition Rochester 1909-1983, London 1986

Hatton, S.F., London's Bad Boys, London 1931

Heiland, Hans-Günther, Selbst- und Fremddisziplinierung im Zivilisationsprozeß, in: Frehsee, Detlev et al. (Hg.), Strafrecht, soziale Kontrolle, soziale Disziplinierung (Jahrbuch für Rechtssoziologie und Rechtstheorie Bd.15), Opladen 1993, S. 307-327

Heinz, Wolfgang, Abschaffung oder Reformulierung des Erziehungsgedankens im Jugendstrafrecht, in: Bundesministerium der Justiz (Hg.), Grundfragen des Jugendkriminalrechts und seiner Neuregelung, Bonn 1992, S. 369-414

—, Abschied von der 'Erziehungsideologie' im Jugendstrafrecht, in: Recht der Jugend und des Bildungswesens 40/1992, S. 123-143

—, und Storz, Renate, Diversion im Jugendstrafverfahren der Bundesrepublik Deutschland, Bonn 1992

Hendrick, Harry, Child Welfare. England 1872-1989, London/New York 1994

—, Images of Youth: Age, Class and the Male Youth Problem 1880-1920, Oxford 1990

Herkommer, Sebastian, Zur Problematik der kulturellen Hegemonie, in: Nowotny, H.J. (Hg.), Kultur und Gesellschaft. Gemeinsamer Kongreß der deutschen, österreichischen und schweizerischen Gesellschaft für Soziologie (Zürich 1988), Zürich 1989

Herrmann, Ulrich, Der "Jüngling" und der "Jugendliche". Männliche Jugendliche im Wandel polarisierender Wahrnehmungsmuster an der Wende vom 19. zum 20. Jahrhundert in Deutschland, in: GG 11/1985, S. 205-216

Herrup, Cynthia B., The Common Peace: Participation and the Criminal Law in Seventeenth-Century England (Cambridge Studies in Early Modern British History), Cambridge 1987

Hewitt, Eric J., A History of Policing in Manchester, Manchester 1979

Himmelfarb, Gertrude, Poverty and Compassion. The Moral Imagination of the Late Victorians, New York 1991

Houghton, Bob, Liverpool Waif. A True Story, Liverpool 1992

Humphries, Stephen, Hooligans or Rebels? An Oral History of Working Class Childhood and Youth, 1889-1939, Oxford 1981

—, Mack, Joanna und Perks, Robert, A Century of Childhood, London 1988

Hurt, J.S., Reformatory and Industrial Schools before 1933, in: History of Education 13/1984, S. 45-58

—, Elementary Schooling and the Working Class 1860-1918, London 1979

Iggers, Georg, Deutsche Geschichtswissenschaft. Eine Kritik der traditionellen Geschichtsschreibung von Herder bis zur Gegenwart, Wien/Köln 1997

—, Geschichtswissenschaft im 20. Jahrhundert. Ein kritischer Überblick im internationalen Vergleich, Göttingen 2.A. 1996

Ignatieff, Michael, A Just Measure of Pain: The Penintenary in the Industrial Revolution 1750-1850, London 1979

Immerfall, Stefan, Einführung in den Europäischen Gesellschaftsvergleich. Ansätze, Problemstellungen, Befunde, Passau 1994

Janowitz, M., Wissenschaftshistorischer Überblick zur Entwicklung des Grundbegriffs "Soziale Kontrolle", in: KZfSS 25/1973, S. 499-514

Jarvis, F.V., Advice, Assist, and Befriend: A History of the Probation and After-Care Service, London 1972

Jaywardene, C. H. S., The English Precursors to Lombroso, in: British Journal of Criminology 4/1963

Jessen, Ralph, Polizei im Industrierevier. Modernisierung und Herrschaftspraxis im westfälischen Industriegebiet 1848-1914 (Kritische Studien zur Geschichtswissenschaft Bd.91), Göttingen 1991

Johnson, Eric A., Urbanization and Crime. Germany 1871-1914, Cambridge 1995

Kaelble, Hartmut, Vergleichende Sozialgeschichte des 19. und 20. Jahrunderts: Forschungen europäischer Historiker, in: Jahrbuch für Wirtschaftsgeschichte 1993, S. 173-200

Kaiser, Jochen-Christoph, Nowak, Kurt und Schwartz, Michael, Eugenik, Sterilisation, Euthanasie. Politische Biologie in Deutschland 1895-1945. Eine Dokumentation, München 1992

Kerner, Hans-J., (Hg.), Diversion statt Strafe, Heidelberg 1983

Kersten, Joachim, Jugend›kriminalität‹ und Anstaltserziehung in Australien, Japan und Deutschland, in: Foljanty-Jost, Gesine/Rössner, Dieter (Hg.), Gewalt unter Jugendlichen in Deutschland und Japan: Ursachen und Bekämpfung, Baden-Baden 1997, S. 179-192

Kift, Dagmar, Arbeiterkultur im gesellschaftlichen Konflikt. Die englische Music Hall im 19. Jahrhundert (Schriften des Fritz-Hüser-Instituts für Arbeiterliteratur Reihe 2 Bd.7), Essen 1991

King, Peter, Decision-Makers and Decision-Making in the English Criminal Law, 1750-1800, in: Historical Journal 27/1984, S. 25-58

—, und Noel, Joan, The Origins of the Problem of Juvenile Delinquency: The Growth of Juvenile Prosecutions in London in Late Eighteenth and Early Nineteenth Centuries, in: Criminal Justice History 14/1993, S. 17-41

Kocka, Jürgen, Comparative Historical Research: German Examples, in: International Review of Social History 38/1993, S. 369-379

—, Sozialgeschichte im internationalen Überblick, Darmstadt 1989

Krieken, Robert van, Children and the State. Social Control and the Formation of Australian Child Welfare,North Sidney 1991

Kühl, Stefan, Die Internationale der Rassisten. Aufstieg und Niedergang der internationalen Bewegung für Eugenik und Rassehygiene im 20. Jahrhundert, Frankfurt 1997

Kuhlmann, Carola, Erbkrank oder erziehbar? Jugendhilfe als Vorsorge und Aussonderung in der Fürsorgeerziehung in Westfalen 1933-1945 (Beiträge zur Geschichte der Sozialpädagogik), Weinheim 1989

Lears, Jackson T.J., The Concept of Cultural Hegemony: Problems and Possibilites, in: American Historical Review 90/1985, S. 567-593

Leggewie, Claus, Kulturelle Hegemonie. Gramsci und die Folgen, in: Leviathan 15/1987, S. 285-304
Lemke, Helga, Wicherns Bedeutung für die Bekämpfung der Jugendverwahrlosung, Hamburg 1964
Leps, Marie-Christine, Apprehending the Criminal: The Production of Deviance in the Nineteenth-Century Discourse, Durham/USA 1992
Lindner, Rolf, Bandenwesen und Klubwesen im wilhelminischen Reich und in der Weimarer Republik. Ein Beitrag zur historischen Kulturanalyse, in: GG 10/1984, S. 352-375
—, Straße - Straßenjunge - Straßenbande. Ein zivilisationstheoretischer Streifzug, in: Zeitschrift für Volkskunde 79/1983, S. 192-208
Linton, Derek S., "Who has the Youth Has the Future". The Campaign to Save Young Workers in Imperial Germany, Cambridge 1991
Lippold, Verena, Hinter seiner anachronistischen Würdigung verborgen geblieben: der ethnologische Blick des Sozialreporters Henry Mayhew auf das Londoner East End, in: Historische Anthropologie 4/1996, S. 476-483
Lottes, G., Disziplin und Emanzipation. Das Sozialdisziplinierungskonzept und die Interpretation der frühneuzeitlichen Geschichte, in: Westfälische Forschungen 42/1992, S. 63-74
Ludwig, Wolfgang, Diversion: Strafe im neuen Gewand (Prävention und Intervention im Kindes- und Jugendalter Bd.4), Berlin/New York 1989
Ludwig-Mayerhofer, Wolfgang, Informalisierung des Rechts als administrative Rationalisierung, in: Bussmann, Kai-D./Kreissl, Reinhard (Hg.), Kritische Kriminologie in der Diskussion. Theorien, Analysen, Positionen, Opladen 1996, S. 239-261
—, Sentence without Conviction: Notes on Diversion from the Juvenile Court in the Federal Republic of Germany. in: Albrecht, G./Ludwig-Mayerhofer, W. (Hg.), Diversion and Informal Social Control (Prevention and Intervention in Childhood and Adolescence Bd. 17), Berlin 1995, S. 105-124
—, Das Strafrecht und seine administrative Rationalisierung: Kritik der informalen Justiz, Frankfurt; New York 1998
Malmede, Hans, Vom "Genius des Bösen" oder: Die "Entartung" von Minderjährigen. Negative Kindheitsbilder und defensive Modernisierung in der Epoche des Deutschen Kaiserreichs 1871-1918, in: Berg, Christa (Hg.), Kinderwelten, Frankfurt/Main 1991, S. 187-214
Mannheim, Hermann, Social Aspects of Crime in England Between the Wars, London 1940
—, The Dilemma of Penal Reform, London 1940
Melossi, D., The State of Social Control. A Sociological Study of Concepts of State and Social Control in the Making of Democracy, Cambridge 1990
—, und Pavarini, M., The Prison and the Factory. Origins of the Penitentiary System, London 1981
Mikinovic, Stephan, Zum Diskurs über abweichendes Verhalten von Jugendlichen und das Auftreten des Schuldvorwurfs am die Familie zur Jahrhundertwende, in: Hess, Albert G./Clement, Priscilla F. (Hg.), History of Juvenile Delinquency. A, Collection of Essays

on Crime Committed by Young Offenders, in History and in Selected Countries, Bd.1, Aalen 1990, S. 385-442
Neumann, Franz L., Die Herrschaft des Gesetzes. Eine Untersuchung zum Verhältnis von politischer Theorie und Rechtssystem in der Konkurrenzgesellschaft, Frankfurt a.M. 1980
Nipperdey, Thomas, Jugend und Politik um 1900, in: Rüegg, Walter (Hg.), Kulturkritik und Jugendkult, Frankfurt 1974, S. 87-114
Oberwittler, Dietrich, Crime and Authority in Eighteenth Century England. Law Enforcement on the Local Level, in: Historical Social Research / Historische Sozialforschung 15/1990 (Heft 2), S. 3-34
—, The Decline of Correctional Education, ca. 1900-1920: England and Germany Compared, in: European Journal of Crime, Criminal Law and Criminal Justice 8/1999, S. 22-40
—, "Friends of the Family" - Selbstbilder der englischen Polizei im Umgang mit delinquenten Jugendlichen vor dem Ersten Weltkrieg, in: Archiv für Polizeigeschichte 7/1996, S. 8-14
—, Jugendkriminalstatistiken und ihre Interpretation. Zur Entwicklung der Jugendkriminalität in Deutschland und England in der zweiten Hälfte des 19. und frühen 20. Jahrhunderts, in: Schröder, Wilhelm H. (Hg.), 20 Jahre Zentrum für Historische Sozialforschung: Teil 2 Politik und Gesellschaft (Historical Social Reseach - Historische Sozialforschung Bd. 22 / Sonderheft), Köln 1997, S. 198-227
—, Zwangs-(E)migration und soziale Ausschließung - Aspekte der Jugendkriminalpolitik in England und Deutschland im 19. und frühen 20. Jahrhundert, in: M. Althoff et al. (Hg.), Integration und Ausschließung (Interdisziplinäre Studien zu Recht und Staat), Baden-Baden im Druck
Odem, Mary, Delinquent Daughters. Protecting and Policing Adolescent Female Delinquency in the United States, 1885-1920, Chapel Hill/NC 1995
Oestreich, G., Strukturprobleme des europäischen Absolutismus, in: Vierteljahresschrift für Wirtschafts- und Sozialgeschichte 55/1968, S. 329-347
Olk, Thomas und Heinze, Rolf G., Bürokratisierung der Nächstenliebe. Am Beispiel von Geschichte und Entwicklung der "Inneren Mission", in: Sachße, C./Tennstedt, F. (Hg.), Jahrbuch der Sozialabeit 4, Reinbeck bei Hamburg 1981, S. 233-271
Page, Martin, Crimefighters of London: A History of the Origins and Development of the London Probation Service 1876-1965, London 1992
Parr, Joy, Labouring Children. British Immigrant Apprentices to Canada, 1869-1924, London/Montreal 1980
Pearson, Geoffrey, Hooligan: A History of Respectable Fears, London 1983
—, Perpetual Novelty: A History of Generational Conflicts in Britain, in: Dowe, Dieter (Hg.), Jugendprotest und Generationenkonflikt in Europa im 20. Jahrhundert. Deutschland, England, Frankreich und Italien im Vergleich, Bonn 1986, S. 165-178
Peukert, Detlev J.K., Grenzen der Sozialdisziplinierung. Aufstieg und Krise der deutschen Jugendfürsorge von 1878 bis 1932, Köln 1986

Pfeiffer, Christian, Neuere kriminologische Forschungen zu jugendrechtlichen Sanktionspraxis in der Bundesrepublik Deutschland - eine Analyse unter dem Gesichtspunkt der Verhältnismäßigkeit, in: Bundesministerium der Justiz (Hg.), Grundfragen, des Jugendkriminalrechts und seiner Neuregelung, Bonn 1992, S. 60-90
—, und Oswald, Margit (Hg.), Strafzumessung. Empirische Forschung und Strafrechtsdogmatik im Dialog. Internationales Symposion 9.-12. März 1988 in Lüneburg (Interdisziplinäre Beiträge zur kriminologischen Forschung NF Bd.1), Stuttgart 1989
—, und Schöckel, Birgitt, Gewaltkriminalität und Strafverfolgung, in: Schwind, Hans-Dieter et al. (Hg.), Ursachen, Prävention und Kontrolle von Gewalt: Analysen und Vorschläge der unabhängigen Regierungskomission zur Verhinderung und, Bekämpfung von Gewalt (Gewalt-Kommission) Bd.III Sondergutachten, Berlin 1990, S. 398-502
Philips, David, "A New Engine of Power and Authority": The Institutionalisation of Law-Enforcement in England 1780-1830, in: V.A.C.Gatrell/B.Lenman/G.Parker (Hg), Crime and the Law: The Social History of Crime in Western Europe, Since 1500, London 1980, S. 155-189
Pinchbeck, Ivy und Hewitt, Margaret, Children in English Society, 2 Bde London 1969-1973
Platt, Anthony M., The Child Savers. The Invention of Delinquency, 2.A. Chicago 1977
Priem, Karin, Die Geschichte der evangelischen Korrektionsinstitution Rettungshaus in Württemberg (1820 - 1918). Zur Sozialdisziplinierung verwahrloster Kinder (Studien und Dokumentationen zur deutschen Bildungsgeschichte; 53), Köln, 1994
Radkau, Joachim, Das Zeitalter der Nervösität. Deutschland zwischen Bismark und Hitler, Darmstadt 1998
Radzinowicz, Leon, The Roots of the International Association of Criminal Law and Their Significance (Criminology Research Reports Bd.45), Freiburg 1991
—, und Hood, Roger, The Emergence of Penal Policy in Victorian and Edwardian England (A History of English Criminal Law and its Administration from 1750 Bd.5), London 1986
Reuband, Karl-Heinz, Gesellschaftlicher Wandel, Kriminalität und Kriminalitätsfurcht, in: Neue Praxis 26/1996, S. 494-504
Reulecke, Jürgen, Formen bürgerlich-sozialen Engagements in Deutschland und England im 19. Jahrhundert, in: Kocka, Jürgen (Hg.), Arbeiter und Bürger im 19. Jahrhundert. Varianten ihres Verhältnisses im europäischen Vergleich, München 1986, S. 261-286
—, Jugend - Entdeckung oder Erfindung. Zum Jugendbegriff vom Ende des 19. Jahrhunderts bis heute, in: Bucher, W./Pohl, K. (Hg.), Schock und Schöpfung. Jugendästethik im 20. Jahrhundert, Darmstadt/Neuwied 1986, S. 21-25
—, Bürgerliche Sozialreformer und Arbeiterjugend im Kaiserreich, in: Archiv für Sozialgeschichte 22/1982, S. 299-329
—, und Castell, Adelheid (Hg.), Stadt und Gesundheit. Zum Wandel von 'Volksgesundheit' und kommunaler Gesundheitspolitik im 19. und frühen 20. Jahrhundert (Nassauer Gespräche Bd.3), Stuttgart 1991

Roberts, Robert, The Classic Slum. Salford Life in the First Quarter of the Century, Harmondsworth 1971

Rokkan, Stein, Cross-Cultural, Cross-Societal and Cross-National Research, in: UNESCO, Main Trends in Of Research in Human and Social Sciences, Paris 1970, S. 645-689

Rollet, Catharine, The Early Prevention of Juvenile Crime: Some Historical Landmarks, in: European Journal on Criminal Policy and Research 5/1996, S. 83-100

Rosenhaft, Eve, Jugendkriminalität im Ersten Weltkrieg (Referat im Forschungskolloquium des Instituts für Wirtschaftsgeschichte, Akademie der Wissenschaften der DDR, Februar 1989), (MS) 1989

Rose, Lionel, The Erosion of Childhood. Child Oppression in Britain, 1860-1918, London 1991

Rothman, David J., The Discovery of the Asylum. Social Order and Disorder in the New Republic, Boston 1971

Roth, Andreas, Die Entstehung des Jugendstrafrechts. Das Problem der strafrechtlichen Behandlung von Jugendlichen in der Zeit vor dem Ersten Weltkrieg, in: ZNR 13/1991, S. 17-40

Rube, Wolfgang, Die Rettungsanstalt auf dem Schönbühl, eine Einrichtung der württembergischen Rettungshausbewegung im Kontext der religiösen, politischen uns sozialen Entwiclung im 19. und 20. Jahrhundert, (Diss), Duisburg 1981

Sack, Fritz, Strafrechtliche Kontrolle und Sozialdisziplinierung, in: Frehsee, Detlev et al. ((Hg.), Strafrecht, soziale Kontrolle, soziale Disziplinierung (Jahrbuch für Rechtssoziologie und Rechtstheorie Bd.15), Opladen 1993, S. 16-45

Salzmann, Edith, Kinder im Abseits: Graf Recke-Stiftung Düsselthal. Vom Rettungshaus zur stationären Jugendhilfe, Düsseldorf 1985

Saul, Klaus, Der Kampf um die Jugend zwischen Volksschule und Kaserne. Ein Beitrag zur "Jugendpflege" im Wilhelminischen Reich 1890-1914, in: Militärgeschichtliche Mitteilungen 9/1971, S. 97-143

Savelsberg, Joachim J., Knowledge, Domination, and Criminal Punishment, in: American Journal of Sociology 99/1994, S. 911-943

Scherpner, Hans, Geschichte der Jugendfürsorge, Göttingen 1966

Schneider, Eric C., In the Web of Class: Delinquents and Reformers in Boston, 1810-1930s (The American Social Experience Series Bd.22), New York 1992

Schrapper, Christian und Sengling, Dieter (Hg.), Waisenhäuser und Erziehungsanstalten in Westfalen (Beiträge zur Geschichte der Sozialpädagogik), Münster 1985

Schwerhoff, Gerd, Devianz in der alteuropäischen Gesellschaft. Umrisse einer historischen Kriminalitätsforschung, in: ZHF 19/1992, S. 385-414

—, Aktenkundig und gerichtsnotorisch. Einführung in die historische Kriminalitätsforschung, Tübingen 1999

Selleck, R.J.W., Mary Carpenter; A Confident and Contradictory Reformer, in: History of Education 14/1985, S. 101-115

Shoemaker, Robert B., Prosecution and Punishment: Petty Crime and the Law in London and Rural Middlesex, c. 1660-1725, Cambridge 1991

Shorter, Edward, Moderne Leiden. Zur Geschichte der psychosomatischen Krankheiten, Reinbeck 1994
Slone, Neal, Evaluating Court Statistics as a Data Source for Studying Nineteenth-Century Crime, in: HIstorical Methods 26/1993, S. 85-93
Smith, David, Juvenile Delinquency in Britain in the First World War, in: Criminal Justice History 11/1990, S. 119-145
—, Juvenile Delinquency in the British Zone of Germany, 1945-1951, in: German History 12/1994, S. 39-63
Spencer, Elaine Glovka, Police and Social Order in German Cities: The Düsseldorf District 1848-1914, Dekalb/Illinois 1992
Spierenburg, Pieter, Elias and the History of Crime and Criminal Justice: A Brief Evaluation, in: IAHCCJ Bulletin Heft 20/1995, S. 17-30
—, The Prison Experience. Disciplinary Institutions and Their Inmates in Early Modern Europe, New Brunswick 1991
—, The Sociogenesis of Confinement and its Development in Early Modern Europe, in: ders. (Hg), The Emergence of Carceral Institutions: Prisons, Galleys and Lunatic Asylums 1550-1900 (Centrum voor Maatschappij Geschiedenis 12), Rotterdam 1984, S. 9-77
Stanhope-Brown, James, Angels from the Meadow, Manchester 1991
Stedman Jones, Gareth, Outcast London. A Study in the Relationship Between Classes in Victorian Society, Harmondsworth 1992
Strasser, Peter, Verbrechermenschen. Zur kriminalwissenschaftlichen Erzeugung des Bösen, Frankfurt/New York 1984
Sutton, John R., Stubborn Children: Controlling Delinquency in the United States, 1640-1981, Berkeley 1988
Tenfelde, Klaus, Großstadtjugend in Deutschland vor 1914. Eine historisch-demographische Annäherung, in: VSWG 69/1982, S. 182-218
Thome, Helmut, Gesellschaftliche Modernisierung und Kriminalität. Zum Stand der sozialhistorischen Kriminalitätsforschung, in: Zeitschrift für Soziologie 21/1992, S. 212-228
Thompson, E.P., The Making of the English Working Class, Harmondsworth 1963
Thompson, F.M.L., Social Control in Victorian Britain, in: Economic History Review 34/1981, S. 189-208
—, The Rise of Respectable Society. A Social History of Victorian Britain, 1830-1900, London 1988
Tilly, Charles, Big Structures, Large Processes, Huge Comparisons, New York 1985
Voß, Michael, Efficiency Interests and the "Rule of Law" in Informal Proceedings, in: Albrecht, G.; Ludiwg-Mayerhofer, W. (Hg.), Diversion and Informal Social Control (Prevention and Intervetion in Childhood and Adolescence / 17), Berlin 1995, S. 353-367
—, Jugend ohne Rechte. Die Entwicklung des Jugendstrafrechts, Frankfurt/New York 1986
Wehler, Hans-Ulrich, Deutsche Gesellschaftsgeschichte (Bd. 3), München 1995

Weinberger, Barbara, The Children of the Perishing and Dangerous Classes. Industrial and Reformatory Schools and the Elementary Education Acts, in: Hurt, John (Hg.), Childhood, Youth and Education in the Late Nineteenth Century., Proceedings of the 1980 Annual Conference of the History of Education Society of Great Britain, Leicester 1981, S. 65-82

Weinbren, Dan, Against All Cruelty. The Humanitarian League, 1891-1919, in: History Workshop Nr. 38/1994, S. 86-105

Weindling, Paul, Health, Race and German Politics Between National Unification and Nazism, 1870-1945, Cambridge 1989

Weingart, Peter, Kroll, Jürgen und Bauertz, Jürgen, Rasse, Blut und Gene. Geschichte der Eugenik und Rassenhygiene in Deutschland, Frankfurt/M. 1988

Weisbrod, Bernd, Der englische "Sonderweg" in der neueren Geschichte, in: GG 16/1990, S. 233-252

— (Hg), "Victorian Values". Arm und Reich im Viktorianischen England (Arbeitskeis Deutsche England-Forschung 7), Bochum 1988

Wiener, Martin J., Reconstructing the Criminal. Culture, Law and Policy in England, 1830-1914, Cambridge 1990

—, The March of Penal Progress?, in: Journal of British Studies 26/1987, S. 83-96

Williams, Gwyn A., The Concept of 'Egemonia' in the Tought of Antonio Gramsci: Some Notes on Interpretation, in: Journal of the History of Ideas 21/1960, S. 586-599

Wolff, Jörg, Die Entwicklung des Jugendstrafrechts in Deutschland seit 1880, in: Zeitschrift für Rechtssoziologie 7/1986, S. 123-142

—, Dörner, Christine et al., Jugendliche vor Gericht im Dritten Reich. Nationalsozialistische Jugendstrafrechtspolitik und Justizalltag, München 1992

Wrightson, Keith, Two Concepts of Order: Justices, Constables and Jurymen in Seventeenth-Century England, in: Brewer, J./Styles, J. (Hg.), An Ungovernable People, London 1980, S. 21-46

Yeo, Eileen J., The Social Survey in Social Perspective, 1830-1930, in: Bulmer, Martin et al. (Hg.), The Social Survey in Historical Perspective 1880-1940, Cambridge 1991, S. 49-65

Zedner, Lucia, Women, Crime and Custody in Victorian Britain, Oxford 1991

Zeller, Susanne, Frieda Duensing und die Deutsche Zentrale für Jugendfürsorge Berlin, in: Brehmer, Ilse (Hg.), Mütterlichkeit als Profession? Lebensläufe deutscher Pädagoginnen in der ersten Hälfte dieses Jahrhunderts, Pfaffenweiler 1990, S. 236-240